U0936569

汉译世界学术名著丛书

阿美士德使团出使中国日志

〔英〕亨利·埃利斯 著

刘甜甜 刘天路 译

刘海岩 审校

Henry Ellis

JOURNAL OF THE PROCEEDINGS OF THE LATE EMBASSY TO CHINA

John Murray, Albemarle-street, 1817

据莫约翰，阿尔伯马尔街1817年版译出

汉译世界学术名著丛书
（120年纪念版·珍藏本）
增订本出版说明

2017年10月，为纪念商务印书馆创立120周年，本馆推出“汉译世界学术名著丛书”（120年纪念版·珍藏本），计七百种。近五六年来，仰赖学界同人倾力支持，订正旧译，增补新译，拓展新著，积累日多。为满足读者需要，本馆在七百种的基础上，继续推出“汉译世界学术名著丛书”（120年纪念版·珍藏本·增订本）三百种。至此，“汉译世界学术名著丛书”累计出版已达千种。

今后，本馆将继续推进丛书的翻译出版工作，在积累单本名著的基础上陆续分辑刊行，汇印出版。为促进中外文明互鉴、推动我国学术发展，使“汉译世界学术名著丛书”这项对我国学术文化有基本建设意义的重大工程发挥更大作用，诚望海内外学术界、翻译界继续给予支持，帮助我们把这套丛书出得更好。

商务印书馆编辑部

2024年2月

汉译世界学术名著丛书
（120 年纪念版·珍藏本）
出 版 说 明

2017 年 2 月 11 日，商务印书馆迎来 120 岁的生日。120 年前，商务印书馆前贤怀揣文化救国的理想，抱持“昌明教育，开启民智”的使命，立足本土，放眼寰宇，以出版为津梁，沟通中西，为中国、为世界提供最富智慧的思想文化成果。无论世事白云苍狗，潮流左右激荡，甚至战火硝烟弥漫，始终践行学术报国之志，无改初心。

迻译世界各国学术名著，即其一端。早在 20 世纪初年便出版《原富》《天演论》等影响至今的代表性著作，1950 年代后更致力于外国哲学和社会科学经典的译介，及至 1980 年代，辑为“汉译世界学术名著丛书”，汇涓为流，蔚为大观。丛书自 1981 年开始出版，历时三十余年，迄今已推出七百种，是我国现代出版史上规模最大、最为重要的学术翻译工程。

丛书所选之书，立场观点不囿于一派，学科领域不限于一门，皆为文明开启以来，各时代、各国家、各民族的思想与文化精粹，代表着人类已经到达过的精神境界。丛书系统译介世界学术经典，引领时代思想，为本土原创学术的发展提供丰富的文化滋养，为推动中国现代学术和现代化进程做出了突出的贡献。

为纪念商务印书馆成立120周年，我们整体推出“汉译世界学术名著丛书”120年纪念版的珍藏本，寄望既利于文化积累，又便于研读查考，同时向长期支持丛书出版的译者、编者和读者致以敬意。

两甲子后的今天，商务印书馆又站在了一个新的历史时间节点上。我们不仅要铭记先辈的身影和足迹，更须让我们的步伐充满新的时代精神。这是商务人代代相传的事业，更是与国家和民族的命运始终紧密相连的事业。我们责无旁贷，必须做好我们这代人的传承与创造，让我们的努力和成果不仅凝聚成民族文化的记忆，还能成为后来人可以接续的事业。唯此，才能不负前贤，无愧来者。

商务印书馆编辑部

2017年10月

致读者

派遣使团访问中国在欧洲历史上十分少见，因此，有关这一使团出访经过的确切描述，无论用何种文体写就，几乎都会引起一定程度的关注。考虑到这一点，作者决定将访华日志公开出版。而也正是这一点，让作者有充分理由相信，对于这一日志在写作风格和章节安排上的不足，读者们想必不会太过苛求。

作者在声明将这一日志公开出版时，已经得到了使团中那些身居要位、从而有资格做出判断的先生们的许可。对于中国和中国人，作者也最大限度地运用个人的观察能力，尽力作出准确的描述。

如果本书能够给读者留下这样的印象，作者的意图也就得到了完全实现。唯一让作者感到遗憾的是，或许是由于作者没有主动提出请求的缘故，本书的写作未能得到其他人的帮助，而如果这样做了的话，这部日志本来能够更为完美。

关于书中的插图和地图，首先要感谢作者的朋友、尊敬的查尔斯·阿博特（Charles Abbot）先生，“阿尔赛斯特”号的技师梅恩（Mayne）先生和海军少尉布朗里格（Brownrigg）先生也提供了一些帮助。

如果作者要出版日志的意图早为人知的话，抑或这样的意图在广州就已经产生了的话，哈弗尔（Havell）先生笔下的一些作品可能会让这部著作更有价值。而现在，那些作品只能留给另一部出版物了。

书后附有一些主要译自中文的官方文件，另外还附有和正文相对应的行程表。

目　录

第一章　驶往中国

离开英格兰——出海远航——马德拉群岛——里约热内卢——巴西的现状——好望角——桌山——安杰尔锚地——爪哇——塞兰——巴达维亚——有关爪哇岛的评论——离开巴达维亚锚地

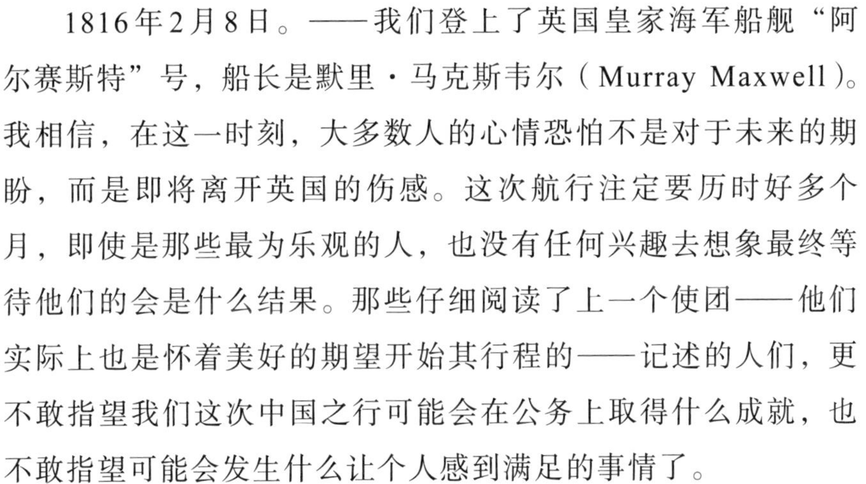

1816年2月8日。——我们登上了英国皇家海军船舰“阿 1
尔赛斯特”号，船长是默里·马克斯韦尔（Murray Maxwell）。我相信，在这一时刻，大多数人的心情恐怕不是对于未来的期盼，而是即将离开英国的伤感。这次航行注定要历时好多个月，即使是那些最为乐观的人，也没有任何兴趣去想象最终等待他们的会是什么结果。那些仔细阅读了上一个使团——他们实际上也是怀着美好的期望开始其行程的——记述的人们，更不敢指望我们这次中国之行可能会在公务上取得什么成就，也不敢指望可能会发生什么让个人感到满足的事情了。

在巴兹尔·霍尔（Basil Hall）船长指挥的英国皇家海军船舰“天琴座”号双桅船的陪同下，我们从斯皮特黑德（Spithead）海峡启航。和我们一起出发的，还有东印度公司的“休伊特将军”号海船，董事会用它来运输体积较大的补给品和礼物，它的船长是沃尔特·坎贝尔（Walter Campbell）。

我们于2月18日抵达了丰沙尔（Funchal）锚地，在那儿
看到了英国皇家海军船舰“法厄同”号和“尼格尔”号海船。
2 “法厄同”号将和哈德森·洛（Hudson Lowe）爵士一起前往
圣赫勒拿岛，“尼格尔”号要把特派使节和驻美公使巴格特（C.
Bagot）先生送到美国。这两艘船都遇到了极其恶劣的天气，
我们则因为在朴次茅斯耽搁了几天，而幸运地避开了那些坏天
气。我们当天晚上离开丰沙尔锚地，与“天琴座”号和“休伊
特将军”号一起驶至南纬20°4'、西经31°44'的海面。我们在这
里分道扬镳，它们继续向好望角前进，我们则驶往巴西。巴西
无论在什么时候都是十分吸引人的地方，而现在更是如此。葡
萄牙摄政王在里约热内卢的驻跸和西班牙各省目前的形势，使
南美洲引起了我们的高度政治关注。

特使和马克斯韦尔船长之所以会毫不犹豫地离开常规航线，是由于“阿尔赛斯特”号的航行能力要远远超过其他两条船，可以肯定不会因此而延长整个航行的时间。

1816年3月21日。——停泊在里约热内卢港。早上，我
们发现自己好像是来到了一个由7英里外的群山组成的圆形剧
场里一样，陆地两个端点中间的开口是海港的入口，入口右边
是圣克鲁斯城堡，左边是圣卢西亚城堡。这些连绵不断的山大
都有着圆锥形的山顶，其中一座被特别冠之以“甜面包”的称
3 呼，这倒并不是由于它形状奇特，而是因为它的顶部极其陡
峭。从我们的位置看过去，一座座山峰绵延起伏，形态各异，
景色美不胜收。港口的入口似乎有3/4英里宽，它的背后便是

逶迤的群山，山峦之间云雾缭绕。向港口的入口走近，景色就变得更加蔚为壮观，美得令人叹为观止。从近处看，组成圆形剧场的群山便分离开来，成为岛屿和相互分离的海岬。有些海岬上树木繁茂，虽然这些树木似乎并不高大。要塞、独立的房屋、村庄农舍和女子修道院点缀其间。这一道道美景变幻组合，构成了一幅完整的美丽画图，令人心醉神怡。画家的画笔只能描绘出这幅画图的某个部分，但整幅的美景，却是无论用图画还是语言，都无法描绘出来的。在各种各样对这里景色的描述中，它多少有点像君士坦丁堡港，但这里的自然面貌要更为壮观。

葡萄牙女王于昨天去世的消息，使这个城市的港口和周围地区变得喧闹，同时又笼罩在一种显而易见的悲哀情绪之中。轮船和排炮每5分钟鸣炮一次，每一座女修道院和教堂里都灯火通明。女王陛下于6周前患了一场病，随后，她的老年性疾病就日益恶化。尽管她已经十分不幸地神经错乱，国王对她依然十分体贴，每天都要向她表达作为家人的尊敬和关怀。女王并非始终都处于神经错乱的状态，据说在她头脑清醒的时候，她的言论仍然表现出了她的才能。同时，在这样一种特殊情况 4
下，她的话能产生更大的影响。

这个宫廷对西班牙的叛乱省份还没有采取什么明确的政策，现在的意图似乎是武装中立，但这种做法最终必然会导致战争。西班牙爱国者中最为著名的人物是阿蒂加斯（Artiguez），他原先从事走私活动，后来被雇用来保护税收，现在控制着蒙得维的亚和其他20个市镇。他最初就拥有财富和个人影响力，随后又努力经营，终于建立并且维持着超越其竞争对手们的一大优势，这就是一个恒久稳定的管理体系。布宜诺斯艾利斯之所以软弱，主要原因是缺少这样一个管理体系。布宜诺斯艾利斯的居民们同样表明他们倾向于英国，愿意接受英国的保护和统治，但他们现在只有在反抗老西班牙的问题上联合在阿蒂加斯周围。

我们于3月24日登岸，受到了英国领事和临时代办张伯伦（Chamberlain）先生最热情的接待。他立即兑现了他的许诺，带我们去观看圣塞巴斯蒂昂附近最美丽的景色。我们和他一道骑马到了博塔佛戈海滩，里约的王妃和贵妇们最喜欢乘车到这里来游玩。这里的海湾完全被海岬所环绕，就像是一个名副其实的湖泊。我们骑马沿着一条小道走着，景色和英国有几分相似，只有一点不同，就是那些树篱都是由一些精美的灌木组成
5 的，在这个干旱季节里灌木依然长得郁郁葱葱，格外引人注目。张伯伦先生的家在郊外的卡特迪村，跨过河上的一座单拱桥就到了，村名得自附近一条名叫卡特迪的小河。

25日，我们拜访了俄国领事兰斯道夫（Langsdorf）先生[①]。在炎热的季节，他住在科尔科瓦多山——老百姓称之为“胡德大人的鼻子”——山顶附近的一座别墅里。他选择这个地方，既是为了避开炎热的天气，也是为了进行他的博物学研究。他做科学研究极其投入，从来不放过任何一个扩大其收藏的机会。在从事所喜爱的研究时，他总是要排除所有干扰，创

① 兰斯道夫先生作为克鲁辛斯特恩（Krusenstern）的同伴享有盛誉。

造最为便利的条件。从开始上山一直到山顶，沿途美丽的景色
应接不暇。山脚下是一道宽阔的峡谷，谷底长满了茂密的树
木。一路向山上走去，山势愈加雄伟，草木依然繁茂。由于整
整一季都没有下雨，树木不是那么生机勃勃，花儿也不像以往
那样遍地开放、挂满枝头，但还是多得令人目不暇接。有雷克
西亚（Rexia）、含羞草、金合欢，还有一些长得像树一样高大
的蕨类植物。在英国需要人工培植的灌木，在这里的大自然慷
慨丰富的照料下，长得到处都是。在这个国家，空气、泥土和
水中总是充满新的产物，环境不断地在更新，大自然始终不会 6
停止表现其创造的才能。随处都可以看到一幢幢房子隐隐约约
地闪现在树木茂密的峡谷中，似乎在告诉我们，没有一个地方
不会留下冒险者的足迹。

快到山顶的时候，我们朝着一条向引水渠输水的溪流走去。在一块岩石的凹进处，我们看到一位欧洲女士。和她在一起的，还有她的保姆和孩子。她的衣服、相貌和消遣方式（读书），都是那样的温文尔雅，和我们周围原始状态的壮观景色形成鲜明的对照。一会儿以后，我们就又在避暑小屋里见到了这位女士，她就是兰斯道夫夫人。在小屋里，我们幸运地见到了刚刚远足回来的兰斯道夫先生。由于天气炎热，他穿的衣服很少，都是博物学家工作时必须穿的。他极其诚恳地接待了我们，和我们一起吃完便餐后，还带领我们参观了避暑小屋旁边的美丽树林。在他小屋附近的山顶上有个地方，从那儿可以看到科尔科瓦多山另一侧的大海。从山顶向下看去，城市、海湾和卡梯梯（Catete）一览无余，而我们周围则是一幅幅最为壮

丽的山景。

在路上，我们遇到了一名为兰斯道夫先生干活的波特库杜（Bottecoodoo）部落的男孩，据说在他身上表现着他的部落——巴西土著部落——典型的难以驯服的性格。他忠于职守，愿意
7 做他的工作，但是总是想要到当地茂密的丛林中去躲避对他个人自由的侵犯或是侵犯的意图。就相貌体态来看，这个男孩很像马来人，而从他的行为举止来判断，这个部落的道德品性和马来人也有些类似。蒙戈利斯（Mogris）是巴西土著人中人数较多的一个部落，他们似乎和其他野蛮人一样，既崇拜善神，也同样崇拜邪神。在圣塞巴斯蒂昂遇到的巴西人为数不多，他们或者受雇在军械库工作，或者在王室游艇和其他几条船上划船。

我们看到了一些巴西松树，这些松树虽然不算高大，但非常好看。树顶很平，像伞一样遮挡着阳光。在有些地方，野生凤梨树也一起形成了树篱。芦荟长得相当高，往往会在芒果和其他高大树木的枝杈之间看到它们。

3月26日。——我们旅行的下一个目的地是特茹库（Tejeuca），那里有一道美丽的瀑布吸引着我们。我们在山脚下面的贝雷斯福德爵士庄园用早餐，庄园里开垦的耕地让这儿的风景更加让人赏心悦目。远远望去，管风琴山（Organ Pipe）奇异的山峰足以呈现出巴西所特有的壮丽景色。附近有一处国王的别墅，它的入口十分引人注目，和塞安庄园（Sion House）的入口极其相似。上山时的景色总的看来和我们见到过的景色没有多少不同，但是沿途的树木更为高大，尽管并不
8 算太粗。古老的小路盘旋在一条条溪流之间，这些溪流的溪水

最终汇集成了那道大瀑布。在雨水较多的季节，人们可以兴奋地看到一道道水量较少的小瀑布，但是在这个少见的旱季里，这些小瀑布全都干涸了。在一段十分难走的小路上走了至少8英里以后，我们到达了属于特茹库地区主人康德·达塞卡（Conde D’Aseca）的一处房屋。就景色壮丽和物产丰富来说，这块地产可能超过了任何一个欧洲贵族的领地。我们在这里下马，然后沿着一条天然小道前行。从这里向下看去，可以看到一片湖泊，湖水清澈纯净，几条溪水形成瀑布，汇入湖中。走了将近一英里以后，便到了大瀑布。即便是在这个干旱季节，它也极其美丽。大瀑布垂直下落高度超过100英尺，宽度更为可观。瀑布的水落下以后，先是形成一个形状不规则的水潭，又从那儿沿着一个不太陡峭的山崖降下，分成几条溪流穿过一道小峡谷，最后流进湖里。瀑布和水潭旁边耸立着一些高大的树木，周围被森林和隆起的山岩环绕着，景色甚是优美。山岩上的一处凹陷和一块粗略修整成平面的石头，供游客们当作椅子和桌子使用。前不久，一名葡萄牙贵族在水潭最狭窄的地方落水身亡，而他的妻弟和一名仆人却看着他在水中挣扎，不知道他们是冷漠无情呢，还是被吓坏了。

从与城市同名的教堂所在的地方望去，圣塞巴斯蒂昂城似
乎建成了一个半圆形，街道一般都是直角相交。公共建筑物不 9
太多，也没有多少值得注意的建筑特色。只有在教堂里，才能看到圣塞巴斯蒂昂为数不多的较为庄严华贵的东西。在这些教堂里，普遍装饰着古希腊风格的十字架，神龛和圣坛装饰得都很漂亮，礼拜活动也显得十分豪华。所谓的王室公园不知道以前是

什么样子，但现在却的确是不值一游。远远望去，水渠似乎是一道别具一格的风景，但它修筑得既不讲究也不坚固。不过，由于水渠是在山地上修建的，这项工程所花费的代价可能相当大。在接近城市的地方，水渠修筑成一种双拱形。水渠渠道的起始处，位于科尔科瓦多山下面不远的地方。

在陌生人看来，巴西君主的宫殿似乎不太符合其主人的尊贵身份，甚至都配不上他的代表人的身份，只有从它占据的宽大空间上，才能看出这是一处王室官邸，否则的话，人们很可能会误认为它是一处军营，或者是一处大军火库。王公大臣们的寓所尽管很宽敞，但一点也不富丽堂皇。总的来说，上等人的居所都不算华美，甚至连一些有用的适应气候的设施也没有加以考虑。大大小小的商店分布在街道两旁，这些街道并不像我想象的那样肮脏不堪。在街道上的人当中，奴隶为数不少，他们在干着繁重的工作。此外还有一些姆拉托人①（mulatto）和几名僧侣、修女，以及在港口停泊的轮船上的军官和水手。看来，圣塞巴斯蒂昂及其周边居民中的上层人和加尔各答的英国人一样，都小心翼翼地避开了炎热的天气。最常见的交通工具是由两匹马拉着的大篷车，它们形状十分难看，但是运输能力显然要比它的外貌强得多。从富人相对较少而且缺少社交情趣来判断，我应该能够想象得出，这里的歌剧院可能会因为观众不多而显得太大。演出的音乐据说很优美，而且芭蕾舞团现在得到几名法国舞蹈演员的协助。不过，如果仅仅就在圣塞巴斯蒂昂

① 殖民地时代对黑白混血儿的称呼。——译者

上演的片断来评价葡萄牙戏剧的话，一定会认为这种艺术还十分不成熟：这里演出的突出特点是充满了粗鄙、低级的插科打诨。即使懂葡萄牙语的外国人，也已经习惯了在欧洲剧院里欣赏高雅娱乐，所以不会经常来这里观看演出，除非是在上演歌剧之夜。歌剧院所在的广场建好以后，将会是城市最好的地方。没有介绍信的陌生人来到圣塞巴斯蒂昂，会发现这儿的大众旅馆住宿条件大多不好。房屋或者咖啡屋都比较脏，不太舒适，没有所需要的物品，而且一般都不提供住宿。

由于有其他事情要做，我没有和使团的其他成员一道去参观植物园。这个植物园实际上很大程度被政府忽视了，只是由于受托管理它的那位绅士持之以恒的热情，它才得以继续存 11
在。在一些中国人的管理下，这里的茶叶长得很不错，如果能够得到适当鼓励的话，无疑可以开发成一项最有益于这块殖民地的事业，同时也可以为国家增加岁入。

圣塞巴斯蒂昂的人口估计有12万人，其中2/3是奴隶，剩余人口由欧洲人和姆拉托人组成。农活儿和其他较为繁重的活儿几乎全都由奴隶来做，因为一直到最近，欧洲人和姆拉托人都认为他们干这种活儿有失身份。技术工人以前都是姆拉托人，不过现在，由于王室在这里驻跸，不仅仅有葡萄牙人，还有其他一些欧洲人也来到这里担任技师工作。这里的奴隶和其他地方一样，是最为贵重的财产，一个男性奴隶能够卖到30到40镑。不过，奴隶的主人所得到的，在多数情况下并不是奴隶劳动所生产的商品的价值，而是奴隶劳动所得工资的一部分。他们一般是在早上把奴隶送出去，规定好他们晚上回来时要交

出一定数目的钱，这个数目估计是他们一天收入的大部分，剩下的钱无论多少则全部归奴隶所有。如果挣不到这个数目，就会受到惩处，其严厉程度随主人脾气而定，但一般不会很严酷。据估计，去年进口了2万名奴隶，这个数字超过了以往的年份，原因是人们担心奴隶贸易会在英国干涉下被废除掉。

12 奴隶船或奴隶市场上的景象必然会立即终结任何出于私利争论的影响。在那些地方，为了提高价格，天生丽质的女奴隶和强壮有力的男性奴隶被赤身裸体地暴露在买主面前。尽管受好奇心推动，我们可能会去观看这样的场面，但是等不到那些卑鄙动机得到满足，我们天性中的美好感情就会让我们充满厌恶地匆忙离去。这些奴隶来自一些语言和习俗各不相同的非洲国家，除了被奴役的地位以外，并没有相似或者共同的地方，这在相当程度上减少了由于奴隶人数相对其他人数较多而可能会爆发起义的担心。巴西原先的首都巴伊亚的奴隶大都来自同一个国家，结果就经常发生起义。在非洲的奴隶商人们说起过不同国家奴隶的不同性格，来自黄金海岸的奴隶被认为是最为聪明。不过，他们之间的差别似乎不像波斯人、阿拉伯人和印度人之间的差别那样，被我们所充分地注意到或清楚的了解。

尽管圣塞巴斯蒂昂现在有王室驻跸，而且离欧洲只有7个星期的航程，但是就其文明生活的舒适程度来说，比英国在印度的殖民地要差好几个档次。这里根本买不到任何书，无论是消遣图书还是科学著作，这就充分说明了它的文学状况。城里倒是确实有一个公共图书馆，但图书很少，也没有多少人光顾。

13 圣塞巴斯蒂昂有三四十家英国商号，控制着几乎全部的出口贸易。它们进口的商品是英国的制造品以及在巴西可能需要的所有欧洲产品。从圣塞巴斯蒂昂出口的商品有蔗糖、咖啡、兽皮以及伯南布哥的棉花。这种棉花质量上乘，在邻近的其他地区很少有出产。里约的咖啡在欧洲市场占第三位。葡萄牙商人种植未经加工过的咖啡，然后再运送到港口，在那儿卖给英国出口商人。据称，外国商人近来没有从巴西贸易中赚到多少钱，他们投入到这一贸易中的资本太多，而欧洲产品的售价现在不到它们的原始成本。另一种看法则把现在这种状况归咎于由于临时性原因所造成的普遍性商业停滞。圣塞巴斯蒂昂港的关税收入据说每年达到20万镑。由于缺乏公共安全感，投资者们都把其剩余资金投入到房屋上，结果使得城市及其附近地区的土地价格很高。

生活用品价格又贵，质量又差，总的原因是较富有的居民缺乏改进的意愿。他们自己的食品十分粗劣，主要是牛肉和一种非常浓的蔬菜汤。那些最富有的巴西葡萄牙人要么是因为太过懒惰，要么是因为太过吝啬，不愿意以较高价格购买高质量的食品，来改善自己的膳食。尽管气候和极其肥沃的土地使得
这里既可以生产东方的也可以生产西方的产品，但在市场上还是 14
不能经常见到欧洲的水果和蔬菜，甚至连本土的美洲蔬菜土豆，也不总是能够买得到。近来，葡萄种植在这里取得了成功。

山丘的表层主要由破碎的花岗岩和长石构成，其厚度相当可观。在多雨的季节，大量的碎石头会塌下来，一次普通的爆发就足以淹没许多人和牲口。四五年前就发生过一次这样的灾难，据说是由于一次只持续了2个小时的大暴雨引起的。这里

的降雨尽管是周期性的，但并不像印度的气候和其他热带气候那样正常。雨往往下得很大，但一天之中很少持续3个小时以上。现在这个季节一直非常干旱，人们十分担心喂牲口的草料会歉收。准备供应市场的牲口从几百英里远的内陆运来，一批一批地十分频繁。不过，由于它们不需要太长时间就能养得很肥，其肉质的恶劣程度就可想而知了。里约热内卢的气候非常有益于健康，以至于多年前在圣塞巴斯蒂昂建立的一家海军医院关闭了，因为它实在并无必要。在3月份，太阳下的温度达到华氏112度，阴凉房间里的温度是华氏78度，条件不太好的房间里是华氏84度。圣塞巴斯蒂昂的水味道不太好，但据说有益于健康。

尽管摄政王延长在巴西驻跸的时间可能会对其在欧洲的统
15 治产生有害影响，但这也许会制止起义从西班牙各省向其他地方蔓延。由于把巴西本身看作是一个王国，属于殖民地政策的种种限制都得以解除，因此给这个国家的自然优势提供了所有的发展便利条件。叛乱各省的常设军事力量是一支四五千人组成的民兵，缺乏训练，根本无法和其欧洲对手相对抗。以新近由葡萄牙到达的部队为主的一支观察部队已经部署到了边界一带，人们天天都期待的其他援军也将被派到同一地区。这些预备性措施只不过是一种力量展示，巴西政府迄今为止始终没有参与到冲突之中，但是一直没有中断与布宜诺斯艾利斯的贸易。

布宜诺斯艾利斯的政党领袖们新近被赶下了台，他们一边谋求在巴西避难，一边还维持着与新政权的联系，企图重新得到政府的最高权力。看到这样一种情形，不能不让人想到古代希腊和距今较近的意大利共和国所出现过的内部纷争。当时，极其严重的外部威胁都没有能够阻止激烈的党派斗争。内部纷争似乎是平民政府的一大特色，从罗马共和国的历史中也许能够得出这结论，力量大致平衡的党派之间的冲突，是这些党派的稳定存在所必不可少的。

仅仅在圣塞巴斯蒂昂小住几天，就自以为可以对其居民的 16
道德品性产生出自己的看法，自然是十分荒唐的。我们只能够记录下那些有条件在这个问题上得出正确结论的人的看法，从中可以看出这里的社交状况相当不能令人满意。社会上层对社交状况的改善没有起多少促进作用，就文明生活的方式和文明程度来说，他们远远落后于欧洲的上层社会。他们既不喜欢也不鼓励与外国人进行交往，这里主要的社交活动就是宫廷礼仪和天主教烦琐的宗教仪式。社会上层非常注重女士的外在行为是否得体，已婚女士与一名不是其近亲的男士一起在公共场合出现，被认为是应该受到谴责的不得体行为。能够陪伴她公开露面的男士，至少要是她的兄弟。不过，旅行者的一些记述使人觉得巴西女士似乎都并不太在意一些形式上的行为规范。这样的看法尽管经常被看作具有普遍性，实际上它只能适用于一些特定阶层，即那些能够更直接引起外来人注意的阶层。就这些阶层来说，他们无论在什么样的国家和什么样的环境下，都很少有任何实质性的差异。

巴西政府对马戛尔尼（Macartney）勋爵和戈尔·欧斯利（Gore Ouseley）爵士的态度使我们十分自然地希望能得到同样的殷勤接待。因此，我们充满信心地期待当局能在我们上岸后

马上准备好下榻的寓所。然而，我们却没有受到这样的对待。这其中的原因究竟是要完全归之于女王近日辞世所造成的国家
17 事务的停滞，还是要部分地归之于更长期的政府运作的原因，并没有多少必要进行深究，这里只需说明，前面提到的先例对葡萄牙的大臣们并没有影响力，他们拒绝为我们安排寓所。慷慨好客的张伯伦先生为我们提供了居住的地方，但由于他的房子不够大，住不下这么多人，使团的随员们在邻近的两名英国商人的住所里找到了下榻的房间。

葡萄牙女王的遗体于23日安厝到阿茹达（Ajuda）的女修道院里。对于葬礼的仪式曾经有过很高的期待，当然这并没有能够实现。唯一引人注目的场面是丧主的服饰，据说是古代葡萄牙贵族吊唁时穿的。丧主一共有8名，他们戴着各自的家徽纹章，每人都有一名衣着华丽的仆人陪伴。从我所在的地方远远看去，他们的衣饰很像教士穿的衣服。28日有一场公开的接见，接受贵族、宫廷和政府人士以及外国公使们的吊唁。由于刚刚发生的这些事情，国王决定不正式接见我们的使团，但愿意让阿美士德（Amherst）勋爵在第二天进行一次私人觐见，由使团书记官陪同。这次觐见就在举行公开接见的地方进行，
18 除了侍从以外，没有宫廷官员参加。

由于没有合适的风，直到3月31日星期日，我们才得以扬帆启航。在下令离开巴西的时候，我心中充满了遗憾。在一个饶有趣味的国度里，只能走马观花般地匆匆走过，必然会在心里永远留下这样的遗憾。所见的美景只是悄悄满足了好奇心，而更多的却是好奇心没有能够得到充分满足而带来的失望。

我们于4月18日停泊在了桌湾（Table Bay），“天琴座”号和“休伊特将军”号轮船已经分别于4月14日和4月13日到达。它们都于4月26日再次出发，而“阿尔赛斯特”号则一直逗留到5月6日，因为我们现在相信，我们完全可以在它们到达爪哇后几天——甚至几个小时——之内就赶上它们。查尔斯·萨默尔赛特（Charles Somerset）爵士的儿子萨默尔赛特先生在“天琴座”号上，阿美士德勋爵希望霍尔船长把他送到中国。

非洲沿岸地势陡峭，土壤贫瘠，同时又不乏山岭逶迤之壮美。巍峨的桌山形态优美，引人注目。开普敦城完全是欧洲风格，至少对那些来自西方的人没有多少吸引力。然而，等到我回国途中再次经过这里时，却产生了和最初的印象完全不同的感触。从印度过来时，这里洁净有序的街道、使人充满生命活力的新鲜空气以及欧洲人的健康面貌，让我提前感觉到了某种 19
期盼已久的东西——家的样子以及它所带来的愉悦。

抵达这里几天以后，我登上了桌山。经过3个多小时乏味而累人的攀爬到达山顶后，却发现山顶的景色相当无趣。这儿的山体成分曾经成为一些地质学者兴趣和探索的目标，主要是因为有人说山顶上存在着大量的自然铁。我们进行了十分仔细的搜寻，却没有发现任何这方面的迹象。看来，关于此前找到的铁只不过是一次玩笑中丢下的铁锚碎块的说法，似乎很有道理。

紧靠好望角的地方因为在一年中很晚的时候仍然被各种鲜花灌木覆盖而享有美名。不过，在现在这个季节，情况看上去并不太好，毕竟冬天已经开始了。

和往常一样，我和其他几个人一起到康斯坦蒂亚（Constantia）

远足。我们到了距离好望角30英里的村镇斯泰伦博斯（Stellingbosch），在那里受到了这一地区的主管里奈弗尔特（Rynevelt）先生的热情接待。我从那儿前往帕尔山（Parl Berg）。这座山得名于山顶上大量的花岗石，其形状就像一块巨大的珍珠。回来时，我们取道泰格山（Tiger Berg）返回开普敦。

特使在桌湾上岸以后，“阿尔赛斯特”号开到了西蒙斯湾。于是，我们便从西蒙斯湾启航。航行中，我们驶过圣保罗群岛和阿姆斯特丹群岛时，可以远远望见这两个群岛。6月9日，我们到达了安杰尔（Anjere）锚地，在那儿找到了“天琴座”号，它只比我们早两天抵达。我们也看到了“休伊特将军”号，它
20 正在驶向巴达维亚[①]锚地。

1816年6月10日。——我们受到主管随从麦克·格里戈尔（Mac Gregor）先生殷勤周到的接待。11日，驻扎在万丹（Bantam）地区的孟加拉陆军的于尔（Yule）中校，从也被称作西冷（Serang）的塞兰（Seeram）来到安杰尔，为我们第二天早晨离开这里前往巴达维亚做好了安排。我们的使团前往塞兰，大多数人都乘坐马车，只有医生阿裨尔（Clarke Abel）先生和画师哈弗尔（William Havell）先生坐轿子，因为他们觉得，对于他们各自要做的事情来说，坐轿子要比速度更快的交通工具方便一些。这种轿子比扛在肩上的肩轿多少长一点，上面还有一个防雨的顶篷。轿子用竹子制成，安装起来很快，空间足够宽大，同时又不算沉。轿竿不是像肩轿那样安装在中间，而是

① 印度尼西亚首都雅加达在殖民地时代的旧称。——译者

安装在两侧，可以根据抬轿子的人数来选择是整体安装还是分开安装。

前往塞兰的时候，路过一大片美丽的原野，地面起伏不平。
安杰尔附近的树木几乎全是椰子树，但当我们进入内地以后，
树木的品种就多了起来。岛上生长着各种各样的棕榈科树木，
其间也夹杂有一些糖科树木，爪哇的蔗糖就是以它们为原料榨
取出来的。经常可以看到大片大片的竹林，竹子的应用范围非
常广，广得让人觉得，如果没有它们，当地人的家庭经济就难
以存在。为他们遮挡风雨的房屋和室内几乎每一样家具，都是 21
用竹子制成的。这些竹制品做工极其精细，即使是技术最完美
的文明社会，也很难生产出更好的替代品。

奇力贡（Chiligong）位于前往塞兰大约一半路程的地方，我们到达那儿的时候，正赶上当地一周一次的市集。集上整齐地摆放着各种各样准备出售的东西，大部分都是一些可以直接消费的物品。最主要的商品是收拾干净的鱼、糖果、消热解暑的饮料、槟榔果和蒌叶，另外还摆放着一些低劣的珠宝，以及可以用来制作库巴亚或者当地人穿的其他衣服的布料。库巴亚是当地的一种衣服，当地人将一块布料先绕在身上再悬垂在两腿之间。这里的桥梁全部都用竹子修建，上面铺着席子。它们的亮度和弹性使得它们看上去似乎不太结实，但实际情况绝非如此，除非长期不进行维修。大雨经常会使得一些小溪流的水量突然性地暴涨，冲毁那些由贵重材料修建的较为结实的桥梁，而那样的桥梁就不会像竹桥这样容易或者可以这样随时地得到修复。根据当地的传说，大海以前远在安杰尔和塞兰之间

大约3/4处的一个名叫帕拉布勒布朗（Palabooler Boolang）的村庄。万丹城先前是在爪哇的欧洲人常去的地方，现在已经毁掉了，不过从它的遗存中仍然可以依稀看到昔日的辉煌。如果那些到过这儿的人的记载可靠的话，这里房屋的建筑形式和总
22 体风貌应当属于印度式建筑。万丹现在仍然是苏丹的驻地，但苏丹已经不再是一个独立的王了，他把领土割让给了英国政府，作为回报，他从英国政府那儿接受定期的生活津贴。

我们一伙中一部分人居住在城外6英里远的殖民地官员官邸里。当他们在那里居住的时候，在位的苏丹去世了，由他的儿子继任。由于他的儿子尚未成年，政权的摄政便交给了已故苏丹的叔叔。这名首领性格独特，举止怪异。他对显示高贵身份的那些外在象征极度蔑视，对世俗财产自然也是不屑一顾。前一点可以从他朴素得甚至低劣的衣着上看出来，而他在支出其津贴方面非常随意的慷慨大方，又充分表明了后一点。在这方面，他和他的侄子非常不同，那是一个极度贪婪的人。说服前苏丹的叔叔接受摄政地位颇费了一些口舌，因为和相对来说更为奢华的领取津贴的宫中生活相比，他更愿意在万丹地区新建的一个村镇里做不那么劳心费力的管理工作。

塞兰附近有大片的耕地，但是由于这个省近年来不断遭受到内乱的影响，这一地区的土地总的来说还是缺少开发。在了解到荷兰人的兴趣主要集中在胡椒上，并且了解到荷兰人压迫他们的主要根源是为了确保胡椒的垄断权以后，当地人毁坏了
23 这一地区所有的种植园。由于英国人采取了完全不同的管理方式，他们对英国政府的态度非常好，但是当地政府仍然没有能

够成功地让胡椒种植重新振兴起来。荷兰政府的制度真是太可怕了，可怕得让大自然的慷慨馈赠成了它们所有者憎恶的对象！许多记载都把这个多山国家的居民描写成与平原地区人民不同的种族，他们身材较小，说一种特殊的语言。

因加比斯（Ingabis）是爪哇地区的一种地方官员的称呼，类似于印度南部的帕泰尔斯（Patells），也就是村庄首领。因加比斯负责地方治安，征收赋税，每年由当地居民选举产生。根据这一地区司法机构雇员们的报告说，这里的犯罪率很低，而且很少发生严重的犯罪。实事求是似乎是本土人性格中的突出特点，以至于在审判犯人的时候，很难劝说犯人们按照英国法律确立的原则提出无罪的请求。因为欠债而被监禁的情况极端少见，实际上连民事诉讼都很少发生。据说本土人在被允许为自己进行辩护的时候，表现得非常坦白，尤其是在检查证据方面。潘查亚特（punchayet），或者由本土人组成的陪审团非常普遍。有趣的是，每个村庄内部的经济情况与印度南部的确十分相似。

从塞兰到我们吃早餐的奇肯迪（Chikandee），前半段路
和我们官邸附近差不太多，都在卡累河（Kalee）沿岸。到了 24
离奇肯迪10英里的地方，我们乘坐渡船渡过了一条名叫印地
拉多（Inderado）的宽阔溪流，然后穿过一片丛林，向着村镇
前进。对于很少见到大自然原始繁茂景色的人来说，丛林始终
都是一个非常有趣的地方。由于没有人对丛林的所有权提出过
要求，丛林自然也就没有因为人力而发生过改变。在离巴达维
亚将近20英里的坦格朗（Tangerang），我们遇到了总督的副

官沃森（Watson）上尉，他在一位荷兰绅士的家里为我们准备好了食物和饮料。离开坦格朗以后，我们乘渡船渡过了奇达尼（Chidanee）河。如果我没有弄错的话，这条河与流经位于茂物（Buitenzorg）的总督的乡村官邸是同一条河。在到达巴达维亚之前的最后一段路程中，我们先是经过了一个地区，它的右边是一条运河，左边是一排乡村别墅。然后，我们又经过了一个全部都是中国人居住的地区和另一个我忘记了名字的地区，最终到达了总督官邸雷斯韦克（Ryswick）。即使是在城郊地区，浑浊的运河水和邻近地区的大量植被，也会给人留下不卫生的印象。不过，这种印象现在仅限于巴达维亚城本身。雷斯韦克官邸尽管离城只不到3英里，但人们觉得它的环境完全有益于健康。在威尔特雷登（Welterwreden）有一个军营，就部队的情况来说，这个军营提供了一个长期保持良好卫生情况的例子，在国外驻防的其他任何英国部队几乎都不能与之相媲美。

近年来，富有的欧洲人已经不再住在巴达维亚城里了，他
25 们全都住在城郊和城市周边地区的乡村别墅里。专门为他们建造的房子十分宽敞，但一点建筑格调也没有。最漂亮的房子似乎就是斯达阿迪屋（Staadt House）了。

与英国人混住在一起似乎并没有实质性地改变荷兰人的习俗，他们仍然喜欢住在运河上的寓所里，总是抽着方头雪茄烟。荷兰人居住的房子的墙顶部伫立着一些飞鸟和野兽，偶尔还有异教男女神灵的塑像。这些塑像的数量和它们可供选择的种类一样繁多。巴达维亚的荷兰人特别不喜欢室外的空气，陌生人看到他们紧闭着的玻璃窗和百叶窗，几乎都不敢相信自己

身处赤道6°以内，或者不敢相信这些不顾最显而易见的常识的人在室内还能够继续活动。荷兰人之所以排斥室外的空气，是因为他们认为，不让汗水流淌出来会产生危险，因此必须要维持一定的热度。他们不知道，在关闭着的屋子里呼吸污浊的空气，本身就十分不利于健康，而且由于从整体上降低了身体系统的质量，使自己更加容易生病，对温度的变化更为敏感。他们再如何小心也难以避免这些影响。

在巴达维亚，包括商人在内的中间阶层，一般都是中国
人[①]，是先前来到这里的移民的后代。这些人现在当然是一支 26
混血种族，因为我知道从来没有妇女离开过中国。巴达维亚比较富有的中国人有一个普遍的做法，就是把他们的孩子送回中国接受教育。同时，和人们所想象的相反，在离开祖国多少年以后，有一些中国人最终又返回了他们的国家。就我自己的观察来看，应该说，刚刚来到这儿的人从爪哇人和马来人的身体特征上看不出什么明显的区别，确实很难断定他们来源上的不同。在街道上看不到多少非洲奴隶。

爪哇的欧洲人领地内普遍使用由四匹或者两匹小型马拉着的轻便马车，这些马车制作工艺粗糙，但是适合这里的气候。所有的大道上，每隔大约一个法国驿站的距离，便备有替换的驿马。这些小型马虽然矮小，但是健壮有力，吃苦耐劳。在这里可能和其他地方一样，马匹能否吃苦耐劳，要取决于如何对

① 台湾岛一直都是中国向巴达维亚移民的主要来源。这个岛以及福建省的本土人比中国其他地方的人更富有冒险精神，有更多的人从事远航活动，也有更多的人移民到外国居住。

待它们。比马（Beema）地方出产的小型马最受欢迎，我认为比马的小型马是从松巴哇岛引进的。

格里菲斯（Griffith）先生和我于15日离开巴达维亚，准备穿过群山前往那边最近的一个政区昌卓尔（Chanjore）。可是，当我们到达离巴达维亚32英里的茂物的总督乡村官邸以后，发现路上所有的马都整装待发，因为总督随时都有可能启程，到巴达维亚各个摄政区[①]进行每年一次的访问。因此，我
27 们被迫放弃了远足，只能在茂物附近看看了。这里的房屋很宽敞，修建得十分漂亮，而且位置都很好。这个村镇有着一个和政区一样的名字。从巴达维亚前来的路上，除了茂物附近，看不到任何美景。然而，这里的乡村风景却十分秀丽。远处是高高耸立的群山，山涧在树林中快乐地流淌着，看上去就像英国最美丽的风景。从茂物可以看到一座圆锥形的山丘孤独地耸立着，我们在那儿弄到了许多那里有名的燕窝。村镇里的居民主要是中国商人，他们用制造品来换取稻米和其他农产品。从房子里可以看到基迪（Geedee）山，这是岛上最高的山峰之一。莱佛士（Raffles）[②]先生和他家里的男士们一起，经过几个小时登上了这座山的山顶，在那里安放了一块大理石碑，用以纪念英国人征服爪哇。

17日，我们全体人员在阿迪派蒂（Adipattee），也就是茂物区的土著首领所在的西斯鲁阿（Siserooa）用了早餐。一路

① 区一级的首席本土官员被称作摄政。

② 英国殖民时期重要的政治家，曾任英属苏门答腊总督。——译者

上的风景极富浪漫色彩。奇达尼河蜿蜒流淌，轻巧的竹桥悬挂
在河上，只有经常在上面走过，才能够对它的安全性产生信
任。周围是各种各样的树叶和形态各异的树木，远处是多彩多
姿的群山，置身这样的美景之中，真是让人别无所求。有一大
段路穿过一处庄园，这处庄园属于巴达维亚4位著名的荷兰居
民。这里土地肥沃，物产丰富，还有美丽的田园风光，必然使
其成为一片最为令人向往的领地了。我们在岛上所看到的缺水 28
状况以及灌溉方面的困难，在这里从未影响过土地的产量；相
反，这里随时都有充足的水，而不像北方气候条件那样：大自
然对于农民辛勤耕作的回报总是十分吝啬，或者让他在漫长的
期盼中等待他劳作的收获。而在这里就不一样了，植物很快就
能生长起来，农作物的收成也就相应地增加了。为了方便灌
溉，田地呈梯田状排列。岛上生产各种稻米，有两三个品种甚
至不需要人工进行浇灌。所有记载都说，在土地、物产和景色
美丽方面，岛的东部要优于西部。这里的气温比茂物要低几
度，气候总的来说很像英国晴朗夏日的清晨。

人们告诉我们，我们可以从茂物的土著首领（阿迪派蒂）
身上，看到本土人心目中的男性美。他的身材与所有爪哇人和
马来人一样，肌肉强健，比例匀称。他比他的大多数同胞要
高，不过还是达不到我们所说的中等身材。他的面孔不是说完
全没有让人感到舒服的地方，但还是在西方世界很少见到的丑
陋的集合。扁平的鼻子，巨大的嘴，一嘴或者是刻意染黑的或
者是因为过度咀嚼蒌叶而弄黑了的牙齿，使他的样子即使不能
说是面目可憎，也是令人讨厌，与好看完全不沾边。那些帮他 29

上马的杂役们身穿深红色衣服，头上戴着编织而成的碗状帽子。这种帽子主要是马车夫和养马人戴，有时候也能看到其他各阶层的人戴。土著首领穿着一双欧洲靴子，其他服饰都是民族服饰，包括一条系在头上的头巾、一件束腰外衣、一块包着腰和身体下部的布，布下面一般都穿着裤子或者短内裤。我们看到的马来人或者爪哇人，很少有不随身携带波状刃短剑或者匕首的。这些短剑、匕首样式很多，从窄刃短剑到土耳其弯刀式样的匕首都有。这些都是民族传统武器，从其大小来看，它标志着男性应该更加倾向于主动地进攻他们的敌人，而不是被动地防御。波状刃短剑因为古老而备受珍视，是家族重要的传家宝。马来人在斗鸡赌博的时候，直到输光所有家财才会押上他们的波状刃短剑。这个民族的冒险精神足以通过他们格斗的形式看出来：他们从头上解下头巾，把它缠绕在胳臂上用作保护，就这样光着头，在只有进攻用的那只手臂受到保护的情况下，向他们的仇敌冲去，要么战胜仇敌，要么被仇敌所毁灭。看到一柄上面残留着多年前的毒药的波状刃短剑，就不可能不产生出这样的印象：有关马来人有复仇倾向的说法并不是没有依据的。

即使已经看惯了印度人黝黑的面貌，欧洲人的眼睛要适应爪哇女性的脸，想必还是需要一定的时间。男性的那些丑陋特
30 征在女性身上多少有些弱化，但我还是忍不住要说，她们仍然有足够多的地方令人讨厌。她们相貌中最为丑陋的地方，应该要数那一嘴变了色的肮脏牙齿了。在与欧洲人关系比较密切的情形中，她们表现出来的品质比同等阶层的印度人要好。她们

更为忠诚，更依恋人。她们表现出来的对欧洲人的嫉羡心，实际上是她们认为她们的保护者比她们更为高贵的证据。土著女孩常以花的名称作为名字，不过，她们的相貌和名字之间的关系，几乎就像爪哇榴莲的气味与她们名字的花的花香之间的关系一样。通过和那些在这个岛上住过一段时间的人进行交谈，我收集到一些有关这个民族性格的一般性评论，我把它们放到了这一节的结尾处。

渡船上使用的绳子要很结实才行，因此要么是用藤条拧起来的，要么是用糖枫树的纤维制成的。这些绳子和印度用来装配轮船的绳索相比，只是颜色有些区别，是黑色的。一般来说，岛上的本土人喜欢把他们的住处建在远离大路的地方。在先前政府统治时期他们所要承担的封建义务，是他们做出这种选择的重要原因。他们的房屋和家庭用具造起来十分方便，这使得他们在很大程度上可以不依靠商店或者市场。下等人穿的普通衣服都是由妇女自己织的。我们已经提到，他们用稻米和其他农作物从中国人那儿换取铁制工具一类器具。

我们于17日返回巴达维亚，对这次旅行十分满意，它让 31
我们对这个岛的美丽和肥沃有了很深的认识。在路上，我们经过了科尼利厄斯防线，防线早在占领这个岛之后不久就被毁掉了，但这儿还存在着一处房屋，被一个小要塞环绕着。房屋的名字叫作梅斯特科尼利厄斯（Maister Cornelius），防线的名称便是由此而来。据说，这处房屋是一位第一个敢于在离巴达维亚数英里以外的地方居住的荷兰绅士修建的。他感觉需要建立一个要塞来保证自己的安全，要是有一个有着强大防御能力

的要塞，他也许就可以独自对抗苏苏哈南（Soosoohanen）或者爪哇皇帝了。在地面上现在已经看不到这些巨大工程的痕迹了，但是树木上仍然保留着荷兰人毁灭性炮火的痕迹。据说戴恩代尔斯（Daendels）元帅预见到了英国人的攻击，选择这里作为防御阵地。由于这里离巴达维亚不远，他希望攻击者要攻占这个工事需要花费一定时间，从而可以彻底摧毁攻击者的力量，并进而瓦解他们的攻势。威尔特雷登营地占地面积很大，坐落位置也很好。在它的旁边，矗立着戴恩代尔斯时期动工修建的宅邸。如果我们继续拥有这个岛的话，这座宅邸可能就建成了，因为它已经处于接近完工的阶段。就其占地面积和外观来说，它是一个适合爪哇最高统治者居住的地方。

戴恩代尔斯元帅的统治贯彻着真正的波拿巴精神。他敢作
32 敢为，从来不会让所谓的困难或权利阻止他的计划的实施。个人的感觉和财产必须要服从于他的愿望，无论是他私人的愿望还是有关公共事务的愿望。他更愿意让他统治的人民畏惧他而不是让他们热爱他，并以此来维持他的权威。尽管他一定十分了解荷兰在这个岛上采取的政策明显是在毁灭岛上的资源，但是通过自由民主的方式来改善本土人的生活状况，既不符合他的个人性格，也不是他所代表的政府的政策。他的行为方式无论是出于自然而然，还是为了威吓而刻意为之，都已经凶恶到无可比拟的地步。有关他的一则逸闻说，某天晚上，他很晚才到达他的一个驻地，下令为他准备一些鸡蛋做晚餐。不幸的是，本土厨师手边恰好没有鸡蛋，于是便莽撞地告诉元帅，在这样的深夜里找不到鸡蛋。戴恩代尔斯抓起始终不离左右的一

柄手枪，朝着厨师的头便开了一枪，子弹擦着厨师的耳朵飞了过去。一名摄政王不乏幽默地说，子弹的呼啸声产生了最为奇妙的效果，村镇里所有的母鸡都立刻开始下蛋了。事实上，厨师出于对死亡的恐惧，经过再次寻找，解决了困难。据说，戴恩代尔斯之所以被解除政府职务，就是出于对他总是我行我素的质疑。一个通过篡权建立的新政权，自然会担心别人模仿它的那些手段，难道不是吗？在戴恩代尔斯统治下，爪哇政府的性质被改变了，商业精神屈服于更为强有力的军事专制。这种变化对于本土人肯定是有好处的，因为没有任何压迫会像建立 33
在商业垄断者的算计基础上建立起来的压迫那样无情，那样难以撼动。

18日，我们一伙前往离巴达维亚16英里远的奇林钦（Chillinching），这是我们的军队1811年登陆的地方。这里地势低洼，多沼泽，想必会让人对爪哇岛产生出极其不快的印象。确实，这儿的样子似乎预示了那些曾经归之于气候的所有灾难性后果。当时，由于大道上的桥梁正在修复中，部队被迫在沼泽地里停留了两个晚上，结果导致许多士兵生病，证明了那些最坏的预测是有道理的。从海滩到村镇的上坡路十分狭窄，4个人都不能并排行走，再加上道路两旁地势低洼，肯定给部队——即使是步兵——前进带来许多困难。再加上当时阵地上的防御工事，肯定会给部队登陆制造极大的障碍。如果政治形势发生变化，让我们和爪哇的占有者们再次处于战争状态的话，过去的经验会指出，应该在这个岛的东部发动攻击，一方面是因为那里的气候以及在那里更容易得到补给品，一方面也是因为一定会得到

本土人的协助。

18日是滑铁卢战役周年纪念，英国官员举办了一个舞会，邀请荷兰人参加。特意选择这个机会来举办大众娱乐活动，是因为对于要纪念的这一光荣事件，主人和客人在情感上没有任
34 何冲突。如果说，这一事件的结果给英国带来更多荣耀，那么它对于尼德兰就更加重要。对尼德兰来说，这一结果就是和平、独立和政治上得到承认。在舞会上，前任赴中国使团的成员们在类似场合所看到的，并给他们留下深刻印象的带有殖民地特色的服饰和外表，这次没有出现。不过，一些年长的荷兰女士仍然穿着库巴亚，让人想起了旁观的爪哇人，而她们那些年轻的女同胞们既品位低下，不善交流，又远远落后于欧洲的最新时尚。

在欧洲人的殖民政策史上，恐怕没有比荷属东印度公司在爪哇的统治更为不善的例子了。它们的统治特点和垄断者的特点结合在一起，唯一的目标是以最低的原始成本赢得每年度的投资。同时，他们制定政策时从来没有一年以上的长远眼光。在这方面，他们显得缺少商业智慧，因为他们的份额制度有一个直接的倾向，就是逐渐消减供应来源，最终毁掉资本本身。从爪哇的土地肥沃程度、自然物产以及地理条件来看，如果治理得当的话，在税收方面会给它的所有者带来很大的利益。但是荷兰人过度贪婪，甚至连高利贷般的利益都满足不了他们，结果使得这个国家的实际资本一年比一年少。他们对臣民的权利和幸福漠不关心，对这个岛的整体繁荣也不感兴趣，把各省的内部管理完全交到本土首领手中，然后又强迫这些人以生产

者承担不了的低价向他们提供咖啡、胡椒和其他可以出口的产 35
品。只要这些首领或者摄政们——这些地方首领的名称——能够完成他们的工作，荷兰人并不关心为了实现目标而对民众造成的大量痛苦。一般认为，东方政府的统治制度首先宣布统治者是土地的所有者，然后以税收形式从臣民手中取走一份生产品，其份额大小要控制在允许土地耕作可以继续进行的范围内。但是在荷兰人管理下的爪哇，可以推测，全部商业投资都会被额外地加到税收所占的份额中，因为可以想象得到，本土长官绝不会出于同情而从正常税收中减少提成金，从而减少了他们赖以维持其地位及个人消费的资金份额。然而，当压迫超过了某种程度，就会成为政治自杀。爪哇不断增长的财政困难使它成为其母国的负担，尽管戴恩代尔斯元帅成倍地增加了这个岛的税收，但支出仍然超过了收入。

如果说荷兰人在爪哇的治理方式并不聪明的话，那么他们对本土人的道德品质的认识同样也是不公正的。在他们国家沿海出没的海盗，与世界其他地方的海盗可能会有所不同，但也不会相差太多，就是他们描绘爪哇人形象时的原型。这些商业
暴君们意识到，他们可能会得到遭受他们压迫的人最为严厉的 36
报复，这让他们感到十分恐惧，于是便说爪哇人生性凶残。但是，英国过去5年间的经验，已经证明这种说法是完全错误的。荷兰官员或者公务人员从来不会不带卫兵在这个国家穿行，而如果一个本土人出乎意料地出现在这样的场合，就会被认为是正在寻找进行刺杀的机会，从而有充分的理由被处以死刑。

旅行者常常把马来人和爪哇人弄混。前者一般居住在沿海

地区，据说在性格上比后者要暴躁，在习俗方面也比后者更为放纵。不过，很难由此而得出推论说，他们道德品质的差别大得需要对他们采取不同的管理方式。爪哇人视自己为一个优等种族，把被人称为马来人看做是一种侮辱。嗜赌成性的主要是马来人，赌博中如果遇到坏运气，他们很容易做出各种疯狂的残暴行为。在债务的责任感方面，没有任何欧洲绅士能够超过马来人，为了归还债务，他甚至不惜去偷盗，即使明知会被发现并且被处以死刑。人们告诉我，马来人和爪哇人都很诚实，其诚实程度一定会让那些认为东方民族普遍缺乏这一品质的人大吃一惊。前面曾经举过一个事例，表明他们极其执着地忠诚于事实。我们和爪哇本土人接触的时间虽然不长，但我们对他们的性格脾气产生了非常好的印象。他们看上去聪明、快
37 乐，待人友好，举止一点也不拘谨，对外来人没有什么偏见。和在印度以及其他东方国家一样，宗教信仰的不同并没有成为相互交流的障碍。本土人让人感到亲近，愿意采取某些欧洲习俗，同时，对那些与他们的喜好或者宗教教义相抵触的事物，也不进行污辱。把这个岛的本土人和英国人隔离开来，将是一件彼此都会感到遗憾的事情。莱佛士先生倡导的旨在改革税收和司法制度的政策，开始得到了回报。在改进殖民地财政方面，新的温和的税收政策直接按照土地上最常见、自然生长的作物品种来计算税款，这就立即把这个岛的商业和农业从唯利是图的压迫中解放了出来。在他的管理下，殖民地政府作为统治者，要求从国家资源中得到正当的一部分，以支付公共服务的迫切需要，而不是一个大农场的所有者，压迫他的奴隶们，

让他们从事超过其体力限度的劳作，以满足他贪得无厌的欲求。这也就是先前的荷兰政府的统治特点。人们希望，在最近时代的巨大变迁中，欧洲君主们被迫接受的自由主义的君主责任和人民义务的观念，会将其影响扩展到爪哇，希望英国引进的政治制度不会被抛弃，希望这里的居民们，那些现在过上了更好日子的居民们，不再被掷回到政治和商业双重压迫的痛苦之中。

莱佛士先生和爪哇英国行政部门雇用的其他人的研究，将 38
提供许多有关这个岛的古代历史和文学方面的重要信息。这里的古代宗教肯定是印度教，那些寺庙的遗迹，以及现存的用已失传的语言写作的著作，表明这里曾经有过相当程度的文明和发达的艺术。我非常高兴地期待着仔细阅读这些研究，因为访问了这个岛，我对它先前的历史和目前的情况产生出极大的兴趣。

6月21日。——从巴达维亚锚地启航。我前面没有提到，“天琴座”号已经于6月12日从安杰尔锚地出发，去向乔治·小斯当东（George Staunton）爵士[①]报告使团快要到达的消息。10日，有一艘美国船前往广州，阿美士德勋爵利用这个幸运的机会，给广州方面捎去了一封信。这样，我们就可以期待在约定的集合点见到小斯当东爵士以及准备陪同使团的英国商馆的先生们。这是我们非常希望出现的情况，因为尽管广州地方官府不会让使团得不到接待，但他们出于戒心可能会阻碍使团目前的进度。

① 小斯当东爵士全名乔治·托马斯·斯当东，其父乔治·伦纳德·斯当东爵士1793年随马戛尔尼勋爵来华。为区别起见，本书将其译为小斯当东。——译者

第二章　经天津从广州到通州

到达中国时的期望——使团的起源和目标——成功的可能性——抵达南丫群岛——与小斯当东爵士的信件——接到皇帝谕旨——在黄海航行——抵达白河口——与清朝官员的交流——使团登岸——会见中国钦差——前往天津——抵达——在天津的事情——有关城市和居民的评论——离开——关于乐队的谕旨——关于舰船离开的商谈——北京来信表达皇帝的不满——随后与清朝官员的会谈——高官任命的通报——到达通州

39 1816年7月6日。——距离目的地已经很近了，现在是一个有趣的时机对我们使团的源起和目标做个简短的概括。因为我们即使不会在刚刚进入中国领土的时候也会在谈判的过程中产生出一些情绪和偏见，这些情绪和偏见可能会根据当时的情况而影响我们的看法，使我们的判断偏离最初决定采取这一行动的那些原则。

在快要到达一个至少从新奇的角度让人感到好奇，同时又因其独特的性格和习俗而引人注意的国度的时候，在我们这本旨在给私人朋友阅读的日志里，写下一些个人的希望和感觉，或许并不能被看作是跑题吧。

对那些像我这样在远离祖国的地方生活过许多年，同时又
访问过亚洲某些重要宫廷的人来说，已经很少对他们在举止行
为、风俗习惯和宫廷排场方面与欧洲世界的差异感到惊讶了。
差不多同样的漠然，可能也会扩展到我对这些国家的政治活动 40
和道德习俗方面的看法上。在平民大众中看到肮脏和贫穷，在
上层人那儿看到傲慢和卑鄙，我都不会感到多少惊奇。发现西
方文明在东方遭到怀疑或者轻视，也不会让我感到愤慨或诧
异；看到一个国家满足于沿袭了多少世纪的平庸无为，同时又
反对外来先进知识的引进，我更不会感到气愤。

即使我有这方面的能力，我也非常怀疑我能不能收集到有关中国或者其居民任何新的信息。我们的同胞斯当东（G. L. Staunton）爵士和巴罗（Barrow）先生，以及小德经（De Guignes）先生和范罢览（Vanbraam）先生新近的著作，已经满足了他们各自使团那个时代公众的好奇心。由于中国几个世纪的变化还不如欧洲几十年的变化大，所以现在也不会有多少改变。事实上，在早先一个时期，传教士的著作已经详细地探讨了人们所关心的几乎所有方面，尽管人们对读到的或者听说的关于中国的信息仍然感到满足。不过，这种满足是与中国的趣味性成比例的。在这方面，我必须坦白，在我看来，中国始终显得非常无趣。

中国幅员辽阔，物产丰富，人口众多，但是缺乏活力和

变化，令人乏味的单调一致统治着一切，也让一切都失去了活力。就我自己来说，我宁愿再次回到阿拉伯的贝都因人（Bedouins）或者波斯的伊利亚人（Eeliats）中间经历疲乏和
41 贫穷，也不愿意像我们即将去做的那样，一直舒适地航行在平静的大运河上。

但是，无论刚刚提到的看法是正确的还是错误的，语言方面的一无所知以及我们可能会在被监视的状态下旅行，都会彻底地阻碍我们享受旅行的快乐，也不能进行任何研究。最大的满足就是返回英国以后，能够用巴罗的话说：“不是所有人都有幸能进入科林斯门。”[①]

1815年初，广州的代理商们表示，他们在进行贸易活动时，越来越多地受到来自地方官府的压制。代理商们遇到的困难，使得董事会开始认真考虑是否需要派出钦使前往中国。于是，他们便向英国政府大臣们提出了他们在这个问题上的看法。代理商们的信件被交给了管理委员会主席，这位主席建议，目前最好先由代理商委员会提出进一步的、更为详细的信息，然后再采取具体措施，因为尽管委员会可以向帝国政府提出申诉，但是，在能够证明这些反抗压制的措施（现已在广州推行）能成功解决实际存在的压制前，委员会不会采取任何行动。于是，董事们一致同意派出使团。

董事会主席和代理主席在掌握了足够的信息以后，在代理商们重新提出的建议的支持下，于1815年7月28日写信给英国

① 这句谚语的意思是，不是所有人都有幸能去拜访伟大的城市。——译者

政府大臣们，请求他们同意所提出的措施，由摄政王委派某位 42
地位较高的人作为特使去觐见中国皇帝。

在这里简短地回顾一下中国广州当局与代理商委员会之间争执的性质，可能并没有什么不恰当。为了不在这个问题上抱有激烈的感情和偏见，最好在刚刚开始的时候记住这一点：在广州的英国贸易从来就没有得到两国之间正式承认的或者共同规定的权利或者特许权的保护。两国之间不存在任何类似土耳其贸易那样的协定，也没有任何类似欧洲文明国家之间那样的通商条约。入港税的变化或者允许与外国人贸易的中国人数量的变化，都可能会对贸易造成伤害，但又都无法对之提出控诉。对于这些问题，我们可以请求予以改善，但是不能要求纠正。

无论如何，根据这些原则，我们可以毫不犹豫地说，中国当局1813年干涉剌佛（Roberts）先生担任商馆首领是没有道理的，而且是绝对不可接受的；而中国皇帝于同一年批准一个公行首领的任命，或者减少中国保商的数量，就是有道理并且可以接受的。中国政府的权力是绝对的，可以任意作出改变，代理商以及他们在祖国的雇主们所能考虑的唯一问题，是在这样的情况下如何继续进行贸易。在上述两件事情和其他一些较小的事情上所作的有成效的抗争，被委员会认为是1814年发生严重争执的诱因。

广州政府采取敌意行动的直接的、当然也不无道理的原因， 43
是英国战船在无争议的中国领土范围内扣押了一艘美国船只，从而违反了口岸中立原则。这一行动是英国皇家战船“多丽丝”号船长干的，他还扣押了其他几艘美国船只。尽管这种行动在欧洲符合海事法的公认原则，但遭到广州官府的抗议。他们拜访了代理商首领和特选委员会，要求他们行使其权力，赔偿损失，并设法阻止这类事情再次发生。为此，他们坚持要求立即把英国皇家战船遣回欧洲。为了使这一要求更有分量，他们禁止船只进行补给，并且进行了旨在武力驱逐它们的军事示威。

委员会表示他们控制不了国王陛下的兵舰，因此就不能也不应该为其指挥官的行动负责。不过，这没有产生任何效果。像原本可以预料到的一样，两广总督拒绝接受这种解释，很自然地会选择居住在广州因而触手可及的一伙商人作为英国人所有行动的责任者，而不会选择最高当局，因为他们太过遥远，向他们进行申诉似乎产生不了任何作用。

或许令人感到遗憾的是，代理商们过于拘泥于官方形式了，没有能够及时以其国家的名义为所做的公认的不正当行为进行
44 道歉，并且立即就其他扣押船只事件做出解释，以最大限度地消除误解，或者缓减中国政府官员们不断增长的愤怒情绪。

两广总督采取了一系列行动，力图强迫接受他撤走战船的要求，所有这些行动都给代理商们制造了或多或少的麻烦。中国人被禁止在英国商馆里进行各种服务，特选委员会的请愿书被原封退回，并且禁止以后在这类文件中使用中国文字——使用中国文字处理这类公务原本有很多益处。曾经接受英国商馆雇用、前往北京把一幅摄政王肖像送给松大人[1]的中国通事阿耀（Ayew），被抓了起来并遭到监禁和殴打，理由是他与外国

① 曾任两广总督的内阁大学士松筠。——译者

人勾结，并且——尽管没有明说——和这些外国人进行卖国活动。另外，阿耀也被指控非法买官，他先前只是一名仆役，没有资格得到官职。

这其中的前三个行动极大地影响到贸易的进行，当然应该直接向地方政府提出申诉。但是对于最后一件事提出申诉的正当性，可能还是应该提出一些疑问。一位中国人受到不公正的控诉和残暴的刑罚，或许是一件让人觉得反感甚至憎恶的事。但是就此事正式提出申诉，就差不多等于干涉一个独立政府的司法程序了。不过特选委员会对此却持有不同的、肯定更宽仁
的态度，因为在接下去的讨论中，抓捕这名中国通事的所谓理 45
由被当作申诉的主要问题，收回这一理由被当作双方关系和好的必要条件。

总督在刚刚列举的那些行动中表现出来的坚决不妥协的态度，迫使代理商们不得不采取中止贸易的措施。这个措施对双方都会造成伤害，地方政府会因之马上失去财政收入，而如果不能奏效的话，也会给东印度公司带来非常严重的商业和财政麻烦。这样一个破釜沉舟的措施需要最坚定的决心才能实施，而代理商们并不缺少这种决心。总督答应就有争执的问题进行常规性谈判，并且任命了官员在平等基础上与小斯当东（特选委员会为此派出的代表）爵士进行会谈。结果，对所申诉的问题做出了令人满意的解释，有关问题得以解决。

在与地方政府讨论的过程中，特选委员会有相当的理由对行商们的行为表示不满。一名总商的商业利益与美国船只的安全紧密地联系在一起，而另一名总商的阴谋则与北京有关，据

猜测这些阴谋的目的是要把整个贸易全部控制在国人手中。

46 由于在那些他们最应该得到支持的问题上没有得到支持，代理商们的困难自然会大为增加。他们的成功完全建立在英国贸易对中国政府和广东省的极端重要性上，国家和个人的成见这一次之所以屈从于外国人的要求，只能归因于这一重要性，而不是由于这些要求有道理或者有实际价值。

如果不是后来获知了总督呈递给皇帝的奏折的内容，这些令人不快的冲突本来可能会被认为已经解决了。总督的奏折重新使用了那些遭到抗议后被否认的叙述。这种弄虚作假和背信弃义的行为，自然会减少——即使不是毁掉——对未来的信心。

虽然当董事们在使团问题上最终下定决心时，他们所了解到的最后信息就是总督的这一行动，但是，为了使我们的叙述能够更加连贯，我们不妨提前去看一看在与地方政府讨论结束之后收到的有关广州所发生事情的几道皇帝的谕旨。一道谕旨表达了对于帝国各地基督徒图谋的担心，授权地方严惩与外国人的非法交往，并且要求对外国人的行为进行严厉审查。另一道发给总督的谕旨，以来自广州的报告为基础，斥责了进行外
47 国贸易的方式，指出要清除一些较小的行商，理由是他们资本不足。谕旨还提到了小斯当东爵士，把他描绘成一个危险人物，因为他曾经跟随上次使团，通晓汉语，了解这个国家的情况，应该被置于地方政府的严密监督之下。一名大商人被认为是向皇帝呈送报告的人，他还在北京策划进行旨在建立公行的阴谋。由于发生了这样一些事情，代理商们显然觉得无法保证他们今后的商业活动不会受到困扰。董事们代表代理商们表达

了他们的看法：“即使成功地避免了1814年的争执，在一两年之内，他们必然还会重复他们那时不得不采取的强硬措施。在代理商们的备忘录和信件中，他们反复表达了他们坚定的意见：为了使英国贸易得到充分的保护和保障，当务之急就是要从孟加拉或者英国派出一个使团去见中国皇帝。”

董事们自己也认为中国皇帝受到了蒙蔽，不知道事情的真相，并且因此得出了这样的结论：直接向中国皇家最高权力提出申诉，可能就会使所受到的不公正待遇得到纠正。董事们特别强调，英国贸易不仅对广东省十分重要，而且对于帝国的收入也具有着确然无疑的重要性。他们因此推论，皇帝肯定不会赞成任何危及其规律性和持续性的行为。

董事们大体上放弃了得到额外特权的要求，但是他们这次 48
的意图扩展到两个新的重要让步上。第一，使用代理商们认为合适的中国商人；第二，通过派驻使节，或者通过向某个审裁机构呈递书面请愿书的方式，与北京建立某种直接联系。董事们对计划中的使团所有的其他期望，是要得到对代理商最近与总督谈判中争取到的几个问题的书面确认。他们还建议，可以利用这个机会来就英国皇家战船“多丽丝”号扣押美国船只的问题做出适当的解释。

董事们建议使团或者代表团应该由三名成员组成，第一个人是由摄政王任命的一位高级官员，另外两人分别是广州商馆领袖益花臣（Elphinstone）先生和特选委员会成员小斯当东先生。小斯当东先生能力突出，特别是他对中国语言的掌握能力，使他有资格加入到使团当中。使团的所有花费由东印度公司支付，因为使团是为了它的利益并且是应它的请求而派出的。

英国政府的大臣们基本同意董事们的主张和看法，唯一的例外是使团的构成。对此，他们认为更为可取的是使之具有钦差使团的外部特征，而不是某种委员会派出的使团。英国政府
49 的大臣们提出这样的意见，或许是出于对普通使团和钦差使团在性质上差异的考虑。使团实现其目标的一个重要因素是它给人的印象，这一印象的分量要通过使团是英国国王钦派这一荣誉体现出来。人们还担心，让在中国仅仅被看作是东印度公司雇员的人——无论他有多大名望和能力——成为使团的正式成员，可能会对使团给人的印象产生不利影响。人们感到，与广州地方政府的讨论将重新开始，而拟议中的成员此时出现在使团中，这可能会引起地方当局的反对，从而对使团能否得到接见产生致命影响。与此同时，益花臣先生和小斯当东爵士在与中国人的各种实质性交往中所能提供帮助的重要性也受到英国政府的充分的肯定。任命一名既可以单独进行谈判也可以与这些先生中的一名或者两名共同与中方进行谈判的全权钦差使节，似乎既能实现董事们选择他们的目的，也能应对所有的一般性阻碍和可能出现的麻烦。

董事们接受了对最初提议的调整，阿美士德勋爵被摄政王任命为钦定全权大使，我被任命为使团书记官，同时携有全权公使的待用信任状，只有在钦差死亡或者缺席的情况下才能使
50 用。我的名字也被写入全权文书中，这被理解为，在益花臣先生或小斯当东爵士不在的情况下，我将接替使团的空缺位置。

前面已经陈述了使团的主要目标，这些目标在给特使的训

令中有着详细的说明，也指出了主要目标中每一个目标的相对重要性，但是仍然有许多事情必须要由他自己根据事情发生时的各方面情形做出判断和决定。董事们最初意见之外增加的唯一一个要求，是获准在北方某个口岸进行贸易，以利于英国制造品销售范围的扩大。

当了解到俄国使团在1805年被从中国领土逐出时的情况后，自然就会意识到，在中国朝廷接见时的特殊礼仪问题上，这一次很可能也会发生类似的争执。尽管马戛尔尼勋爵使团的先例在某种程度上使我们有权要求按照惯例去做，但是仍然有理由担心，可能会强制我们遵行在中国更为普遍的礼仪，马戛尔尼勋爵使团的情形其实只是一次例外。

尽管在欧洲以前也曾经有过跪拜礼[①]，但这种由九次跪拜组
成的礼仪肯定会引起个人感情上的反感，与现代欧洲宫廷的做法 51
也不相符合。然而，为了维护所谓的尊严，在这样的场合对抗这样一种被认为属于东方野蛮习俗的礼仪，从而牺牲使团更为重要的目标，也不能被看作是明智的做法。无论如何，由于这是一个尤其需要随机应变的问题，英国政府的大臣们把它留给了钦使，让他参考益花臣先生和小斯当东爵士的意见自己做出判断。

所有对前次英国赴中国使团的活动和结果进行过认真思考的人，都必然会认为使团这一次要取得完全成功几乎是不可能的，有人甚至怀疑使团是否能够得到中国皇帝的接见。不过，我的担心并没有达到那样的程度。由于有以前的先例，以及中

① 跪拜是拜占庭时代后期的礼俗，实际上只有十字军战士中一部分独立王公实行。

国皇帝在一定程度上希望得到预料中的恭维，他可能会接见使团，除非出现俄国特使戈洛夫金（Golovkin）伯爵那样的情况，关于礼仪的争执在一开始就导致了使团的失败。董事们对这次行动能够取得中方新的让步几乎不抱太大希望。尽管他们也考虑要求赔偿之前发生的不公，但由于这种申诉会涉及一些在北京拥有影响力的人，所以几乎不可能得到成功，不应该鲁莽行事。确保现在享有的那些特权，或者更为适当地说，确保
52 贸易管理的稳定性，就是所有能预计的结果了。即使使团取得的成果仅仅是得到接见，那么这次行动就不能被认为是完全失败的。有机会面见皇帝，只要皇帝不对申诉的双方有所偏袒而拒绝纠正错误，广州地方政府就难保不会受到惩罚。

在新近与两广总督的争执中，特选委员会采取了决定性的——即使不能说是孤注一掷的——措施，并取得了成功。在许多人看来，在即将与北京朝廷进行的交往中，也可以采用这种方式。不过，不应该忽略这两个事件的显著区别。在广州，我们所使用的武器，也就是以停止贸易相威胁，就在我们手边，我们的对手就在身边，采取这种措施，马上就能造成损失，使政府的收入减少，使对英贸易所雇用的许多人失去生计，也有可能会危及该省的稳定。因此，无论商馆和中国政府之间争斗的最终结果是什么，总督——这一切都是在其统治下发生的——的垮台都是不可避免的。然而，如果在北京采取这样的政策，情况就完全不同了。英国大臣们的训令和董事部的意见，都没有打算在遭到拒绝时使用威胁以迫使中国方面接见使团，因为本次出使的原则是博得好感和表示敬意。的确，使

团的远期目标要取得成功，唯一的机会在于给中国皇帝留下一
个好印象，而要做到这一点，只能在我们合理的自尊所允许的 53
范围内，结合策略的考虑，尽可能地顺从中国朝廷和国家的特
殊习俗。把正常的商业交往是否能够继续进行，寄托于使团的
活动上，既不适宜，也不明智。钦使将因此变得手无寸铁，即
使可以提出一些模糊的威胁，这样的威胁肯定也不会有任何威
慑力。如果像荷兰使团的情况一样，遵守礼仪会把我们的身份
降低到朝鲜和琉球群岛的水平，那么就应该予以拒绝。这不仅
仅是因为贬低了身份，而且是因为它对我们不利。不过，如果
使团会得到接见还是会遭到拒绝取决于是否遵守除马戛尔尼勋
爵以外所有前欧洲使节觐见皇帝所遵行的礼仪的话，我会毫不
犹豫地放弃把这唯一的例外作为可以援引的先例，因为我认
为，使团如果不能获准觐见，被遣送回国，将会使现在的和未
来的两广总督们坚定地相信，唯一能够阻止他们的敲诈勒索和
不公正行为的，只有他们自己的利益。

7月9日。——当日傍晚，皇家海军船舰“奥兰多”号船长
克拉维尔（Clavell）来到甲板上，通知特使，抚院已经得知使
团即将到来的消息。克拉维尔船长前一天联系上了“天琴座”
号船长霍尔，由于小斯当东爵士几天前已经收到美国纵帆船捎 54
来的阿美士德勋爵的信件，我们十分有可能在马克斯韦尔船长
指定的集合地点南丫群岛见到从商馆前来加入使团的先生们。

1816年7月10日。——我们抵达了南丫群岛。在这里，我
们见到了“天琴座”号与公司的巡船“发现”号和“调查者”
号，小斯当东爵士和商馆的其他先生们在后两条船上。我们碇

泊以后，图恩（Toone）先生来到“阿尔赛斯特”号的甲板上，带来了小斯当东爵士的道歉，他由于身体不适而不能亲自前来向钦使表达敬意。图恩先生还带来了几份文件和信件，其中包括以下重要内容：在1月收到董事部计划派出使团的第一份正式通知之后，特选委员会认为暂时还不适宜将此事通报地方政府。确实，由于“奥兰多”号没有能够按照预期时间抵达（航行用了7个月的时间），他们难以确定使团是不是已经成行。不过，通过印度传来的一些私人消息，使得使团在公众间声名狼藉，也给了在澳门的葡萄牙人和其他感兴趣的人士一个散布恶意流言的机会。在这种情况下，代理商们没有浪费时间，
55 在“奥兰多”号到达后立即就将此事正式通知了广州官府[①]。一些时日以后，他们才收到了管理部主席致两广总督正式通告使团一事信件。这封信由托马斯·格伦维尔（Thomas Grenville）先生发出，未能随“奥兰多”号一起飘洋过海。西奥菲勒斯·梅特卡夫（Theophilus Metcalfe）爵士被派去广州，向抚院递送了信件，因为总督本人已经前往北京。陪同格伦维尔爵士一同前往的是“奥兰多”号船长克拉维尔，他们受到了非常友好的接待。一封快信已于6月9日向北京出发，预计今天收到回复。

两名行商通过梅特卡夫爵士极力劝阻小斯当东爵士陪同使团进京，其中一名甚至想当面向他表示反对。两人都建议，应该公开宣布小斯当东爵士的离开以及他在使团中的地位。受到这些劝告和其他因素的影响，小斯当东爵士给总督写了一封

① 见附录，第1号。

信[①]，宣布他被任命为使团成员，陈述了他立即离开以加入使团的必要性。因为现在已经是季末，钦使希望直接前往天津，不在沿途停靠任何地方。小斯当东爵士没有告诉中方他要赶去会合的真正初衷是因为“天琴座”号和陆地之间不发生任何联系可能会更令人放心。从派到各个军事驻地的援兵来判断，中国人的主要感觉似乎是惊慌，这在某种程度上要归因于葡萄牙人
散布的流言。不过，总的来说，广州方面得到这一消息后的举 56
止行为，以及过去14个月来英国贸易的平静状态，都可以被看作是一种不错的态势。

各船在傍晚启锚，开往香港岛补充淡水。我们希望能够于12日清晨开始我们的航行。取水的地方风景如画，一道溪流从构成岛屿的山上奔流而下，在涨潮的时候，水桶可以从靠近沙滩的地方加满水。伸向大海的陆地围成一个小小的海湾，成了渔船避风港。

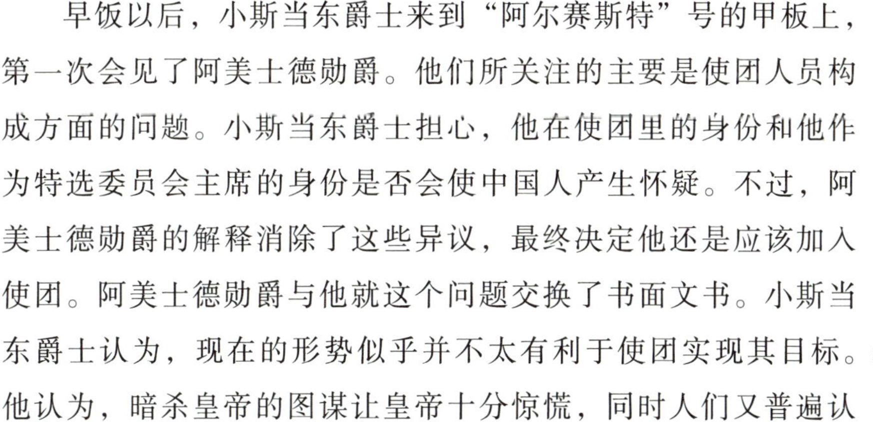

早饭以后，小斯当东爵士来到“阿尔赛斯特”号的甲板上，第一次会见了阿美士德勋爵。他们所关注的主要是使团人员构成方面的问题。小斯当东爵士担心，他在使团里的身份和他作为特选委员会主席的身份是否会使中国人产生怀疑。不过，阿美士德勋爵的解释消除了这些异议，最终决定他还是应该加入使团。阿美士德勋爵与他就这个问题交换了书面文书。小斯当
东爵士认为，现在的形势似乎并不太有利于使团实现其目标。57
他认为，暗杀皇帝的图谋让皇帝十分惊慌，同时人们又普遍认

① 见附录，第2号。

为最近的骚乱是由包括基督教在内的宗教教派别策划的，这些都使得通常对外国人怀有的警惕更为加强，成为中国政治中的一个特色。一名天主教主教6个月前在某个省份被处死，另一名传教士也被判处死刑。

12日早晨，小斯当东爵士转来一封刚从梅特卡夫爵士那儿收到的文件，其中包括一封罗巴茨（Robarts）先生的来信，通知梅特卡夫爵士两名行商刚刚来过，传达了抚院的意见，认为小斯当东爵士离开商馆加入使团但没有通知使团人员的名单和级别，是非常不合规矩的，并且要求严格遵守马戛尔尼勋爵的先例，等皇帝回复到达之后再向黄海行进。在对抚院的回复中我方以季节已晚作为借口，同时称不可能控制钦使的行动。在这种情况下，考虑到中方有可能正在努力要留下我们，我们决定两点钟起锚。然而，刚刚作出这一决定，就有一艘快速帆船从澳门前来，带来了皇帝回复抚院报告的谕旨[①]的抄件。谕旨宣
58 称，皇帝对使团的到来甚感欣慰，愿意给以最仁慈的接见。并且已经派出官员前往天津和舟山，等待钦使登岸，并将他带至朝廷。广州提出的指派两名通事作为翻译的建议，也得到了皇帝的御准。这份真正让人高兴的文件，打消了我们对于使团可能得不到接见的最大担心。于是，我们决定不再耽搁，第二天就扬帆启航。避免冒险从广州当局那儿得到官方文书，仍然被认为是正确的做法，因为他们有可能会接到密令，迫使使团在广州登陆。

---

① 见附录，第3号。

和小斯当东爵士一起从澳门来的图恩先生、德庇时（J. Francis Davis）先生、皮尔逊（Pearson）先生、马礼逊（Robert Morrison）先生和曼宁（Manning）先生都或多或少都懂得一些汉语，他们在香港加入到使团之中。小斯当东爵士和马礼逊先生乘坐“阿尔赛斯特”号，其他成员则乘坐“休伊特将军”号和“发现”号。马礼逊先生精通汉语，很自然地成为未来与中国人交往的主要媒介，并且直接被任命翻译摄政王的信和其他文件。我万万想象不到，欧洲人竟然能够把这种最难学的语言掌握到如此熟练的程度。

我们13日12点开船，在顶风驶出海湾以后，在海上顺风 59
驶行，早上经过了佩德拉布兰卡（Pedra Blanca）。

迄今为止与中国人的交往不多，我们对他们的印象是，他们是一个积极活跃、生气勃勃和聪明的民族，不害怕外国人。香港到澳门的距离只有25英里远，这让我们以为香港渔民对欧洲人的样子不会太陌生，但他们看到我们之后表现出来的惊奇，还是比我们想象的要大一些。这个海湾里以前可能从来没有过现在这么多的欧洲船只，从岸上看去，整个景色极其富有生气。到了晚上，为数众多的渔船点亮了盏盏渔灯，就像灯火通明的伦敦街道。每条渔船在向守护神奉献祭品的时候，不时传来铜锣声组成了一幅令人愉悦的景象。值得注意的是，只有广州这个地方厌恶欧洲人，在沿海其他地方，中外相互间的交流根本没有障碍。电白（Tinpak）的地方首长在广州一名行商家里住过一段时间，多少懂点英语，对雇来在中国沿海进行测量的官员非常关心，甚至提供帮助以满足他们的特殊需要。

据说中国人[①]的生活方式很奢侈，他们最大的乐趣是吃和
60 喝。晚餐经常会持续到很晚，谈话内容一般都局限于他们所进行的重要事务。喝醉了酒，只要不表现出来，就被认为只是一个轻微的过错。经常有人恭维一个人的头硬或者胃口大，意思是他酒量好。客人在饭后越是表现得酒足饭饱，主人就越是感到满意。主人的左手位是代表荣誉的上座。在行商潘启官（Puan-Ke-qua）为小斯当东爵士和抚院大人举办的酒席上，当抚院大人对应该坐在主人的左手位还是右手位拿不定主意的时候，潘启官利用欧洲人和中国人在这方面的不同观念，根据中西不同的习俗把左手与右手都看作是荣誉位置，说如果小斯当东爵士坐主人的右手侧，两人就都觉得自己坐到上座了。据说，聚集了大量财富的行商们都迫切地想让他们的孩子成为官员。在这一点上倒是与我们自己和其他国家同一阶层的人有着极其惊人的相似。尽管在中国，官员头衔的不稳定性和降级的危险似乎足以打消他们这方面的野心。不同的国家在人的相貌、肤色、穿着和宗教上可能会有所不同甚或相反，但是人类行为的根源始终是相同的。初看之下可能会惊异于表面的不同，但深入的了解将会让人更惊异于相同的地方，也会让人更多地去注意那些相同之处。

61 我们的航线距离海岸太远，使我们无法判断这个国家的自然情况。我们驶近了朝鲜海岸，能够看到陆地的端点[②]，它被命

① 很容易想象得到，这里对中国人举止行为的总体看法只可能来自使团中广州商馆的先生们的谈话。

② 后来证明，这并不是朝鲜海岸，而是朝鲜南端西面100英里的一个岛屿。

名为阿美士德角。山东附近的海角形态十分优美，可以看到山谷中有耕种的迹象。

25日，已经驶入了北直隶湾，离大沽只有48小时的航程
了，于是开始考虑是否需要派“天琴座”号前去报告使团的到
达。最后采纳了这一措施，一方面是为了防止不必要的耽搁，
另一方面也是向中国当局表示礼貌性的致意。给总督的信告知
他我们快要到了，并且向他递送了一份使团人员名单①，一份礼 62
物清单，还有一项申请，请求他派出与提供给上一使团同等数

① 阿美士德勋爵阁下，钦大使，全权大臣，使团首席。
尊敬的阿美士德（Amherst）先生，特使的侍从官。
乔治·小斯当东爵士，使团次席。
亨利·埃利斯（Henry Ellis）先生，使团三席。
亨利·海恩（Henry Hayne）先生，使团执行秘书，特使私人秘书。
黑斯廷斯·图恩先生，汉语秘书。
戴维斯·德庇时先生，汉语秘书。
托马斯·曼宁先生，汉语秘书。
罗伯特·马礼逊牧师，汉语秘书。
约翰·格里菲思（John Griffith）牧师，使团牧师。
克拉克·阿裨尔先生，特使的医生。
亚历山大·皮尔逊大夫，商馆的医生。
威廉·哈弗尔先生，画师。
库克（J. Cooke）海军上尉，指挥特使的卫队。
查尔斯·萨默赛特（Charles Somerset）上尉，属于卫队。
詹姆斯·马里奇（James Marrige）先生，礼品管理员，会计，审计。
撒迦利亚·普尔（Zachariah Poole）先生，阿裨尔的助手。
詹姆斯·林恩（James Lynn）大夫也在使团里，但未承诺为其医疗助理工作支付薪水。
查尔斯·阿博特（Charles Abbot）先生，“阿尔赛斯特”号海军候补军官。
马丁（W. B. Martin）先生，“阿尔赛斯特”号海军候补军官。
仆人，乐师，卫兵。

量的船只，也就是10条船供阿美士德勋爵及其随员乘坐，20条船用来运送礼物、行李和其他物品。使团人员总数只有75人，比马戛尔尼勋爵使团少20人，所以船数应该足够了[1]。被派来负责信件的图恩先生得到指示，尽可能不要离开船只上岸，因为我们担心中方可能会向他提出许多诱人上当的问题，回答起来可能会比较麻烦。不过，他被警告不要在有关使团目的的问题上故弄玄虚，万一有官阶足够高的人询问这方面的问题而又必须回答的话，就说是代表英国摄政王向中国皇帝陛下表达敬
63 意。如果信件不能送达总督，有低级官员想知道给总督的信件内容的话，图恩先生可以笼统地陈述信的内容，并且口头上要求提供所需数量的船只。至于有关摄政王信件的内容或者使团更为具体目标的问题，回答时可以简单地宣称他不清楚这些内容。

26日，看到了庙岛（Mea-tau）群岛以及先前航行中注意到的其他几个岛屿。

28日，星期日，阿美士德勋爵命令使团的随员、仆人、乐师和卫兵在后甲板上集合，并在那里向他们讲话强调使用成员在留住中国领土期间，一定要注意保持举止严肃、礼貌得体的重要性和绝对必要性。他还要求他们尽量避免进行任何贸易活动，并且重申了先前的禁令。2点钟，我们在5英寻深的水域下锚碇泊，可以看到“天琴座”号停泊在我们西面。通过信号，我们知道还没有与海岸取得任何联系。可以看见中国海岸和几

---

① 在描述阿美士德勋爵、小斯当东爵士和我的头衔时候，马礼逊先生分别使用了“中王差”、“左王差”和“右王差”，“中”、“左”和“右”代表我们不同的地位。

艘舢板，眼睛好的人能够看到一幢建筑物。我们估计我们的停泊地比“狮子”号[1]要近几英里，但是我并不确信我们停泊地相对河口间的确切位置。

29日，星期一。——向“天琴座”号发出了要求一名海军上尉前来的信号，结果，在我们吃早餐的时候，德沃里斯（De Warris）先生登上了“阿尔赛斯特”号的甲板，随身带来了一封图恩先生给小斯当东爵士的信。与岸上似乎还没有发生什么
联络，但是霍尔船长和图恩先生已经登上了几艘渔船，成功地 64
向他们书面陈述了使团的抵达，并且要求他们立即通知塘沽（Tong-koo）——比大沽离得更近一些的一个村镇——的官员。不过，图恩先生并不完全相信他们做出的满足他要求的承诺，于是决定让“天琴座”号停靠到“阿尔赛斯特”号旁边，目的是就如何把钦使实际到达一事通知给中国当局做进一步的安排。我们通过推测得出的结论是，我们的到达可能出乎中国人的预料，他们没有想到我们会到得这样快。确实，我们的航行只用了15天，他们没有做好迎接我们的准备，也是符合情理的。

马克斯韦尔船长一定会非常满意，他的舰队经过波涛汹涌的大海和动荡不定的航行，没有发生事故和耽搁，最终到达了停泊地。我们没有经历过马戛尔尼勋爵航行时几乎天天都遇到的大雾，但天气总地来说仍然是雾蒙蒙的，空气中的水分多得让人极不舒服。最后一个星期的气候非常令人满意，我们高兴之余，甚至都希望能够享受北方气候了。但是，停泊地令人难

① “狮子”号是马戛尔尼勋爵使华时乘坐的战船。——译者

以忍受的热度又让我们回到了持续出汗和倦怠的痛苦当中，气温表上表明温度升高了10度，而空气中大密度的水分和潮气，让人对温度的升高更为敏感。

65 30日，星期二。霍尔船长和图恩先生来到甲板上，给我们带来一个令人高兴的消息。两名官员——一名戴白色顶戴，一名戴金色顶戴——昨天来到“天琴座”号上，带走了给总督的信。不过，回信最快也要在两天以后才能收到，因为总督阁下不在天津，而在总督衙门所在的保定府。他们已经收到了关于使团要来的报告，但是没有做好使团这么快就到达的准备。提供所需数量的船只，估计不会有任何困难。在天津地方担任重要职位的张五纬[①]，据说是受命负责使团进京一事的官员[②]。他戴蓝色顶戴，官阶与上一使团到来时的文官周大人完全一样。这两名官员询问我们船上是不是带有中国皇帝的画像，这表明凡是与上一使团有关的情况，哪怕是最微小的细节，都没有被忽略。在与官员和船夫进行谈话时，图恩先生主要借助于汉字作为交流媒介。官员们随身带来了一名广东人，对于图恩先生听不懂他的地方话似乎有些吃惊。看上去，比起我方会说汉语，他们对听不懂广州方言似乎感到更加惊奇。

7月31日。——4名清朝官员——一名戴水晶顶戴，一名
66 戴象牙顶戴，两名戴金色顶戴——来到船上。他们来访的目的
主要是礼貌性的，同时也急于想确定使团人员的数量以及礼物

① 我后来得知，他的官职是道台，或者道爷，管理两个城市，同时也负责管理巡河事务。

② 张五纬时任天津兵备道。——译者

的种类。我们感觉还是不让他们直接面见特使的好，于是就让他们在马克斯韦尔船长的船舱里待了几分钟，在那里向他们提供了一些点心和饮料。他们穿着同样的服装，其外表总的来说既不能让人肃然起敬，也谈不上有什么高雅之处。我感觉，就外表是否值得尊敬来说，他们要劣于波斯、阿拉伯或者土耳其相应官阶的人。他们服饰中最引人注目的地方是那顶草制圆锥形帽子，顶上挂着一缕染成红色的毛发。他们面色暗淡，相貌粗陋。在谈话过程中，我们得知直隶总督那彦成已经被替换，接替他的官员与前两广总督同名。如果他们是同一个人的话，那情况可能会有点麻烦，因为他可能会把现在的使团与之前他积极参与的在广州进行的谈判联系在一起。这些官员们说，新总督现在在很远的地方，而与北京联系需要用10天到12天的时间。这些话有可能是为未来可能发生的拖延而制造出来的借口。我们从他们的话里得知，张五纬[1]和另外一名高级官员明天可能会来访问。他们希望能派两名随员送他们上岸，作为对他们来访的回报，于是，马礼逊先生和库克先生受命乘坐“发现” 67
号陪送他们。皇帝要到9月10日才会离开北京，前往热河。

由于船上没有按中国方式招待客人用茶的用具，便代之以樱桃白兰地，而无意激怒中国官员，他们用双手捧着酒杯站起来喝下。在马礼逊先生建议下，阿美士德勋爵做出了要他们离开的表示。在离开时，这些官员们对他们所受到的接待显然感

[1] 原文只记姓，译文尽量将中国官员全名列出，以方便阅读，以下不一一注明。——译者

到十分满意。运送他们的船只很大，带有甲板。与船的大小相适应，这些中国船的船帆也很大。尽管是平底船，但它们速度很快，逆风也能行驶得很好。船上没有舱房，但有一种供官员们乘坐的席位。做饭的地方位于船的尾部。

皇帝推迟了前往热河的日期，这也许会缩短我们在中国停留的时间，因为陛下可能不愿意让我们辛苦地陪着他旅行。不过，要是对使团感觉不好，或者如果我们只在皇帝起驾前三四天到达北京的话，也可能会让我们随皇帝同行。因此，我们希望运用可以运用的每一种手段，来加速我们前往北京的脚步。

8月1日。——马礼逊先生和库克先生今天早晨回来了，他们见到了3名受命负责使团事宜的官员。和接待上一使团时的
68 情形一样，一名满族官员总负责。尽管这位广姓官员[①]只有水晶顶戴，但由于他是钦差[②]，所以地位高于其他官员。张五纬戴蓝色顶戴，武官寅宾戴红色顶戴，其官职是统率该省军队的副将（inspector general）[③]。两名先生被马拉的大车送到一座大殿，官员们在那儿接见了他们。官员们彬彬有礼，待人和气。马礼逊先生一直认为中国人傲慢自大，因而对这次受到的接待十分满意。会见并没有多少有实质性的内容，主要的问题是关于人

① 长芦盐政广惠。——译者

② 钦差一词的字面的意思是“皇帝差派”，我一般使用“Chin.chae”或者“Kin.chae”来表示。该词或许应该翻译成“Envoy”，但钦差的职能以及委派钦差时的情况，让我采用了“Imperial Commissioner”一词。马戛尔尼勋爵称作“Legate”的官员就是一名钦差，在拉丁文中译为“Legatus”。

③ 负责接待英国使团的寅宾官职为副将，另一名接待官员祥启官职为总兵。——译者

员的数量。他们对卫兵和总人数提出了反对[①]，据说50人是皇帝规定的人数限制。对此，马礼逊先生回应说，对于如此伟大的君主来说，多个二三十人不会有任何问题。在场的一名高级武官对这些话欣然表示同意。马礼逊先生在谈话中偶然得知，皇帝陛下有意接见大使，并且希望把觐见安排在他动身前往热河之前。据安排，张五纬和寅宾第二天会来问候大使，同时补给 69
也会送到船上。钦差表示，他希望在岸上会见大使。

查阅了北京的缙绅录后，我们发现钦差属于皇族。作为官员，他的级别不高，但他现在的任命让他在一定时间内具有很高的地位，他在会谈时的座位位置表明了这一点。他的座位与其他人完全分开，其他中国官员被安排在他左手代表尊敬的位置，而英国方面的人员则被安排在他的右手边，距离稍远一点。按照中国人的规矩，马礼逊先生和库克先生与陪同他们上岸的低级官员一起用餐。马礼逊先生和其他随员在大殿里过夜，住的地方很不舒服，中国方面没有为他们提供特殊照顾。他们没有在通常的地方上岸，而是被带到较远的某个地点，目的是避免让他们从塘沽村中穿过。天气一直都不好，中国官员们没有能够按约定前来。

8月2日。——清朝官员们的接连失约并不能完全被归之于天气方面的原因，因此需要考虑如何让他们关注这一问题。表示抗议可能不会有任何效果，而且也容易导致日后的麻烦。不

① 对陪同上一世纪的葡萄牙特使麦德乐（Don Antonio Metello Menezez）的人数也曾提出同样的反对，在他离开广州前对使团人数进行了裁减。

70 过，也不能对此完全漠然视之，而且由于官员们的失约，人员名单和礼物清单也未能递交。因此，应该为此给他们一封信，用以递交清单并表明阿美士德勋爵希望刻不容缓地前去觐见皇帝陛下的急切心情，以此让他们知道，大使认为他们需要设法推动这件显然十分重要的事情的进展。他们有可能是想让我们待在这里，以毫无道理地缩短我们在北京停留的时间，因此我们必需要做出某种强硬表示，以阻止这种有害的——即使不能说是无礼的——行为。这样看来，写这样一封信就显得更为可取。出于这样一些考虑，我们准备了一封信，最初打算让“调查者”号的克劳福德（Crawford）先生于上午前去送信，但是由于天气可能会在明天转好，因此根据小斯当东爵士和马礼逊先生的建议，最后决定再宽限中国官员们24小时。马礼逊先生说，中国政客们经常迫使他们的对手采取行动，然后他们再据此决定自己的行动。不过，只要我们有足够的耐心等待，一定的时间以后，做事需要庄重得体的规矩就会迫使他们放弃这种貌似疏忽的做法，这一时间不会太长。他进一步补充说，他们宁愿被人指责有违事实，也不愿意被人指责有失礼节。必须承认，这种耽搁看上去很不吉利，因为它可能起因于最高层意愿
71 的改变或者犹豫不决。马礼逊先生根据他与岸上人员的谈话所得到的印象，认为他们不怀好意。

8月3日。——暴风雨天气，官员们不可能来拜访了。

8月4日。——接待两名将要陪同使团的官员张五纬和寅宾的来访。他们来到之前都呈递了他们的名帖——一张红色的纸片，18英寸长6英寸宽，上面写着他们的名字和官衔。首先

到达的是寅宾，马克斯韦尔和霍尔船长身穿军装，在甲板上迎
接他。在张五纬到达之前，没有带他去见大使。张五纬来到船
上以后，马礼逊先生领他们到了阿美士德勋爵的房间，在那里
受到勋爵阁下和两名使团成员的接见。礼貌性的寒暄之后，他
们开始询问运送使团、礼物和行李所需要的船只数量。这时，
已经送交直隶总督的人员名单和礼物清单的副本被交到他们手
中。由于他们并没有想计算人员总数——54人，这个数目被忽
略过去。他们接着询问使团的目的，我们对此回答说，摄政王
想向皇帝陛下表达他的敬意，并且巩固由他们伟大的父亲建立
起来的友好关系。当他们想知道还有没有其他目的时，我们告
诉他们，摄政王的信件陈述了使团的目的，该信将交给大臣托
中堂[①]，朝廷首席大臣，我们知道他将在天津会见我们。我们又 72
进一步解释说，摄政王的信将被翻译成汉文，并将副本交给这
位大臣，而信的原件将呈递给皇帝陛下。他们对此似乎很是满
意。接着，他们转向叩头或者跪拜的礼仪问题，称为确保在皇
帝面前端庄稳重地行礼，需要事先做一些练习。我们对这个问
题回答说，现任特使将和前任特使一样，向皇帝陛下表达所有
的敬意。在一起商谈时，他们好像并不知道那时到底发生了什
么。无论如何，当这个问题又被他们提出来时，我们感觉应该
中止这一提前进行的讨论，于是就告诉他们大使将按照正确的
礼仪去做。然后提到了是否可能会让我们陪伴皇帝去热河的问
题。和我们已经想到的一样，据说皇帝打算在离开北京之前办

① 军机大臣托津。——译者

完所有与使团有关的事情。我们回答时只是简单地说，在皇帝身边停留的时间越长，我们就越感到幸福，我们希望能停留和上一使团同样的天数。对此中方没有给予直接的回答。他们问我们计划通过陆路还是通过水路返回，并说上一使团中有些人
73 采用了后一种方式。我们回答说打算通过广州返回。我们从他们的问题和暗示中推测，他们想尽可能快地处理完我们的事，以保证我们能够在我们的船舰必须要离开沿海之前，或者最晚要在船舰离开舟山之前回到天津，其目的无疑是想缩短我们的陆路行程。派托中堂[①]到天津，似乎要在那里提出一些重要问题，尤其是关于礼仪的问题。采取这样的措施，部分原因是总督不在省内，但在很大程度上也是担心，如果只进行地方性的安排，皇帝所信任的显赫人物就很难到场。由于显然没有多少时间可以用来进行谈判，所以希望通过显赫人物的参加，能够同时对礼仪问题和使团的最终目标进行讨论。暴风雨就要来临，很难说我们是应该顶着风暴前进，还是应该放倒桅杆，整备船只，等待风暴过去。

张五纬和寅宾的服饰和外表并不比第一次访问我们的官员们好多少，但他们举止比较优雅，整体的行为举止让人感觉很好。张五纬的一名随从在较为实质性的会谈中起了很积极的作用，事实上，他建议他的上司如何作答。在会谈过程中，张五纬说皇帝对英国印象很好，要远远好过其他国家，实际上这是他根据重要性做出的评价。寅宾对此做了更正，他补充说，之

① 中堂是大臣的意思。我更倾向于认为用“忠臣”（Tchong-Tching）一词更加合适。

所以这样认为，是因为英国从非常遥远的地方前来表达他们的
仰慕之意。送给我们的补给品被运到了船上，东西和给前一使 74
团的一样，但数量不如上次多。中国人在操控船只方面表现出来的敏捷灵巧，让我们所有人都大吃一惊。这些船船体很重，船身很长，看上去很不方便。甲板上到处都是从岸上上来的人，他们虽然急切地想一探究竟，但显然也能克制住自己的好奇心。第一次访问我们的官员职位比较低下，全权负责安全地运送给我们的那些东西。中国人下达命令时似乎十分审慎，执行起来则很严格。当我们要求官员们在向各船分配给养品一事上做一点微小改变时，就见识到了中国人的这种特征。他们提供了大量用作燃料的木炭、煤炭和木柴。中国人个子不矮，但我们见到的那些人似乎不太强健。两名官员年龄都比较大，较年轻的有55岁了。寅宾把他的儿子——一个很可爱的11岁男孩——带到甲板上，结果他很快就和年轻的小阿美士德混熟了。在他父亲把他介绍给大使的时候，这个孩子彬彬有礼地屈膝跪拜。孩子对他们的父母，下属对他们的上司，通常都这样问候。巴罗先生把中国人描述为不整洁的民族，我们所有人都有理由对此表示赞同。甲板上这些人所发出来的气味很臭，臭得让人难以忍受，就像在破旧的地毯上放着一堆腐烂的大蒜。

8月5日。——从（还没有能够上岸的）官员们那儿得到消 75
息说，接送礼物和行李的船只马上就会派到我们的船边上。在“休伊特将军”号船长坎贝尔的努力下，大部分礼物在白天就转移到了中国人的船上。按计划，这些船要一起行动，每条船上安排两名欧洲人。马礼逊先生到中国人的船上拜访了官员们，邀

请他们一起用正餐。寅宾倾向于接受这一邀请，但是张五纬本人感觉不合适，于是就谢绝了我们的邀请。马礼逊先生似乎对张的说话方式要比对寅宾更为满意，后者像中国其他的武官一样，说话比较聒噪、粗俗。

8月6日。——由于对中国人报告的准确性缺乏信任，德庇时先生和库克先生被派到岸上，去考察运送使团溯河而上的船只是否真的如官员们所说已经准备就绪。如果是这样的话，我们可能会在星期五登陆。德庇时先生于黄昏时分返回。他会见了一位戴蓝色顶戴的官员，从他那儿得知，托中堂并没有按原计划在天津接待使团，因为他需要前往省城保定府，代替他的是曾经在广州担任过海关监督的苏大人[①]。这名官员说，皇帝希望尽快接见使团。所有的河船都准备好了，而且改装得适宜住
76 宿。这些船当中，有3条分配给特使和两名副使。这次会谈是在海上进行的，德庇时先生因此没有进入村镇，实际上他也没有表示想要满足这一好奇心。德庇时先生对所受到的接待很满意，他受到了鸣炮三响的礼遇。钦差不在，但是由于德庇时先生得到了所需要的信息，所以他觉得没有必要为了会见他而推迟返回的时间。将要在天津接待我们的人员的改变，对我们可能会有好处，因为我们非常乐意用与托中堂这样地位显赫的人物共事的荣誉来换取现在不就是否最终许可使团觐见问题进行讨论的机会。

8月7日。——官方派来的两艘舢板驶到我们船旁边，接

① 总管内务府大臣、工部尚书苏楞额。——译者

运个人的行李和使团的成员。当我们开始搬运行李换船时，突变的天气中断了这一工作。大风从东偏北的方向吹来，中方把船停在岸边，拒绝接受任何行李。有条船的船主说，他经常到辽东湾航行，一年一般要航行5次。他们去的时候装着压舱物，返回时装满稻米。所有船员分享货物，另外每人还可以得到一两五钱银子（相当于9先令）和必需品。他现在这次服务所得到的报酬，好像要看官员们满意与否，如果官员满意，他就能得到报赏，否则就要受到惩处。上一使团来华时，船主得到了乾隆皇帝的丰厚奖赏。船上人员的主要食物是小米和一些用酱 77
油烹饪过的蔬菜。所有来中国旅行的人都赞扬中国人做事有条不紊，他们对此确实当之无愧。他们在装船卸船时尽管十分喧闹，但一点也不混乱，每一个人都知道自己应该做什么，并且高高兴兴地去完成。这些下层人虽然好奇，但决不来打扰我们，也不会鲁莽无礼。让欧洲人感到不满的那些行为，似乎只在广州才有。在这里，船上的人和其他同等阶层的人，看上去都懂得应该如何对待比他们地位高的人。

8月8日。——两名低级官员来到船上，递上他们的名帖，并送来钦差的一封有礼貌的信。他的信表达了急于要把特使接上岸的心情，因为皇帝不久就要离开北京，已经不能再耽搁了。他在信里代表皇帝陛下询问了阿美士德勋爵儿子的年龄，并且表示有意邀请他观看戏剧。这两名低级官员和一般的中国人一样，一点也不考虑别人的舒适和地位，催促特使马上登陆，并且建议行李随后再运上岸。不过，到海边的距离、天气的不确定性以及以后的种种不方便之处，都使我们有充分的理

由坚持原先的计划。事实上，造成耽搁的原因在中国人自己，他们没有准备好足够的可以随时动用的船只，有些行李只用一条小船运送。如果明天能够提供足够数量的船的话，登陆工作就有可能会全部完成。

78 曾经考虑过前往庙岛群岛进行计划中的考察，但由于这可能会让中国人有正当的理由感到不快，所以我们就放弃了这一计划。给每条船的船长都准备了一封用中文写好的致岸上任何一名中国官员的公开信，以保证他们在需要寻找补给品的时候能够受到友好的接待。

为了防止误解，阿美士德勋爵给钦差写了一封短信，解释了他一直不能上岸的原因，并且表达了想要与他会见的急切心情。大使还对皇帝陛下关注他的儿子一事，表示了感谢。

阿美士德勋爵曾经要求小斯当东爵士就顺从中国人叩头礼仪一事发表意见，小斯当东爵士便将一封信呈递给他，以非常明确的语言表明，他认为遵行这一礼仪很可能会对公司在广州的利益造成伤害，同时——就像他本人口头表达的那样——与个人和国家的尊严也不相容。小斯当东爵士的意思是，如果在这方面做出牺牲，仅仅是为了使团能够得到接见，那就是不值得的。不过他提到一种可能性，就是我们可以提出一些条件，作为行叩礼的条件。但是在他看来，中国方面根本不可能做出退让。

8月9日。——我们于12点离开舰船，上了大使的驳船。
79 在两列船队的陪同下，于4、5点之间到达了塘沽的小炮台。从那里发出三声炮响，向大使致敬。有三四百名士兵从炮台里来到沙滩上，他们好像是分成10人一队，每队有一面大旗，每个士兵手里则举着一面小旗。他们穿着统一的服装，从远处看，外表还算体面。河流在这里有个急转弯，河道蜿蜒曲折，放眼望去，我们就看到东沽（Tung-koo）了。东沽全是土屋，自然不能表现出天朝的美好形象。阿美士德勋爵向他的船行进的时候，收到了钦差的名帖，这是对我们之前送出的短信的回应。过了一个小时，钦差本人来了。如果他富有活力、和蔼可亲的举止对于那些更为重要的事情来说是一个好兆头的话，我们就别无所求了。钦差确认了皇帝对小阿美士德年龄的询问，他本人对杰弗里[①]（Jeffery）也极为关注，这似乎是预示了杰弗里将要得到的尊荣。至于他这种行动是因为皇帝的询问而引起的，还是向阿美士德勋爵信誉的一种有意的致命攻击，我没有办法做出判断。钦差事先已经告诉了马礼逊先生，他这一次会见完全不想讨论公务，唯一的目的就是向阿美士德勋爵表示敬意，并与他结识。因此，他在会见中贯彻了这一意图，只是一般性地询问了摄政王的信件，并且表达了双方调和分歧的希望。谈话的内容主 80
要是相互表示礼貌，双方似乎都给对方留下了不错的印象。小斯当东爵士和马礼逊先生从钦差会见时的言谈中感觉到，有可能会在天津举办一次官方宴席。钦差当天晚上将要前往天津，和苏大人[②]一起在那里等候大使的到达。阿美士德勋爵认为应当立即对钦差的来访做出回应，否则的话，我们在到达天津之前就没有机

① 即阿美士德勋爵的儿子。——译者

② “大人”的字面意思是“伟大的人”，可以理解为“Excellency”。“老爷”对应于我们的“Esquire”或者“Gentleman”。张五纬的恰当称呼只是“老爷”或“大老爷”，尽管常常被恭维为“大人”。

会对他的礼貌来访做出表示了。苏大人曾经在广州担任海关监督，钦差本人似乎也曾经到过那儿。晚饭后，张五纬和寅宾来拜访我们，与钦差的拜访一样，只是礼貌性的。

8月10日。——船只今天早上回到海上的船舰那里，把我们留在极度混乱的状况之中。到处都看不到那些或者因为其职务或者行当而认识的中国人，也看不到那些特别活跃或者特别关注我们的官员。礼物和供应品没有按照双方达成的共识留下来，反而被送往天津，其目的可能是迫使我们尽快动身。小斯当东爵士偶然从一个中国小官——既不认识他，也不知道他的官职——那儿得知，我们到达北京的时间已经确定，觐见定于22日进行。给我们留下的旅行时间，实在是非同寻常的短。

81 迄今为止，我的确还没有观察到人们谈论中国时经常提到的众多人口。当我们经过的时候，居民中的大部分——包括男人、孩子和一些女人——可能都会出来观看，但是人数并没有超过印度类似地区里的人数。女人总的来说长得比较丑，当然，多数来看我们的都是些老年人，我们只是偶尔才能看到年轻人。我看到一名漂亮女孩，特别欣赏她的简单发型及其表现出来的良好品位。她的头发被拢聚在头顶上，然后用一朵花或是一个饰物盘成一个结。

西沽（See-koo）是邻近东沽的一个村镇，位于河的右岸，沿河岸延伸了一段距离。一家卖布匹和食品的商店的标记，是竖在门前杆子上的一个舢板图案。庙宇建筑看上去十分破旧。房子一般都有瓦铺的屋脊，以便让雨水流下。

两名官员——张五纬和寅宾——谢绝了阿美士德勋爵前去

拜访他们的请求，可能是因为必须要立即动身。

中国马的个头让我十分吃惊，以前一直认为它们的重量不会超过一匹小矮马，实际上却不是如此，它们在这方面一点也不次于一般的阿拉伯马。不过，中国马比较粗劣，体态也不漂亮，感觉既不够强健，也不会十分敏捷。中国的步兵以刀为武器，骑兵则另外装备有弓和箭。他们的马鞍很重，但看上去并不会让骑手感到不方便。这些马鞍与土耳其式的马鞍很像。钦差乘坐一顶绿色轿子，比我们的轿子要宽，但没那么高。绿色是 82
符合高官地位的颜色。我们见到了两个轮子的大车，看来它并不舒适。河的两岸长满了一种灯芯草。极目远望，田野一马平川。3点，田野里有了些变化，随着我们前进，开始出现了树木和农作物。河道蜿蜒，为这副景象平添了不少乐趣，否则就会相当乏味。中午时分，经过了一些坟墓，有人告诉我们说那是一片坟场。官员们的船加入到船队里来，为数众多的船只和大量的旗帜，以及船只位置不时发生的变化，让整个景象生动起来。

今天早上，我们看到了打脸颊的惩罚。惩罚用一块很短的、大约半英寸厚的皮革执行。犯人的头发被缠绕起来，一直缠到他的眼睛快要从眼窝里突了出来。然后，在他那张肿胀了的脸颊上进行拍打。他的罪名据说是抢劫行李船上的东西。他遭受到的痛苦，似乎让施行惩罚的人以及与惩罚有关的那些人都十分开心。4点，到达东津沽（Tung-jun-koo），河岸上有几处高坨，里面贮存着盐。

8月11日。——乡野的情况有了改善，村庄、庄稼和菜园更多了，有些地方的小块围地让我们想起了英格兰。河道像蛇

一样曲折蜿蜒，形成了一道奇景：在河的两岸不算太远的地方，都可以看到船只，就好像是从田野里长出来的一样。我对
83 中国人日常习性的好感在增加，他们遵守秩序，相互间心平气和，对异乡人也是如此，迄今为止还没有和我们发生过一次争执。多数村庄都叫“沽”（河口），这个名称的一个意思是“古时处于水下”。从河岸的情况来看，我们有理由认为这一地区确实是冲积而成的。中国的孩子一定特别喜欢把自己弄脏，因为当我们看到他们时，他们不是沿着河堤滑下来，就是在泥地里打滚。女人的头发盘成一个结，看上去就像一顶学位帽。她们走路时蹒跚而行，但是我一直没有能够近距离地接近她们，因而不能判断出她们裹脚的情况。

8月12日。——有人告诉我们，这些船一共使用了500名纤夫，他们都来自大沽（这似乎是东沽的另一个名字，意思是“大河口”，东沽的意思是“东河口”，西沽的意思是“西河口”）。他们每天能拿到150文钱，相当于英国的一先令。船的数量是20条。在我看来[1]，直到现在，从人们的外表上并没有看到想象中的数量众多而又缺乏生存手段的人们的穷困样子。只要河道稍高一些，所看到的岸上景色就不乏美丽之处。房子尽管仍然
84 是土筑的，但十分规整，屋顶的形式虽然不能说具有品位，也还

① 在这一点上，我相信，我的看法与我的同伴们的看法有所不同。我把这种差异归之于我们比较这个国家及其人民时所使用的标准。他们可能与欧洲比较，而我想到的则是我熟悉的亚洲国家。不穿衣服会让欧洲人特别吃惊，但是如果考虑到气候的炎热，不穿衣服就不会被认为是没衣服穿。另一方面，这些北方省份的冬天非常严寒，而如此众多的人口能够持续存在，就能说明这里的居民冬天有衣服穿。

算是有特色。每一块土地都得到开垦，地里的粟米就像河边的灯芯草一样，长得满地都是。他们的菜园格外整齐。我们经过了几个修理舢板的码头。在河里实际航行的船只并不多。从天津到大沽的距离是240里，或者80英里（天津到大沽约60公里，这里作者可能记录有误。——编者）。我没有看到一块稻田。

自从我们离开东沽以后，就再也没有和我们的带路者们见面。我忘了提及，钦差在会谈中曾经说，对于欧洲人由于不熟悉汉语而可能产生出来的任何错误表述，他都准备忽略不顾。他还对马礼逊先生表示，他知道我们不接受“贡”这种表达[①]。

昨天黄昏，我亲手将一封有关礼仪的备忘录交到阿美士德勋爵手中，供他和小斯当东爵士审阅。我提出这些看法的主要目的，是要使我们从心里将顺从或者拒绝视为一种权宜之计，
并且在这个问题上排除所有的个人感情，因为那样可能会导致 85
我们采取的行动方式与我们本国政府的意见不能完全一致。不过，我完全信赖小斯当东爵士的判断和在华经验，如果在有关中国人的习俗和感情方面，我的个人意见可能会导致结论上的分歧的话，我将毫不犹豫地做出让步。

不管中国的上层阶级对于暴露肢体甚至暴露肢体的轮廓持有何种观念，中国的下层人在这方面要比我所知道的任何其他人都更加不体面。这可能并不完全是因为贫穷，因为他们身上

① 在已经提到的葡萄牙特使的事例中，受命负责使团事宜的王爷暗示正在翻译一份文件的传教士用某个词代替“进贡”一词。他又说，尽管假定欧洲人向皇帝进贡的荒谬性使得这个词毫无意义，但改换它有可能是对皇帝的冒犯。于是，这件事被提交给了皇帝。皇帝决定，这个词是法定名词，应该予以保留。

穿的衣服足以说明，他们和印度本土人一样，有能力遮盖为了体面而需要遮盖的那些部分。

很难准确地描述出快到天津时我心中所产生出的印象。如果说，一处景色是否能引起人的兴趣，需要看它有没有精美的建筑物和引人注目的地方特色的话，那么这一路的景色实在乏善可陈。不过，另一方面，不断增多直到最后数不胜数的船只，庞大的人口，不太优雅却也规整和独特的建筑物，以及精细而有成效的耕作，如果能够弥补其他方面的不足的话，那么进入天津对于旅行者也不能说一点吸引力也没有。最引人注目的是表面覆盖着席子的圆锥形盐坨，巴罗先生曾经对这些盐坨的形态和规模做过极其独到的评价。从河的右岸出现连续不断的房子，到驶抵我们的碇泊地，用了两个半小时的时间。一个小炮台向我们鸣炮致敬，而差不多是在它的正对面，列队站着许多士兵。其
86 中有一些火绳枪士兵，他们戴着黑色的帽子。我们看到几队士兵穿着黄黑色条纹的长衣，从头到脚裹得严严实实。他们是要想让自己体现出老虎的样子，但是给人留下的印象更多的是好笑而不是害怕。从他们展示出来的盾牌来看，他们的主要目的好像是防御。离我们碇泊的地方不远，在我们船的左侧有一条支流，沿着这条支流就能进入运河，然后前往广州。这里有密集的人口。我数了数，一条船上有200人，而这样的船有许许多多。圆锥形盐坨上也站满了人，实际上变成了圆锥形人堆。一群一群的男孩子在齐膝深的水里站了将近一个小时，以满足他们的好奇心。不过，我认为，在其他任何国家，这么多人聚集在一起，都不会比中国人更有秩序，只是在极其偶然的情况下，士

兵们才使用一些只不过是威胁性的动作来维持秩序。我以前从来没有想象得到，人的头竟然可以如此密集地集中到一起，就好像是用螺丝拧在一起，但往往又看不到任何空隙。这些中国观众们全都光着头，暴露在中午的烈日下，而此时，背阴处的温度计都已经达到华氏88度。人群中的女人不多，大都是一些老年人，而且全都是下等人。从天津的居民来看，中国人长得不算好看，也不太健壮。他们有点瘦，但比较挺拔，中等身材。

船刚停下，就有一伙官员来找阿美士德勋爵，我相信其中 87
有张五纬和寅宾。他们说，苏大人和钦差想要拜访他。阿美士德勋爵要求他们等几分钟，等他整理好他的衣服。他们先是表示同意，但是后来又传话过来，说要把拜访推迟到第二天，因为他们没有准备好适合这种场合的衣服。他们还要求把懂汉语的使团成员派到他们那儿去。吃过饭以后，图恩先生、德庇时先生和马礼逊先生便去了中国官员们所在的公馆。这几位先生感觉他们受到了客气的接待。会见中没有谈到礼物的情况、摄政王信件的内容以及使团在北京可能逗留的时间。中国官员们自负地认为，我们能够把摄政王信件的副本交给他们。对于上一使团到了热河以后大使才把信件交给中国官员的先例，他们觉得没有任何意义。关于我们在北京将会停留多长时间的问题，差一点当场就引发争执。会谈中还提到了这五六天的时间如何进行安排，同时暗示要经由天津返回。在谈到礼物时，他们称它们是贡物，而我们则说是礼物。我们说，在如此长时间的航行之后，急着让我们离开，似乎有些不太礼貌。他们对此则强调说，让如此重要的人来接待我们，就是对使团的尊敬。

苏大人和广大人又一次改变了主意，派人来通知阿美士德勋
88 爵，他们要立即前来拜访。于是他们就来了。在一般性的寒暄和相互致意以后，马戛尔尼勋爵到达广州时曾在那儿担任海关监督的苏大人说，前一使团中也有一名少年男子。小斯当东爵士利用这一机会，让苏大人回忆起了自己，于是出现了一个快乐、友好的相认场面。

接着，广大人对马礼逊先生说，要看看信件的副本。阿美士德勋爵要马礼逊先生回复说，他一直希望能够在信件实际转呈皇帝之前几天向军机大臣提供一个副本。他们然后说，大使很可能不会再和军机大臣发生联系了，因为已经任命他们负责处理有关使团的所有事务，而且他们有一道皇帝的特别谕旨，要求转交摄政王的信件。这样的声明无疑让我们感到十分惊奇，因为从上一使团的情况来看，军机大臣自然是而且一直是联系的实际媒介。无论如何，阿美士德勋爵决定等到第二天，当他按计划回拜他们时，再对此做出答复。中国官员们说，皇帝加恩，命他们设宴款待勋爵阁下，然后确定9点钟为最合适的时间。

会谈开始的时候，中国官员曾经暗示要我们尽快动身前往北京，阿美士德勋爵表示他已经做好了启程的准备，只是要等
89 待装有他的一些确实必需的行李的船只到来。中国人派船把礼物和一些东西运往通州的行为极其失礼，我们完全有理由就此表示严正抗议。在告别的时候，广大人说将在上午交给阿美士德勋爵一份书面文件，说明与他在北京将要受到的接待、他停留的时间以及这期间活动如何安排等一切有关事宜。

这时，我们开始考虑是否应该满足中国官员们的要求，把

摄政王信件的副本交给他们的问题。尽管他们以中国人惯有的不顾事实的态度，声称上一使团采取了同样的做法，但是查阅马戛尔尼勋爵的日志，很快就确认我们与之相反的记忆才是事实。因此，就符合先例来说，他们没有权利提出这一要求。同时，他们这么早就提出这一要求，或许应该被看作是他们决定要仓促对待使团的整体计划的一个重要部分。不过从另一方面看，可以说，对苏大人的任命已经使他们拥有了略少于军机大臣的权力。苏大人是一个官阶很高的官员，官职为侍郎[1]，是负责公共事务部门的最高官员[2]。他原先担任过海关监督，可能具有一定 90
的有关欧洲事务的知识。由此来看，他可能真的会从头到尾管理使团事宜。尽管他们所说的拥有这样的任命也有可能完全没有根据，只是用来欺骗我们，让我们过早地信任他们，但是顺从他们也不会造成实质性的危害，因此最后决定同意他们的要求。

我们事先已经准备好了的一封官方短信，简要地解释了与我们必须要提出的贸易问题有关的几个主要问题。接下来的问题便是，这封短信是不是也应该交给他们。如果是军机大臣在天津迎接我们的话，我们原先已经决定把这封短信交给军机大臣，一方面是要对摄政王信件的最后一段做出解释，一方面也是为了争取进行商谈的时间。而在现在的情况下，除非他们关于自己权力的说法是正确的，否则的话，自愿地把我们的全部

① 应为尚书。——译者

② 侍郎意思是主管官员，首相是得到皇帝信任的委员会的主管官员。我不能十分确定苏大人担任的是这两个官职中的哪一个。如果是一个部的主管官员，他就与任命处理葡萄牙特使事宜的官员同一级别。

交付给他们似乎不太策略。然而，如果那一段话确实容易产生误解的话，不能尽早地向我们必定要与之打交道的那些主要官员们进行解释，可能又是不可取的。因此，我们决定，答应他们关于摄政王信件的要求，在必要的情况下口头做出解释。最后，如果他们的行动或者以后得到的信息表明他们——无论是作为个人还是作为官员——值得信赖的话，就把原先打算交给军机大臣的短信交给他们。

位于河对岸的皇帝的行宫，即使谈不上富丽堂皇，也可以说
91 是风景如画了。房子四周是木头柱子组成的柱廊，使整个建筑显得十分高雅。圆拱形屋顶的檐角向上挑起，十分有特色，看上去赏心悦目。

8月13日。——我们在差一刻10点的时候离开我们的船，乘坐轿子前往会堂，我们将要在那里受到接待。大使的轿子前面是乐队、卫兵以及库克上尉和萨默赛特上尉，马礼逊先生和大使阁下的儿子跟在大使轿子的后面，随后是两位副使，他们的后面是其他的随员。我们一路保持着这样的顺序，直接到达了会堂。这是一座用浅色的木柱支撑着的很长的建筑物。在屋子里大约1/3处的地方，我们看到屏风前面摆放着一张桌子，桌子前面悬挂着黄色丝绸，表明有一场谈判在等待着我们。中国官员们全都穿着他们的礼服，主要是些文职官员。

在礼貌性地表达了希望我们一帆风顺之类的客套话之后，广大人开启了礼仪问题的讨论。他说，这一天为我们设宴，是遵照皇帝谕令进行的，实际上是皇帝御赐的，因此他们要向皇帝行礼，并且希望我们也要像觐见皇帝一样行同样的礼。阿美

士德勋爵答复说，我们已经做好准备，在见到皇帝陛下时，就像对我们自己的君主一样表达我们的尊敬。此后，中方特别指 92
出，需要行叩头礼。阿美士德勋爵表示，他准备在各方面都遵行马戛尔尼勋爵的先例。

钦差在回应时争辩说，事实上，我们的前一大使在礼仪问题上做了要求他做的所有事情，在觐见皇帝时和其他场合都行了叩头礼。苏大人说，他本人记得前一特使在广州就行了叩头礼。然后，他们两人都要求小斯当东爵士作证，因为他当时在场，应该能够证明他们所说的是事实。

对于这样的假话，本来很容易就可以做出简捷而坚决的回答。但是，十分明显，向小斯当东爵士提出这个问题的目的，并不是真正地要确定事实的真相，而显然是要把它变成一个针对个人的问题，一个只能激怒双方，让双方都感觉被冒犯的问题。小斯当东爵士说，大使对前一使团有关情形的了解，来源于马戛尔尼勋爵回国后呈递给我们君主的真实报告，我们现在的训令也是根据这一报告做出的。他（小斯当东爵士）在23年
以前还只是个12岁的孩子，向他询问有关当时情况的意见或证 93
词，或者认为他的意见对于裁决一个已经由更高权威决定了的问题具有任何重要性，都是不妥当和十分荒唐的。阿美士德勋爵和我都认为小斯当东爵士的回答极其得当，避免了被中国官员们引向他们希望讨论的问题。

这时，中国官员们以十分傲慢的口气说，他们认为大使的意图是要让皇帝陛下感到满意，但礼仪绝不能省掉。在这样的场合，他们自己行大使拒绝行的礼，也是不合适的。阿美士德

勋爵毫不犹豫地表示，他非常想向皇帝陛下表达他所有的敬意，让皇帝陛下感到完全满意，但同时又不能违背对自己君主的责任。从这样的情感出发，他打算以他向英国君主表达尊敬的同样方式觐见中国皇帝，这是马戛尔尼勋爵的做法，也是他的君主对现在这个使团的训令。这时，中国官员们做出了某种表示，意思是使团的觐见有可能不会被接受。于是，阿美士德勋爵说，尽管他感觉十分遗憾，但他必须要谢绝筵宴款待所给予他的尊荣。等他到达北京以后，他可以把拒绝的理由以书面形式呈报皇帝陛下。“什么！拒绝皇帝的恩赐？”中国官员们这样说。勋爵阁下再次重复了他的遗憾和他刚刚提出的建议，但这一建议遭到中方的断然拒绝。

然后，他们又开始利用阿美士德勋爵的父爱，询问他会不会
94 如此无情，让他儿子也失去见到皇帝的荣耀。双方不断重复着各自的理由。中国官员们一再强调这样做肯定会让皇帝生气和马戛尔尼勋爵实际上的顺从，而阿美士德勋爵则费劲地对后一点表示否认，同时又以他的君主的命令作为辩护和说服他们的理由。

中国官员们发现什么也没有能够得到，便表现出了放弃的态度。他们现在所关心的，是同意大使的意见会不会给他们个人带来重大的责任。他们声称，他们不敢把这样的情况报告给皇帝。阿美士德勋爵对此回应说，他估计皇帝对于能够得到和他声名显赫的父亲乾隆皇帝所得到的同样的尊敬，不可能会感到不满意。中国官员随之表示说，乾隆皇帝一直都非常生气，而王公大臣们则认为，当他们自己跪拜时，英国人却仍然站着，是最荒唐的事了。勋爵回答说，他的目标是把向中国皇帝

表达尊敬的适当方式，与他对自己君主所负有的责任以及他所接受的有关这个问题的明确训令结合起来；再者，无论行何种礼仪，他心中对皇帝陛下的尊敬也不会因此而增加。中国官员们则说，心中的感情要通过行动表达出来，阿美士德勋爵拒绝行叩头礼，表明他缺少真正的尊敬感。

这时，苏大人完全加入到整个问题的会谈中来，此前他只 95
是插过话，以他自己的见闻肯定地断定马戛尔尼勋爵在北京和广州都遵从了这一礼仪。他说我们在广州的贸易可能会因为皇帝不悦而受到实质性的损失，而他另一句话的意思是皇帝陛下可能会对英国国王感到愤怒。对于后一句话，马礼逊先生非常得当地拒绝加以翻译。他们最后说，他们这一次就不再坚持要求我们遵行礼仪了，但由此造成的后果要由阿美士德勋爵负责。他们还说，他们不敢说我们使团以及我们的礼物是否会被接受，并且补充说，有理由认为，我们国家可能会和其他一些国家一样，遭到被遣回的耻辱。阿美士德勋爵表示，只要感到是服从他的君主的命令，他就不会有任何的不安。他准备要做的，也就是在桌子面前鞠躬，所表达的敬意与他所隶属的英国枢密院的成员在君主的空御座前所表达的敬意是相同的，除此之外，不要指望他能做更多事情。

至此，最终结束了有关这个问题的商谈。阿美士德勋爵在表示满意的时候说，为了表明他愿意进行协商的诚意，尽管他在自己君主的王位前习惯上只鞠躬一次，但这一次，中国官员
们跪拜多少次，他就会毫不犹豫地鞠躬多少次。中国人以其典 96
型的小气，努力要在这一自愿的让步上再加上一个要求，要求

阿美士德勋爵应该单膝跪地。这一提议自然遭到了反对。就在似乎又要重新讨论这一问题的时候，他们放弃了他们的立场，我们随之前往接待我们的大堂。此前的会谈一直是在一个内间里进行的，有阿美士德勋爵、勋爵的儿子、几名副使和马礼逊先生参加。走到门口的时候，广大人以一种友好的态度，要求我们再次考虑一下可能会招致的后果。我们说，没有必要重新考虑或者商议，因为我们没有任何选择。

进入大堂以后，我们来到了桌子前。桌子正面覆盖着黄色丝绸，上面放着一个点着的香炉。我们鞠躬9次[①]，苏大人、广大人和其他6名中国官员则行跪拜礼9次。我们迈上一个台阶，来到大堂高起的部分，两名主要的中国官员、阿美士德勋爵、勋爵的儿子以及副使在这个隔间里各自就座。两名中国官员坐在左边，其他所有中国官员都坐在同一侧他们的下首，而使团的随员们则坐在他们的对面。接下来我们享用了一顿丰盛的中式正餐，同时伴有一场戏剧演出。对此，我们将在后面叙述。

97 正餐用完后，我们又回到了内间。我们入座之后，广大人说今天的会议谈得不好，他担心皇帝可能会不高兴。阿美士德勋爵再次表示，他相信皇帝对于他所表达的向他自己君主的御座表达的同等敬意，不会感到不满意。这时，中国官员们提出了在皇帝面前如何行礼的问题。阿美士德勋爵明确表示，他想单膝跪地，以这种姿势来表达他对皇帝的尊敬。他还补充说，

① 在两广总督为法国快速战船“安菲特律特”号指挥官勒洛克（Le Roque）举办御赐宴席时，曾经有过不行跪拜礼的事例。中国官员们行叩头礼，而勒洛克只深深鞠躬。此事发生在1669年。

在英国宫廷实行的礼节是亲吻君主的手。正像我们所预料到的，他们对后一种做法表示否定，同时又想重新开始进行一般性讨论。不过，我们表现出来的坚定态度终止了他们这一多少有些无力的努力。他们只是装作不理解阿美士德勋爵提出的礼仪，于是我方又向他们进行了解释，但是没有产生任何作用。接着，他们又提议勋爵现在就应该行单膝跪地和吻手礼。勋爵回答说，除了皇帝，他不会在任何其他人面前行这种礼。他们说，他们并不是想要他在任何人面前行这一礼节，而只是想看看这种礼节究竟是如何行施，这样他们就能够更为准确地向皇帝陛下报告。小斯当东爵士这时恰当地建议说，阿美士德勋爵的儿子可以在父亲面前行这一礼节。表达儿子对父亲的尊敬之情，与中国人的习俗完全一致，这就完全消除了先前要阿美士德勋爵行这种礼的阻碍或者困难，中方立即接受了这个建议。中国人对所行的这一礼仪似乎没有什么不满，但是说吻手是不允许的。阿美士德勋爵自然不反对把它省略掉。然后讨论了行 98
礼的次数。阿美士德勋爵说，英国宫廷的习俗是行礼一次，他刚才之所以在桌子前面鞠躬9次，是因为他觉得他们跪拜的时候自己站立着很不好看，而他自己认为，他所表达的尊敬之情并没有因为多次重复而有所增加。但是如果在觐见皇帝时他们或者其他大臣也在场的话，大臣们跪拜几次，他也会毫不犹豫地屈体几次。中国官员们说，除了勋爵阁下和参加觐见的使团成员以外，其他人都不会应召参加觐见，但可能还是要行礼9次。阿美士德勋爵回答说，为了表达他希望皇帝满意的心情，他愿意满足这方面的要求，不过，他必须再次重申，他认为这

样的礼仪并不能表示尊敬程度有一丝一毫的增加。然后，中国
官员们建议勋爵的儿子杰弗里在他们面前行9次这样的礼节。
阿美士德勋爵拒绝了这一要求，认为这是一件不能视为儿戏的
严肃事情。在我们再次明确地说明了礼仪的具体形式之后，会
谈就结束了。接着，阿美士德勋爵不失时机地表达了对这一结
果的满意，并且表达了他个人对于中国官员们对他所表现出来
99 的善意和关心的感激之情。他们回答说，他们只是遵从了皇帝
陛下的命令。

一名显然是担任书记官职责并且是会谈重要参与者的中国官员，这时提到了摄政王的信件，重新提出了交给他们一份副本的要求。阿美士德勋爵根据事先已经做出的决定，将一份封在信封里的副本交给了参加会谈的大臣们。他们对信的封缄十分惊讶，我们便告诉他们说，信封上用英文写着致各位大臣阁下。他们没有马上检看信件，这自然是件好事，因为可以免去一些不必要的解释。

就这样结束了这两次会谈，在用正餐之前取得了十分重要的结果。我们成功地抵制了导致俄国大使使华失败、被迫从边境返回的那一要求。从来没有人提出过像今天这样的礼仪仪式，无论是等价或不等价的，作为顺从中国觐见皇帝的习俗的权宜之计。顺从中国觐见礼仪的唯一一次先例是上一次的荷兰使团。荷兰使团成员在整个过程中所受到的对待，以及中国人想方设法在一些无足轻重的场合无数次要求他们以最丧失体面的形式重复行礼的事实，足以证明不顺从中国礼仪是适宜的。正是因为持有这种看法，阿美士德勋爵及其同事们才在这一点

上下定决心，宁愿冒使团不被接见的危险。这种既定的决心通 100
过他们的表情和举止表现出来，是一种坚定不移的态度，这无疑对中国官员们有着相当的影响力。中国人非常善于察言观色，因此跟他们办事时更应该摆出好脸色。第二次会谈时的一个有利之处，来自于中国官员对阿美士德勋爵在前一次讨论中所表达的基本意向的误解。他们认为我们那时提出的所有意见和用鞠躬取代跪拜的提议是适用于觐见所有统治者时的礼仪。事实上，正是由于他们自己没有对中国皇帝和其他统治者加以区别对待，所以才十分自然地出现了这一误解。因此，当他们得知我们真正的意思时，便感到十分惊喜。阿美士德勋爵说，对任何一位欧洲的君主，他都不会采用准备用以表达他对中国皇帝的尊敬的礼节。这些话对中国官员们似乎有着很大的作用。整个来说，他们还算满意，尽管他们没有表达出皇帝能够接受所提议的礼仪的任何可能性，而且对阿美士德勋爵拒绝跪拜所造成的后果仍然有所担心，但是他们的态度使我们有理由得出有利的结论。他们重新要求得到一份摄政王信件的副本确实也是一个重要情况，因为这表明，他们认为今天发生的事情并没有阻碍事情的进展。

我们已经见识过中国人厚颜无耻和撒谎的行为，尽管他们
明明知道事情的真相，但还是要求小斯当东爵士证实他们所声 101
称的马戛尔尼勋爵在北京和广州都曾经行了跪拜礼一事。前面叙述了中国官员们这样做的潜在动机，他们或许是想让小斯当东爵士直接加以反驳，这样他们就能够把我们的抵拒完全归咎于他的建议，事实上也已经出现了这种倾向的一些暗示。但

是，到最后，他们对小斯当东爵士尤为满意，因为他们似乎觉得特使之所以能够做出这样的让步，在某种程度上应该归功于小斯当东爵士。

在街道上行走的时候，围观的人群十分安静，非常有秩序，这不能不让我们感到惊奇。他们每个人脸上都表现出好奇的表情，但几乎没有人评头论足，也没有人用手指指画画。尽管街道两旁排列着士兵，可以说是一个挨一个，但似乎并没有必要用他们的威权来维持平静。街道狭窄整齐，铺着从远方运来的大块石板。中国的建筑无论具有什么风格，似乎都集中表现在屋顶上。山墙一般都很优雅，十分注重装饰。民房都是平房，是十分结实的砖砌建筑物。我们穿过一座高跨在河面上的桥，从船上几乎看不到桥面。

至于招待我们的大堂本身，几乎无可置评。实际上，它整
102 个就像一座临时的建筑物。我们在它较高的一端用餐，而它较低的部分是舞台。中式餐点由一道又一道盛在盘子里的菜肴组成，根据级别高低，一个人或两个人面前摆放一盘。对于中式菜肴已经有十分确切的描述了，我在这里实在不敢冒昧地作任何详细的介绍。正餐开始时上的蛋奶糕和果脯非常可口。对于燕窝粥，我不能说十分喜欢，它太稠，味道也淡，不太适合我的口味，加上虾和鸡蛋等也没有使之有所改善。鱼翅也好吃不了多少。中国人相互夹菜也相互敬酒。站在我们后面的一名中国官员控制着上菜和倒酒的次数。酒是热的，味道还不错，和雪利酒差不多。演员服装和舞台布景都非常华丽，喧闹的声音和忙乱的场景让人眼花缭乱，即使是那些懂得汉语的人也弄不

明白演出的到底是什么故事。看上去不像是喜剧或者悲剧，而好像是一场情节剧。有一段表演最为精彩。在舞台的前面，先是一群举着旗子的人打着遮掩，后来在旗子中隐约可见隐藏起来的男孩子的双腿，产生出非常优美的幻觉效果。乐器演奏的音乐听上去很像风笛，也许苏格兰人还能听得下去，但对其他人来说极为难听。同样的描述也可以用于演员的演唱。我们的赞赏恰如其分地给予了那些翻筋斗的演员，他们的力量和灵活 103
不亚于我所见过的任何人，表演完成得特别干净利落。就光彩照人的外表来说，那些中国官员们无法和这些闪烁着金光的演员们相比。据说，他们的服装是这个国家的古老样式。

中国官员所穿的官服比较朴素，穿在身上还算好看。这些衣服由蓝色薄纱或者绉绸制成，下面是装饰着花纹图案的绸缎。在衣服的前面或者后面，有一些刺绣的特殊标记，标明他们的品级以及是文官还是武官。帽子后面戴着一根孔雀的羽毛，或者更确切地说，一根孔雀尾部的羽毛的官员相当于我们的骑士等级；戴有两眼孔雀羽毛的相当于嘉德勋位。一名官员现在的地位，并不能根据他的官服装饰来判定。一名戴白色顶珠的官员坐在中国的特派大臣的旁边，只在关键时刻才介入会谈，而一名戴亮蓝色顶珠的官员坐在他的下首，另一名戴一眼孔雀羽毛的官员整个会谈期间一直在院子里到处走动。一个官员现时的地位，似乎由他被委任的职责来决定。

在街道上的民众中看不到极端贫穷的迹象；相反，大多数人都比较干净，穿着体面。他们的样子说明他们吃得很好，有些年轻人看上去还不错。

像往常一样，宴会上剩下的一些食品被送给我们，这些东西肯定比头天提供的表面光亮的冷肉更为诱人。以皇帝的名义，根据使团成员、随员和士兵各自级别的不同，赠送了丝绸
104 和衣服等礼物。在赠送礼物的名单上，阿美士德勋爵的儿子被称作大使的子嗣，对之给予了特别的关切，显然是把他看作使团第二位的人物。这使我相信，中国人非常重视世袭的地位。

傍晚时分，我们前往离我们下锚地不远的一处建筑，就是中国官员们昨天聚集的地方。它过去是一座公共图书馆，但是现在被用作供政府官员居住的公馆。屋顶上面，尤其是屋角壁柱，覆盖着大量装饰。一块很小的围栏环绕的地里有两块长方形石柱[①]，其中一块安放在一个像是龟的动物的雕像上。我们弄不清楚这些石柱是用来做什么的，只是知道它们是被人为地立在这儿的。在前往大堂的路上，我们从几个牌坊下面经过，我断定它们就是被旅行者们夸大地加以描述的凯旋门。

中国人要求提供留在船上的官员和水手的人数，以便照惯例向他们赠送礼物。在谈到构成使团的人员时，用来称呼书记官的中国名词“笔帖式”遭到了反对，因为这个词一直专门用来称呼满族政府中的某个职务。结果，我们用另外一个意义相
105 近的词把它给替换掉了。我们对广大人的好感一直没有减少。的确，在并不愉快的讨论中，他没有表现出任何令人讨厌的举止行为，而是喜欢使用友好的劝说。

① 这些石柱在杜赫德（Du Halde）的书里被称作石碑（She-pi），既可以用以纪念得到朝廷褒奖的人，也可以用以纪念值得尊敬的个人。

8月14日。——我们天亮以后离开天津。河左边的支流上有一座十分漂亮的石桥，我们还看到了一座木桥。这一天的航程令人难忘，因为我们看到沿途停泊着数量多得惊人的船只。这些船只首尾相连，从天津开始就没有间断过。它们装载着从各省运来的粮食，是帝国岁入的组成部分。有些船只据说来自非常遥远的地方，船尾上的设备看上去像是饰有纹章的盾牌。在河的两岸，每隔不算太远的距离，便能看到村庄或者士兵的岗楼。船上都居住着人家，所以一路上始终可以看到中国人。随着我们向京城行进，人们的总体面貌和外表自然是越来越好。经常可以见到种植着大麻的土地。士兵的岗楼大都是一些很小的方形砖砌建筑，上面修有射击孔。我们看到了一个圆形岗楼，建有低矮的拱座。岗楼的墙是白色的，装饰着一些奇形怪状的动物图像。所有的船只都停泊得整齐有序，后面船的船头恰好停在前面船的船尾前面一点，整个队形就像是一个梯形。运送粮食的船队开始于一个名叫北仓（Pe-tsang）[①]的大城镇。这些船的运输能力实际上不到118吨，尽管它们水面之上的船体就像一艘300吨的大船那样大。我注意到船上有几个突 106
出来的大架子，经过询问得知是用来晾干衣服用的。如果这样的话，那么中国人在衣着方面肯定比我原先想象的要讲究清洁[②]。我们现在行进的路程是56里，或者说19英里。

今天白天，在昨天会谈中担任助手的中国官员几次拜访了

① 第一个词“Pe”的意思是“北”，据说是根据一直被称作北河或白河的河流名字命名的。

② 在波斯，和中国一样，一件棉制衣服一直穿到破烂不堪也不洗的情况，并非鲜见。

马礼逊先生。看上去，他们似乎是对使团的组成人员心存疑问。对于名单中没有提到小斯当东爵士的教名托马斯（因为在上个使团的名单中他使用过这个名字），他们好像感到有些奇怪。马礼逊先生对他们解释说，托马斯是小斯当东爵士孩童时期所叫的名字，而另一个是现在的称呼。由于这种情况符合中国人的观念，中国官员们表示满意。他们提到，广州方面的一份报告说小斯当东爵士不是使团的第二号人物，还有另一位副使在地位上仅次于大使。马礼逊先生理所当然地告诉他们，这种说法是错误的。

黄昏时分，苏大人和广大人分别拜访了阿美士德勋爵、小斯当东爵士和我。他们和阿美士德勋爵以更为私密的方式，对昨天有关礼仪的主要问题进行了仔细的讨论。他们对皇帝是否
107 能够同意表示强烈怀疑，说了很多有关皇帝个人对这次使团有多么仁慈体恤的话。他们强调说，任命苏大人就是一个证明，表明皇帝陛下对阿美士德勋爵要比对前任特使更为重视。阿美士德勋爵重复了先前提出的一些论点，并且补充说鞠躬一次是他能够在同样的情况下向俄国皇帝或者任何欧洲君主表示尊敬的方式，因此，所提议的礼仪实际上仅限于对中国皇帝陛下行施。这句话似乎对他们有些分量，然而，提到俄国让他们得到一个机会，说上一次的俄国使团没有觐见就回去了，就是因为大使拒绝在这一点上顺从。阿美士德勋爵这一次同意了他们查看装有摄政王信件的盒子的要求，他们看到这个精致的小玩意儿以后，尽管全都表现出小孩子般高兴的表情，但没有说任何表示赞赏的话。接着，中国官员们和勋爵阁下之间在一些无关

紧要的问题上进行了非常友好的会谈，期间他们似乎利用一切机会来强调他们的主要目标。他们说，皇帝同意阿美士德勋爵建议的可能性只有万分之一。中国官员们归还了摄政王信件的副本，声称他们不敢阅读，因为它现在是写给“我尊敬的兄弟”的。我们可以大胆地这样写，但是他们还是建议把这种表示完全删掉，还建议对一些不太重要的地方进行文字上的修改。

在小斯当东爵士和中国官员的会谈中再次提到了礼仪的问 108
题，他们问小斯当东爵士，如果皇帝要求他为马戛尔尼勋爵顺从一事作证的话他会怎样做。小斯当东爵士非常明智地回答说，他当时还是个孩子，他的回忆可能没有任何价值。他利用这一机会，向他们转达了他个人的意见：他的君主的命令十分明确，不允许阿美士德勋爵顺从这一礼仪，坚持在这一点上施加压力必然是无效的。他还详细叙述了已经做出的让步，并且表示，希望皇帝能够感到满意。中国官员们在与小斯当东爵士的交谈中，对皇帝同意的可能性的估计要比和阿美士德勋爵交谈时更为乐观。由于他们把阿美士德勋爵前一天做出的让步归之于小斯当东爵士的帮助，所以他们表达了他们个人对他的感谢。对我的拜访非常短，仅仅是做了一些礼节性的表示。在我看来，删去摄政王信件上的称呼似乎没有什么影响，因为并非要对原信进行删除，而只是要在翻译本上删除。因为他们并没有提出用不太尊敬的表示来取而代之，我们君主的尊严似乎没有受到任何影响。

对于有关礼仪问题讨论的必然增多，我不得不感到遗憾，因为我认为，在这些问题上我们的每一次胜利，都意味着实现使团更实质性目标的机会的减少。是否允许在这些实质性问题 109

上进行谈判，确实值得怀疑，然而在使团怎样做才能被接受的问题上所花时间，以及，因为我们的强硬态度取得成功，而产生出的怨气，都不会让皇帝或者他的大臣们愿意去倾听他们从中看不到好处的建议。

在考虑礼仪问题时，我还需要把皇帝御驾亲临时的跪拜和想象皇帝亲临时的跪拜区别开来。前次荷兰使团所受到的对待以及在最无足轻重的场合不断进行的跪拜，为反对后者提供了足够的证据，但是如果最终决定使团命运的是拒绝在实际觐见时跪拜的话，我肯定不会感到满意。

我们一路上所见到的大船数量估计可能有一千四五百艘，应该说，除了人口众多之外，河上航行的船只数量是迄今为止在中华帝国所看到的最让人感到震惊的情景了。

在与马礼逊先生的一次谈话中，张五纬说他认为我们对军人的重视超过文职人员。他可能是根据我们欧洲频繁发生战争而形成这种看法的，因为在任何情况下，他都不可能通过自己对使团的观察而得出这样的结论。我们晚上停船过夜，因为我们的带领
110 者们似乎不再想催促我们了，他们自然希望在收到对他们有关天津发生事情的奏报的答复之后，再决定是否让使团继续前进。

8月15日。——早餐时分，我们到达了杨村。前次使团曾经提到过这个地方，距离天津91里。张五纬和寅宾捎信给阿美士德勋爵说，他们将在11点拜访他，不过，他们直到将近下午2点才来。双方进行了一次有关礼仪的会谈，这一次，他们承认马戛尔尼勋爵在第一次觐见时行了欧洲礼，但是他们坚称他在皇帝生日那天行了叩头礼。阿美士德勋爵否认他们所说的后

半部分是事实，并且说他在第一次觐见时，打算行马夏尔尼勋爵在皇帝生日那天所行的同样礼仪。他还说，事实上，这两种礼仪之间并没有太大区别，所以，对于人们会错误地认为马戛尔尼勋爵行了满人礼，他并不感到惊异。广惠和苏楞额不久之后也来了，使团的副使们和也阿美上德勋爵一起参加了会谈。中国官员们要求把房间打扫干净，然后非常正式地通知我们，他们当天收到了谕旨，皇亲在谕旨中亲手用朱笔写下圣谕，拒绝使团随行乐队进京，因此必须将他们送回，并且补充说，事实上他们也没有必要前来。对使团中这一部分人莫名其妙的拒绝，让我们深感惊诧，因为在上一使团中，中国人似乎对乐队 111
十分满意。人们不可能不会猜测，这只是准备在琐事上为使团制造麻烦的一系列动作中的第一个。因此，阿美士德勋爵在回答时表示，这些人所做的工作不会产生任何伤害，他个人也完全相信他们的良好品行，对于仅拒绝让他们参加觐见，他感到十分吃惊。事实上，上一使团中就有一个乐队，为这样的场合增加了所需要的豪华气氛。广大人这时说，出于对我们的友好感情，他起初介入过这件事。皇帝曾经把使团人数限制在50人，但是他个人决定让75人上岸。如果特使在礼仪问题上更为顺从的话，他本来应该能够顺利地请求皇帝原谅他在这个问题上的越权行为。但是，由于拿不准皇帝到底会做什么决定，也害怕我们的抵拒可能会让皇帝陛下生气，他现在对自己的行为会带来什么结果也只能感到极为不安。阿美士德勋爵对于钦差因其个人友好行为而给自己招来麻烦表示遗憾，但同时又表示，他不可能会同意丢下那些行为良好的人，让他们在旅途当

112 中与自己的同胞分开，从而遭受耻辱和不便。如果在登陆之前提出这一反对的话，就不会存在服从拒绝乐队上京问题上的困难。

中国官员们在这之后派人取来谕旨。从谕旨上看，拒绝似乎是专门针对乐队的，而不是针对使团人数。谕旨是由9名大臣①（counsellor）——他们的职责是负责军事事务，但他们经常被召集起来处理有关欧洲人的事务——发给苏大人的。信中对“笔帖式”这个词非常重视，指定了代替它的词，同时也规定了接待的方式以及允许参加觐见的人数。只有4个人——特使、两名副使和杰弗里——被允许觐见皇帝，另有12名随员被允许出席宴会。用硃笔写的字是：“乐队可免去，让他们返回船上，等候大使返回。”在传达完了谕旨内容之后，广大人说，谕旨不能违背，皇帝的命令非常明确，只能遵行。他补充说，大使坚决遵从他的君主的命令，而他也同样要坚决遵从皇帝的谕旨，大使拒绝行礼，已经让他不可能再自作主张了。阿美士
113 德勋爵表示，如果把情况公正地反映给皇帝陛下，皇帝陛下就不会坚持反对了。双方都重申了先前的一些理由之后，中国官员们想起已经到我们吃午饭的时候了，便起身告辞。

这天下午1点，我们经过一座坐落位置十分优美的亭阁，它位于河北岸，属于皇帝。亭阁顶上覆盖着黄色的瓦，在太阳照射下发出耀眼的光。河水在这儿分成几条支流，东北方的河上似乎有一道堤坝。

① 我倾向于认为这里提到的是内院（nui-yuen）。据杜赫德的说法，内院由阁老、监察御史以及大学士组成。

黄昏时分，阿美士德勋爵再次把我们召集起来，与中国官员们会谈。他们首先询问阿美士德勋爵有关海边那些船舰的情况，说已经给它们送去了一些供应品，但据最新报告说，在岸上好像已经看不到那些船舰了。阿美士德勋爵回答说，他不敢随便说那些船舰是否已经离开海边，如果船长接到了他的政府的特别命令，自然应该遵从。然后，他们询问阿美士德勋爵是不是给船长下过命令，大使回答说没有，所以需要向他们询问情况。官员们回答说，船舰必定是在阴历这个月的二十日离开的，特使一定知道它们的意图却没有将此事通报，这种做法极不得体。阿美士德勋爵说，自从他上岸以后，没有向他询问过有关这方面的任何问题，但当他还在船上时，确实曾有官员问过他打算走哪条路从北京返回，他当时回答说，他的计划当然 114
是遵照皇帝指定的路线返回，不过他心里希望能够按前次使团所走过的路线返回。从那时直到现在，从来没有人再提起过这一问题。钦差广惠宣布说，这些船舰没有得到皇帝允许就离开海岸会让皇帝大为愤怒，他们个人也要为此承担责任。阿美士德勋爵告诉他们，护送船的船长接到过他的政府的命令，在特使上岸后立即返回广州，所以他很可能一有顺风就启航开走了。中国官员们说，我们隐瞒这一意图的做法非常不妥，他们经常间接提到这些船舰仍然停泊在海边，但我们从未给过他们任何信息，会让人想到它们已经离开。阿美士德勋爵称他从未听到过任何这种暗示，因为如果他听到了，由于没有需要隐瞒的理由，他一定会把事实告诉他们。勋爵继而质问官员们既然这件事后果如此严重，那么为什么没有特别就此提出询问。这

时，钦差广惠发了脾气，转向马礼逊先生说："不应该责备特使，错误在于你没有忠实地传达我们的话。"马礼逊先生非常得体地说："如果广大人这样认为的话，他一定会拒绝再进行任何翻译。"阿美士德勋爵要求小斯当东爵士向两名中国官员表示，他感觉这样做对马礼逊先生不公正，并且告诉他们他认
115 为这样的话也是对他个人的冒犯。广惠没有太过犹豫，就向马礼逊先生道了歉，会谈以一种更友好的方式继续进行。

小斯当东爵士说，发生这样的事情让人感到十分遗憾，因为尽管不能认为这件事本身有多么重要，但它很可能会让皇帝感到不满。苏大人对小斯当东爵士的话欣然表示赞同。我们接着又对他们说，运送前次使团的船舰在马戛尔尼勋爵登陆之后第二天就开走了，而且船只停泊的地方对大船舰来说非常危险，甚至在我们还在船上时，就曾经遇到了恶劣天气，使得船长认为我方船只必须远离海岸。广惠这时建议，我们应该向他们提供某些理由，以便向皇帝交代。他最后建议，由我们就此事撰写一份文件，以证实他的奏报。我方船只答应他立即准备这一文件，然后双方友好地告别。

皇帝拒绝接受乐队的重要性，仅仅在于它反映了皇帝反复无常的性格缺陷，表明他可能会在没有任何明显的或确实可靠的理由的情况下采取措施。对于中国官员在船舰离开一事上表现出来的不满，我们不会感到惊讶；对于他们对我们在这件事上的沉默感到不满，我们更不会感到惊讶。事实上，这就是我们所采取的策略。我们到达停泊地之后不久，就得知了皇帝只允许我们在中国短期停留并由前来的原路线直接返回的意图。

在这种情况下，为了不使中国人有任何机会扣压我们的船只，116
就需要让它们立即离开，这与船舰安全的考虑没有任何关系。我们的这一策略取得了成功，广惠自然会对他自己缺乏远见感到恼怒，担心这会给他本人带来严重后果。他后来的温和态度，是因为他明白，用谴责我们的方式来为自己寻找借口，并没有什么用处，他一定知道，无论皇帝对这件事情多么不满，也只能认为我们所采取的策略即便不能说是无可非议，也是合乎情理的。因此，我们主动承担对我们自己的部分指责以减少他的责任，有助于为他开脱罪咎，从而可以指望他作为回报，能够为我们提供帮助。

当天晚上将一份文件交给了中国官员，为船舰离去提出了几个理由，主要是停泊地的不安全和前次使团的先例。尽管张五纬提醒阿美士德勋爵对摄政王信件的翻译做一些修改，但由于有如此多的新事情出现，这件事被认为没有必要马上予以关注。

8月16日。——天亮以后不久，我们就被召到阿美士德勋爵船上去会见苏楞额和广惠，他们昨天夜晚好像收到了来自北京的消息。不过，他们自己并没有来，而是派了张五纬和寅宾前来会见。他们立即暗示说刚刚收到了谕旨，据他们说谕旨强烈表达了皇帝对天津发生事情的不满，他严厉指责官员苏楞额 117
和广惠允许我们启程前来，并且决定如果大使不遵行叩头礼，就不予接见。两名高级官员派张五纬和寅宾前来，是要得到一个直截了当的答复，在得到这样的答复之后，他们才会亲自前来拜访大使。阿美士德勋爵努力要给他们留下他不愿意屈服的印象，同时又希望避免做出他们所需要的直截了当的答复，所以他回答说，这些都是国家的重大事务，不是简单地回答行或者不行就可以得到解决，有关这件事情的讨论迄今一直由苏楞额和广惠负责，所以最好还是继续由他们来进行。在这同时，他也向他们保证说，他拒绝通过他们传达他的答复，并不是由于对他们不够重视或缺乏尊重。张五纬说这一拒绝让他们很没面子，寅宾则说没有答复他就不能回去。不过，当他们发现阿美士德勋爵态度十分坚决以后，便离去了。几分钟以后，苏楞额和广惠就来了。

他们的脸色看上去十分不安，一开始就对我们不想取悦皇帝表示遗憾。由于收到有关皇帝谕旨内容的官方通知十分重要，阿美士德勋爵便没有理会他们的话，正式请求得到这方面的消息。广惠答复说，他们允许使团离开天津前来的行为受到
118 了严厉指责，谕旨坚持要求阿美士德勋爵行叩头礼，并且要求小斯当东爵士为事实作证。最后，命令把礼物退回，皇帝不能接受大使，除非他行大清礼仪。广惠说，他们只需要一个简单的回答：行还是不行。阿美士德勋爵回复说，他的目的一直是把向皇帝陛下表达尊敬和服从他的君主的命令结合起来，他提出的行礼方式与中国礼仪要求的方式十分接近，他自认为会让皇帝满意。他说，这两种礼仪的差别几乎看不出来，而且是根据他不敢违背的训令提出的。广惠说，特使无疑有义务服从他的君主，就像他们服从皇帝一样。我们注意到，钦差在提及两名君主时，都使用了“皇帝”①一词。

① 基本上仅限于统治者的一种头衔。

然后，对一般性问题进行了一些讨论，在讨论过程中，官员们说，所有外国大使都要行叩头礼，并且举出了暹罗和日本的例子。大使对此回答说，这些国家无论在文明程度还是在国家力量方面都不能和英国相提并论。官员们对这一点很愿意承认，他们说，它们的大使绝对得不到如此受尊重的对待。接 119
着，他们又列举了皇帝陛下安排的大使在北京逗留期间的娱乐活动。阿美士德勋爵自然只能表示遗憾，称现在的情况使他不能享用皇帝的好意。他们然后问阿美士德勋爵的儿子是不是根据摄政王的命令前来的，阿美士德勋爵说摄政王知道他来，但是带他来的主要目的是为了使大使能够监督他的学习情况。他们然后说，皇帝额外开恩允许他参加觐见，尽管他没有任何官方职位。阿美士德勋爵说，不能认为他的儿子完全没有官方职位，小阿美士德担任他的侍从的职位，这个官职总是由有地位的年轻绅士担任，使团里安排这样的人也并非鲜见。官员们这时说，允许他儿子的老师参加宴会，也应该视为皇帝陛下恩典的证明。

阿美士德勋爵打断了这些话，要求官员们注意他们需要马上处理的问题，并且说，在皇帝拒绝免除叩头礼的情况下，他有一个建议，他相信这个建议充分表明了他想让讨论取得友好结果的急切心情。他的君主的训令非常明确，不允许违背，除非双方都做出某些让步。因此，他建议，一名与他有着相同官阶的满族官员，在摄政王的画像前行叩头礼。在这种情况下，120
他就可以顺从皇帝的意愿。中国官员们说，不可能接受这一建议，因为这样的话，官员们实际上是在向一个影子叩头。如果这个建议是在我们自己国家提出可能结果就会不一样，但是在

现在的实际情况下提出，根本就不可能采用。在让阿美士德勋爵同官阶的人向画像行礼与让大使在天津行礼这两者之间，他们不承认有任何类似之处。大使然后说，他是根据马戛尔尼勋爵的先例来提出这一建议的，马戛尔尼勋爵曾经建议，由现在的皇帝陛下父亲的一名和他官职相等的大臣做同样的事情，以此来证明马戛尔尼勋爵愿意向皇帝陛下的父亲表达他全部合理的尊敬的诚恳态度。最终，皇帝陛下的父亲同意接受勋爵阁下行欧洲礼。

中国官员们仍然认为这一建议不可接受。阿美士德勋爵说，如此重要的问题不应该就这样轻易地否定掉，他会交给他们一份备忘录，然后由他们转交给皇帝。中国官员宣称，他们不敢转交任何包含有这种内容的文件。

阿美士德勋爵这时又引起了官员们极为认真的关注，他说他还有一个建议，他认为这个建议可能更符合中国人的习惯做法。他拒绝行叩头礼，是由于担心这样做会贬损他自己君主的
121 尊严，为此，他需要得到一个文件以避免从叩头礼中得出这样的推论。因此，作为他行叩头礼的回报，他只有请求皇帝陛下发布一道谕旨，宣布任何中国大使今后在英国朝廷出现的时候，也应该在英国君主面前行这种清朝礼仪。两名中国官员都惊叫起来："不可能！这个建议比另一个更难以接受。"阿美士德勋爵然后说，他愿意把两个建议都写下来，请他们转交给皇帝。对此，他们坚决予以了拒绝。阿美士德勋爵建议他们以他们自己认为最为合适的方式提出这两个建议，官员们也反对这一提议。阿美士德勋爵告诉他们，这样就堵死了所有通向皇帝的道路，他只有宣布准备回国了。官员们表达了他们的遗憾，

说他们觉得使团遵从和返回之间找不到任何其他选择，不过他们愿意将发生的事情报告给皇帝陛下，在此同时，他们将向河下游移动一段很短的距离，到一个更为方便的地方。他们对于事情的转折显然十分沮丧，说可能要派其他人来负责我们的事情了。苏大人最后重复了好几遍这个词："天意！"必须承认，我最急切地希望他们能够转呈我们的备忘录，因为如果被拒绝的话，就充分说明再进行任何谈判也无济于事，在我看来，这是他们想要退缩的最好理由了。

就像中国官员们所说的那样，我们沿河向下游走了大约一 122
英里，来到一个小村庄附近，一个令人感到十分愉悦的地方。黄昏时，我们在船的前面愉快地散步，自从离开东沽以后，我们几乎还没有享受过这样的快乐。居民们很快便聚集来兜售水果和蔬菜，我一点也不怀疑，如果我们在这儿多待几天的话，就会建立起一个市场来。人们告诉我们，中国官员们不让人们在他们船的前边走动，因为隐私被视为一名中国绅士的安逸和体面的最重要的方面。理发的凳子已经整齐地摆放在岸上了，我只是担心这种英国国内的景象会引起的中国人的戒备。我们的情况现在有些像丹达罗斯[①]：从这里可以看到鞑靼地方青青的山峦，北京就在80英里远的地方，而我们最终却要在一两天内掉头南下了。我们所在村庄的名称叫蔡村（Tsae-tsung）。无论结局如何，就我们必须要与之打交道的官员来说，必须承认我

① 希腊神话中的一位国王，因其过错被打入阴间并被罚站立在水中，当他想去饮水时水即流走，其头上挂有水果，但当他想拿水果时水果却退开。——译者

们比较幸运。这两名官员脾气都不错，广惠是一个心胸非常开阔的人。如果不能免去叩头礼的话，双方关系的破裂还是要归之于皇帝的个人性格，他反复无常、软弱、怯懦，这些性格结合起来，就形成了他的顽固态度。新近发生的既威胁到他的王位也威胁到他的生命的骚乱，很可能会使他不愿意免除一个在他的臣民看来与维护他的尊严直接相关的礼仪。

123 8月17日。——一名参加过天津会谈的中国官员在张五纬和寅宾的陪同下，很早就来拜访我们，目的是转达高级官员们深思熟虑的结果。他们说，不可能向皇帝陈述大使所提出的两个建议中的任何一个，因为他们可以断定，这样做要比拒绝行叩头礼更会让皇帝感到愤怒。因此，苏楞额和广惠提出一个方案，由他们向皇帝表达下述意见：第一，就大使本人来说，由于得到其君主的严格遵守马戛尔尼勋爵先例的明确命令，尽管他很愿意表达对皇帝陛下的全部尊敬，但他不敢违背英国国王的命令，因此他谦卑地恳求皇帝准许他行欧洲礼9次。第二，就小斯当东爵士来说，参加上一使团时他还很小，对于有关礼仪一事所发生的事情缺少准确的记忆，但他听说马戛尔尼勋爵没有行叩头礼。中国官员们说，考虑到这样的恳求，皇帝陛下有可能会被说服，从而免去严格的礼仪。在陈述这一建议之前，一名担任书记官的官员向小斯当东爵士絮叨了一大通，他说皇帝非常失望，因为小斯当东爵士没有向大使施加他的影
124 响，让他行叩头礼，以作为乾隆皇帝在前次使团来访时对他仁厚眷顾的回报。小斯当东爵士利用这个机会指出，把他和阿美士德勋爵以及其他副使分隔开来是非常不妥当的，他们的行动

和意见实在是完全一致的。为了防止中方再对小斯当东爵士产生类似的意见，阿美士德勋爵补充说，尽管他十分愿意听取小斯当东爵士在一般性问题上的意见，但在这方面，他遵循的是他的君主的命令。由于中国官员们的提议显然只是他们退缩的借口，同时对于他们要向北京反映的内容我方也提不出任何反对意见，所以阿美士德勋爵表示同意。

然后讨论了所提议的礼仪的具体行礼方式。阿美士德勋爵宣称，在始终保持这一礼节的明确特点的情况下，他愿意尽可能地让皇帝感到满意。最后确定，屈膝和躬身的次数应当与叩头[①]的次数相一致，也就是说，屈一次膝，躬三次身，重复三遍。担任书记官的官员说，对于这种特殊情况（他故意认为这是一个全新的情况，实际上在天津已经得到了允许），官员们

有理由向皇帝进行奏报。这件事的讨论就此结束。如果官员们 125 97
的提议是根据北京发来的较为温和的信件而做出的，我们就可以期待这一令人讨厌的谈判会出现有利的结果，否则的话，它就只能说明我们需要苏楞额和广惠帮助我们转达这些意见。他们是具有一定影响力的人物，这是一个相当大的有利之处。

一点钟，我们被召集起来，与苏楞额和广惠手下的那名书记官会谈，由张五纬陪同。会谈一开始，这名从早上就一直与我们在一起的书记官传达了刚刚收到的一份谕旨的内容。皇帝在谕旨中指示大使前往通州，在那儿，他将见到两名比苏楞额

① 清朝礼仪用汉语“叩头”来表达或许并不太恰当，更严格地说，它表示三次简单的屈膝，这种致礼形式甚至在私人生活中也实行。朝廷礼仪有一个不同的名字“三跪九叩”，它意味着三次屈膝和九次叩头。

126 和广惠级别更高的官员，他们的名字是和世泰和穆克登额[①]。前者是一名公爷[②]，或称公爵，与皇帝有姻亲，另一位是礼部

① 和世泰为总管内务府大臣、理藩院尚书；穆克登额为礼部尚书。——译者

② 中国的贵族可以分为两个层次，个人贵族和官员贵族，公爷属于前者。这种贵族分为五级，由现在这个王朝的创立者设置。与此同时，这名创立者采用“太祖”的称号，意思是征服者。在他们最初的制度中，这些贵族等级仅限于创立者的家族，或者更确切地说，仅限于他的氏族。三种级别较高的贵族授予家族各分支的长者，后两种等级授予年纪较轻但功绩突出的家族成员。这些爵号是亲王、郡王、贝勒、贝子和公爷。前三等级可以说一直限制在皇帝的宗亲，包括传教士记载中经常提到的王子和亲王们。后两等级似乎没有这样的限制，因为孔子家族最年长的男性子嗣也拥有公爷称号。就和世泰的情况来看，我们有理由相信，皇帝与他姊妹的婚姻使他得以进入皇族。这些王公贵族都享有津贴，甚至还分配仆人，这些仆人既有满族人，也有满族化的汉人。他们通常都住在宫内，其责任是侍候君主，尤其是在所有重大公共节日和举行典礼的时候。有关皇族的所有事务，无论是集体性的还是个人性的，都由一个由王公组成的机构负责讨论决定。爵号和津贴随着被授予者的去世而停止，是否由其儿子继承由皇帝决定，上面提到的仆人或奴婢也要交还给皇帝，由皇帝按照自己的意愿进行处理。由此可以得出推论，除了孔子家族外，在中国没有严格世袭的贵族，而只有一种主要由皇族成员拥有的五等爵位的世袭资格，但这种世袭资格只有通过皇帝颁发谕旨才能正式继承。我不能断定侯爷的爵号——通常被传教士翻译成伯爵，马礼逊先生翻译时用它来指称阿美士德勋爵——是不是和第五等爵号“贝子”相同，或者说是一个更低的、附加的爵位。这些个人贵族爵号的拥有者全都高于官员贵族或者官员。

关于官员的区别——通过其帽子上的顶珠标志出来——以及文职和武职的相对品级，人们已经知之甚多，不必一一列举。不过，可以说有两种官员：在职官员和挂衔官员。头戴顶珠的行商属于后者，他们购买官员头衔——往往要花大价钱并且拥有崇高的声誉——的动力，是虚荣心和免受肉体惩处的特权，但是并没有真正的待遇和权力。他们不受肉体惩处的特权只是部分的，因为尽管在对官员实施这类惩处之前，必须要先革去他们的官职，但是总督有权把他辖区内的任何官员革职，并且为这一行动向北京的最高仲裁机构负责。

当任职期满时，官员常常返回他家乡的省份担任一个私人职位，也可以说不再是一个官员贵族了。不过，他通常都会因其个人名声而终生享有优待，在许多情况下，甚至可以惠及他的家人。

关于中国贵族称号有一个值得注意的情况，这就是尽管它不是世袭继承，但却经常会通过特别谕旨来进行追封，给一些尊贵的人的祖先而不是他们的子孙授予爵位。康熙朝的一名传教士就是这种非同寻常的皇帝恩惠的受惠者。

尚书。大使需要在这些官员面前演习清朝礼仪，只有他在觐见
时也行这种礼仪，才能荣幸地被允许觐见皇帝。另外，大使如 127
果在苏楞额和广惠面前演习行礼，同样也可以让皇帝满意。这名官员继续说，广惠和苏楞额知道大使在叩头问题上的态度很坚决，所以想在他们的报告中加上，大使愿意在这里在广惠和苏楞额面前，或者也可以在通州，演习他所提议的礼仪。阿美士德勋爵觉得，他们要求提前进行演习，可能是希望能够亲眼见到礼仪的演示，由此来更彻底地了解他所提议的礼仪，所以一开始想同意在苏楞额和广惠面前私下进行演示，因为无论如何，他自然都更愿意在熟悉的人而不是陌生人面前演示。不过，必须要先了解这个提议的确切目的，因此他向官员们提出了几个与此有直接关系的问题。从他们的回答来看，这样做的首要目的，似乎是需要特使以这种形式做出某种保证。对此，阿美士德勋爵严肃地宣布，他会极为负责地恪守所提议的礼仪的每一个细节。从一开始我就感觉到，这种演示所意味的绝不是单纯的保证，练习的时候可能会增加一块黄色帐幕的复制品和其他礼仪。由于这种提前演练的做法，无论从哪一方面来说，都要比行叩头礼更让人感到羞辱，所以可以认为，提出这样一种要求，是因为他们认为，如果能够遵从这样的演习，那
么大使在觐见时就不会出现犹豫不定的危险了。我的猜度被证 128
明是正确的，因为在进一步询问后了解到，这一演习似乎要在一条龙——皇帝的象征——的画图前面进行。阿美士德勋爵在了解到这一情况以后宣布，在这样的解释之后，他只能表示完全拒绝接受。如果演示意味着一种保证，那么就没有任何意

义，因为他此后能做什么存在着不确定性。演习进行时的各种情况更使之完全不能接受，因为他不可能在通州做他在天津拒绝做的事情。广惠和苏楞额知道他在这个问题上的态度，无论谁在通州负责，都不会改变他在这个问题上的决心。他已经作出了神圣许诺，严格遵行他所提议的礼仪，他也可以毫不犹豫地对此做出书面保证。官员们抓住了最后这个提议，说这个提议非常令人满意，并且赞扬阿美士德勋爵的敏锐反应和机智举动。

在讨论中发言最多的官员抓住小斯当东爵士的手说："那么，就是说，即使有20名官员要来到通州，大使也只能做他对苏楞额和广惠许诺的那些事情了？"小斯当东爵士对此做出了肯定，严肃地说："这一点很重要，这是根本性的。"这名官员
129 对此表现出来的满意态度当然与使团的利益毫无关系，它仅仅与即将在通州进行的谈判的成败对苏楞额和广惠的影响有关：如果其他官员让阿美士德勋爵在所争论的问题上表示了顺从，那么以前出现的问题必然就会归之于苏楞额和广惠缺乏能力；如果情况与此相反，特使仍然坚持他的决定，现在得到的书面保证就是能够作出的最后让步，这也就表明他们取得的就是最大的成就了。按照中国官员们的希望，这份书面声明里包括了对所提议的礼仪的确切描述。

我忘了提及，在上午进行的会谈中，这名官员曾经使用身体姿势来描述礼仪，这让我们意识到，某位官员实际上会把手放到阿美士德勋爵身上，以表示开始躬身行礼。得到这一印象后，小斯当东爵士告诉他，按照我们的观念，接触某个人的身体是很严重的冒犯。这一建议因之马上被收回，改以用声音来

下达口令，对此我们没有提出任何反对，尽管很可能使用“三跪九叩”一词。不过，现在还不十分清楚最终是否会放弃用行动来发出信号的做法。早在会谈开始以前，船队就接到了前进的命令，我们又开始向北京进发。

我的时间一直被会谈所占据，我的思想也一直在思考着那些现在一直未能确定下来的事情，几乎没有多少闲暇时间，也几乎没有什么兴趣观赏我们所经过的景色。我只看到河岸逐渐 130
增高，树木逐渐多了起来，而土地的耕种情况似乎没有多少变化。中国的专制统治和其他地方一样，对下层民众极不重视。我们的纤夫们有好几次因为工钱而罢工，在他们的正当要求得到满足之前，拒绝继续前进。据说他们属于一个单独的阶层，由来自帝国不同地区的人组成，没有其他任何职业。他们的工作往往十分艰苦，一边干活一边唱着歌，这既是为了鼓劲，也是要通过唱歌使行动一致。马礼逊先生有这支歌的抄本。

我们16日停留的村庄是一名相当于上校级别的清朝军官的驻地，他在最近平定叛乱的战斗中战功突出，大腿受伤，结果得到被授予顶戴花翎的奖赏。他身材高大，令人敬畏，如果他的勇气与他的力量同样大的话，他在镇压叛乱时一定极为能干。以人性共有的虚荣心，他询问我们听没听到过他参与过的那些事情。马礼逊先生经常阅读邸报，也确实知道这一事实，但他仍然觉得承认知道这些事情是不太审慎的。

有一种猜测手指数量的游戏让我大感兴趣，中国人管这种游戏叫猜枚（Tsoee-moée）。昨天晚上两名低级官员在玩，其中一名是我们船上的官员，他肯定是这里最笨拙的官员，笑声让他脸上 131

带着比平常更多的表情，但是仍然混杂着愚钝，结果形成了一种我从未见过的滑稽样子，愚蠢的光辉在他脸上散发出来，为画家提供了一个极好的题材。输家要喝一杯红酒或者白酒，因此在许多人看来，输家反倒成了赢家。

我们的船今天充满了最令人难以忍受的臭味，臭味来自一种特别配制的臭鱼，船上的水手们用它就着米饭吃。中国人把吃视为最重要的事，似乎一整天都在吃，但是他们可能一次只吃很少一点。他们的主餐在晚上，菜的特点是油腻而缺乏味道。中国人根据这些菜使身体健壮的效果，来评价这些菜。

我们经过的一些大船看上去装备得很好，可以看出里面的人外表比较体面。政府官员乘坐的船上有牌子把它们标识出来，上面写着的字一般是要人们保持肃静，不要妨碍它们通行。我们的船停泊时，总会有一些人前来围观，所以总是需要士兵来把他们驱散。这些士兵和围观者之间相当默契，士兵装作要打他们，他们也装作要逃走，但是很快就又回到他们原来的地方。权力的象征和惩罚的工具往往只是高粱[①]或者玉米的
132 秸秆。我感觉在过去24小时中，似乎没有那么多靠近河岸的村庄了，但我不能说围观者因此而有所减少。

我们全都在一条船上吃早饭，饭后马上就返回我们各自的船。由于我们和我们带来的欧洲备用品被分开运送，在某种程度上也由于中国供应品的不足，我们的食物不是非常令人满意，要不是有公务在身，枯燥和单调的生活真是可怕。然而，

---

① 高粱的意思是高大的农作物，这种作物完全名副其实，其秸秆往往超过12英尺高。

我们回广州时的旅程恐怕也是如此了。我们中有些人几乎每天晚上都能散步，我则因为始终有许多人跟随而无法散步。无论如何，我的健康由于活动受限而受到极大影响，所以我只好拼命地做一些体育锻炼。

河岸有些地方是用泥土和麦秸混合起来人工筑成的，每隔不太远的距离，就有一堆用于修筑河堤的物资。我们夜间经过了一个大沙洲，但没有看到以前的旅行者们所提到的岛屿。今天早晨早饭以前，我们经过了一座十分漂亮的建筑物，据猜测是一名官员观看某种娱乐活动时的临时性建筑。它附近有一座方形的门道，中国人称之为“牌楼”，而欧洲人则夸张地称之为凯旋门。

中国人做事的原则如此狭隘，而他们的论断又是那样不知羞耻地弄虚作假，以至于我们提出的最有根据的论证也会遭到他们的反驳。中国人既拒绝你的一般性原则，又随意否认你的事实，对所有试图驳斥他们的意见都不屑一顾。然而，尽管知道欺诈和诓骗已经成为自己的家常便饭，但当其他人对他有所隐瞒时，他还是会毫不犹豫地使用正直的语言来表示愤慨。必须承认，这些恶行的长期实践使得他们具有天生的才能，能够觉察到和他们刚刚认识的那些人表现出来的最微小的这一类恶行。我们的朋友张五纬喜欢文学，我们听说他会写诗。在中国，大多数受过教育的人都会写诗。写诗是一种时尚，在他们举行宴会的时候，通常都会有即席赋诗的消遣活动。 133

8月18日。——我们前进的速度很慢，一天平均可能还不到20英里。河两岸没有紧靠河岸的村庄，但是围观的人群并没有减少多少，女人们一般都聚集在通往村庄的道路的入口。地里种

植的主要农作物是各种黍类和蓖麻。条播方式在中国农业生产中似乎十分普遍。在拉车的时候，他们将轭和挽具结合起来使用。

今天我和其他一些人一起散步走了将近5英里，不过，还是有一大群人围观我们。在等待上船的时候，我们不得不从不同的地方上船，以便分散中国人的注意，从而少吸进一点从他
134 们身上散发出来的难闻的臭气。这种臭气肯定是他们所独有的，如果过度拥有这种特性能够使人高尚的话，那么中国人就最有理由具有这一品质了。我们一直没有得到北京方面的消息。阿禅尔先生和小阿美士德先生在中国军官的船上度过了几个小时，这名军官陪伴着我们一直到他管辖区的边界，看上去他非常想和我们交朋友。

这一天，河水在有些地方变得很浅，据说大的运粮船在沿河而上的时候经常因此而耽搁许久。这些船①都是私人财产，为了政府的利益而被征用。它们要装运600量器单位的粮食，船主可以自由处置余下的载重量。所有的船员膳食费用都由船主负责，他一般情况下和他的家人住在船上。这些船只在返回时装运商品，全部都是个人财产。我们前往广州时可能会穿过的中部的几个省份是帝国盛产粮食的地区。

8月19日。——岸上有些地方的树木生长得非常好，很像英国公园里的景色。我们明天才能到达通州，距离还有50多

① 这种船的建造时期可以追溯到元朝，大运河形成的时候。这些船上的水手叫安家（Kan Kia），主要由罪犯组成，他们可以用这种特殊服务取代流放。他们可以携带家人在船上居住，而且可以免税交易。不过，这种特权以及水手的特殊构成形式现在已经不复存在了。

里。早上和中午的温差现在是华氏16度，早上华氏70度，中 135
午华氏86度，夜间也很凉爽。总的来说，我感觉，在我们现在所处的状况中，最令人舒服的就是气候了。

我们不得不向带领我们的官员们反映供应品供给的缺乏。这些供应从一开始就没有充足过，后来逐渐减少，到今天有些基本物资干脆完全没有了。这一疏忽可能来源于我们难以预测的命运，也可能来自安排上的疏忽。我感觉是由于后一个原因，当我想到那些钦差们正处于某种被暂时停职的状态的时候，我的这种感觉就更加强烈了。我从马礼逊先生那儿得知，向使团提供供应的方式与波斯的“希约尔赛”（Seeyoorsat）很相似，在这两个国家，大使都被看作是君主的客人，通往京城道路上的地方官们都要提供所需要的供应，而供应是充足还是缺乏依赖于所经过地区的情况，除非事先做好安排。就我们来说，我担心是被忽视了。官员们尽力施加影响，但是并没有能够解决问题。

导致这个省前任总督那彦成被革职的罪过，是他未经部准，挪用超过了2万两白银——相当于6500镑——的公务开支。他
现在仍在关押之中。政府认为他能够偿还，但和我们一起的官 136
员们的看法与之相反。这似乎不太正常，因为他以前担任过两广总督，一般认为那是一个很有油水的职位。尽管粤地海关需要一些商业知识，但在选择官员时似乎根本不关注他们是否能够胜任；相反，海关监督通常由朝廷的某个得宠的奴仆担任，把这个职位作为积聚大量财富的手段授予他们。

官员苏楞额和广惠无须与有关大臣或有关部进行联络，作为钦差，他们有权直接与皇帝联系。根据这个政府中实行的责任原则的范围，苏楞额和广惠必须为阿美士德勋爵拒绝叩头负责，他们的失败有可能会招致严厉的惩处。从其他方面得到的消息，使得马礼逊先生相信有关他们被暂时停职的说法。和我们联系的中止，确实也说明这种情况不是没有可能。

我们注意到，随着我们的行进，民众的个人外表比天津及其近郊的居民差多了。他们的面容表明他们的体质较差，而他们的衣着表明他们更为贫穷。男人更普遍地戴着帽子。

8月20日。——我们从另一队帝国船队旁边驶过。这条河上的运载量一定十分巨大，就船只数量来说，它可能不亚于欧洲任
137 何地方。浅水处越来越多。我感觉现在正处于旱季高峰，因为当我们经过不是人工修筑的河岸时，可以看到水大时留下的痕迹。

我们的船在一队列队向大使致敬的士兵对面停了下来，这让我有机会较为仔细地观察他们。用军事术语说，他们全副武装，装备着火绳枪、弓箭、刀、盾牌和装有棉絮的胸甲。他们的弓的形状和波斯人的弓一样，不是一个连续的弓形，但是与之不同的是，他们的弓只需要不太大的力量就能够拉开。他们的箭装有很长一段羽毛，箭身3英尺多长，箭的头部有一个锐利的尖刃，没有倒钩。中国人的火绳枪是我见过的最差的，原本就造得不好，又不好好维护，以致它们必定变得毫无用处。刀是短的，形状很好，稍微有些弯曲，看上去是不错的武器。弓弦就靠在拇指上，因此手上戴着一个宽大的用骨头或者其他硬质材料制成的指环，以保护皮肤。前面已经提到过那些装束奇怪的士兵，他们可以被称作保卫帝国的怪物。他们的外表极

其滑稽可笑，衣服的颜色就像我前面描述过的那样，衣服本身包括一件松散的上衣和一条裤子。这队士兵中有些人头上包着一块颜色鲜艳的布，就像包了一块不够尺寸的尿布似的。他们拿着宽大的盾牌，盾牌紧靠着他们的胸膛，上面露着几英寸长的生了锈的刀刃。值勤的主要军官头戴蓝色顶珠。在中国，文 138
官的级别高于武官，一名戴白色顶珠的文职官员的地位往往高于一名戴珊瑚顶珠的武官。

这两天开始能见到群山的影子，它们仍然位于淡蓝色的远方。它们似乎分成了几道山脉，最高的非常高。1点半钟，我看到了巍峨的通州塔。我们早就知道它了，因为在纤夫们的歌里，它可是一个令人兴奋的主题。他们的劳作将在这里终结，而我们的辛苦也可能在这里终结。如果说他们一直在努力地和白河的河水做斗争，那么我们就是一直在努力地与偏见和妄自尊大做斗争。对他们来说，通州肯定是一个休息的地方；而对我们来说，如果失败导致的争执中止可以被叫作休息的话，我们也快要拥有这种享受了。我们5点钟碇泊，从碇泊地的船只高处，可以看到城墙。碇泊地停满了船只，不过比天津要少多了。士兵们列队而出，像往常一样鸣炮致敬，随之而来的是他们的乐器发出的令人作呕的声音。

马礼逊先生立即上岸，察看了为阿美士德勋爵准备的住处。马礼逊先生说，它们位于一座显然用以招待公务官员的建筑物里，房子里的家具还算可以，显然为了接待我们做了一些准备。但是要接待使团全部人员，这些房子有些不够，不过马礼逊先生认为，如果阿美士德勋爵不在这里居住的话，中国人会感到不满，因为准备这

139 些房子被认为是皇帝关切的表示。它们距离我们的船大约100码左右。

用餐之后，苏楞额和广惠拜访了阿美士德勋爵。他们先是简短地提到在岸上准备的住宿，并且安排阿美士德勋爵次日去那里下榻。之后，他们开始讨论礼仪问题，说所有事情都很顺利，除了这个令人遗憾的分歧。皇帝已经格外开恩，如果这件事不能安排得令双方都能感到满意的话，确实非常令人感到遗憾。看来，他们还没有被免除他们的任命。后面这种情况使得阿美士德勋爵找到一个机会，开始进行答复。他先表示对于他们继续担任交流中介而感到满意，然后开始说，有关接待马戛尔尼勋爵时的各种情况已经得到双方承认，请允许他向他们再次重申他先前的声明：他的君主的训令指示他严格遵从那个先例，不过，出于想满足皇帝陛下愿望的诚恳希望，他准备在满足下面两个条件之一的情况下行清朝礼仪：一是皇帝陛下的一名大臣在摄政王的画像前行同样的礼仪，一是由皇帝正式发布声明，任何中国大使今后在英国朝廷上出现时，如果需要，也将在我们君主面前行叩头礼。阿美士德勋爵补充说，这些条件
140 的目的是防止这一礼仪被解释为是来自一名属国国王表示敬意的行动①。

① 第二个条件与安特莫尼的贝尔（Bell of Antermony）有关伊斯曼罗夫使团的记载中所描述的礼仪问题的安排没有实质上的不同，他称这一礼仪是由康熙提出的。下面是他的话："大使应该遵从中国朝廷的即成礼俗，当皇帝派大臣前往俄国，他就会得到命令，在各个方面都要遵从那个朝廷所使用的礼仪。"如果皇帝的这些话是口头表达然后由他的大臣转述的，它就几乎没有价值，只会让伊斯曼罗夫为他收回他的反对找到一个体面的借口，这一次可能也会出现同样的情况。有关俄国大使安排的一个不同记载来自《传教士书信集》，那本书里说，康熙皇帝提议，一名官员可以在沙皇的信件前跪拜，条件是大使行朝廷礼仪。阿美士德勋爵提出的替代方案可以说包含了这两种陈述。

广惠马上对这一申明做出了回复，说马戛尔尼勋爵没有遵从中国习惯作法一事决不会得到普遍承认，而派他们这种级别的官员来带引领大使前往宫廷一事，就足以证明那种认为将英国国君视为属国国王的指责是不正确的。阿美士德勋爵回答，只有与之相关的情况得到很好的证明，人们对之没有一丝怀疑，他才不会提出马戛尔尼勋爵的先例；同时，尽管他对任命他们来引领使团感到十分高兴，但他原来就认为，仁慈的皇帝陛下必然会这样做。他们说，好的，使团的目的是加强两国之间的友好关系，肯定不应该让这件事阻止它的实现。阿美士 141
德勋爵强有力地表示，他愿意尽一切努力，在遵守他的君主训令的情况下，去实现这一值得实现的目的。在这之后，他们对于几乎没有可能劝说大使遵循皇帝的希望表示遗憾，并且传达了大沽的官员因为允许船舰离开而被免职的消息。苏大人补充说，我们的命运也将会是如此。大使表示说，希望他们的担心是没有根据的，并且向他们保证，如果他们不能成功说服使团，其他任何人也不会成功。事实上，如果那天晚上派陌生人来，大使可能就不会如此无保留地表达他的意见。

在会谈过程中，中国官员们非常公正地说，双方在谈判中所遇到的困难来自各自上面的命令，并且暗示说，即使阿美士德勋爵在这里顺从了，他在回到英国后也可以随便做出他认为合适的报告。阿美士德勋爵回答说，即便他卑鄙到会做出虚假报告的程度，他还有74名证人会说出真相。这一建议提供了一个不错的事例，说明了中国人对于如何处理公共危机的观念。10点钟被定为阿美士德勋爵上岸的时间，官员们在那之后不久

会拜访他。在马礼逊先生询问是否会在阿美士德勋爵居住地附近搭建一些帐篷的时候，寅宾鲁莽地透露，将为大使准备一场与天津相同的款待活动。主要官员们并没有流露出任何这方面的意
142 思。德庇时先生从某个低级人员那儿得知，我们提到过的和世泰以及礼部尚书穆克登额已经得到任命，负责与大使进行谈判。

有两句话我没有提到，这些话在当时没有引起太大的注意，但是经马礼逊先生联系起来以后，这些话就很值得注意了。第一句话是，英国国王本人如果来到中国，也要把顺从皇帝的愿望视为他的义务。第二句话是，大使一定要把自己看作是中国皇帝的大臣，因此有义务服从他的命令。那些对顺从中国人会产生何种后果极为重视的人，可以把这两个假设看作是对于中国人为何一直要求我们遵从的某种注释。

第三章　觐见前被遣回

在通州发生的事——会见和公爷和穆大人——转交大使给皇帝的信——和张五常之间的联络——出现在使团驻地的俄国人——对通州的评论——与公爷的第二次会见——连夜前往北京——圆明园中发生的事——突然被遣回

8月21日。——阿美士德勋爵和两名副使前往中国人准备 143
的住处，主要是为了按照原计划接受苏楞额和广惠的拜访。但是，我们最终还是决定明天再在那里住下，不过我们做好了在岸上用餐的准备。2点钟，洪，担任书记的官员和张五纬拜访了我们，声称受公爷和礼部尚书穆大人受命和我们商议有关礼仪的问题。他们并没有明确说明，究竟是阿美士德勋爵还是这些官员会首先拜访对方。广惠把公爷描述为一名少言寡语的年轻人，以举止严肃、性格坚毅而闻名。尚书年纪较长，经验丰富。明天被定为会见的日期，议题是与大使阁下讨论有关清朝礼仪的问题。阿美士德勋爵简单地表示他非常高兴能够与公爷进行会谈。会见就此结束，让我们对前景不敢怀有任何乐观的

144 想法。他们对公爷性格的暗示，如果是一种威吓，那就十分无礼，而如果是一种警告，则又非常荒谬。

我们刚刚用完正餐就得到通知，所有钦差都等着要拜会我们。我们于是做出了安排，但张五纬接着又通知我们，只有公爷委派的几名官员要来。他们很快就到了，一共有6名官员。这些官员们像往常一样先向我们问候，我位于前面，便向他们致意，但是他们不仅没有做出回应，而且用手势粗鲁地打断了我。这些官员傲慢地一路来到会谈的房间，并且利用我们的谦让，占据了上座。就像可以预料到的一样，会谈进行得十分简短。他们正式地通知我们，公爷和穆大人受命来指导大使行清朝礼仪。阿美士德勋爵回复时态度不卑不亢，极力克制着他们蓄意要刺激起来的情绪，只是说他愿意在与公爷会见时讨论这个问题和其他问题。这时，职级处在第二位的官员突然说，派他们来是要了解大使对现在讨论的这一问题的观点。阿美士德勋爵重申了他的态度，表示愿意与公爷和穆大人交流他的看法。这名官员又说，与天朝礼仪问题相关联的事情都非常重大，具有头等的重要性。第一个说话的官员补充说，会见的时

145 间是明天12点，然后在其他官员的陪同下，极其傲慢地离开了房间，全然无视阿美士德勋爵以及他们前来拜访的那些人的存在。

对这一行为几乎不需要加以任何评论。尽管还不能完全肯定他们一定要把礼仪问题弄成一个生死攸关的问题，但是我们确实已经面临并且要经受死亡的危险。无论如何，拒绝对一些权宜之计进行考虑，只会给中国人根据不明智的怯懦主张的暴力行为提供理由。在我看来，采取权宜之计极其重要，而且十

分值得。我的公共责任感，以及我天性中的每一种情感，都不赞成对暴力行为做毫不妥协的、坚定的反抗。智慧能给决策提供很多帮助，但与恐惧无关，恐惧是一个受肉欲所支配的因而也就十分危险的参谋者。

在晚上较晚时候进行的会谈中，张五纬和寅宾的态度与刚刚描述的情况形成鲜明的对照。他们表现得非常亲切友好，而且十分谦卑，目的是要说服阿美士德勋爵当天晚上到岸上过夜，声称他们已经把这一安排报告给了皇帝，如果改变的话可能会给他们造成最为严重的伤害。他们补充说，这里离北京只有40里，皇帝陛下什么都会知道。阿美士德勋爵先是表示对这个问题毫不关心，然后又向他们示好，答应他们如果没有不可预见的事情发生的话，他明天会上岸过夜。不过，他拒绝对此做出任何肯定性的承诺。对此，他们依然感到很满意。这时，我们利用这个机会传达了我们对他们直接继任者们的无礼行为
的总体感觉，特别提到了他们对我的致意视而不见。不过，我 146
们没有回答张五纬和寅宾提出的会谈中发生了什么事情的询问。张五纬说，他们对他本人的行为也很不客气，几乎没把他放在眼里，并且拒绝了他提出的带领他们前来的建议。他补充说："他们与我和寅宾不一样，寅宾在各省任职已经40多年了，我也有20多年了，而他们从来没有离开过朝廷。"

先不谈这些令人不愉快的话题了。我们的到来在通州已经让这儿的人们十分兴奋。船的对面搭起了一个架子，就像剧场的正厅后座、包厢和楼座一样分成不同区域，上面从早到晚都挤满了人。如果这是一桩生意的话，它一定会大赚其钱。我们

现在的住处名为公馆，就是接待前来执行公务的官员的房子。尽管要接待这么多人，它似乎不太足够，但显然也做了一些较为精心的准备，主要表现在门口。

8月22日。——在交换了各种信息之后，我们于12点钟离开了我们的住处，前往一处被定为会见场所的公共建筑，去会见和公爷和穆大人，以解决阿美士德勋爵和公爷之间有关礼仪问题的分歧。我们准备好了一封写给皇帝的信[①]，其中有对双方争执的主要问题的概述，说明了我们有关礼仪问题的想法的合理性，同时强烈地表达了对皇帝陛下的尊敬之情。我们准备在与大臣们的讨论万一不能进行下去的时候，把这封信交给他
147 们。阿美士德勋爵亲自携带着这一信件。从我们住的地方前往会谈地点，城墙差不多正好处在全程的中间。整个距离大约有两英里，但是由于天气不好，我们所走的与其说是道路不如说是泥沼，所以感觉要长得多。经过商谈，为大使和副使们提供了轿子，而使团的其他人则乘车前往。

接待我们的有和公爷、穆大人、苏楞额和广惠，昨天晚上拜访我们的那些人和其他一些人排列在右侧。看到似乎没有要为我们提供座位的意思，马礼逊先生便说，大使阁下要先坐下再进行会谈。对此，公爷回复说，他愿意站着，大使也就必须得站着。阿美士德勋爵没有表示反对。公爷然后告诉大使阁下，派他和穆大人前来，是要看他行清朝礼仪。阿美士德勋爵没有立即对此做出回答，公爷便问他有什么想法。阿美士德勋

① 见附录，第4号。

爵回答说，他的君主派他来见中国皇帝，目的是表达对皇帝陛下所怀有的尊重和崇敬之情，他受命以皇帝的伟大父亲乾隆曾经接受过的礼仪觐见皇帝陛下。公爷回答："乾隆五十八年的事是乾隆五十八年的事，现在是这个使团的事，天朝礼制必须遵守，没有任何其他替代办法。"阿美士德勋爵说，他一直满 148
怀希望，希望乾隆所接受的礼仪不会被皇帝陛下所拒绝。公爷十分激动地声言："就像只有一个太阳一样，只有一个大皇帝；他是全世界的主宰，所有人都必须向他表示敬意。"对于这种狂妄的话，阿美士德勋爵极其克制地未予理睬，只是表示他对皇帝怀有最高的崇敬，把他看作是最有力量的君主，并且准备以一种他不会对其他任何君主使用的表达尊敬的方式来觐见皇帝。他最后说，他已经呈递了一封精确详细的描述他准备行施的礼仪的正式文件，这一文件已经转呈给了皇帝，大使认为它会让皇帝陛下感到满意。阿美士德勋爵看着广惠，而广惠宣称他没有胆敢转呈这一文件。

公爷再次发表意见，说清朝礼仪必须遵从，并且说由于自上一使团来访已经过去许多年，所以派他们来看看大使[①]是否能够准确地行礼。他说，皇帝陛下派苏楞额和广惠这样级别的官员来带领大使前往朝廷，足以表明皇帝对英国的高度评价。他说，使团的成员们既然读过中国的书，就一定知道皇帝的伟 149
大，知道他是普天下的君主，因而有权享受这种敬意。他接下

① 中国人曾经试图诱使葡萄牙大使索萨·麦德乐（Souza Menezez）在礼部前演习这一礼仪，他非常得体地表示拒绝，但保证在皇帝面前准确地遵行叩首礼。

去便没再说话。看到大使可能还没有完全弄明白公爷的意思，张五纬和寅宾便向大使解释应该怎样做，以及遵从的绝对必要性。公爷这时看上去似乎想要结束会谈，阿美士德勋爵于是就询问公爷是不是不准备再见他了。公爷回答说，他从来不做回拜，在这里进行讨论就像在皇帝陛下面前进行一样。他补充说，大使要么遵从清朝礼仪，要么就会被遣回。说到这里，他的嘴唇由于激动而在颤抖。阿美士德勋爵然后问，他是不是可以认为，公爷不准备再进行任何讨论了。由于看上去似乎如此，阿美士德勋爵便把写给皇帝的封了口的信放在公爷手上，请求他们将信转交给皇帝陛下，然后就退下了。公爷把信转递给穆大人。大使的这一行动一时之间肯定产生了相当大的作用，因为公爷似乎十分吃惊，态度和表情都冷静了许多。他竟然屈尊跟着大使阁下向门口走了几步，说明他比我们进来时要有礼貌了。据说和公爷很得皇帝的宠爱，在最近的平叛过程中厥功至伟，在邸报上经常受到表彰。

150 8月23日。——张五纬早上拜访了马礼逊先生，带来主要官员们写的一封半官方信件。他们打开了写给皇帝的信，并且准备把这封信退回来。张五纬私下告诉马礼逊先生说，信中没有提到大使的名字，让他们有了合法的借口拒绝转呈这封信。中国的法律规定，不得向皇帝呈递任何匿名信件[①]。张五纬似乎

① 信的题目说明是英国特使写给中国皇帝的信，注明了它发出的地方，从而排除了对之怀疑的可能性，因此实际上排除了这一文件是匿名的指责。事实上，使英国人的名字适合中国的发音或者汉字是非常困难的，连中国官员们自己在所有的场合都用阿美士德勋爵的官方头衔来称呼他。

很愿意承认，这一拒绝在很大程度是一个借口，并且认为，如果不是确切地知道皇帝在这一问题上的意见，他们是不敢把信退回的。张五纬受命前来，是要确认大使在礼仪问题上的最终意见。马礼逊先生说，大使希望收到一封正式信件，作为对我们致皇帝信件的回应。在收到这样的信件之前，他不想再做任何事情。他们带着这一意见离去。马礼逊先生还了解到，信件本身被认为表达得十分得体。很显然，他们似乎有意让张五纬担任双方交流的中介。就像中国官员们有意选择马礼逊先生作为交流中介一样，我们对于张五纬担任这样的角色也不会表示任何反对；相反，这种安排是非常令人满意的。

在得到张五纬带来的信息以后，阿美士德勋爵和副使们立 151
即进行了长时间的商议，讨论了这一安排对他们下一步行动的影响。从这样的角度，考虑了在万一必须遵从礼仪的情况下，如何利用这一非正式的渠道，来寻找实现使团深层目标的可能性。以前曾经偶尔地从这方面考虑过这个问题，但只是停留在思考层面，而没有付诸行动。我的思想既没有受到本地信息的影响，也没有从中得到帮助，并且对于使团是会被接纳还是要被遣回竟然完全取决于礼仪问题感到十分遗憾，所以我最急切地想把这个问题带回到我们的考虑之中，尽管我知道，我们的讨论现在所出现的变化，使得中国人几乎不可能相信我们会屈服，即使是在双方都保证作出让步的情况下。有人提出了有足够分量的理由，用以支持继续执行此前一直采取的政策，所以这一想法最终被放弃。我们仔细讨论了在结束这次出使活动的时候，是不是应该建议在广州留下一个代办，以公开地维持两

个国家间的友好关系，并且传递有关这些问题的信息。这一建议在一定程度上确实也影响到我们训令中一个重要目的，估计最终能够得到赞同并决定下来。

张五纬1点钟左右从公爷那儿返回，随身带来了大使给皇帝的信，还带回了官员们的看法。他们说，如果对信件按照他们的命
152 令做一些修改，他们便会答应把信件转交给皇帝陛下。需要先在现在送回的信上进行修改，交给他们，然后再把它抄好，写上大使的名字。把这封信装入一个未缄封的信封里，他们便会把它转到所要递交的地方。一处修改是要用“乾隆皇帝友善地对待英国国王”代替“国王陛下促进与乾隆皇帝的友善关系”，另一处修改是对我们准备行施的礼仪的描述，中国官员们要求我们考虑遵从礼仪的必要性，但张五纬并没有强迫我们在这方面做出修改。我们欣然同意了对第一处内容进行的更替。除非官员们变卦，这封信将于明天送交给皇帝。

我的思想近来被我所进行的事务深深地困扰着。在叩头本身以及遵行它会带来何种影响的问题上，我起初就持有不同意见，认为如果中国人在其他方面对待使团的态度还算令人满意的话，在叩头这一点上进行反抗，对于维护我们国家的尊严决不是至关重要的。因此，由于坚持拒绝服从中国人的要求而使得使团有可能不被接受，我自然会感到深深的遗憾。然而，我不会因为让我的看法屈从于小斯当东爵士的经验而对自己有一丝一毫的谴责。当需要采取行动的时候，我随时准备放弃不成熟的意见，向有经验的主张让步。但是，如果只是把它当作一个思考层面的问题来看的话，我的看法仍然未变。尽管我们在

船上就已经做出了决定，但我还是冒昧地考虑着与之相反的意见，而且在我们还没有对这方面有过任何讨论之前就开始进行 153
考虑了。如果我们幸运地获准觐见，这两种意见之间的差异就几乎没有任何意义了，但是我感觉到，如果我们不被接见而被强行遣回，必定会有人怀疑，如果不在意九次双膝跪下伏地叩头与九次单膝跪地深度鞠躬之间的区别而取得一个相反的结果，所付出的代价算不算过于昂贵。即使我们得到接见，但不允许讨论使团的深层目标，我仍然会认为，在某种程度上，是在礼仪问题上的长时间抗争阻碍了他们做出对我们更为有利的决定。

公爷对于皇帝是普天下君主的断言深信不疑，或许会被提出来作为拒绝按中国人要求行礼——无论是这一礼仪的形式还是它所包含着的崇敬和卑下的意义——的另一个原因。按照我个人的独立判断，有关天下君主的狂妄自大和虚张声势的荒唐论断，实在是太过可笑，根本不值得直接予以关注，肯定也不应该影响公共事务的进程。

反对遵行所提出的礼仪的最有说服力的理由，来自于策略方面的考虑。可能会有人说，遵行礼仪是一个得不到具体回报的牺牲，因为根据在位皇帝的性情及其朝廷的意向，今后几乎不可能取得任何让步。对于这样的说法很难进行反驳，除非对使团以一种至少和此前欧洲使团同样有尊严的方式予以接纳，154
看作是用以证明这一行动正当性的充分手段。无论如何，那些只是根据一般性原则来发表意见的人，很难对一个特定环境下形成的观念的实际效果做出评判，因为他们或者不熟悉形成这些观念的那些情形，或者对这些情形没有给予适当的重视。因此，在这样的情况下，唯一安全的做法便是服从本地经验。

我忘了提到，张五纬交给阿美士德勋爵一份帝国档案的摘录，其中包含着有关马戛尔尼勋爵遵行清朝礼仪的叙述。和这份文件一起送来的，还有皇帝宣布他个人有关这一事件回忆的肯定性陈述。看到朝廷官方这些言之凿凿的说法——尽管它们是虚假和错误的，我们在重新进行谈判的时候，就很难再强调马戛尔尼勋爵的先例了。

8月24日。——马礼逊先生从张五纬那儿得到消息，他已经得到命令，退回我们写给皇帝的信，声称除非在其中加上答应遵行清朝礼仪的内容，否则就不能转呈这封信。张五纬说，这封信已经私下里呈递给了皇帝，皇帝未做任何特别回应便把它退了回来。不过皇帝说，大使一方面表示愿意表达极大的尊敬，一方面又要求改变中国朝廷的习惯做法，拒绝遵行皇帝所亲眼看到的前任大使在他父亲乾隆面前所行的礼仪。张五纬本
155 人已经接到命令前往天津，设法将我们的船队扣留下来，因为北京收到了一些有关这些船队情况的十分矛盾的报告。[①]

马礼逊先生与张五纬就礼仪问题做了一些交谈，并且说，我们现在的情况就好比是一个朋友派他的仆人向另一个朋友问候致意，这两位朋友家里各自的习惯做法可能不太一样，但接受致意的这名朋友不应该坚持让另一个朋友的仆人遵守他家里的特殊规矩。张五纬说，他知道，我们之所以坚持不叩头，是

① “阿尔赛斯特”号这时在济亚岛（chee-a-tau），因此还在通州可以联系上的范围之内。

因为我们认为叩头便是承认了政治上的附属地位，但是我们的这种认识错了。如果他遇到一个级别高的朋友，他会跪下向他表示敬意，不过，他这样做，既不是把自己看作是他致敬对象的仆人，他主人的朋友也没有摆出一副他的主人的样子。叩头仅仅是一种朝廷礼仪，皇帝认为大使拒绝遵行是无礼的表现。接着，张五纬自己又要求马礼逊先生为皇帝提出任何可能的回复。马礼逊先生说，皇帝陛下可以从仁厚的感情出发，容许大使按他准备的方式行礼，而如果皇帝坚持拒绝的话，还可以派他的一名大臣与大使就他可能要提出的任何问题进行协商，以此来维持双方的友好关系。张五纬回话时对此没有做出任何评论。

可以算是对高级官员最后表达的信息做出的唯一回答，就 156
是宣布绝对不可能按他们的要求对致皇帝的信做出修改，因为这事实上会使信的其余内容失去意义。马礼逊先生受命向张五纬表明了以上观点。阿美士德勋爵也希望努力通过张五纬，向中国高级官员们说明，由于他准备行的礼与叩头十分相似，所以皇帝陛下回忆马戛尔尼勋爵觐见情形时，很可能把两者给弄混了，特别是由于他地位显赫，一定距离较远，可能会有人挡住了他的部分视线。张五纬在谈话中提到这封信时说，信的措辞极其恭敬，和遵行礼仪具有同样的意义。

我们与公爷的会面让我们有机会看到了这个城市的一部分。我们经过的道路迂回曲折，可能是特意带我们经过一个非常结实的牌坊。这个牌坊维护得很好，石工精湛。在进城处有一门炮，有5个炮口，用铁箍箍在一起。城墙高处设有炮眼，但从它们的位置来看，显然不是用来安放大炮的。城墙的高度大约

有30英尺，有石头地基，其余部分用砖建成。城墙的一面有
一道水沟。没有看到一座值得注意的建筑物，所有房子，无论
157 是庙宇还是兵营，除了一处以外都是平房。像通常一样，我们
经过了几座牌楼。商店雕花镀金，装潢华丽。商店的标记十分
离奇，以致我在路过它们的时候很难把这些标记和其中出售的
商品联系起来。一家客栈招牌上写的字被解释为“千里来客”。
肉铺里的食品似乎十分充足，也有许多做皮货生意的。路面状
况不太好，街道狭窄，街上气味难闻，房屋矮小，居民衣衫褴
褛、不讲卫生，这些成为通州的主要特色。这个城市在级别上
属于帝国的二等城市[①]，事实上是北京的门户。如果气候条件好
一点的话，我们下榻处和城市之间的乡村面貌可能就不会像现
在这样令人讨厌了。在靠近城墙的地方，我看到一些石板和一
些破碎的石建筑，表明这里曾经存在过一座相当大的建筑物。
一座做工很精致的大钟半埋在沙土里。总的来说，这里乏善可
陈，城里和郊外都没有什么令人感兴趣的东西。中国城市和伦
敦一样，有着为数众多的当铺。当铺的标志是一根非常高的杆
子，上面有一些交叉的横木，很像一条舢板。

多少有些令人惊异的是，我昨天和阿美士德勋爵谈话时所
预感到的事情今天真的发生了。中国政府谴责小斯当东爵士隐
158 藏了有关马戛尔尼勋爵觐见的真正事实，并且教唆大使拒绝皇
帝的合理要求。张五纬向马礼逊先生传达了一个信息，要求会

① 中国的城市分为三等：府、州和县。舖（Poo）是小村，而镇（Chin）驻兵站和居住区的总称，塘（Tang）指的是兵站本身。

见小斯当东爵士，要对他进行一些质询，因为两广总督收到了澳门外国官员的一份报告，并把它交到了北京。这份来自广州的报告里有对使团成员的陈述，声称使团主要由来自这个城市的商界人士组成，其构成因而并不妥当。报告说小斯当东爵士在广州多年，聚敛了大量财富，居住在一处有一个大型鸟舍的豪宅里，并且说他花钱购买了在使团的位置。[①]从张五纬的话来看，这里的当权者似乎认为，小斯当东爵士之所以担任使团副使，是因为他参与过上一使团，因此他有责任真实地叙述当时所发生的事情。但他现在却怀有敌意地建议大使采取一种错误的做法，冒犯了皇帝。张五纬受命进行前来质询，以确定广州 159
方面的说法是否是事实。

几乎不需要进行多少商议，就可以决定在这种情况下应该如何应对。马礼逊先生得到指示通知张五纬，小斯当东爵士不可能单独与他讨论这样的问题，必须同阿美士德勋爵和副使们进行交流。所提及的那些做法都是根据摄政王的训令进行的，而这一训令发布时，阿美士德勋爵还从来没有见到过小斯当东爵士。如果这一让人愤怒的消息仅仅是要遣返使团的借口的话，似乎没有这个必要，因为只要皇帝仁慈地表达出他的愿望，大使随时准备返回。我们还得知，张五纬询问过马礼逊先

① 小斯当东爵士对此说："关注中国人这些荒谬可笑的谎话似乎有些多余，相反地，更应该注意，中国人把这种说法运用到他个人身上，说明他们非常不高兴。从广州加入到使团中的6个人中，的确没有一个人可以被看作是商界人士；相反，他们与管理东印度公司事务都有一定的联系，而中国政府已经在一道谕旨中明确地承认，东印度公司雇员拥有类似中国官员性质的处理公共事务的官方地位。"

生，小斯当东爵士是否还打算重新担任商人领袖，并且说，中国政府对近年来处理贸易的方式非常不满。

张五纬不久后就来拜访了我们。他显然非常不情愿地谈起了他受命要传达的信息。他说，要根据广东总督送来的一份报告进行一系列的质询。他十分谨慎地提到小斯当东爵士应当了解马戛尔尼勋爵使团所进行的活动，因而期望他能够在双方争议的问题上向阿美士德勋爵传达正确的信息，因为这一定是任命他担任使团职务的目的所在。然后，他又提到了使团的组成
160 人员，询问我们国家的贸易是否全部受国王的控制。阿美士德勋爵回答说，所有从事贸易活动的英国人都是国王的臣民，因此同样受到国王的保护。他绝不会冒昧地询问摄政王为什么任命小斯当东爵士担任现在的职位，他也不准备回答有关属于使团的人员是谁和做什么的任何问题，他只能说，所有人员都是摄政王正式批准的。阿美士德勋爵补充说，对于朝廷委派前来与他进行联系的人员的情况他从来没有进行过任何询问，这和英国使团人员的情况是完全相同的。如果这些询问的目的是为遣返使团寻找理由的话，阿美士德勋爵请张五纬可以放心，他只等着归期被确定，他所余下的希望就是能够在友好的情况下离去。张五纬试图要开始讨论广州报告的具体问题，但马礼逊先生打断了他，告诉他已经向阿美士德勋爵转述了全部事实，并且说：“我必须说，这些问题被认为是不妥当的，将不会对之做出回答。”这得到了张五纬的默认，他放弃了这一话题。然后，他又转向了礼仪问题，而阿美士德勋爵重申了他先前的许多看法，并且特别强调了两种礼仪形式上的相似性以及皇帝

看错了的可能性。张五纬似乎乐于接受这种看法，说朝廷的固 161
执应该归之于满族人的情感，他们对礼仪问题各方面的态度都非常坚定。即使皇帝可能会应我们的请求将一名总督或者海关监督撤职，但他绝不会放弃朝廷的礼仪。他对双方对一个微小差别所赋予的重要性表示遗憾，暗示说使团在这种情况下被遣回可能会对贸易产生不利影响，并且诚挚地希望能够做出某种形式的善意调整。他的语言自始至终都极其温和，令人感到欣慰，以至于他前来会谈的原本性质（这确实一丝一毫也不能够归咎于他）都差点儿被忘记了。我们分手时，双方之间非常友好和亲密。澳门的葡萄牙法官很可能是那份给总督的报告的作者，他品质恶劣，对英国人有着根深蒂固的仇恨，这些都足以证明这一怀疑的合理性。

傍晚，张五纬传达了来自高级官员们的要求，希望将写给英国船队船长、命令他们在尽可能近的地点停留的信送来，以便尽快转送。公爷说，停留的地点并无多大关系，可以是舟山，也可以是广州。于是，阿美士德勋爵便给马克斯韦尔船长写了信，在那些港口或者其他地方交给他。不过，能够见到他的地方很可能是舟山。

在过去3天里，两名俄国人[①]以及一名为俄国人服务的法国
人一直在我们驻地附近转悠。那名法国人第一天与阿美士德勋 162
爵乐队的鼓手进行交谈，告诉他他们希望能向大使表达敬意，

① 俄国人在北京有一所学校，培养相当数量的人在边界地区做翻译。托博尔斯克（Tobolsk）的议院（Senate）直接与北京的一个衙门进行联系。

但一直受到中国卫兵的阻止，除了那些头戴官帽的人以外，他们不允许任何人进入。他说自己在中国已经待了9年。阿美士德勋爵决定不和他们做任何联系，此后也就没有发生什么交往。他们穿的完全是中国人的服饰。

8月25日。——我们有一个想法，想派人给公爷送去一个信息，表明阿美士德勋爵急于知道安排使团在哪一天离开。另外，尽管在一个具体问题上与中国人意见不一致，但双方一直也没有撕破脸皮，因此想把摄政王的礼物送给任何一名皇帝授权接受它们的人。马礼逊先生提前先把这一想法告诉了张五纬，因为我们想让张五纬来传达这一信息。在回复时，张五纬建议我们应该保持平静，不要过分着急。这些礼物无疑会被接受，我们现在还不能断定，皇帝最终会以一种傲慢的官腔官调来行事。尽管不能过于重视张五纬的这些话，但是他要我们保持平静的建议还是多少有些道理，因为在目前这场危机中，当我们被迫不断地提出各种意见的时候，当我们在基本原则允许
163 的情况下做出每一次让步的时候，我们所能够想到的策略，要么是毫无作用，要么是非常有害。张五纬昨天说，在他看来，可能正在准备一封给英国国王的信。如果这是真的话，那么皇帝可能已经做出了决定。

我们的驻地旁边是一个很大的村庄或者城关，由于我只在一个狭小的范围内走了走，所以我不能断定它到底是村庄还是城关。我们到达后的第二天晚上，我走进了一家毛皮商店，竟然发现我可以毫无困难地买到我想买的任何东西。毛皮主要是熊皮和山羊皮，但我没有看到质量特别上乘的。最好的毛皮制

成了上衣，内衬和外表一般使用不同种类的毛皮。饭铺似乎是街上最主要的店铺，里面供应茶和其他饮料、粥和各种肉制品，这些食物被分成一份一份的，可以随时供人消费。这对劳动阶层自然十分方便，因为它节约了时间。不过，有人可能会认为，这表明他们缺乏家庭生活的习惯。必须要说的是，中国人的盆子、篮子、盒子都十分干净。据说，礼品外部的包装往往要超过里面物品的价值。他们所有房屋的前院都用花丛或者矮小的树丛分割开来，时不时地就会看到葡萄藤搭成的凉棚，既是一种装饰，又增加了实用性。普通百姓对于我们的天然好奇心并没有表现出任何反感；相反，当我们短暂的打扰时，他 164
们总是会请我们坐下。

马戛尔尼勋爵居住过的庙宇现在是公爷的住处，所以尽管它离我们的驻地很近，我们也没有能够进去看看。昨天早上，我走到了一座比较小的庙，这座庙的外观没有任何值得注意的地方，进门处左边的一间小殿中有4尊雕像，两男两女，衣饰十分华丽。男性雕像是战神，一尊女性雕像的手中拿着一片树叶。里面的大殿两边各有几尊雕像，有的戴有冠冕，有的系着发带。主要的崇拜对象是位于一个壁龛内的两尊雕像，它们面向大殿门口，一男一女，女性雕像的手中拿着莲蓬。它们的衣饰比其他雕像更为华贵。它们前面悬挂着几束羽毛，桌子上摆放着烧香用的炉子。男性雕像矮小粗壮，这可以被认为是中国人的审美观，因为人们通常习惯于把自己有关完美的观念加到所描述的神的外貌上。

张五纬在就要吃饭的时候来找马礼逊先生，神情十分慌张，

因为他收到了一位在北京的朋友捎来的信，他曾经请他这位朋友帮助探查皇帝的态度。他捎信说，皇帝陛下对于大使拒绝行
165 礼和船队离开非常生气，所以在张五纬个人要去海边办公差的问题上，他根本不可能转达张五纬所希望转达的请求。张五纬由于惊慌而颤抖着，双手抓着马礼逊先生的手，以表达他的心情。这一信息表明，张五纬关于事情可能会向好的方面发展的期盼是错误的。张五纬送给马礼逊先生一份两广总督报告的摘要，这份报告中非但没有丝毫对小斯当东爵士的中伤，反而对他进行了赞扬。不过，报告说，任命他担任现在职务的动机，是因为他了解中国的习俗和礼仪。在北京的朝廷官员据此得出了不恰当的推论，认为小斯当东爵士没有履行他的职责，没有在争论问题上向大使提出妥善的建议。报告列出了所有来自广州的使团成员的名字。似乎有理由认为还有另外一份报告，要么就是报告中提出的其他内容被删掉了。

晚上很晚的时候，张五纬送给马礼逊先生一份文件，据称是北京地方长官发布的一道谕令，命令成倍增加我们驻地的卫兵人数，并且严格监视我们与中国人的所有联系。发布这些命令，是由于那些长期居住在广州的外国人会说中国话，而对那些与外国人联系的叛逆的中国人，将严惩不贷。这道谕令与广州1814年发布的谕令只有程度上的区别。现在还不能确定发布
166 这道谕令的初衷是否是有意要激起冲突，但是毫无疑问的是，它表明有一种危险情绪在发展着，从而会破坏我们继续停留可能会产生出来的友好和善意。此外，连续三四天没有与高级官员进行任何真正的官方联系，再加上他们拒绝向皇帝转交阿美

士德勋爵的陈情书，这都要求我们就这些问题恭敬而又坚定地找他们进行商谈，同时要求他们将皇帝陛下要我们离开的时间通知我们。于是，便让马礼逊先生就此准备一份正式文件，以便明天早上转交。

8月26日。——张五纬对马礼逊先生进行了惯常的访问，称官员们好像急于要从阿美士德勋爵这里得到某些信息。我们感觉，他们可能会借口我们不正当地拖延离开时间，给皇帝带来不必要的花费，从而拒绝再向我们提供膳食。于是，我们就派海恩和德庇时负责把准备好的信送去。他们虽然未能见到和世泰，但带回了表示信已收到的条子。我们日间收到了和世泰送来的两封信，第一封信表示，他不想立即回复我们的信，因为他希望大使有充分的时间仔细考虑，然后再做出最终决定。

第二封信说要在上午拜访我们，以进行友好商议，并且补充 167
说，如果做出安排的话，和世泰非常乐意向大使表达敬意。

这天白天，从张五纬那儿透露出两种看法，一种看法认为，我们可以确信会得到接见，但遵从礼仪与否将会决定接见我们的态度是愤怒还是亲切。另一种看法可能来自高级官员，认为这个问题现在关系到皇帝和英国大使的尊严，在这样的情况下，皇帝不可能屈服。

和世泰要求会见的提议自然被接受了，时间定在10点钟。阿美士德勋爵要求副使们注意我们现在所面临的形势，尤其是要做出判断，根据中国政府在通州商谈后半段的举动，我们是不是有充分理由提前预测使团被拒绝所产生的不幸，从而需要调整在“阿尔赛斯特”号上决定采取的方针。我们还要思考决定，如果需要这样的调整的话，那么这一调整仅仅是要为被遣回取得一个维护尊严的借口呢，还是要以服从作为条件，要求皇帝采取一些表示友好的具体行动。这里所提到的中国政府在商谈后半段旨在影响我们决策的举动，指的是表面上看来针对小斯当东爵士的个人攻击，以及这种攻击对东印度公司在广州的利益可能会产生的影响。而所谓的表示友好的具体行动，可
168 以是有关使团和使团组成人员的仁慈宽厚的谕旨，也可以是允许广州和北京直接进行联系。一道公开宣称皇帝自己记得马戛尔尼勋爵曾经遵行过清朝礼仪的谕旨，可能会为我们不再抵拒提供一个体面的借口。接下去进行了长时间的讨论，最终决定休会直到小斯当东爵士打算在早上提出一个决定性意见时为止。我对此思虑再三，一方面把使团被拒绝看作是一个重大的不幸，一方面从中国方面对处理公司事务的人一再进行个人攻击中看到了皇帝的个人愤怒，并对由此可能产生的后果相当重视，因此，我强烈倾向于利用与和世泰会见所提供的机会，设法打开和解的大门，如果发现皇帝依然十分固执的话，我们最终还是要满足他的愿望。此外，我还倾向于认为，我们也可以借此提出使团的深层目的，并且有可能取得成功。

8月27日。——小斯当东爵士向阿美士德勋爵提交了他深思熟虑之后的意见大纲。在这一大纲中，他声明坚持他在“阿尔赛斯特”号上所提出的有关遵行礼仪的后果的意见，认为使团被拒绝不会产生长期性的有害影响。他补充说，出于实现出使中国深层目的的良好期望，也许有理由对这个问题提出其他不同看法，
169 尤其是考虑到英国政府在这方面对我们的训令。这时，我们便对良好期望的内容又进行了一些讨论，大家似乎一致同意，如果和

世泰能够郑重地保证，皇帝会友好地考虑我们的请求，这就足够了。带着这样一些看法，我们前去进行会谈。

和世泰极其得体地接待了我们。在他进行了一些礼貌性的询问之后，阿美士德勋爵不失时机地提到了昨天给他们的信，要求给予回答。由于和世泰的回答很含混，难以令人满意，阿美士德勋爵就继续陈述了他拒绝行礼的理由，特别强调了他的君主的命令，说他的君主指明了觐见中国皇帝的具体礼仪，并请求公爷提出要他违背这一明确命令从而招致最严重的个人责任的理由。公爷主要谈了顺从的必要和正当，因为皇帝的地位至高无上，必须认为他绝对要比国王尊贵，另外他的深仁厚泽也全部出于他至高无上的地位。阿美士德勋爵说，他不可能放弃43年生活所形成的忠诚，他只有再次请求公爷客观地考虑他所面临的困难处境。和世泰重复了他先前的话，并且以低沉的语调补充说，我们的皇帝本人可能会陷入麻烦之中。对于这句话，马礼逊先生以其惯有的敏锐判断力，拒绝予以传达。阿美士德勋爵这时开始说，要向他的君主证明他有理由顺从的话，皇帝就必须要发布一个有关皇帝陛下本人知道马戛尔尼勋爵行 170
过清朝礼仪的声明，同时还需要发布一道包含有对使团仁厚表示的谕旨。公爷对这两点表示同意。接下去，阿美士德勋爵请求允许广州商馆领袖与北京的某个部门直接联系，理由是这样一个繁重事务的顺利进行要依赖于地方官员的个人品性实在是失策，并且提出俄国贸易作为仿效的例子。和世泰回复说，皇帝是否能够接受后面这个要求，他不敢冒昧发表意见，但他承认这一要求似乎不是没有道理。和世泰最后说："遵行清朝礼

仪，我就是你们在北京的朋友。”阿美士德勋爵表示愿意再考虑这个问题，就此结束了讨论。公爷说我们明天全部前往北京，并且说他打算几小时后回访勋爵阁下，期望到那时能够听到阿美士德勋爵考虑的结果。公爷的态度始终都非常礼貌，而且由于还有几个人在场，他的表情显得有点趾高气扬。穆大人、苏楞额和广惠也参加了会谈。我们6位不守礼仪的访客一直在一旁等待，这些人都是在宫中担任侍从的满人，很得宠信，所有官员因而对他们都高看一眼。

我们回来以后，重新开始讨论是否要顺从中国人要求的问题。阿美士德勋爵表示，为了避免被愤怒地拒绝所产生的恶劣后果，并且考虑到为实现使团深层目的所怀抱的期望，他愿意

171 服从皇帝的愿望，在觐见时遵行礼仪，除非小斯当东爵士仍然认为在现在的情况下遵从中国人的要求会伤害公司的利益。我表示完全同意阿美士德勋爵的意见。小斯当东爵士在我之前表达意见说，他想和那些和他一道从广州来的使团成员们商量商量，因为他非常想借用他们的经验来帮助自己做出判断。对此，阿美士德勋爵欣然同意，并且表示说，他认为，遵行礼仪所引起的所有有关个人尊严或者国家尊严的问题，都已经被马戛尔尼勋爵的行为——即使是有条件的遵从——和国王陛下政府的训令所解决，因此，这一行为在广州可能产生的影响，是他唯一需要听取的意见。小斯当东爵士分别征求了除马礼逊先生之外的商馆先生们的意见，他们认为，顺从中国人的要求会严重地伤害公司的利益；要维护广州商馆的尊严以及这种尊严带给他们的效能，就必须要使中国人相信，他们总是坚定不移

地遵守那些已经确立的原则，而在如此重大的问题上、在如此重要的场合里向中国人屈从，必然会彻底破坏掉他们的这种信念[①]。小斯当东爵士补充说，在和他们商议之前，他就持有这种 172
看法，现在他仍然持有这种看法。阿美士德勋爵和我收回了我们的意见。于是给和世泰写了一封信，表明我们最后的不可动摇的决定就是这样了。就在这时，我们得到通知说公爷准备来访，我们也得知他们正在将礼物卸船上岸。因此我们马上采取措施阻止公爷，通知他说，将会立即把一封有关我们决定的信件送交给他。我们派海恩先生和德庇时先生去送信，他们把信件交给了公爷的一名侍从。

他们前脚刚回来，公爷本人后脚就到了。落座之后，公爷要求阿美士德勋爵赶快做好准备，因为皇帝已经下令使团于次日起程，于星期五进行第一次觐见。特使将被安排住在松大人在海淀的房子里。阿美士德勋爵表示，一旦必需的安排能够完成，他就可以开始行动。和世泰说，礼物已经卸船上岸，所有一切都按计划准备就绪，不会有任何问题。这时，阿美士德勋爵明确要求公爷对他最后那封信做出回答。公爷意味深长地点了点头，说没有问题，一切都安排妥当，他明白大使心里的感受。说到这里，他起身离开，留下广惠继续进行讨论。阿美士 173
德勋爵认识到，一定不能让自己被错误地认为已经答应了要遵从礼仪，于是表示说，最后一封信件的目的是明确声明不可能

① 马礼逊先生从一般原则出发也反对遵从礼仪，但他认为东印度公司的直接利益可能会证明，在目前情况下采取不同的做法是有道理的。

行叩头礼，希望它已经得到充分的理解，并且希望皇帝以他所提议的方式接见他。广惠回答说：“双方都已经在讨论中尽到了自己的责任，但现在事情已经决定了，我们可以彻底轻松了。不要再提礼仪的事了，我们可以指望皇帝的仁慈，他的胸怀宽厚而博大。”小斯当东爵士一点也不怀疑，他们在这个问题上做了让步，我们可以完全满意了。尽管根本不可能期待我们明天会毫无困难地动身，广惠仍然非常迫切地要求我们明天出发，理由是皇帝有明确的命令。因此，阿美士德勋爵答应尽一切努力，不过他不能也不敢确定准确的动身时间。

张五纬和寅宾晚上来了，要求阿美士德勋爵一早动身。他们这一次再次重复了以前给马礼逊先生说过的理由，称皇帝要苏楞额和广惠支付使团天津以来的全部花费，作为他们大胆允许我们前来的代价；实际上，对他们的审判已经被交送部议处，广惠被革去了在盐政部门的肥差，他的继任者也已经被任
174 命；最后，如果阿美士德勋爵明天不能到达北京的话，恐怕广惠会受到最为严重的处治。尽管阿美士德勋爵对于发生这样的事情感到非常遗憾，但他仍然觉得不应该贸然动身，以免在觐见时不能以得体的形象出现。我们已经经受过中国人的鲁莽行为所造成的不便，这些不便足以让我们接受教训。于是，阿美士德勋爵表示，只有当与使团的公务形象有关的一切都运到北京以后，他才离开通州。张五纬不得不予以满足，答应会尽一切努力。事实上，中国人早已行动起来，我们也许能够服从皇帝的命令了。

8月28日。——中国人一直在不停地工作，礼物和一大部

分行李昨天夜间就运走了，到今天傍晚，所有一切就都会离开通州。马车已经准备停当，供阿美士德勋爵、副使们和勋爵的儿子乘坐。尽管要运送如此众多的物品，但中国人做得极其井然有序，让我们所有人都感到非常吃惊。每一件行李都被他们编上了号码。根据以往经验判断，我们可以相信所有东西都会安全运达。大量的人工劳力在可靠性和速度方面都远远超过了机器。正是这些情况以及全体一致的服从精神，造就了中国人在这一类场合中的效率。他们对我们私人行李的数量之多十分惊奇[①]，这不是没有理由的。美好文明的习俗产生出如此众多的 175
人为需求，如果不能完全放弃它们，就只能产生出让人抱怨的种种不便。较大的车子上面盖着席子，看上去很像是装有顶篷的车子。由5匹骡子或者马拉着车子，一般来说是马。坐人的车子要小很多，由1匹骡子拉着。这种车坐一个人没有任何问题，但是非常不舒适，因为它们没有安装减震弹簧。骡子十分出色[②]，而品种较好的马看上去就像是小号的土库曼马。

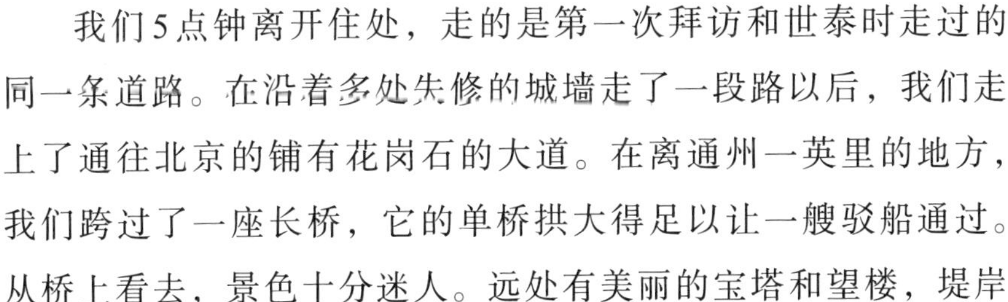

我们5点钟离开住处，走的是第一次拜访和世泰时走过的同一条道路。在沿着多处失修的城墙走了一段路以后，我们走上了通往北京的铺有花岗石的大道。在离通州一英里的地方，我们跨过了一座长桥，它的单桥拱大得足以让一艘驳船通过。从桥上看去，景色十分迷人。远处有美丽的宝塔和望楼，堤岸

① 所有送给官员们的礼物都被包括在阿美士德勋爵私人行李中，这使得行李的数量表面上增加了。之所以这样做，是为了避免这些物品被充公后会引起令人不快的怀疑。

② 我把这些骡子的优秀归之于驴子的质量，它们个头大，体态也很好。它们的颜色非常漂亮，有些身上可以看到花斑。

两边的耕地和一丛丛树木组成一幅幅变化着的美景。太阳快要
落山的时候，我们经过一道做工精致的石墙，墙里面似乎是一
座美丽的园林。路边的小亭子向各个方向敞开着，亭子顶上装
176 饰着各种各样的装饰物，吸引了我们的注意。这些亭子是最优
秀的中国式建筑的典型，建筑格调也相当高雅，据说是为了纪
念一位名人而修建的。我认不出那些石雕雕得都是一些什么动
物，但有几个肯定是狮子。我们在半路上的一个大村庄停了下
来，村里主要是一些为旅客提供食宿的房子，天好的时候还算
得上是很不错的客栈。钦差苏楞额和广惠在这里接待我们，十
分友好地为我们提供了一些零碎食品作点心。他们一路一直坐
着轿子[①]，但广惠的级别已经不允许他再坐这样的官轿了，而苏
楞额还可以继续坐他的官轿。给乘坐车子的人也准备了4顶轿
子乘用，但让那些生病的人坐了。在这里，我们得到暗示说，
我们的觐见安排在明天进行，不过没有人留意这事，因为它显
然不可能实现。

从停留的地方又走了3英里，我们进入了广阔的城关地区，
从这里一直延续到北京城门。人很多，但和往常一样秩序井
然。我注意到，随着我们接近京城，士兵们在行使他们的权力
时就更为坚决。多数围观者都打着一盏纸灯笼，以免夜晚的黑
暗妨碍他们满足自己的好奇心。如同能够预料到的一样，马车
177 是最吸引人的目标。尽管道路和牲口都不算好，而且是仓促之
中安装起来的，但马车还是很好地发挥了它的作用。商店的豪

---

① 这些轿子有一个专用名称，叫官轿，绿色轿身显示其享有特权。

华装饰令人目不暇接，那些镀金的雕刻实在是十分漂亮。这些商店的商业利润竟然允许这一类无利可图的花费，实在是令人惊奇。午夜时分，我们到达了马戛尔尼勋爵进入北京的城门。人们原本告诉我们说，皇帝特别开恩，命令一反通常做法，大开城门，所以当我们发现车队沿城墙行进时，感到极其失望。我们急切地寻找下一个城门，但再次让我们失望了。显然，看来我们要绕着城墙走向我们的目的地了。

8月29日。——我们到达海淀的时候，天已破晓。预定要作为我们住处的松大人（一名重要的大臣）的住处就在海淀附近，但我们并没有在那里停留，而是直接被拉到皇帝现在所在的圆明园。马车在一些树木下面停了下来，我们被领进一座四方形院落里的一间小房子里。头戴不同顶戴的官员们在那里等待，其中有几名皇室王公，可以从他们的红宝石顶珠和圆形绣花补子看出他们的身份。这里一片寂静，气氛肃穆，说明皇帝就在附近。我们现在挤在里面的这间多年失修的小房子，见证了我相信是外交史上从未有过的一幕场景。阿美士德勋爵刚刚坐下，张五纬就传达了和公爷的话，通知他皇帝希望立即接见
大使、大使的儿子和副使们。我们自然感到十分惊异，表示先 178
前安排的时间是阴历初八，而且现在这么早进行觐见，肯定会带来不便。我们十分恳切地表示，在特使阁下现在疲惫、虚弱并且缺少所有必需装备的情况下，他绝对不可能参加觐见。张五纬非常不愿意传达这一回复，但最终也只好这样做。在这期间，房间里挤满了不同年龄和不同官阶的围观者，他们无礼地紧靠着我们，以满足其毫无人性的好奇心。这样来加以形

容，是因为在他们看来，我们与其说是和他们同一物种的外国人，不如说是一种野兽。公爷和阿美士德勋爵之间又交换了一些意见。除了上述理由以外，阿美士德勋爵还表示说，如果不携带国书而觐见皇帝，是极为失礼和不规范的。公爷对此回复说，在就要进行的觐见中，皇帝只是希望见见大使，并不打算谈正事[①]。阿美士德勋爵坚决表示不能接受这一建议，并且要求公爷向皇帝转达他谦卑的请求，请皇帝陛下仁慈地等到次日。最后，张五纬和另一名官员提议大使阁下去到公爷的房间，可
179 在那里请求皇帝做出决定。由于已经声称自己身体不适，并把它作为谢绝觐见的理由之一，阿美士德勋爵很自然地认识到，如果他前往公爷的房间的话，这样一个一般来说对中国人最有说服力的辩解理由就不能再使用了，所以他断然表示拒绝。结果，公爷自己来了。他极其急切和激动，都顾不上礼仪了，直接站到阿美士德勋爵身边，使用各种理由劝说大使服从皇帝的命令。在这些说辞中，他还说可以用我们自己的礼仪——用中国人的话说是“你们的礼”——觐见皇帝。在所有这一切都无济于事以后，他多少有些粗暴地——掩饰成某种友好的粗暴——把手放到阿美士德勋爵身上，要把他带出房间，另外一名官员过来照着他的样子做。勋爵阁下十分坚决而又不失尊严地摆脱了他们，宣称除非使用极端暴力，否则他不会离开这间屋子，前去给他安排的住处之外的任何地方。他补充说，他现在身体极度疲乏和难受，绝对需要休息。阿美士德勋爵进一步

① 值得注意的是，曾经向伊斯曼罗夫（Ismailoff）提出过大致相同的建议。

指出，他已经受到了公然的污辱，许多人随便闯进来，非常无礼地围观，好像他不是一个强有力的君主的代表，而只是一只野兽。无论如何，他还是请公爷向皇帝陛下转达他的恳求，他相信皇帝会考虑他的不适和疲惫，不会要他立即觐见。公爷然后力劝阿美士德勋爵去他的房子，称那里要凉快一些，更为方 180
便，也更为私密。阿美士德勋爵表示谢绝，说除了他自己的住处，在哪里他也不会感到舒适。公爷不再试图说服他，离开房间，去想办法让皇帝不要为这件事而生气。

公爷离去以后，来了一位老年人，从他的衣服和装饰上看是一位王公[①]。他特别好奇，打量着我们，并且提出一些问题。他的主要目的似乎是要和小斯当东爵士说话，因为他曾经随上一使团来过，但小斯当东爵士十分谨慎地避免和他做任何交流。要描述中国人在公务上和个人事务上的行为举止所引起的厌恶感，不是一件容易的事。我后面将会谈到对他们处理公务的反感，而对于他们的个人行为，我只能说没有什么比这更为令人讨厌和粗俗无礼的了。

公爷离开房间之后不久，我们得到一个消息，说皇帝取消了大使的觐见，并且愿意让他的医生为大使提供他的疾病所需要的一切医疗帮助。公爷本人很快就来了，大使便走向他的马车。公爷放下架子去驱散人群，对所有人不加区别地都使用他的鞭子。尽管按照我们的观念，一个有着他那样地位的人做这样的事实在有失身份，但也只有他才能做好这件事。院子里有 181

① 他们的官服上有与众不同的圆形补子。

一些巨大的狮子雕像，在我看来做工还不错，而且是铜的。

我们沿着来时的路返回海淀，在那里和使团其余的人会合了。我们猜测，中国人是有意把他们和我们分开来的，我们确实也有理由认为，中国人原计划只带获准参加觐见的4个人前往圆明园，但由于一时的疏忽，马礼逊先生、阿禅尔先生、格里菲斯先生、库克先生、萨默赛特先生和阿博特先生才得以随阿美士德勋爵一同前去。选定做我们住处的松大人的房子十分宽敞，环境优美，主体部分附近生长着花和树木。它是那样令人赏心悦目，我们不由得渴望着能够在这儿住几天。不过，这并不是我们的命运。还没有过两个小时，我们就得到消息说，中国人拒绝把行李卸下车来。此后不久，官员们就来宣布说，大使没有按照皇帝的命令参加觐见，皇帝十分生气，下令要我们立即离开。这一命令十分坚决，没有任何缓和的余地。使团所有人都十分疲惫的理由没有任何作用，对皇帝的明确命令不允许有任何反对意见。张五纬当时还说，现在即使同意行清朝
182 礼仪也无济于事了。不过，他当天就多少改变了口气，称所有这些麻烦都是由于我们在礼仪问题上顽固不化而引起的，并且暗示说，现在屈服可能还会有用。他竟然厚颜无耻地否认皇帝曾经同意按我们自己提出的方式接见我们。

最急于让我们立即离开的官员是北京地区的军队指挥官派来的一名使者，看来执行皇帝命令的任务已经交到他手里了。这名官员谈到了礼仪问题，如能够预料到的一样，使用的都是一些最为荒诞的语言。他声称，皇帝的地位高于所有的君主，所以就应该行叩头礼，我们坚持拒绝行礼是不应当的。他最后

说，皇帝自然会给英国国王写一封友好的信件说明此事，国王一定会对大使极为生气。这些话碰巧是对我说的，我就请马礼逊先生告诉他，皇帝答应按我们提出的条件接见我们，所以礼仪的问题已经彻底解决。至于我们自己的君主对我们所作所为的看法，我们一点也不担心。这名官员要求我们立即离开。我要他放心，不必担心我们会耽搁，因为能够让我们愉快地留在中国领土上的，只有皇帝的友善态度，而现在我们已经失去了这一点。我们在这一天经历的唯一有礼貌的行为，是皇帝送来的一顿美味早餐。我们有许多人从前一天起就没有吃过任何东西，所以这顿饭真是最为可口的了。4点钟，阿美士德勋爵坐 183
进他的轿子。这样，从所有外部表征来说，使团的使命已经宣告结束。

我忘了提到，阿美士德勋爵到达松大人宅邸之后不久，皇帝的私人医生就来拜访了他，皇帝之所以突然之间怒气大发，部分原因可能是由于这名医生报告说大使身体不适只不过是借口而已。就我个人来说，我禁不住要猜测，在通州给我们做出的许诺其实是一种欺骗手段，中国人的真正意图，要么是想带我们去见皇帝，给我们造成种种不便，无法遵守规矩，然后趁我们完全顾不上行何种礼仪或者趁混乱之际，使用身体暴力强行让大使行叩头礼；要么是皇帝已经预见到阿美士德勋爵会拒绝在到达之后立即觐见，打算以此作为遣回使团的借口。如果后一个猜测猜对了的话，那这一打算可以说是完全得逞了。因为这样的做法太不讲道理，同时太侮辱人，所以，无论是出于执行公务的责任还是出于个人的尊严，阿美士德勋爵都没有别

的选择，只能像他做过的那样去做。那些亲眼目睹了这些行为的英国先生们，当看到他们君主的代表受到野蛮、粗鲁和侮辱性的对待时，都难以克制住自己的义愤，想采取行动。他们只能有一个希望，就是再也不能让大使拥有的世袭地位和官方尊严任凭一个被抗拒激怒了的专制君主随意践踏了。我们还猜
184 测，觐见一直都是说在私下进行，而皇帝的目的可能是坚持要使团在公开朝见时行叩头礼，如果仍然遭到反抗，就立即将大使遣回。当然，这是对皇帝想法的一个比较容易令人接受的猜测，但我认为，这一企图未能取得成功并不足以解释他接下来的过激行为。

需要指出，阿美士德勋爵从来没有明确表示过，如果皇帝陛下在得知大使身体不适和疲乏之后仍然坚持成命，他也会拒绝觐见皇帝。事实上，我们坚持反对的是身体暴力和要我们去到公爷的房间。这些房间可能距离皇帝实际所在的地方很近，可以很容易地把阿美士德勋爵从那儿匆忙带去觐见皇帝。在我们当时所处的情况下，这样的觐见不会带来任何的好处。尽管在圆明园发生的事情非常不合规矩，令人十分不快，但如果在觐见中真的使用了暴力以及由此而引起反抗的话，那就会造成更大的麻烦和冒犯。在这喧闹的一天里，寅宾一直积极地关注着我们，因此在我们看来，他要比他的同事张五纬站得更高些。他佯称，从来没有打算让我们真的离开。但很难相信他的话，因为命令是那样的明确而专横。

185 在返回的路上，我们仔细地观看了北京的城墙。和通州城墙一样，北京的城墙也是砖筑成的，有着石头地基。城墙很

厚，墙体用泥土填充，所以可以认为砖石砌成的只是外层。不过，要在炮眼那里安放大口径的大炮，城墙的顶部可能还不够结实。所有的城门以及城墙每间隔一段的地方都矗立着很高的塔楼，四面都有炮眼，可以安放大炮。实际上，我没有看到安放着任何大炮，却有着一些木头做的仿制品。塔楼旁有一座好几层的木头建筑，作为城门的标志。这些建筑中的一座装潢华丽，向外伸出的屋顶随高度的增加，一层比一层小。屋顶上覆盖着绿色和黄色的瓦，在阳光照射下显得十分灿烂。有一道水渠环绕着我们所经过的城墙。高高耸立的城墙，一个又一个的城堡和令人惊叹的塔楼，为坐落在平原之上的北京城留下一幅壮丽的外貌，无愧于一个伟大帝国的京城。在靠近海淀的道路旁边，我们穿过了很大一片完全没有开垦的公共用地，这种情况出现在离北京如此近的地方，真是非同寻常。城墙附近大片大片的土地上，长满了莲类植物或者荷花，这类植物生长茂盛，令人赏心悦目。京城西山蓝色的山峰无边无际，是北京附近最为美丽的景色。对使团中的许多人来说，北京的街道可能有着巨大的吸引力，但对我来说，去看看这道瑰丽的山脉，会得到更大的满足。

我把轿子让给了一名病人，坐回到一辆马车上。马车的颠 186
簸一开始还能受得了，但当我们走到铺砌的道路上以后，就开始颠簸得让人难以忍受了。马车的每一个部分都不停地在颠簸着，每一次颠簸似乎都足以毁掉你的生命，而你还要忍受着接下来可怕的连续不断的颠簸。恶劣的天气也和宫廷中不愉快的经历结合在一起，折磨着我们。天下起了大雨，但大得又不足

以阻止那些好奇的围观者们。他们把灯笼伸进我们的轿子和马车里，以便更为清楚地看到我们的样子。我一生中肯定从来没有如此恼怒过。在忍受着颠簸造成的巨大痛苦时，还要暴露在如此无礼的好奇心面前，即使是脾气再好的人也没有耐心忍受下去，而我被折磨得都快要疯了。天太黑，路上又坑坑洼洼，还下着大雨，几乎没有办法步行前进，但我还是想下车自己走，如果不是担心与使团其他人分开，我就真的会坚持下车自己走了。尽管苏楞额说我们这天晚上的行程不会超过20里，但我们一路没有停留，一直被带到我们在通州的船上。我们到达通州的时候，已经是30日凌晨3点了。

8月30日。——先前提到的通事中有一位名叫阿周（Achow）的人，我们第一次是在海淀见到他的。他在我们之前赶到通州，通知那儿的人我们就要到了。我们离开以前在通州居住的地方已经关闭了，牌楼也拆掉了，标志着我们倒霉的命运。无论如何，决不能拒绝我们回到我们的船上，那是我们最坏的去处了。实际上，我们搬回到我们原先居住过的地方，并不是我们自己的意思，而更多地是顺从了寅宾和张五纬的恳求。行
187 李、供应品和礼物陆陆续续地都运到了，我们离开的每一项准备工作都在陆续地进行着。张五纬晚上来拜访阿美士德勋爵，透露说钦差们已经收到了皇帝赠送给摄政王的一些礼物。紧接着他们向我们展示了这些礼物。礼物中有一件大如意，由镶着玛瑙的玉石制成，绿白色，象征着万事如意的意思。如意的把柄是平的，上有雕刻，很像一把勺子。如意的顶部呈圆形，多少有点像荷花的叶子。礼物中还有一件中国官员佩戴的项珠，

用绿色和红色的玉石以及一些珊瑚珠子制成，上面有一个珍珠环绕的圆形红色装饰品。除了这些以外，还有一些绣花荷包。钦差们在转送这些礼物时，说皇帝希望得到一些礼物，以作为回报。选中的东西有国王和王后的画像，一箱地图和几件彩色绘画[①]。为了东印度公司的利益，我们希望能够友好和睦地离开，所以对这一建议欣然表示同意。

阿美士德勋爵希望能够知道，他应该如何向他的君主说明
他被遣回的原因。被告知的唯一理由，是他拒绝服从皇帝要他 188
立即觐见的命令，而立即觐见被描述为皇帝的特别恩典。大使回应时提到了当时的情况，但这方面的讨论并没有进行下去，因为中国官员们更急于推卸他们自己在我们所抱怨的那些情况中的责任，而不是要审视我们被遣返的原因或者正当性。交换礼物的提议可以看作是皇帝的愤怒已经部分平息的表现，而对于我们的返回，他肯定没有感到后悔。如意[②]的做工不如乾隆皇帝送给国王的如意好。

8月31日。——礼物和供应品的装运还在继续，有几件私人行李仍然还没有找到。我们从通事阿周那儿得知，遣返使团的决定被归因于我们对那些来观看我们的王公大臣们的无礼态度，他们向皇帝做了对我们不利的报告，把我们不愿意立即觐见皇帝的原因归之于一些最恶劣的动机。我必须说，这种说法似乎不太可能。

---

① 朝廷的礼节是不接受所有的礼物，葡萄牙大使曾极力劝说皇帝不要遵守这一习惯做法。

② 制作如意的玉石来自江南省的莹玉山（Yn-yu-shan）。

在经过通州城墙和路上其他一些地方的时候，我们看到了一道谕旨，禁止妇女在街道上出现，以免她们被英国大使及其
189 随员们看到。这没有什么用，即使是有可能激怒天子的担心，也不能阻止女性的好奇心，因为我们可以不时地看到头上戴着红花的围观者。她们看我们肯定比我们看她们更仔细，她们的样子一点也不能吸引我们，成为她们的注意对象并不能满足我们的虚荣心。

从行李中取出了国王和王后的画像，中国人应该在特定的视角下欣赏这两幅肖像。为了表现对自己的君主的尊敬，阿美士德勋爵特意用他在天津面对黄色幕帐所行的同样礼仪，公开向国王陛下的画像致敬。这让广惠十分不高兴。已经有人开始对广惠的良好品性表示怀疑了。

虽然对我们的尊敬已经减少了不少，但对我们的提防和猜忌仍然如故。当天晚上我穿过庄稼地散步的时候，有一些士兵跟随着，他们似乎比以前更加注意控制散步持续的时间和走动的方向。

9月1日。——我们行李中一些丢失的物品还没有运到，我方对此提出了强烈的抗议。因此，恐怕要等到明天或者后天，我们才能动身离开。张五纬告诉马礼逊先生，公爷和北京的地方官也随我们来到了通州。不知道他们前来是为了外交谈判还是为了监督我们离开，外交谈判可能意味着我们将会返回北京，而监督我们离开只能表明对我们毫无理由的怀疑。我听说，那些王公大臣们在圆明园房间里所表现出来的极其无礼的
190 好奇是司空见惯的事情，他们对所有的外国人都是如此，这些

外国人确确实实被看作是宫廷里的观赏物。对我们的记述进行比较之后，我们所有人都认为，我们从北京回来时的护送队伍发生了显著的变化。没有士兵为我们开道了，也没有人打着灯笼为我们照路了，我们事实上必须要自己面对黑暗和坏天气。船上宣告我们是贡使的旗帜被撤掉了，但没有换上任何其他旗帜。

今天，我仔细研究了被称作枷[①](Kang) 的束缚颈部的木制刑具。它被安放在重罪犯的脖子上，作为一种惩处方式。它是一块方形木板，30英寸宽，上面有一个洞让犯人的头穿过。戴枷时枷的角置于犯人面前，以便犯人在坐下时把枷的一角支撑在地面上。

当两名中国人吵架时，他们一般总会抓住对方的辫子，使劲地绞缠，两个人经常一起摔倒在地上。看到他们能够长时间地忍受这种剧烈的痛苦，真是令人感到吃惊。他们的眼睛似乎要从眼窝中突了出来，整个脸的样子都变形了。我相信，在这样的争斗中，最有耐力的拳击手也会因为受不了可怕的痛苦而屈服。尽管在架势和语言上都已经激烈到了近乎疯狂的程度，但他们很少会真正打起来。我曾经看到，有人在极其愤怒的情况下，也只是用一把扇子迅速地轻轻打一下而已。不过，如果真的要动手打起来，他们下手也十分凶狠，听说有一脚就把人踢死的。

昨天，当阿美士德勋爵路遇一名乞丐时，他突然站了起来， 191

① 根据给予这种惩罚的罪名的不同，所戴的枷的大小和重量也有所不同。

一名官员立即命令他坐下。这件事反映出中国人目前的情绪，连社会最底层的人都认为英国大使现在不值得尊敬了。如果这种情绪在我们离开京城后仍然没有消除的话，我们的旅途将会十分不愉快。

第四章　直隶境内

开始前往广州——对圆明园事件的思考——抵达天津——离开——前行——在通州接到的礼部文件——对它的评论——《邸报》——会见北直隶按察使——到达桑园

9月2日。——现在似乎没有任何挽回的机会了，早饭后 192
我们开始了向海边进发的旅程，目的地据说是广州。不过，过去的经验不允许我们过分地相信中国人的话。如果船队仍然在舟山，在我们到达舟山附近的时候，中国人就把我们从那儿打发走的话，我是不会感到吃惊的。我们船上的一些能够提供小小舒适的物件被拿走了，我们一路上可能会经常有理由抱怨得不到应该得到的照料。我们又来到了大量的舢板船中间。这些船让我们唯一感兴趣的是，它们能让我们不时地看到一些中国女人。这些女人的样子要比大街上看到的那些女人好看，但她们非常吝啬，不愿意让我们世俗的眼睛盯在她们身上多看一会儿。劳动人民黝黑的面孔（和东印度群岛人的颜色一样）表明，中国这一省份的太阳一定比其他国家相同纬度的地方更加

灼人。这会不会是因为平坦的田野总体上缺少遮挡阳光的东西
193 呢？到了冬天，居民们穿的衣服一定会完全不同，而在这个季节，一件上衣和一条裤子，常常是仅仅一条裤子，便是所有阶层的人在家里穿的全部衣服了。而那些下等和中等阶层的人们，一整天都穿着这样的衣服。

使团在圆明园所受到的对待，仍然是我们谈话时经常谈到的话题。新近发生的这些事情，让我们相信中国人通过假装在礼仪问题上妥协从而欺骗了我们。种种迹象印证了这种欺骗：他们有意地把使团分离开来；带领我们一行的所有中国官员在我们快到地方时都处在一种十分异常的忙乱之中。为了不让阿美士德勋爵产生怀疑和反对，防止他在指定地方之外的任何其他地方下车，苏楞额和广惠在圆明园向勋爵保证说，只打算让他和公爷一起吃点东西，尽管他们一定完全知道真正的意图。在通州，所有人都或多或少地宣称过，我们要在阴历初八以我们提出的礼仪觐见皇帝。当然，我必须承认，在通州的时候，和世泰十分谨慎地避免明确表示皇帝已经同意我们不行清朝礼仪。不过，他的话足以给我们留下明白无误的印象，就是这件事已经以让我们满意的方式解决了。以最详细的形式向我们做出表述的是广惠，公爷把他留下来显然就是为了这一目的。来自广州的通事阿周说苏楞额被降职成蓝色顶戴，皇帝对公爷也
194 很生气，而广惠则被撤掉了盐政部门的职务，这次前往广州的差使也许是对他们的额外惩罚。我们听说，迄今为止一直由张五纬和寅宾承担的职责，在离开天津以后，将转交给我们经过地区的地方官员。张五纬早年曾经在广州待过，如果不是现在

这种情况的话，他本来可能会陪伴我们。

9月3日。——在沿河顺流而下的路上，没有什么我所期望出现的新景象。河水流得不快，大船的纤夫人数很少，而且不是经常需要纤夫，现在的速度比我们来的时候快不了多少。我们的食品供应一直在减少，到今天就完全没有了。我们提出了请求，同时也私自买了一些东西。我们的情况极其恶劣，以朝廷慷慨好客为饰辞不让我们买东西，而使团返回时的情况又使得没有人关心我们的舒适与否，这给我们带来许多困难，的确是让我们处在了缺吃少喝的境地。据说苏楞额和广惠被罚负责我们的全部开销，如果这是真的话，食品供应的不足就不会令人惊奇了，因为地方官员对于他们能否偿还费用自然会感到不放心。

马礼逊先生今天与张五纬的谈话，使得我们在圆明园被突然遣回的原因清楚了许多。在通州做出的表面上的允诺是和[1]
公爷进行的欺骗，其目的是要把大使骗到北京。8月27日会谈 195
时表现出来的一些迹象让他有理由相信，如果做出某些让步的话，阿美士德勋爵可能就会行叩头礼。在他看来，这些让步是合理的，他感觉有希望说服皇帝同意。在这个时候，他并不认为应当做出任何明确的保证。但是，阿美士德勋爵要求他做出保证，因此他只有进行欺骗，说皇帝同意按大使自己的条件接见他，以此来确保大使能前往北京。皇帝决定于初七日接见我

[1] 尽管中国人的姓名一般有两个或者更多的字，但通常都使用第一个。这方面和其他许多方面一样，和我们正好相反。

们，让这一计划无法实现。在我们看来，这在某种程度上反倒成了好事。我们不清楚，究竟是打算只让我们从皇帝御座前走过，让他看看我们，还是打算让我们行叩头礼。但是可以肯定的是，如果不行叩头礼，就不会让我们正式觐见皇帝。皇帝做出要在初七日接见我们的决定时，并不知道我们已经在路上奔波了一整夜，因此，无论原本打算以何种方式接见我们，我们都不是有意在极度疲惫的状态下激怒皇帝的。我们当场被遣回，是因为皇帝听说我们身体不适的恳请只不过是借口，才大为光火。皇帝陛下对和世泰也非常不满，因为他没有说明大使走了一整夜的事实，而这本来可以用来当作大使不愿意立即觐
196 见最为合理的理由。公爷丢掉了某些职务，甚至连只是参加了会谈但始终一言未发的穆大人，也没有逃过降职的处分。

应张五纬的请求，马礼逊先生晚上又一次拜访了他，以会见北直隶按察使[①]。这名官员从通州起就一直陪伴着我们，管理我们的供应和行进情况。这名官员熟悉欧洲传教士发表的所有记述，一见面就赶紧向马礼逊先生显示他的知识。他的评论的主要内容，除了展示他自己的学识之外，就是贬低英国相对于其他欧洲国家的重要性，并且宣称我们的国王自认为可以和中国皇帝抗衡是极其荒谬的。他尽管熟悉廓尔喀[②]的名称和形势，并且声称他的管辖权几乎延伸到了尼泊尔的边界，但他并没有提及尼泊尔新近发生的战争，这证明中国政府对这个国家的事

---

① 直隶按察使盛泰。——译者

② 我当时还不知道尼泊尔边境事件的发生。

务的兴趣被夸大了。按察使把廓尔喀看作是中国皇帝的朝贡国。

张五纬在我们就要吃饭的时候前来拜访我们，使得我们之间的友好交往又重新开始了。由于健康原因他一般不喝酒，这一次喝了很多覆盆子饮料和水。比起我们通常喝的那些酒来说，中国人大都更加喜欢我们的甜酒和露酒。无论以前的那些 197
旅行者们是如何说的，我的经验使我相信，在喜欢喝烈性酒这一点上，中国人一点也不比欧洲人差，只是出于特别强的体面感，他们才不会经常在公共场合喝得酩酊大醉。他们喜欢收集各种形状的玻璃器皿，我们使用的普通酒瓶也很受欢迎。

可能那些观察力特别强或者具有描述才能的人，会找到让他们的眼睛或者手中的笔感到满足的材料。庄稼地、柳树林、舢板船、长着小眼睛留着长辫子半裸的居民、面孔丑陋但头发梳理得十分漂亮的女人，每天都能看到的就是这些一成不变的事物，对此我已经产生不出多少描述的兴趣了。至于中国人的道德品质，在实际经验基础上形成的任何看法都只能是一种假说，我们和当地人几乎没有多少私人交往，而那些少之又少的交往，像我这样不通语言的人也只能靠手势进行交流。另一方面，根据与官府的交往而作出任何评价，也是不公正的。双方提出来讨论的都是些重要问题，中国人为了达到他们的目的使用胁迫和欺骗的手段，他们没有成功，失望之下便导致了粗鲁无礼的举动。那些坚持认为应该把中国人和欧洲文明国家划归一类的人，无疑应该纠正他们的看法；相反，那些把中国人和亚洲其他国家的人同等看待的人，在中国官府或者中国人个人 198
的行为中，不会看到太多让他们感到吃惊的东西。一个国家人

民主要的特征是既成习俗影响下的结果，无论属于什么阶层，每个人的日常行为都被几乎很少有人违反的规矩所确定，君主的专制也要服从于习俗的专制。曾经辉煌一时的最高程度的文明，要比管理这个民族日常习惯的人为制度更加接近人的本性。当然，这种人为制度和如此崇高的标准肯定相去甚远。我能够得出的唯一明确的结论是，中国人是一个最索然无趣的民族。他们在相互之间的交往中被描绘成彬彬有礼，但他们对待外国人却十分粗鲁无礼。这被归之于中国人认为外国人低于自己，对外国人的善意行动缺少信任。官府的政策肯定是这样，而从中国人各方面都遵守同样一些原则这一点来看，这很可能也就是中国民众的看法。除了社会下层以外，中国的孩子和亚洲其他国家的一样，严肃而又做作。人们的思想似乎和女人的脚受到了相同的对待，被习俗和教育的绷带紧紧地绑缚住，直到人们的思想变得异常狭隘。不过，说到这里，我发现我自己犯了我希望能够避免的重大错误，用推论代替实地观察。人们实在是太愿意轻易地作出结论啦！

9月4日。——天气仍然很热，我们船里的温度整个白天都在华氏85度。我以前并不知道叩头还被看作是一种宗教崇拜的
199 行为，尽管可以向皇帝叩头，但不能向一些低级的神叩头。按察使昨天晚上在对欧洲事务夸夸其谈的时候，对张五纬说，很可能是我们的宗教不允许我们行叩头礼。不过，这一表白并不是为了辩解，相反是责备我们在这个问题上的错误观念。

我们的船只在1点钟停了下来，以购买食品及必需品。我们在这里得到了从未见过的最好的葡萄。有着如此多的葡萄，

可中国人还是满足于稻米酿制的酒，真是让人难以理解。粗略估算一下，和使团一起沿河而下的人数大约有五六百人，因此就需要做好安排，以保证正常的食品供应。我们停留的村庄名叫河西务（Khu-shee-yoo），我从船夫那儿得知，附近不远的地方还有一个大村庄。一些士兵列队而出，其中有一小队穿着奇异的人，可能是要向按察使表示敬意。在按察使离开的时候，士兵们鸣放了礼炮。他的级别使他可以直接和皇帝进行联系。

9月5日。——昨天晚饭时分，由于看上去似乎要变天，我
们便停船过夜，这给了我们一个散步的机会。在这一枯燥得可
怕的旅程中，散步就是唯一的消遣了。从太阳落下到第二天太
阳升起，都有人定时值更。在巡逻的时候，有些更夫用一根圆
棍敲打一块空心的长方形木头，也有的更夫敲打一面小锣。两
种东西的声音听起来有点忧伤，前一样器具的声音要比表面看 200
上去所能发出的声音大许多。夜间下了一场大雨，和白天相
比，气候发生了急剧的变化，感觉就像是英国的秋末。温度在
日出时是华氏59度，而到4点时还没有升到华氏67度以上。直
到11点，我们才离开停泊的地方。由于这一耽搁不能完全归之
于天气，我们就产生出了各种各样的猜测。我们大家都不希望
再返回北京，由于我们坚决拒绝行礼，返回北京不会给公务带
来任何好处，我们个人或许也不能从中得到任何快乐。不过，
我们之所以行进十分缓慢，很可能是因为正在天津安排如何运
送大量的行李，计划要通过海路运送它们。

我参观了一座小庙，人们告诉我它是用来祭祀火神的。火

神的形象是一尊坐在宝座上的矮小塑像，一只手拿着一把出鞘的剑，一只手拿着一个弯曲的环。他旁边有两尊矮小的塑像，每尊塑像手里都拿着环。在庙的一侧，还有3尊外形差一点的塑像。这座庙正在进行修理，工人们就在神像下面做饭。中国人似乎对宗教非常随意，他们在这方面的态度有点像古代的异教徒，对神灵的崇拜构成了他们的社会制度和日常习惯的一部分，但从来没有深刻地影响过他们的情感。把新近发布的反对基督教徒的谕旨归之于宗教迫害是错误的，发布这些谕旨是由
201 于基督教徒与反叛者之间的所谓联系。在我看来，这种说话并非是没有根据的。

张五纬前来拜访我，部分是为我们几天前抱怨的食品供应不足而表示歉意。他要求我们以后不要再买东西了，万一供应不足的话，应该向他提出申请，由他来支出所需要的花费。根据皇帝的命令负责支付使团开销的广惠，已经把这一权力交给了他。张五纬利用这个机会告诉我，他的常任职位比钦差要高，并且说他管辖着一个相当广阔的地区。在中国人中间普遍传播着的流言说，皇帝对那些向他隐瞒大使走了一整夜因而十分疲惫不能立即觐见的人十分恼怒。大约4点钟的时候，我们经过了蔡村。我们来的时候曾经在这里停留过，苏楞额和广惠就是在这里向北京提出了他们的意见。我们将于明天到达天津，可能要在那里停留两天。

9月6日。——天气比昨天多少暖和了一点，早上的温度是华氏65度。9点钟左右，我们经过一座建筑物，据说是伊斯兰教的清真寺。这个省有好几个伊斯兰教的寺庙，它们没有受到

任何政府的戒备。我异想天开地觉得，它们倒是适合做祷告。
伊斯兰教徒吃牛肉，而一般的中国人不吃牛肉，认为把这种非
常有用的牲畜杀了吃实在是残忍。出现了有着漂亮屋顶的房 202
子，人也越来越多，说明我们快到天津了。在几个牌楼旁边，
一长队手持旗帜的士兵列队向按察使盛大人表示敬意。唉！我
们现在已经完全失去了光彩，不敢认为这些士兵是向我们致礼
了。当船队经过时，这些士兵们跪在地上。中国的炮手对他们
自己所做的事似乎很是害怕，点火以后立即退开，转过身去蹲
伏在不太远的地方。炮的铁筒总是向上竖立着，从而避免了用
弹塞装火药时可能造成的每一种危险。

用来盖房子和造船的木料被锯成七八英尺长的圆木，据说是为了便于运输。我忘了提到，我们昨天停泊的地方靠近一个大村庄，那儿建起了一处临时建筑，有一个舞台伸入到水中。灯光和其他一些准备工作表明，这里要举行一个公众聚会。如果不是现在这种情况，我们还可以指望会有某种好事等待着我们，但是现在这一切都是为了陪伴我们的官员们准备的，他们在岸上开了一个很长的会议。

阿美士德勋爵要送给按察使一件小礼物，但他不敢接受，害怕广惠知道后会报告给皇帝。皇帝对于官员很轻微的受贿行为，也会给予十分严厉的处罚。从这件事当中，我们可想见，中国官员相互之间存在着很重的疑忌。不过，他的崇高地位让我们感觉，在离开我们的时候，他也许就会克服他的恐惧了。

我们12点过后不久到达了天津，停泊在我们上次来时停泊 203
的同一个地方。前来观看的人还是非常多，人们挤在一起，人

头攒动。一些戴着圆锥形帽子的人[①]拼命地阻止人们挤到离船很近的地方，他们不像士兵那样只是击打地面，而是用他们手中的长鞭子使劲抽打那些充满好奇心的人群。晚上，我们看到了一场据说是庆祝满月的仪式。一条船沿着河岸行走，每隔一段距离就丢下一些五颜六色的小纸灯笼，让它们沉入水中。灯火照射在色彩绚丽的灯笼上，形成一幅极美的画面。染制这种纸的深红色染料（中国人也用它来染他们的果篮）非常鲜艳，让我十分吃惊，我想我以前从未见到过如此鲜艳的颜色。另一个有光亮的地方传来乐器演奏的令人感到恐怖的喧闹声，使我们不禁猜想一场婚礼或者葬礼（因为据说它们发出的声音是一样的）正在附近进行。我不能不感到遗憾的是，由于我们现在的处境，我们根本不可能去看看这些家庭仪式。

我发现，我的一些同伴对于下层人的可怜样子甚为震惊，并且因此而指责以前的旅行者们夸大了实际情况。我的看法与之相反，应该说，与亚洲其他国家相比较，中国表现出了非常
204 繁荣的面貌。现在的天气不需要穿多少衣服，而随着天气渐渐变冷，我们的船夫们似乎也并不缺少适当的衣服。对于早期或者晚近的作家们对他们亲眼看到的那些情况的描写，我都比较相信其准确性。总的来说，传教士对人们的道德品性和帝国的政治力量都大加赞美。对于帝国的政治力量，他们或许没有多少资格发表自己的看法，而对于人们的道德品性，他们受到的

① 我后来得知，这些人是官府的刽子手。他们头上戴的是一种古代式样的帽子，当满人征服中原时，汉人最害怕失去的就是这种帽子。汉人的另外一个担忧比较有道理，这就是祖先坟墓的圣洁性不要受到玷污。

友好对待也会引导他们得出非常不同的看法。像其他亚洲人一样，中国人挚爱他们的孩子，他们的民间习俗也强调对他人的善意行为的互惠性。在中国，儿子永远是儿子，父母一旦生下他，他就要永远听父母使唤，直到父母去世才能得到解脱。在和张五纬谈话过程中透露出来的一件小事让我们感觉到，妇女在中国人家庭中具有充分的影响力。当我们问起张五纬的儿子——一位18岁的小伙子——是不是仍然和他在一起时，他的回答是否定的，说他不得不把他送回他母亲身边，因为她离开儿子久了就受不了。

9月7日。——通过海路运送礼物的计划似乎被放弃了，在我们到达山东之前，一条船也不会换。我们在这里停留，是因为广惠要把他在盐政衙门的差事移交给他的继任者。张五纬所担任的道台必定是比较重要，因为昨晚有太多他管辖地区的下属官员来拜访他，以致他不得不躲进自己的船里。他比管理一个城市或者府的官员级别要高。我在离我们最近的城区走了一
小会儿，但没有能够走到河对岸去，因为在我们向那边走的时 205
候，士兵们命令组成桥梁的几条船中的一条开走了。药铺里的药品很多，从中国人医药知识水平低下的状态来猜测，这些药品的数量对于病人的健康来说实在是太多了。肉铺特别洁净，肉看上去非常好，让我不得不怀疑提供给我们的食品的质量是最差的，因为他们本来能够买到更好的东西。人们看到一个物品时，总是首先注意它的外部形态，所以负责治安的官员身前佩带着一把涂着颜色的木斧子。事实上，地方官员身上的所有行头看上去都像是一些华而不实的装饰物，或者化妆舞会上用

的饰品。天津的街道很窄，居民住宅靠街一面的墙壁全都是封闭的，让街道显得毫无生气。下雨天的时候，街上就会十分泥泞。我们的嗅觉神经将会被臭气浸透，等我们回到纯净的空气中的时候，再也闻不到这样的气味我们可能就受不了了。各种难闻的气味混合在一起，充斥在各个地方，一直是那些在我们周围的人群主要的令人讨厌之处。

在城郊的第二次散步没有给我们带来多少乐趣，也没有看到多少新东西。一队送葬的人从我们身边经过，其中有一些痛哭的人，有男的，也有女的。他们的悲痛表现得是那样激烈，而且那样有规律，以致我敢断定他们是雇来的。女人们坐在覆盖着白布的轿子里，白色在中国是表示悲悼的颜色。痛哭者们
206 头上戴着帽子，形状就像英格兰机械师的工作帽。我对棺材甚感失望，它非常简单。支撑棺材的架子是镀金的，由几根巨大的木梁组成。棺材前面有人抬着几个身着盛装的女人形象，和真人一般大小。我注意到棺材外面有一个镀金的木制头盔，或许是用来表明死者职业的。

在一个木匠铺里，我们看到一些漂亮的雕花木椅，装饰着孔雀。孔雀的羽毛是真的，只有鸟身是人造的。孔雀的腿从椅子顶部垂下来，就像鸟店里的禽鸟一样。有一个大玻璃柜，里面摆放着一些镀金模型，有中国的女人和男人、船只、小桥，还有表现上层人乡村居处面貌的各种东西。我想把它买下来，但没有买成。

粮食商和磨坊主的职业在这里似乎合二为一了，因为我们就在卖粮食的商店里，看到一头驴子拉着一个磨，把各种各样

的粮食磨碎。上面的磨盘大而圆，最边上系着拉磨的驴子使用的绳子。磨出来的面粉比较粗。我们以后再买东西的时候，要特别提防陪伴我们的士兵，他们总是鼓励——有几次甚至建议——店主们哄骗我们，目的是要从中得到好处。我前面说过，中国人居住的房子由靠街的外墙封闭起来，大门即使开着，门道里面也有一道宽度完全超过大门的砖石影壁墙，把视线遮挡住。这些住宅被分成几个院子，每个院子都有一组房间，最常见的布局是有一个大客厅，从客厅可以通向几个小房 207
间。除了药铺，每家商店都出售五花八门的各种东西，我几乎没有看到有商店只出售一种商品。有一大堆黑乎乎的东西，看上去就像鱼子酱一样，这是豆酱和盐的混合物，还加有一些能够让它长期保存的东西。在观看工人使用的机器和商店内部的时候，让我感到吃惊的是我读过的所有对中国的记述都极其准确。这些记述可能不太科学，但是一般在华旅行者所看到的所有事物，都得到了极为准确的描述。

9月8日。——我们的看守者（因为我们确确实实就像野兽一样，在几乎没有多少自主的情况下被运送出国）今天早晨开始运送我们。在绕着河岸向城墙方向走了一段以后，我们进入了御河（Euho）。船队由纤夫拉着，逆水而行。城郊又持续了2英里，这里的商店和房子要比河岸对面的好得多，另外还有几座小庙。我看到围观者的人群中妇女比以前任何地方都多，有些妇女的脚可以当作被裹变形的样本。她们的脚一直到脚背都还保持着天然的形状，但从脚背起缠裹变小，突然间聚在了一个点上。在中国人群当中，男人头上举着的烟杆看上去有一种

特殊含义。在过了一段庄稼地之后，我们又看到了另一处城郊
或是村庄，在纤夫踏出来的小路上面几码处有一条凸起的道，
208 这可能是斯当东爵士描写过的那条道路的起始点。在城外3英
里左右，河右岸矗立着一座向四面开放的小牌楼，牌楼顶部装
饰精美，上面的题字说明牌楼是为南运河而修建的。这座牌楼
很有意思，因为它使河的名称长久不变，从而把中国人的迷信
和印度以及古代欧洲的迷信联系了起来。

在吃饭的时候，河岸上又有一队送葬的队伍走过，棺材和
在天津看到的一样。送葬队伍前面抬着的塑像中有一只老虎，
标明死者从事军事方面的职业。塑像里还有一名手持武器的人
骑在马上，和一名骑着仙鹤的妇女。我有理由相信，那些悲痛
得号啕大哭的人是死者的亲戚，他们应该都会参加葬礼。在离
河不远的地方，我看到一些奇怪的砖房子，形状就像一个花
瓶，底部和顶部都逐渐变窄，高度和乡村教堂的尖塔差不多，
据说是一些著名和尚——佛教的神职人员——的坟墓。在快到
顶部的地方，砖砌得非常有装饰性。我们不久又经过了一座新
近修建的宝塔，每层都有不大的塔檐。古代修建的宝塔要比这
些新建的宝塔好很多，但现在在乡野已经很难见到，因为它们
大都坍塌了。一座已经成为废墟的瞭望塔，让我们有机会看到
它的结构。砖砌的主体大约有4英尺厚，塔内有一个通洞，足
以放下一架楼梯，沿着梯子就可以到达塔顶的平台了。平台上
209 有炮眼，但胸墙厚度不够，不能安放火炮。塔的外形是正方
形。河两岸大多数地方都种植着蔬菜，一畦畦的显得特别整
齐。用高粱秸搭成的棚架上长着一种扁豆，给这些最为粗陋的

菜园子平添了一丝雅致。每隔一段距离，就会有一片柳树和杨树，我猜想它们是要把这些属于个人的或者村庄的土地区分开来。

日落以后，我们继续航行。当一轮皎洁的满月升起的时候，景色美丽极了。月亮给黑暗的树丛披上一丝微弱的光亮，水中的月影随着河水的旋转的流动，每时每刻都变幻出各种各样的形象。船队在弯弯曲曲的河道上行进，悬挂在船桅顶端的一长列灯笼也不时地改变着方向。位于队列最后面的是按察使船上的红色灯笼，它标志着船队终止的地方。周围的一切寂静无声，而看到的东西却不断地发生着变化。这真是一幅让最不安宁的心也能够平静下来的图画。美丽的夜晚一直都是让我感到最为享受的景色，有时候我会想，人们这时能和具有更高秩序的自然界进行交流，在这样的时刻，让心里闪过任何一个卑劣念头，都是不正常的。外面的一切都是纯洁、静寂的光亮，人的心中产生出最为美好的感情，来拥抱宇宙的美妙。我们经过了几个小村庄，最后在离天津35里即12英里的杨柳青停下过夜。停
泊地附近有一处外表很漂亮的房子，属于一个官员。这里可能是一个 210
经常性的歇脚处，因为已经停泊了好几条船。这里的河水相当宽阔。

9月9日。——早饭后散步的时候，我参观了一座祭祀无生老母（Eternal Mother）的庙宇，无生老母是主要的中国女性神。神像身上披着一块白布，头上戴着一顶王冠，手里拿着一片树叶。同一个神龛里还有两名随从的塑像，像的大小要小一点。在庙的一侧离墙不远的地方，还有其他几尊塑像。如果从我们迄今所看到的庙宇的情况来做出判断的话，我们可以得出结论说，这个宗教在中国正在衰落，因为所有这些建筑都已经

破烂不堪。张五纬得到了可靠消息，他要被任命为山东省的按察使。我估计，他这天向大使和使团成员赠送礼物，就是因为这个消息。他的行为总的来说一直都十分友好，我们所有人都为他的升迁而感到高兴。

用来收割高粱的镰刀把长而刀刃短，不像镰刀，倒是很像一把长柄大钐镰。河岸附近的菜园里使用了灌溉系统，用一个简易的轮子和轮轴把水从离河几码处开挖的井里汲取上来。水并不是直接流进地上的畦子里，而是从一个大陶罐里倒出来。在另外一个地方，一些人用一个很重的滚子碾压灯心草，可能
211 是要用来修筑堤坝。快到晚上的时候，好像是到了一个绵延不断的市镇，河的两岸都有村庄。这些村庄属于独流（Too-lee-ya）镇，连绵10里都有人居住，几乎没有间断的地方。我们在最远端停了下来。不知道是由于过度的劳累还是或者是因为报酬过低，我们的纤夫在这里闹了起来，直到他们中的一些人受到用竹竿殴打的惩处，混乱才得以平息。每条较大的船有20到25名纤夫，稍小点的船12名，更小的船7名。

9月10日。——乡村的景色差不多都是一样的。我们在一个较大的城镇静海县（Shing-shi-heen）[①]附近吃了早餐，日间经过了一些种植烟草的田地。

一名戴着透明的蓝顶戴的武官看见阿博特和我在岸上散步，便邀请我们上了他的船，目的当然是要看看我们。最为年轻的阿博特是他主要关注的对象，他给阿博特穿上中国衣服来取

① 未能找到与原文相近的地方名称，据其行程姑且译为静海县。——译者

乐。他和他的仆人们相处得似乎很融洽，戴上我的帽子让他们高兴。作为回报，我也戴上他的帽子，这场滑稽戏便完成了。要摆脱他的好意实在有些困难，我不得不突然离去，以结束这次会见。我相信，我们以前在通州见过我们的这位朋友。

晚上，阿美士德勋爵和副使们拜访了张五纬，对他的新职位表示祝贺。他的船布置得非常好。在第一个房间里，有两名
书记官拿着一个办公用具，大使先前送给他的一些小东西摆放 212
在船舱各处。张五纬本人坐在最低的位置，以一种极其彬彬有礼的态度接待了我们。为我们准备好了一些捣烂了的杏仁，味道就像是乳制品，让我们依次品尝。由于它经常被我们称作杏仁奶，于是我们便问到了觐见礼仪中的奶茶。奶茶似乎就是一种简单的奶，而茶叶或者茶，除了可以用来称呼茶树制成的饮料外，还可以用于其他许多饮料的名称。在茶中加奶，是为了记住统治家族的鞑靼起源。试图保留这种记忆的另外一个事例，是皇帝在公务的场合，使用刀子来切肉，而不使用筷子。尽管坐在世界最大帝国的皇帝宝座上，被伟大帝国造就的一切包围着，但中国的满族征服者们仍然要公开表白，他们珍视其祖宗们简单的习俗，并且认为它们要比所有形式的文明和豪华生活都更有价值，更为华贵。如果他们的这种尊敬或者估价不仅仅是单纯的表白，那么这种做法是十分明智的。不过，他们已经和其他征服者们一样，在胜利之后失去了使他们取得胜利的那些习俗和道德力量。山东按察使被认为是帝国第二品级的官职。我们停泊的地方叫东双塘（Tong-quang-tang），上一使团的记载中曾经提到过它，我也会记住这个地方，因为护送使团的

中国士兵们用喊叫和乐器制造出极其恐怖的声音，作为表现他们对张五纬的新职位感到高兴的恰当方式。我们行进的速度和时间
213 都增加了，但是我难以正确地估计出我们这一天的行程，大概是在28英里到30英里之间吧。

9月11日。——阿美士德勋爵今天早上早餐时把马礼逊先生刚刚交给他的一份文件交到我的手上，这是在通州时从张五纬那里收到的几份文件中的一份的翻译件[①]，内容是对大使公开觐见时所要遵行的礼仪的描述。和这份文件在一起的还有礼部文档的摘录，它声称马戛尔尼勋爵行过叩头礼。这两份文件刚送来时并没有引起关注，其中一份纯粹是对已知事情并不正确的记载，而另一份则被认为是对当时情况下似乎不可能进行的宴筵活动的描述。根据这一官方文件的叙述，中国皇帝对马戛尔尼使团的接见在一间大殿里进行，皇帝坐在大殿前端一个高台上的御座上。大殿的另一端有一处月台，马戛尔尼勋爵从这一
214 端被带进大殿，在高台前的平地跪下，将摄政王的信交给一名高级官员，由他再交给另一个名叫绵恩[②]的官员，他的位置在御座所在处的平地上。最后这名官员登上台阶，把信交给皇帝陛下。然后，大使被官员带到御座前的平地上，在那儿跪下，从绵恩手中接受送给摄政王的如意。绵恩以皇帝的名义向他提出几个问题，然后他被领到大殿下端，在这里面朝前端（可能是御座）叩头9次。此后，他就被带出大殿，当在官员队列的

① 见附录第5、6号。

② 定亲王。——译者

后面再次叩拜后，他被允许可以坐下。当皇帝喝东西时，他还要和出席宴会的王公大臣们一道叩拜。另外还有两次叩拜，一次是给他奶茶的时候，另一次是在他喝完奶茶后。从这一文件的译文中，我们可以断定，皇帝并不能看到最后的这几次叩拜，无论怎么说都不是向他木人叩拜。如果这一文件是对皇帝实际要求遵行的礼仪的正确描述的话，那么它就肯定远远超出了我们对叩头问题进行考虑时的一些认识。我们原本以为仅仅在实际觐见皇帝时，在距离皇帝本人不太远的地方行一次叩头礼。这样看来，其他4次叩拜有着完全不同的性质，都是额外增加的。从这一文件来看，接见位置的安排会让大使不可能直接看到信件的呈交，因为在他和皇帝之间的人甚至比荷兰使团
觐见时还要多。有一次叩拜要在一排人后面进行，不仅在皇帝 215

的视野之外，而且获准之后才能坐下。假定这一文件就是这个 167
问题上的最终决定的话，那么，我们使团受到的对待就要比其他任何欧洲使团都要更为丢脸，任何一种被认为是恰当的妥协意见都不会对此表示顺从。如果允许我承认——许多人会说中国人在叩头问题上的顽固态度需要这种承认——的话，我就必须承认，假若这一文件是作为皇帝的最终决定交给我们的，我应该为在它交来时没有得到我们的注意而感到遗憾。要是我当时看到我今天读到的这份译文的话，在应该如何行动的问题上我就会毫不犹豫，在顺从中国人要求是否会对东印度公司在广州的利益带来损害性影响的问题上，我就不需要再征求任何意见了。要考虑的问题就会是，大使所代表的英国在中国朝廷面前以一种比其他欧洲国家更丢脸的方式出现，能够得到什么好

处，对此，最显而易见的答案是否定的，因为我几乎看不到皇帝会做出任何让步，可以证明这种无限度的顺从是正当的。不过，我还是倾向于认为，尽管这一文件谈论的是后来的活动，但它与实际上可能会发生的事情关系不大，因为北京邸报上发
216 布的有关使团的文档或许才是事实。这件文件所提到的礼仪是中国人本来希望我们遵行的礼仪[①]，而不是他们一定会坚持要我们遵行的礼仪。当时给我们这份文件确实也并不是要求我们考虑其他种类的礼仪，而是要我们考虑行叩头礼。相反地，我们所得到的印象是，由于包含着对几次饮宴行动的描述，把这一文件交给我们，其目的是要我们在双方讨论的具体问题上做出妥协。无论这一文件的价值何在，由于它在当时未被注意到，我们对它没有加以考虑，也没有进行翻译，所以它对我们的行动并没有产生任何影响。当反对行叩头礼的意见提了出来并且得到采纳的时候，对这些比叩头更让我们丢脸从而也会遭到更强烈反对的额外的礼仪，我们还一无所知，因此也就不可能加以考虑。现在把它提了出来，可能是要减少对于被遣回所感到的遗憾。不过，即使真的能减少遗憾，也只是对那些认为有关礼仪的这一安排是无法改变的人才有作用，而我只能提出另一
217 种看法：同意行叩头礼并不意味着一定要服从这一文件中描述

① 我们从葡萄牙和俄国使团的记载中了解到，这份报告中提到的某些情况是朝廷的既定习俗。葡萄牙大使由西门进入，在说话时跪下。两位大使都违反了先前的安排，将他们的国书交到皇帝手中，不过葡萄牙人是通过协商这样做的，而俄国人则是出于偶然情况。中国的习俗要求把国书放到一张桌子上，贝尔说，伊斯曼罗夫就按照先前协商好的那样，把国书放到专门为此安放的一张桌子上，而当皇帝示意要他走近时，他机智地利用这一机会将国书交到了皇帝陛下手中。值得注意的是，礼部对外国人始终怀有敌意。

的其他礼仪，反对这些礼仪和反对行叩头礼会产生差不太多的效果，在我看来，可能还要好一点，因为可以将这一反对置于更强有力的理由之上——一名英国大使不可能接受比其他欧洲国家君主的代表更为丢脸的接待方式。

早饭后不久，我们经过一座三层高的六角形小庙，在建筑比例和建筑风格方面都是我所见过的最为漂亮的建筑。向外挑出的屋檐上覆盖着——而不是过多地负载着——装饰性的雕刻物，顶部形态就像一顶主教的法冠。附近有几株曼妙的柳树，为这里增色不少。这座庙据说是祭祀魁星（Kwae-sing）的，被称为魁星阁。景色中最美丽的是一簇簇的柳树和柳树林子。大约12点的时候，我看到一道长墙，里面显然是某位官员的宅院。一直没有得到机会参观一下这类宅院，看看中国人布置他们宅院的品位，让我感到十分遗憾。

实在很难认同这个国家对于死者的尊重，我们时不时地看到有尸体顺着河水漂下来，那种场面自然令人非常厌恶。在大

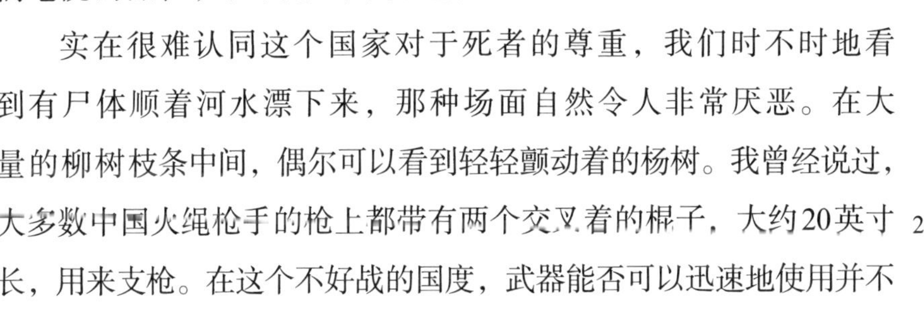

量的柳树枝条中间，偶尔可以看到轻轻颤动着的杨树。我曾经说过，
大多数中国火绳枪手的枪上都带有两个交叉着的棍子，大约20英寸 218
长，用来支枪。在这个不好战的国度，武器能否可以迅速地使用并不太重要。

我们于4点钟到达了青县，上一使团曾经提到过这个地方。这是一个有着城墙的城镇，最好的房子和商店都在城郊，而城墙和城镇本身都已经凋敝。我们一伙中有几个人大着胆子向前走，结果成功地穿过了城门。由于中国人对他们城镇内部的防范，我们很少能够进入到城门以内。城郊的一座庙里有几尊古怪的神像，尽管我们能够看到它们，但由于天黑看不太清楚。一名旁观者非常友好，点着了一个小蜡烛，让我们得以看到几尊主要的神像。在这几尊神像中，第一尊被士兵们称作城隍爷（Chung-wang-hai），名字的意思，或者说这尊神像所代表的神灵的性质，我没有能够弄明白。他坐在一个宝座上，在他下面几步，还有另外一尊男性神像，其前面摆放着一张桌子，或者是个祭坛。在他的右侧，是一尊我以前经常提到的披着披风的女性神像。男性神像长着络腮胡子。主神像和女性神像手里都拿着东西，这些东西从形状和颜色来看，我一直都认为是树叶。在门口附近，每侧有两尊男性塑像。他们身穿盔甲，站立在马的旁边，一副随时准备上马的样子。这些男性塑像似乎是石像。内殿的一头放着一个很大的香炉，像是用钟铜制成的。这些庙宇和住宅一样，分成几个院子，每个院子一般都有神像。我认为，中国人在神灵数量方面，或者在对宗教的现实的
219 冷漠方面，不会输给任何国家。我们可以猜测，河岸上的庙宇主要是祭祀水神或者河神的吧。

我们很难弄清，在运粮船上看到的机器，究竟是用来仅仅给稻子脱粒还是把稻子磨成粉。它有一块四五英尺长的厚木板，一端装着一块沉重的石头，另一端站着一个人，用他的体重把木板压起来，另一端落在装在一个木钵里的粮食上。石头很重，落下来足以使粮食和壳分离开。这里离天津大约200多里，即60英里。

9月12日。——我们在兴济（Shing-tchee）吃了早餐，这个镇子四周有一道城墙模样的墙围着。我们在天亮以前几个小

时离开青县，所以我再次访问庙宇的打算落空了。我在田地里看到的犁的结构非常原始，犁头是木制的，只能浅浅地插到地里。看来，这里的土地不太需要这方面的农业劳动。不过，肥料[①]在中国得到普遍的使用，这里和英国一样，一堆堆的肥料是从沿街收集来的排泄物。菜园畦地中间，点缀着一些小果园。220
3点时的温度是华氏80度。

在和我的谈话中，小斯当东爵士提出了对昨天谈及的文件最有说服力的解释。他感觉这一文件是礼部准备的报告，目的是以最能满足中国人的傲慢和习俗的方式，对接见情况做出陈述。这一猜测似乎非常合理，据此，我们可以确定这个文件在评论我们采取的措施是否恰当时所具有的价值，其重要性似乎要比第一次看其内容时所感觉到的小得多。礼仪的主要部分都有音乐伴奏，其音调十分有规律。从这些音乐的名称来看，它们所表达的是一种由征服造就的和平气氛[②]。在那些了解中国现状的人看来，皇帝之所以在礼仪问题上十分顽固，在相当程度上是因为有一种意见认为，由于内部叛乱刚刚结束，所以要比和平时期更为严格地坚持与君主地位有关的每一项原则。晚上，我们停泊在沧州，这是自天津出发以后最大的城市。这个城市有一道第二等级的城墙，在河的左岸延伸了相当的距离。这里距青县80里，即24英里左右。

① 中国人非常注意积攒人和动物的粪便用作肥料，人的粪便主要用在园子里，和尿液一起储存在大罐子里，这些罐子一般都埋在地里。有时候用水把这种混合物进行稀释。动物的毛发也被用来为水稻上肥。

② 见附录第6号。

9月13日。——我们天亮时离开沧州，被各种各样的噪音
221 闹腾了整整一夜。在前面这两个城镇里，河边都建有一些平台[①]伸到水里，以方便从船上登陆。在青县，大使的船被带到一个平台对面，平台附近有一些挂着装饰物的杆子，我们有些人便以为又要开始对使团公开表示敬意了。但是这一错觉很快就消失了，因为沿着河岸又看到其他一些这样的杆子。我得知，那些间或可以看到的在岸上列队的士兵属于河捕[②]，他们中的一些人今天穿着黄色镶边的制服，而不是通常的红色镶边的制服。留意观察各个国家的人是如何通过大摇大摆的走路姿态来表现其狂妄是一件有趣的事。中国人是这一艺术的完美大师，在这方面，自青县以来的两个晚上，我们都在一名官员身上看到了滑稽可笑的例子。他戴黄色顶戴，我们以前曾经见到过他，当时是大官的随从。而现在，也许是我们倒霉的运气给了他足够的胆量，或者是因为穿上了全套官服而激动，他高视阔步地在我们旁边走过，那种神态倒是很像在通州访问我们的那些据说来自谋克敦（Moukden）[③]的年轻人。

偶尔能看到一些地方绿化得十分漂亮，不过，树木的种类几乎没有多少变化，迄今所看到的不外是柳树、杨树以及一些
222 看上去像是岑树的树。在这样的场合，我不得不相信别人的眼

① 这些平台被称为码头。

② 在城市里设有一种武装警察，由一名被称作守（Chou）的军官指挥。北京有一个独立于刑部的专门衙门，总的负责整个帝国的治安管理。在中国这样一个国家，政府统治的实质就在于严密监视各种情况，这是一个非常重要的职责。

③ 盛京（即今沈阳）的满语音译。——译者

睛，因为没有一个伦敦人在树木方面比我更无知了。我对可见物体的观察力确实非常有限，这部分是因为我近视，但主要是由于我的粗心大意。大约2点时，我们经过了河右岸的一个水闸，修建这个水闸的目的是应付河水的突然暴涨。说到这条河，河水里悬浮着的泥沙差不多和水一样多，我们就像是在湍急的布丁中航行一样，而那些纤夫们直接饮用的水，不进行任何的净化。我们注意到水闸附近一处院落里有一座大房子，院子里树木优美。有人说它属于皇帝，也有人说那是一座庙。这里的几艘运粮船有4根桅杆，多出来的两根桅杆是小前桅和后桅。我看到一把用来收割高粱的镰刀，比我们的长，不像我们的那样弯曲。

吃晚饭的时候我们到达了砖河（Tchuan-ho），从围观者的人数来看，这里似乎是个重镇。不过，好奇心是如此普遍，挤在一起的中国人是如此密集，根据围观人数来判断人口数量并不总是正确的。这个城镇沿着河岸延伸了有将近一英里。

9月14日。——我们今天早上遇到了一支有许多条大船的运粮船队，可能有100条船。我们根据这些船上的文字得知，它们要分散到各个地方。从船只的数量以及向北方省份正期供应更有营养的粮食的重要性来看，船队的管理和航行一定是帝国最重要的事务之一。

时不时地可以看到有妇女在一些较小的船上掌舵，当有困 223
难发生时，她们也积极地参与解决，对此我深为震动。她们头发的梳理方式在这个省份的这一地区有了变化，头发不太正规地在头顶盘成一个绾。中国妇女的腰杆总是挺得笔直，我甚至都没有看到过一个弯着腰的老太太。裹脚似乎十分普遍，至少我还没有看到过一个例外。或许正是因为她们的站立面很小，所以她们才挺得笔直吧。

左岸有一座很大的庙的废墟，前墙几乎都坍塌掉了，神灵们不得不接受疾风暴雨的无情摧残，我想买卖地方神灵在现在的中国不像是一个受人尊敬的职业。这座庙是祭祀老君神（Loa-ku-shung）的。

张五纬前来和我道别，因为他接到命令，要立即前往热河朝见皇帝。寅宾也很快就要离开我们了，到那时，我们供应品的管理工作就要交给地方官员了。张五纬把谋克敦①叫作木兰（Moulin），但是这可能是这个名字的汉语发音。皇帝是到那儿去狩猎的。而张五纬表达了他的担心，唯恐他被召去参加皇家狩猎。他告诉小斯当东爵士，他从邸报上看到，和世泰已经被宣布革去职务，明确说明这是由于他向皇帝隐瞒大使走了一整
224 夜的事实，并且做出阿美士德勋爵生病的虚假报告。张五纬许诺让小斯当东爵士亲眼看到这份邸报。他还说，皇帝在得知阿美士德勋爵身体不适之后，曾表示希望两名副使前去见他。如果这是事实的话，那召唤副使这件事就是被和世泰隐瞒了。如果小斯当东爵士和我服从这一命令的话，我想也不会有任何的好处，我们可能会被要求行叩头礼，无论是服从还是反抗都会非常令人为难，所以我们还真的要感谢和世泰把这件事隐瞒下来。张五纬和寅宾有关我们被突然遣回一事所说的那些话，其

① 谋克敦的汉语名字是沈阳。

用意肯定是要消除我们必然会产生出来的怨恨，把责任从皇帝身上推给公爷。根据张五纬的说法，和其他人一道来审查我们的一些宫中太监的报告，使得皇帝不相信所谓的大使身体不适，从而让皇帝陛下大怒，命令我们立即离开。

中国的法律禁止任何臣民使用太监，宫廷中的那些太监相当有权势，连最高级的官员都要向他们献殷勤。这些太监的职级从来没有高过金色顶戴，得到金色顶戴的人也不多。下层穷人家的父母给他们的孩子做阉割，以取得进宫当太监的资格的事情，据说并不少见。

吃晚饭的时候，我们到达了属于南皮县的泊镇（Pu-hien）。225
河两岸都有房屋，人口看上去即使不会超过天津，也和天津差不多。我们日间的行程是80里。温度华氏83度。人群中妇女的比例增加了。中国士兵驱散人群常用的手段是向他们投掷灰土，这里的民众似乎不如别的地方的民众遵守秩序，服从管理。当士兵致敬的时候，我们看到他们跪在地上，为我们展示了这个国家温顺和不好战性格的良好典范。

9月15日。　我们于12点到达东光县（Tung-quan-hien）。这个地方的主要城镇位于河的右岸，我们可能只看到了城郊，那里有一座大庙。在一座小庙的屋顶上，我第一次看到了鹳的雕像。屋顶的角上有一些装饰物，形状就像是三叉戟。这里使用的犁要比以前看到的犁好得多，犁头是铁的，很宽大，形状就像是一把铲子。在犁头上方安有一个把柄，一头牛和一头驴并排着套上轭具，这和英国的情况差不多。犁沟特别宽而且很深。今天还看到了更多种的树木。

张五纬履行了他的诺言，给小斯当东爵士送来了一份邸报，
226 小斯当东爵士把它翻译了出来[①]。有关使团的一段先是斥责苏楞额和广惠在大使没有答应按要求行礼的情况下带领他从天津出来。和世泰与穆克登额也受到了指责，因为他们没有让大使演练礼仪就允许他从通州前来，而且呈送了内容含混的报告。皇帝接着谈到了在圆明园发生的事情，严厉责备和世泰向他隐瞒了事情真相，没有陈述英国大使走了一整夜并且没有准备好英使的朝服一事。皇帝声称，如果把这件事转达上来的话，“他不会坚持让他们觐见，而会等到第二天，这样就能完成礼仪，让他们从万里之外来到朝廷的愿望得到满足”。和世泰被认为是失去了理智，而朝廷官员们也受到指责，因为他们未能对他作出纠正，而且在明知和世泰一错再错的情况下，仍然不将实情报告给皇帝。皇帝陛下还提到，所有王公大臣们当时都在殿上等待，参与觐见。文件最后是对朝廷官员隐瞒真情和疏于职守一类错咎的一般性指责。这份文件十分令人满意，因为皇帝认为必须向他的人民（文件的对象只是他们）对英国使团突然被遣回一事做出某种解释。皇帝陛下的目的，显然是要让和世泰为这一十分仓促而且粗疏的做法承担责任。这样的做法有一定程度上是否有点不公正，实在是很难说。无论如何，我们现在有理由希望，按照做出这种解释的思想倾向，应该不会因为
227 我们拒绝行叩头礼而采取明显危害我们在广州利益的任何措施了。这样来看，至少可以说，使团将不会带来什么危害性的后

---

① 见附录第7号。

果。简言之，文件表达了对某个具体的过激行为的遗憾，这让我们可以做出推断，将不再会采取具有同样性质的其他行动了。还应该注意到，从来就没有出现过礼仪会被免除的任何可能性，这样的免除甚至连想都没有人想过。因此，还必须继续把这一点看作是让使团触礁的那块礁石。圆明园的突发事件可能加速了我们的沉没，但最终的结局必然是相同的。或许，我们有些同事很高兴发生了这样的突发事件，因为这给了他们显示其勇敢的力量和坚强的决心的机会。但对于我来说，由于我进行这次遥远的海上航行所追求的是利益而不是荣誉，所以我不能不感到遗憾，因为我失去了将我的冒险投放市场的机会。

张五纬建议阿美士德勋爵去会见北直隶按察使盛大人，阿美士德勋爵表示同意。张五纬的船在连镇（Lien-hien）停下过夜后，勋爵阁下和我马上便登上了他的船。我们已经做好了听按察使唠叨的准备，而他也确实没有辜负我们的期望。阿美士德勋爵几乎没讲多少话，盛大人则一个劲儿地说个不停。他说，发生了很不幸的错误，这件事没有处理好，责任在和世泰；皇帝十分通情达理，仁慈宽厚，如果真实地把情况报告给他的话，他就不会如此突然地把大使遣回了。他承认整个过程太过仓促，有点不成体统。盛大人坚称绝对必须要行叩头礼，228
他说有理由相信皇帝不可能免除这一礼仪。他说，行礼并不会使皇帝陛下更伟大，也不会使我们更卑下，叩头并不说明我们是朝贡国，对来自朝贡国使臣的接待有着重要的不同，尤其是

在大使觐见时所坐的坐垫上①。由于在处理这件事情上的错误，各衙门的7个尚书中有3个被革去了他们的职务。这位按察使向我们保证说，尽管发生了所有这些事，但我们可以继续相信皇帝仁慈的保护，在剩下的旅程中对我们的待遇不必有任何担心。他不时地提醒我们，不能把这些话当作官方态度。

阿美士德勋爵提到了康熙朝俄国大使的先例，当时，康熙皇帝自己提出了与阿美士德勋爵所提建议性质相同的替代办法。盛大人先是毫不相关地大谈特谈俄罗斯帝国，然后才说，中国的记载非常不同，康熙皇帝让一名五品官员在天主——基督教
229 徒的上帝②——的圣坛前跪拜，而作为回应，俄国大使行了叩头礼。在整个会谈中，按察使始终都不承认礼仪有被免除的可能性。尽管他确实承认大使提出的理由可能没有很好地向皇帝陈述，但他还是禁不住认为，可能没有向我们清楚地解释过遵从礼仪的绝对必要性。他开玩笑似地说："难道没办法把你们变成鞑靼人吗？"他说这话时的样子没有一丝一毫的认真，所以也没人在意这句话。他趁机炫耀他的欧洲知识，那是他从一本或许是某位传教士编的中文书中学来的。他有关法国和意大利的知识大致还算正确，而他对大不列颠的了解就不是这样了，他认为英国并不是由一位君主统治。总的来看，这位按察使的态度很有礼貌，但是他的访问带来的效益，并不能弥补忍受他将近两小

① 在皇帝的御座前坐在坐垫上，是只有亲王和最高级别的大臣才能享有的特权，这和法国宫廷中赏坐矮凳的荣誉很相似。

② "所有基督徒的上帝"这种说法表达的意思和"天子"相对于一些小神所具有的无上地位一样。

时夸夸其谈所造成的痛苦。由于他将在山东边界离开我们，所以他向阿美士德勋爵道别。大使向他赠送礼物，但在现在的情况下，他不得不表示谢绝，尽管他真诚地表白说他非常喜欢这些礼物。他告诉我们说，按照惯例，当大使进入山东省的时候会为他准备丰盛的款待，但是现在恐怕要免掉了。

连镇沿岸的几处登陆点建有装饰华美的牌楼，在船前面不
远的地方，色彩斑斓的灯笼把一座临时性的接待大堂照得通 230
亮。一些灯笼不停地摆动着，变幻着灿烂的色彩，漂亮极了。每隔一段距离，便有一座由木杆和席子建造的岗亭，这些舒适的岗亭也用灯光装饰着，整个景色看上去就像是童话剧中的场景，而不是冷静的现实。丰富多彩的灯光让中国的夜晚呈现出它特有的亮丽欢乐的外貌。

9月16日。——由于一股强劲北风的影响，今天早上的气候非常舒服。我们早餐前很顺利地散了步，没有遇到任何麻烦。12点的时候，两匹身着作战装备的战马雕像引起了我们的注意，雕像是石头制作的，矗立在收割后的田地里。我们上岸去观看它们，发现马本身的雕刻十分粗糙，但马鞍和马饰的风格不错。雕像用的材料似乎是斑状花岗岩。我们在现场没有得到有关它们的任何确切说明，估计是那儿埋葬的某个人的纪念物。今天我看到对船夫施行打板子的惩处，对这一惩罚的相对宽大感到吃惊。一共要打25下，用半片竹子打在他们的大腿后侧。竹片长6英尺，宽2英寸。击打的力量很小，所受到的痛苦肯定不会超过学校里施行的尚能容忍的严厉鞭打。按照既成习俗，当惩罚结束时，犯人们要跪下向官员叩头道谢。这种做法看上

231 去十分荒谬，现实中也不太自然，但它产生于家长式的管治理论，这一理论假定司法惩处出自父爱对孩子的校正，因而不会轻易地施加。我们晚上停泊在桑园，这是直隶省的最后一个村镇了。

按察使盛大人通过张五纬表示，他希望见见头天晚上没有陪阿美士德勋爵会见他的小斯当东爵士。这暗示了，他还有一些上次没有来得及说的重要的话要说。张五纬非常想让小斯当东爵士满足他的这一愿望，因为他打算给皇帝写一份正面的报告，希望能够得到按察使的支持，而只有满足了按察使受到尊敬的虚荣心，才有可能得到他的支持。于是，便安排小斯当东爵士在张五纬的船上和按察使见面。尽管盛大人在长时间的会谈中使用的语言很有礼貌，但这件事一点也不让我们高兴，从今后正式交往的前景来看，对这件事本来可能需要做出更为认真的反驳。在谈话开始后不久，将要负责使团供应品的山东省布政使[①]突然到了，按察使便把小斯当东爵士带到了旁边，因此大部分时间是他们自己在一起。盛大人毫不客气地声称，在华贸易对英国极端重要，而对中国无关紧要；皇帝至高无上，英
232 国国王地位低下；法国在艺术品和制造品方面要胜过英国，他认为英国人只是从其他国家贩运东西。他说，和世泰犯了大错，把这件事完全搞坏了，不过，只要我们遵从被他描述为绝对必要的礼仪，这一过错仍然可以纠正过来。小斯当东爵士坚决地说起了马戛尔尼勋爵的先例，按察使则声称他本人亲眼看到了这位贵族行叩头礼。在谈话中，小斯当东爵士好几次试图

① 山东布政使和舜武。——译者

驳斥他所提出的那些荒谬看法，但都没有成功，按察使口若悬河地谈个不停，小斯当东爵士只能被迫同意按察使提出的看法，但坚决否认马戛尔尼勋爵曾行叩头礼，无论这一看法是否重要。当会见结束的时候，为了避免盛大人谎称他感到我们在叩头问题上的坚定态度已经发了些微变化的可能性，小斯当东爵士对他和张五纬两个人说，把我们从去往广州的半道或者从广州召回不会有任何好处，因为我们不可能在服从礼仪的任何情况下返回。在按察使进行长篇大论的好几个地方，由于不愿意损伤了他的虚荣心从而影响这次访问的目的，小斯当东爵士没有对他的话进行反驳，而是保持了沉默。小斯当东爵士之所以急着要做这一声明，就是担心这种沉默会被他误解为同意或者是承认。张五纬认为从广州把我们召回是根本不可能的事，理由是花费太多。由于按察使说他打算给皇帝写报告，小斯当东爵士便提了个建议，希望皇帝能够更多地接收一些使团的礼物，并发布一道友好的谕旨。按察使并没有认为这些要求很难做到。

小斯当东爵士回来后不久，张五纬的一名信使就来了，要求我们对不愿意返回的话做出解释。他说，如果我们不愿意返回，当皇帝召见他的时候，他就几乎不可能说我们极为恭顺。我们十分明白，“极为恭顺”一词在汉语中的意思就相当于完全服从，小斯当东爵士需要立即去向张五纬解释清楚，无论他是真的误解还是有意为之。于是，小斯当东爵士便去到张五纬的船上，再次做出声明：我们在叩头问题上的意见没有改变，但如果皇帝陛下仁慈地愿意以所建议的条件接见我们，我们随时准备服从皇帝的召唤。张五纬说，这一解释相当令人满意，

他始终都没有把小斯当东爵士的话理解为我们改变了态度。张五纬的报告看上去似乎是唯一的报告，但我必须承认，我并不指望它能产生什么重要的影响。小斯当东爵士对山东布政使十分满意，布政使许诺使我们在他的省份内的航行十分愉快和舒适。张五纬说，广惠打算在明天重新开始与使团的个人交往，并且真诚地希望我们就像没有觉察到他的行为有什么变化一样
234 去接待他。我感觉，在通州的时候，我们写的有关行李丢失问题的短信很有可能得罪了他。

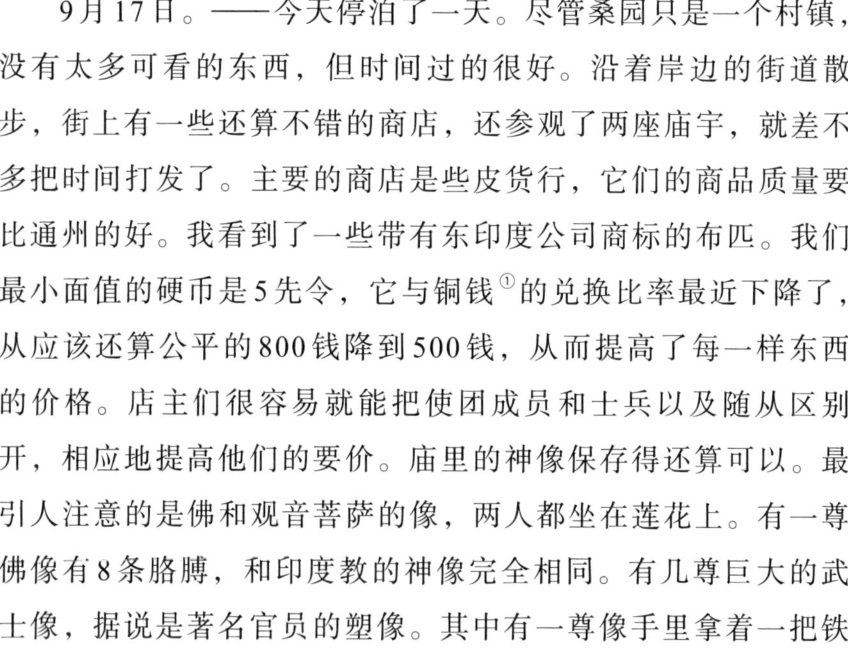

9月17日。——今天停泊了一天。尽管桑园只是一个村镇，没有太多可看的东西，但时间过的很好。沿着岸边的街道散步，街上有一些还算不错的商店，还参观了两座庙宇，就差不多把时间打发了。主要的商店是些皮货行，它们的商品质量要比通州的好。我看到了一些带有东印度公司商标的布匹。我们最小面值的硬币是5先令，它与铜钱[①]的兑换比率最近下降了，从应该还算公平的800钱降到500钱，从而提高了每一样东西的价格。店主们很容易就能把使团成员和士兵以及随从区别开，相应地提高他们的要价。庙里的神像保存得还算可以。最引人注意的是佛和观音菩萨的像，两人都坐在莲花上。有一尊佛像有8条胳膊，和印度教的神像完全相同。有几尊巨大的武士像，据说是著名官员的塑像。其中有一尊像手里拿着一把铁

① 铜钱是实际流通的唯一硬币，贵重金属根据其重量和质地收取，因此只用来以物易物，而不是用作流通媒介。5先令的硬币由于含有特定数量的银，所以有一个固定的价值。一银两或者一盎司银子价值6先令8便士，是一种假想的货币，公家和私人用它来记账。我听说明朝时曾经存在过纸币。

锤，这似乎表明那种认为那些塑像是用来纪念实用技艺发明者 235
的猜测是有道理的。圣坛上有一个圆形木块，一头开口，像锣一样使用。在最大的庙里，我所看到的最引人注目的东西是一个宝塔的模型，它有14英尺高，13层，每层都挤满了镀金的小人，很不错的木雕工艺。主神像也是木制的，但看上去像是铜的一样。一般情况下，大的雕像都是用陶土烧制而成，尽管所用的材料比较粗糙，但衣物等装饰品都做得非常逼真和仔细。其中一座庙曾被用作马房，另一座被用作农舍。

“盲人咖啡店”并不仅仅巴黎才有，到了晚上，桑园就有一个类似的休闲地方，有一支盲人乐队。一名似乎是主乐手的老人演奏着一个我在中国看到的最为复杂的乐器，它有一个安着两个琴马的音箱，音箱上面绷着几根琴弦，音箱下面还有几根。音箱长两英尺，宽一英尺，中间附近有两个圆孔。演奏者用两根小棍在琴弦上进行演奏。在我看来，它就像是最简单形式的大键琴。我们一致认为，盲人乐队演奏的乐曲要比我们以前听过的任何乐曲都更为和谐。另外的乐器是一把六弦琴和一把胡琴。

广惠按其计划拜访了我们，我们对他的举止都非常满意。他与阿美士德勋爵的谈话全都是些无关紧要的话题，比如皇
帝个人的相貌和爱好。他说皇帝不很高，但很结实，身材匀 236
称。皇帝陛下喜好打猎和射箭，他比较擅长的武器是弓箭。他还说，直隶地方有一大块地方被用来为官府放牧马匹[①]。他与

① 传教士的记载认为鞑靼人是优秀的骑手，驾驭马匹的技艺多种多样，而且在这方面非常用心。我没有机会去验证这一描述的正确性，但根据马匹的样子，我怀疑它们是否能够胜任快速的作战行动。

小斯当东爵士和我的谈话内容，更多地关系着我们直接关心的事情。我们得知，我们要从南京走，这样就可以避开两段烦人的陆路交通。小斯当东爵士说到，对圆明园的访问让我们非常不喜欢陆路旅行。这时，广惠请求我们不要再提那段不幸的经历了。他补充说，起初由他负责与我们的谈判，他一直试图在所讨论的问题上达成友好协议。后来和世泰取代了他，不听他的建议，仓促行事，结果把一切都弄乱了。小斯当东爵士回答他说，回顾过去已经没有什么用了，现在的目标是为以后的事情打下好的基础，通过我们双方共同的努力，这一点或许可以实现。广惠非常认真看上去也十分真诚地表示同意，并且补充说，在这件事上双方都没有做错什么。他为未能陪同我们而表示歉意，并且说，当我们的朋友张五纬和寅宾和我们在一起的时候，他相信什么东西都不会缺少，但现在我们要和陌生人在
237 一起了，他感觉需要来看看我们，并提供帮助。阿美士德勋爵晚上回拜了广惠。尽管他的语调还是和早上一样柔和，但是由于他始终坐在自己船上的主座上，他的态度自然没有更多改进。让大家饮用的茶[1]名为雨前（yu-tien），一般只在典礼上才用。这是一种小叶绿茶，味道很浓。阿美士德勋爵和广惠的茶杯里有一块上面打着孔的很薄的银板，使得水能够从中穿过，而茶叶则一直保持在茶杯下部。高级官员们使用的茶杯与咖啡杯很像，放在一个茶托上，茶托用木头或者金属制成，形状就

[1] 我们后来得知，这种茶是因为广惠是钦差而特别提供给他的。在杜赫德的书里，皇帝专用的茶叫毛尖茶（Mao-tcha），由茶树的嫩叶制成。

像一条中国船。广惠告诉我们，鞑靼人18岁就有资格做官，据说这是因为政府希望尽早让他们开始工作。中国的鞑靼人分为4个种族[①]，他本人是蒙古人。

① 满族人和蒙古人各自分成8个旗，鞑靼化的汉人也有8旗。这些旗以颜色作为区别——黄、白、蓝、红4种颜色的不同搭配。每旗下面再细分，最小的单位有100匹马。蒙古人很久就信佛，而满族人则相反，只是在进入中原以后才接受佛教。他们一直把一种纯粹的有神论作为其道德和政治体制的基础。对祖先的祭拜在汉人和鞑靼人间非常普通。

第五章　经山东到江南

使团离开桑园——张五常和寅宾离去——地方护送官员的安排——抵达临清州——临清宝塔——进入运河——离开山东省——进入江南省——穿过黄河——娘娘庙——驶过扬州府——抵达高旻寺——换船——离开高旻寺——前往瓜洲——耽搁——关于给朝廷写信的建议的评论

238 9月18日。——我们半夜时离开了桑园。张五纬和寅宾都离开了我们，没有任命新的官员取代他们的位置，布政使作为地方官员接替了按察使。3条大船上的官员们今天离开了我们，受命陪了我们这么久的时间，他们的继任者们可能也已经熟悉了早餐和晚餐时会见的安排了。广惠多少有些不礼貌地拒绝派出他的任何一名仆人，在发生一些哪怕是极小的麻烦时充当交流的中介。张五纬的两名随从此前就一直跟随在大使的船上，以应对此类问题，其中一人曾经接待过上一使团。我们向现在离开我们的所有这些人赠送了适当的礼物。

在这个国家的这一地区，似乎不缺少树木，不过我还没有

看到真正可以被称作大树的树木。我们在日落时到达了德州，
距离桑园70里。从河岸一直到城墙之间全是街道，街上有一
些还算可以的店铺。我一直走到城墙底下，城墙似乎和直隶那 239
些城镇的城墙差不多高。城墙外面有一道水沟，一直延伸到很
远的地方。德州因制作夏天的帽子而闻名。大家都感觉，在阿
美士德勋爵的船到达时鸣放了礼炮，我们由此猜测，对我们的
礼遇可能又重新恢复了。几名级别较低的官员必定是在等待我
们，他们非常卖力地驱赶着围观的人群。在这个省里，较大的
四方形岗楼上还有一个小瞭望塔。河流靠近德州的一段，风景
相当美丽，倒垂进河水里的柳树枝条和平地而起的堤岸，改变
了原先平淡无奇的景色。我们的乐队十分吸引人，人群中的两
名官员被请到大使的船上，他们十分优雅地穿上朝服才在我们
面前出现，其重视程度无可比拟。

我注意到，中国这一地区大量种植烟草，烟草的叶子非常大，烟草的口味非常柔和。鸣放礼炮的铁管不到8英寸长，炮孔非常小。我看到瞭望塔底部有一些用土或者石头堆成的圆锥体，有人告诉我那是生烟的炉子，用来向遥远的地方发送信号。

9月19日。——7点钟时的温度是华氏58度，尽管到了白
天气温升高了不少，但气候一直都非常温和。一棵很大的白杨 240
树十分引人注目，看上去有些年岁了，经过询问，得知它已经
有100年了，我觉得这种树很少有活这么长久的。长着一丛丛
白杨树的坟场，开始变得多了起来。河道弯曲迂回，船队有时
候看上去就像是在并排着走，而另外一些时候则把围观者围到
了船队中间。到了晚上，这些曲折的变化让各支船队的灯笼看

上去十分美丽。大约10点钟的时候，我们经过了四女寺，这里因为有座祭祀4名矢志不嫁的女子的庙而闻名[①]。这些女子没有去努力实现她们存在的伟大目标，而是保持着其童贞。真是奇怪，这种违背天性的行为竟然在如此多的国家和时代受到尊崇！离这座庙不远，一条运河向左边分流而去，河上有一座六拱平桥，桥墩的石砌及雕工十分精致。城里有一座带有炮塔的门楼，这种建筑我猜想只有在这个省份才有。昨天看到的瞭望塔，据说是上次叛乱以后建起来的。

山东是这次叛乱的主要发生地，反抗时间最长也最为坚决
241 的滑县，就位于这个省[②]。叛乱过程中死了很多人，要不是皇帝身边的人十分坚定的话，现在的王朝就有可能被推翻了。在中国这样的国家，不仅比较重要的统治措施，而且一些最微小的公务，它们的执行都取决于帝国权力的所谓不可反抗性，最微小的反抗对整个政治机器都会形成震动，很难轻而易举地或者迅速地得到补救。

昨天晚上，我们看到河对岸有一些拿着特殊旗帜的士兵，据说是满族鞑靼人。他们的武器或者装备似乎没有什么不同，但他们穿的不是短上衣，而是长袍。我们停泊在故城县对面，这是一个有城墙的城镇，有着普通的大门和塔楼。房子最好、人口也最多的地方在河岸上，没有城墙。

① 和尚——佛教僧侣——禁止结婚。他们在欧洲文献中多被称为Bonzes，源自日语Bonzo。和以前一样，僧人中的这一戒条并不能保证他们的贞洁；相反，它往往导致使用暴力以满足他们的情欲。女性僧侣也发誓独身，但她们甚至更不遵守她们的誓言。

② 滑县属河南省。——译者

9月20日。——早上空气很凉，船里日间的温度最高不超
过华氏75度，但直射的阳光仍然很强烈。从我们患病人数不断
增加这一点来看，我感觉这种气候不太有利于健康。用来收割
高粱的镰刀要比我想象的小很多，它的把儿不超过2英尺，刀
刃不超过8英寸，和把形成直角。不用走太远，庄稼的成熟程
度就有着很大的区别。在某个地方，烟草还刚刚开花，而到了
另一个地方，就已经一排排地挂起来晒干了。这个阶段的烟 242
草很柔和，放到嘴里几乎都尝不出烟的味道。我们在陈家河
（Chen-ja-khor）停下吃了晚饭，然后又经过了一行漂亮的柳
树。在柳树对面，一队士兵排列成阵，向大使鸣炮致敬。并不
总是能够分辨出究竟是在向谁致敬，因为有时候是在船的对面
鸣炮，有时候在离船还有一段距离时鸣炮。当士兵们向目标致
敬时，士兵们跪下，当船来到队列左边时，发出一声低沉的呼
叫声，队伍右边的乐队同时开始奏乐。无数噼里啪啦的便士发
出的声音，就是中国军队音乐的最好描绘。我们今天晚上的停
泊地据说离陈家河30里，它的名字我记得是甲马营（Cha-ma-
hicn）。

9月21日。——乡野的景色没有什么意思。我们12点时经过武城县（Woo-chang-hien），一个有城墙的小城镇，城墙的胸墙大部分已经坍塌，其余部分是土墙，相当厚。我们停泊处附近没有村庄，但岸上有常见的牌楼、码头和临时性的架子。我没有确切地弄清楚停泊处的名字，听上去像曾家口（Tsing-keea-khoo）。

一些列队致敬的士兵身上徽记的意思是“强壮的平民”，据

此可以猜测他们是一队民兵，专属于本地区。中国各省的军队在各省内征募，政府认定这样的道理：本地人要比外来人更坚
243 决地保卫他们的家乡[①]。由此看来，鞑靼人的旗兵可以认为是部署在整个帝国的军队。自从我们进入山东以后，骑马的士兵就一直跟随着纤夫们，整个安排改进了许多，我们的行进也因此更有规律，一天25英里左右。纤夫们的工作一般都不少于16小时，在这期间他们从不停下来吃饭或者休息，尽管他们中间有相当数量的老人和孩子。我现在了解到，他们是被迫来做这一工作的，一个人一旦被征召就必须来干活，或者是找一个人替代他。小斯当东爵士和我乘坐的船价值800两银子，也就是266英镑，是在南方省份制造的。

9月22日。——我们8点的时候抵达了油坊（Yoo-fang），一座有塔楼保卫的小镇。12点的时候，我看到了临清州的宝塔，大约在15里以外。我和其他一些人在离塔最近的地方上了岸，没费多少力气就进到塔里，并且登上了塔顶。塔为八角形，9
244 层高，越向上越小。塔的基础和一层的大部分由斑状花岗岩修筑，其余部分用砖砌成，砖的表面上了釉。塔的外面刻着4个汉字，意思是佛的遗骨。由此来看，这座塔是祭祀佛的，名字叫舍利宝塔。我们沿着一个环形楼梯拾级而上，一共有183阶。楼梯和墙角都是斑状花岗岩的，十分光亮。还有几块石板也是同样的石头，有人说它们是大理石，上了釉的砖也被称为陶

① 这些属于省的军队或许可以认为是一种武装警察，他们在各省内征募的情况说明，有关官员不得在其本省任职的规定，仅限于文官。加入中国军队是自愿的，士兵有很好的收入，所以人们很愿意在军队服役。

瓷。除了某些楼层的平台以外，这座建筑维护得很好，是此种建筑形式中一个引人入胜的样本。每层的屋顶探出去将近两英尺，用雕花的木结构装潢得十分华丽，整体覆盖着铸铁或者钟铜。我估计塔的高度有140英尺，我们在塔顶上将整个临清城尽收眼底。城墙内有许多花园，花园多得甚至连房子都看不到了。宝塔附近有一座庙，里面有一尊镀金的巨大塑像。如果不是邻近的宝塔使之黯然失色的话，还是值得一游的。宝塔本身也有两尊塑像，一尊在一层，另一尊在最高一层，后者是用泥土烧制的。第三层的一块石板上镌刻着铭文，说明宝塔是在明朝万历三十八年（1584年）修建的[①]。从塔顶上看，城墙距这里似乎有两英里远。

整整一天，到处都是茂密的林木，很少变化，让我们的眼睛十分舒服。巨大的土堤告诉我们，离我们明天就要驶入的水 245
道已经很近了。我感觉河两岸高起的道路也具有堤坝的作用，一堆堆的土就是用来对它进行维护的。如果不是由于它在许多地方被弯曲的河流——那儿的水流很急——切断的话，我本来会毫不犹豫地立即说它是堤坝了。有些地方的土地，看样子好像刚刚被大水冲过。日间看到了一些用席子搭起来的塔楼，外面画得像是砖砌的样子。围观的人群很密集，但是士兵和小官吏们十分努力，我们并没有遇到多少麻烦。

到了晚上，船队附近的一块地方用绳子围了起来，围绳上每隔一段拴着一个铃铛，如果有人闯入立即就会被发觉。多亏

① 明万历三十八年应为公历1610年，一般认为临清塔的建造时间为1611年。——译者

了知州的好意，大使这这两天来一直受到鸣炮和其他形式的军事致敬的礼遇。据说，能否受到这种性质的关心，要取决于地方官员的性格脾气。我走进城郊，没有看到有什么引人注意的东西。我们听说这里有一些穆斯林的清真寺，但我们没有能对它们进行参观。我们在城郊曾经路过了几座庙，它们顶部的形状很特殊，也许就是人们所提到的清真寺吧。

9月23日。——我们在天亮的时候离开停泊地，立即进入
246 了一条水道。这条水道连接着另一条河流，其宽度足以让最大的船只通过。入河口由石头墩子构成，墩子上挖有凹槽，以安放水闸。在经过这个入口或者闸之后，河道折向北方，在到第二道闸的时候，就一直维持着东南方向了。入口处的堤坝相当深，可以想象工程量必定十分巨大。和这一想象联系在一起，所看到的景象就令人非常难忘了。庙宇的屋顶、船队的桅杆和河流的交汇，形成了这里的主要特色。从入河口行进将近1英里，我们经过了一个3层的瞭望塔，塔的底部向四面敞开，有着拱形的门道。塔附近有两个方墩子，表面砌着石头，上面可以安放枪炮，可能是用来保护这条水道的。河岸上有一些圆锥形的建筑，据说是和尚的陵墓。在城郊尽头附近，一个面向河道的大堂引起了我的注意，它里面有一张桌子，桌子上有一些衙门的徽记。这是管理河道治安的官员的衙门。这条水道名叫闸河，事实上是一条小河，在这条河上航行需要高超的驾驶技巧。临清州以出产毛皮衣服而闻名。8点时我们经过了一座庙，这是我看到的第一座红砖修筑的庙。我们行驶的时候几乎感觉不到水流，堤岸也没有高起多少。一条平底船上的黄伞引起了

我们的询问，结果得知它装载着皇帝的龙袍，是从某个中部省 247
份作为贡品运往京城的。过去的两天里，我看到一些地里种着棉花[1]。

一名护送使团经过这个省的武官昨天对马礼逊先生说，使团在北京的停留时间一般不超过6天，招待、演戏、觐见和离开紧密地安排在这6天之内。我对这些话没有赋予多少重要性，因为我认为这种安排几乎不可能实现，光是礼物的装卸和准备就需要一定的时间。不过，我想起在天津的时候，广惠在谈到觐见和宴筵需要多少天的时候曾经说过几乎相同的话。一名头戴红顶花翎的官员和我们一起，他的相貌和举止都很不错。我相信，他的特别职责到今天航程完毕后也就结束了。他毫不犹豫地接受了阿美士德勋爵赠送的礼物，或许随着我们离京师越来越远，中国官员也就会越来越不拘谨了。

我们的船夫们在进入闸河时做了一次祭祀，不是献给船的保护神就是献给河神。早上一大早就杀了一只公鸡，将鸡血洒在船头上。这只鸡后来被烧熟，和其他一些食物，包括煮熟的猪肉、色拉和酱菜，一起摆放在前甲板上一张彩纸的前面。这
些食物附近放着一罐烧酒[2]和两个酒杯，一双筷子。船主的儿子 248
担任司祭。祭礼包括向船外抛洒两杯白酒和一些食物，然后烧一些金纸，放两串鞭炮。剩下的食物被拿走吃了。当祭礼进行的时候，妇女在船前部甲板上的一尊塑像前烧纸燃香，这尊塑

① 草木棉。

② 一种用稻米酿制的烈性酒。

像平时总是放在船尾部的一个神龛里。船主和他儿子的家都在船上，我感觉他们除此之外没有其他的住处。

随着我们前进，闸河的宽度常常会超过运河。在有些地方，还可以看到它新近溢出河堤所留下的痕迹。结合这条河经常性的弯曲迂回来看，让人感觉它还是一条自然状态的河流。我们经过了两处水闸，说明还是存在着限制河水水量的手段。1点钟的时候，河道是西北方向。我们4点钟在魏家湾（Wee-kee-wan）停泊过夜，这个地方房子很少，感觉只不过是一个旅行者歇脚的地方。不过，这里有两座庙，其中一座祭祀一些具有良好德行的人，这些具有良好德行的人似乎主要是女性。

晚上10点左右，我船上的一个人从甲板上掉到水里淹死了，过了不到一刻钟溺水者就被从水中捞了上来，但没有能够把他救活。中国人一点也不愿意拯救他们的同伴，对于大使的一名卫兵和我们的仆人成功地把溺水者捞上来，他们似乎也感
249 到非常遗憾。出于人道原因，我们希望他们的不作为是逃避突发死亡事件中旁观者的责任，而不是真正的漠不关心。因为根据中国的刑法，同伴中最后一个看到死者的人对死者的死亡原因负有责任。这一次，一名官员对目击者进行了询问，最后他命令将死者埋葬。证人们跪下接受审问，看上去就像是犯人。这个人喝醉了酒上床睡觉，估计是在这种情况下从船上掉了下去。他什么衣服也没有穿，在他头上找到一处伤口。很可能，他在下落时撞到某件东西上，这让他昏了过去，失去了挣扎能力；否则的话，这些船夫都是游泳高手，即使落到水里也不会造成多大危险。

9月24日。——大约11点钟，我们经过了左岸的一些大谷仓，官员说那是梁闸镇（Leeang-chah-chin）。每隔不远就能看到瞭望塔，这些塔修建得不错，塔顶有一名士兵在某些时间会敲锣，或者是表示敬意，或者是报告有船只到达。水闸两个墩子之间的宽度从16英尺到20英尺不等，较大的船需要特别注意才能在从中间通过时不受损坏。这些石墩的石工非常好，石材切割得很规整，体积很大。在有的地方，石墩的角上有一些奇形怪状的动物石雕。河水似乎最近刚刚流泄下来，因为有几个地方，树木都快要被河水漫过了。

我们晚饭时到达了东昌府城，运河弯曲着从城郊穿过。我 250
觉得这里的房子比我们见过的其他任何城市都更加规整，修建得也更好。我注意到庙宇的屋顶有些不同，拱起得更高，装饰也更多一些。在对于这种建筑风格的新奇感消失之后，不可避免地又会强烈地感觉房子这一部分的装饰和体积与整体不成比例了。在这里，运河的堤岸矮下去了不少。当穿过城郊的水闸时，我们很好地看到了这座城分别向西面和北面伸展的两个侧面的面貌。城市矗立在运河左岸，城墙维护得很好，每隔一段就有一个很高的瞭望塔。有两幢圆锥形的多层建筑，或许是宝塔，和临清州的宝塔相比，它们的直径和高度比更大一些。我们停泊在城郊最外面，由于离城太远，没有足够的时间去城里参观。我们的引导者们对行程刻意进行了安排，总是让我们在晚上到达一个城市，然后又在早上很早的时候起锚出发，使得我们根本没有机会进入到城里去。他们对于城市的戒备既没有道理，也很不友好。城郊建立在一块高起的地方，这种微小的

不同使得它不像一般的中国城镇那样无趣。运河的某些河段林木茂密，中间夹杂着一些庙宇和房子，确实十分漂亮。我们左
251 边的耕地裸露着，看来是荒废了，让我们因为看不到庄稼的高大秸秆而感到遗憾。在这个省份，经常可以看到树干高大、枝叶茂密的白杨树，它们和英国的一般白杨不属于同一个种类。还有许多金钟柏树林[①]。东昌府是个第一等级的城市，人口众多，从各方面的记载来看，应该还是很值得一看的。

9月25日。——太阳升起的时候，在东南方向看到了一道山脉，所有的人都怀着海上旅行之后对于高地的兴趣，把视线转向了它。自从我们离开通州以后，所看到的都是同一高度上的同一些事物，确实就像辽阔无际的海水一样乏味。现在的景色好多了，村庄坐落在更好的位置上，河岸上树木茂密，形态多种多样。但是纤夫们的样子就不同了，形象难看，一脸病态，憔悴消瘦，衣衫褴褛，既让人同情又让人心生厌恶。2点半的时候，我们经过了七级堤（Shee-chee-tee）。晚上8点经过了吴前镇（Woo-chien-chin），它的城墙一直伸展到河边，一些房子看上去就像是建在城墙上，甚至比城墙还要高。到处都是围观者，他们和其他地方的人一样，都打着灯笼。在紧靠这些村镇的地方，运河堤岸的表面都是石头的。士兵和其他一些人晚上手持火把站在石墩顶上，帮助过往的船只通过。在这些地方，灯笼和火把忽明忽暗，景象十分独特。

252 9月26日。——直到早上3点，我们才到了张秋，在那里

① 金钟柏，又名侧柏，崖柏，与柏树同属。

只停留了2个小时。纤夫们工作了20个小时，拉着我们走了90里。从建筑物的遗存来看，张秋在以前可能是一个比现在要重要得多的地方。张秋附近有一座有五拱平桥（如果可以这样称呼它们的话），其实它只不过是两个闸墩之间的通道。桥面的材料非常松散地放在一起，看来必须要经常更换。有几道水闸被堤坝完全封了起来。不过，我倾向于认为这种情况的出现并不是由于疏忽，而应该是一种设计。在过去的30英里中，水道更为整齐，水闸间距也更小，都说明在这里要比临清一带付出更多的劳动，才能保证船只顺利航行。我感觉有些地方高起的堤坝的地基是砖结构的。

11点过后不久，我们经过堤闸米儿（Tee-cha-mee-urh）村，这里引人注意的只有一些瞭望塔，其数量和村子的规模实在不成比例。右边有一个可通船的水渠，上面有一座桥，但是和主运河并不相通。我看到的第一条河在这个村子附近流入运河。一些装有桅杆、上面竖着大棚子的木筏从我们旁边经过，它们来自中部省份湖广（Hoquang），准备前往北京。木筏上有几名官员，说明这些木筏或者上面的货物是皇家财产。最近的山脉有大约10英里远，我们看到一个孤立的山头上有一些房子，据说那是一座庙和一个小村镇。东面的山脉差不多和运 253
河平行，西边的山丘看上去不是那么连绵不断。我们在安贤镇（Gan-shien-chin）停泊，这是一个只有几座房子的军事哨所。我们一天走了61里。从东北方面吹来的一股强风使得天气整个改变了，晚上就像英国的10月末。天气的变化必然不利于身体健康，根据经验，在这种情况下最令人担心的应该是消化系统失常了。

中国对于军事的无知已经达到一定程度，以至于连中国的武官，无论其职级多高，都毫不犹豫地承认这一点。身体力量和勇气是晋升所需要的唯一素质，这表明他们的兵法知识必定处在很低的水平，因为尽管军事斗争的结果取决于力量，但力量的运用像任何人类工作一样，需要投入巨大的智力。我想，根据历史不难证明，一个伟大的政治家和一个伟大的统帅所需要的智力素质差不多是相同的，两者都必须要具有从深思熟虑中产生出来的更高等级的勇气，身体力量对于他们两者来说都没有太多的重要性。人们经常认为他们有所不同，一定是产生于对那些处在这一地位所需要的次要素质的观察。小斯当东爵士从一名军官那儿得知，皇帝发布了如何接待我们的非常具体的命令。

254 9月27日。——尽管天亮时分的天气对健康很不好，但没有阻止我清晨起来散步。尽管我很不情愿，但我一直坚持这一活动，以防止胆汁分泌过多。一直在看着我们的中国士兵，对这种不合季节的活动一定厌烦极了，使用各种借口来缩短散步的距离，或者建议我们留在船上，或者切断运河的岔道。我们散步时经过一块打谷场，经过询问，我发现那个滚子既给庄稼脱粒也给庄稼脱壳。谷子在穗头下面一点被割断，然后铺在场院的地上，一匹马拉着石头滚子在上面辗压。有些滚子好像是斑状花岗岩做的，上面有非常好看的花纹。有些地方的闸墩也是这种石头，有些地方则是质地紧密的石灰岩。9点时，我们经过一个大村庄——陈闸口（Chen-cha-kho）。这里的马品种较好，数量也更多。确实，在看到一些备用马以后，我感觉附

近可能有一个马市。这两天我注意到，岸上走着的车马似乎比以前多了，许多货物用一种中国特有的独轮手推车运输。这种手推车的优势在于它的轮子位于车的中间，由一前一后两个人来控制它。在航行中，我还没有见过有这样的车子。这些天看到地里的庄稼又多了一种荞麦[①]，长得很好。烟草[②]长到了4英
尺高，开花的时候真是最美丽的植物。大麻[③]、蓖麻[④]、高粱[⑤]和 255
一种较小的豆类，是运河两岸地里最常见的农作物。早饭过后一会儿，我们经过袁闸口（Yuan-cha-kho），这个村庄的名字也有闸字，意思是水闸。我们3点时到达了刘楼口（Leu-leu-ko），王家河（Wang-ja-kho）在这里从右岸流入运河。它的规模还算不上是一条河，我也没有看到河面有任何船只。对面的堤岸用泥土和高粱秸建成，相当深，看上去还算坚固。在开河镇（Kei-kho-chin）——“开河”意思是河流的开端；“镇”，意思是事据点，看到一条很小的河，上面有一座桥。小河似乎很快就消失了，桥下面有几条小渔船。

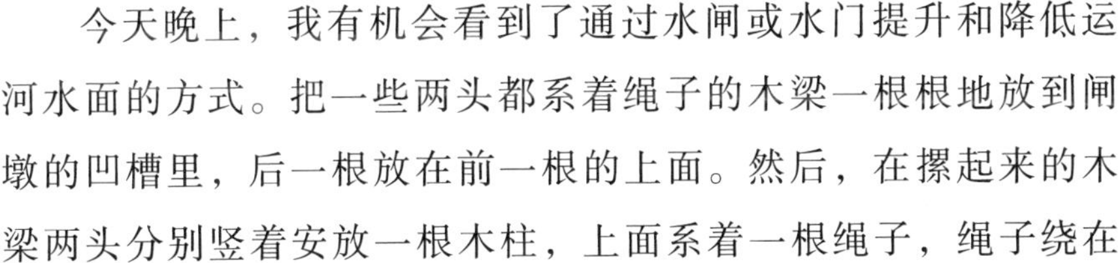

今天晚上，我有机会看到了通过水闸或水门提升和降低运河水面的方式。把一些两头都系着绳子的木梁一根根地放到闸墩的凹槽里，后一根放在前一根的上面。然后，在摞起来的木梁两头分别竖着安放一根木柱，上面系着一根绳子，绳子绕在

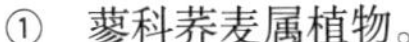

① 蓼科荞麦属植物。

② 烟草属灌木。

③ 大麻科大麻属植物。

④ 蓖麻属植物。

⑤ 禾本科高粱属植物。

一个轮轴上，轮轴安放在固定于闸墩中心两侧的弯曲石头或者木柱上。然后，由短棍来转动轮轴，竖直的木梁通过轮轴和绳子被放倒，摞在水平放置的木梁上，最终两根原本竖直的木梁非常紧密地结合在一起，抵抗河水的冲力。然后，用交叉的木棒把轮轴上的绳子缠绕起来，一头固定在地上，由此保持整个体系的稳定。轮轴也被用来把每根平放木柱的一头安放到凹槽
256 里，只要把一端的绳子系到对面闸墩上，就可以将木梁拉进它的位置。当放开闸门让河水自然流走时，木梁就放在闸墩旁边。整个设计十分原始，操作时也很不安全，在固定竖立木柱时木桩有可能歪倒，支持它们的绳子也有可能被拉断。竖立的木柱越往下越粗，提供了一定的安全性，以防止它们歪倒。运河过了开河镇以后有一段比较浅，所以需要水闸将河水升高。

9月28日。——过了开河镇6英里后，我们到了汶河与运河的汇合处。这个汇合处据说是运河的最高点，河水在这里分别流向两个方向。河的两侧尤其是东侧的田野全都被水覆盖着，在某种程度上可以称为一个湖，汶河据说就从这一片田野中穿过。在接近汇合处的地方，汶河的河岸明显地可以看到人工修筑的痕迹，我一点也不怀疑它的河道曾经改变过。运河面向汶河一面的堤岸，表面用石头砌成，以抵抗河水的冲击。在河中间几乎看不出水在流动，但在靠近两边堤岸的地方，就可以看出河水流向不同的方向了。从这以后，我们就是顺水航行了。从运河河床冲下了大量的泥土，形成了一座很大的山丘，上面长满了树木和各种植被，蓖麻特别多。我登上最高点，看

到了我在中国从未看到过的美丽景色。曲折蜿蜒的汶河和运 257
河，两侧一望无际的水面和群山，形成一幅整体图画。在我们下面，一个村庄坐落在一些小山丘之间，带有一种几乎只属于山村景色的原野风味。闸墩上的塑像是缩小了很多的蹲坐着的狮子。

船只在到达这个地方的时候，通常都会在龙王庙[①]献上一些祭品。这是我看到的第一座有僧侣管理并且进行宗教活动的庙宇，它维护得相当好，看上去像是一个经常进行祭祀的地方。僧侣们敲着锣，来自不同船只的人在神像前面焚香跪拜。僧侣们可以得到几个铜钱，作为酬金。神像周围有几条龙，神的名字由此而来。庙里的祭品中有几个船只模型。我在这里听说，左边和右边的大片水面分别叫马踏湖（Ma-chang-hoo）和南旺湖（Nan-wang-hoo）。通过堤岸上的大量水闸，这两个湖的湖水流入运河，或者从运河流入湖中。当我们吃早饭的时候，有相当多的水正在从其中一个水闸流过。我们10点时到达了大昌口（Ta-chang-kho），附近低矮的山丘中，坐落着一些塔楼，这条山脉的走向先是向东，然后向南，然后又向东。闸墩的石头和这些山的山石似乎属于同一种，可能就是从这些山上取来的，据猜测它们是石灰岩。我必须承认，我更愿意叫它们燧石板岩，或者叫杂砂岩。岩层走向大致是水平的。山两侧都是湿
地。1点时，我们到达河子湾（Khostu-wan），村里有一座塔楼 258
掩映在柳树林中。这里离济宁州城还有大约2英里。很长的一

① 这座庙被传教士称为分水庙（Foo-shwuy-miao）。

队士兵排列在我们的停泊地，乐队里又多了螺号的声音，尽管像是忧郁的嚎叫，但是比喇叭还要好听点。相当一部分士兵就在堤岸上扎营，既是为了看守我们，也是为了保护我们。在我们最近经过的所有军队驻地，都有一些士兵使用一种武器，看上去像是一根长把上装着一柄短镰刀。这种武器是用以战争还是仅仅用于执行刑事判决，我没有弄清楚。在这些士兵的旗帜上，我看到了一些汉字，说明他们所隶属的部队[①]。我听说，汶河发源于东部群山中的70个山泉，距离它与运河的汇合处60英里，但是我不知道这段河道是否通航。

9月29日。——今天旅程的第一段是穿过济宁州的城郊。城市本身在运河东岸，城墙维护得很好，有瞭望塔保护着圆形大门。城郊的商店装饰着雕刻和镀金的图案，十分漂亮。有一
259 些不错的住宅，庙宇屋顶上铺着彩色的瓦，使城郊有着城市的面貌。随着我们往南走，城市变得越来越值得一看，但我们的引导者们似乎也越来越坚决地不让我们游览城市的愿望得到满足。在离城几英里远的地方，另一条河从西面流入运河，运河两侧的水都快要伸展到山根了。根据这片有水的荒地中间的树木和有塔楼的村庄来看，我猜想这种情况可能是由于洪水造成的。从地图上看，济宁湖在东面，但是现在已经看不出哪儿是它的边缘了。能够看到几条船，上面有用来捉鱼的鸟，但是我们既没有能够仔细地看看这些鸟，也没有能看到它们如何捉

---

① 各省的军队和中央军队一般分成左翼、右翼、后卫、前卫以及主体部队的前锋，他们所隶属的分支名称也写在他们的旗帜上。

鱼。村庄里塔楼的数量超乎寻常地多，成为这片水汪汪的田野最引人注目的景物，它们或许是洪水突如其来时人们的避难所吧。在有些地方，运河和山脚之间的陆地，只剩下堤岸或者纤夫们踩踏的小路了。

1点钟的时候，我们经过了一个村庄，村里有一些很壮观的建筑物。经过探听，得知这是纪念孔子或者其弟子的书院和庙宇，当今皇帝曾经对它进行过维修。在这座名叫董公祠（Toong-koong-tse）的建筑里，现在有一定数量的学生。我们用餐的村庄优美地坐落在一个山隅里，如果不是有这些居住点的话，我们就可以想象自己身处大海之中了。隐约可见的植被和村庄附近一洼洼的死水，看上去十分容易传染疟疾，我们的
随员中已经有人表现出这种疾病的迹象了，我随时都在担心这 260
个最为古老的敌人的拜访。我们在南阳镇（Nang-yang-chin）停泊过夜。这是一个有一些修建得不错的房子的小镇，屋顶的装饰物比直隶更多，不过我们现在对这种建筑风格已经失去了新鲜感，倒是更关心其缺陷，它完全忽视了建筑的主体，在屋顶上加载了太多的装饰物。

马礼逊先生昨天得到广惠的通知，我们在大船上用餐时会面的现行做法不可能继续下去了，因为我们将在扬州府换船，因此他建议我们做出相应的安排。马礼逊先生和他就在圆明园发生的事情进行了一些交谈。广惠责备了和世泰，极力为皇帝开脱。对于我们希望在南京停留的暗示，他没有做出非常有利的响应，不过他答应就此与两江总督联系。现在担任这一职务

的是百大人[①]，他原先在广州任职，值得注意的是他的行为经常与我们的利益相冲突。不过，这一次他应该会好一些，因为广惠说，关于使团要途经百大人管辖的省份一事，百大人已经向他发来了一封非常有礼貌的信。

9月30日。——江南的几名官员今天见了我们，以带领我们穿过该省的一角，我们穿过这一地区后又重新进入了山东。12点时，我们沿着独山湖（Tou-shang-hoo）岸边行进，上一
261 使团的路线上似乎正确地记载着这个湖。山东省的这一部分遭受了四五个月前发生的一场大洪水的肆虐，从乡野的样子来看，整个村庄和大范围的农田一定都被淹没了。在一些地方，在大洪水中劫后余生的只有几处可怜的房子和更加可怜的居民了。运河本身竟然没有遭到破坏，实在是让人惊奇。一些较大的船只正在穿湖而过，而一些小船则在运河对面由洪水形成的水面上行驶。如果与造成这种场面的原因联系起来的话，这整个景象十分令人压抑，能够确保安全的地方只有船只和运送玉米的舢板了。

2点钟的时候，我们经过马家口（Maja-khoo）村，这里有几条船正在建造中。大约晚饭时分，我们进入了江南省[②]。所有的纤夫都穿着统一的服装，这是这个省的古老习惯。他们的人数比较多，还伴随有一队队以长矛和长柄镰为主要武器的士兵。我们整个夜晚一直都在航行。有些地方的堤岸非常高，在

① 两江总督百龄。——译者

② 江南省设于顺治二年（1645年），顺治十八年（1661年）拆分为江苏（包括上海）和安徽两个省。——译者

周围大片水面的对照下，看上去就像山一样。这些堤岸一定是因为需要不断加强以抵抗洪水才修筑成这样高的。

10月1日。——我们7点钟离开我们的停泊地夏镇（See-ya-chin）。这个小镇的房子不错，附近有一大片水域，被称作夏镇湖。我们离开夏镇后不久，就到了微山湖，这一整天一直沿这个湖航行。这里的洪水比之前的地方严重得多，现在已经 262
到了周围群山的山根了。10点半的时候，我们经过了十弯镇（Shee-wan-chin），这是一个军队驻地，有一个院子内有几座修得很好的塔楼，我听说塔楼周围的房子是士兵的军营。我们早饭时再次进入了山东的地面。我们的纤夫们脱去衣服，包起来，交给士兵带走。我们11点到了十字河（Shi-tze-kho），河水在这里分成4条。我们右边的堤岸挖得相当深。在离河流汇合处几英里的地方，十三（Shee-san）村坐落在山边上，景色秀美。在这之前，群山的主要方向一直都差不多与运河平行，但到了这里，这些山丘看上去像是要穿越河道了。从2点到6点，河的右岸每隔一段就会看到一条石头堤道，我没有看出河水有多么大的压力，需要修筑这样的道路来抵抗它。据说，黄河时常泛滥，越出堤坝，使黄河水冲入到微山湖水之中。建立这道石堤，可能就是为了对付这类事件。堤岸正在进行维护，工人以泥土和高粱秸为材料，建成由一些桩子固定的堤岸护基。黄河的堤岸也使用同样的方式修筑。有官员在监督这一工程，泥土从对岸运来。有一两处地方，洪水冲走了水门的水闸。我们在韩庄（Han-chang-chuan）停泊，一天走了70里。

10月2日。——城镇沿着河延伸了一段距离，有几处修建 263

得很不错的房子。离这里不远，一大排闸墩——一共18个——横立在河中，通过限制水量加快了水流的速度，因而就不需要纤夫来拉船了。我们的船只船尾朝前，两侧都下了锚以增加阻力，缓慢地向前行驶着。河两边的堤岸很高，覆盖着从运河河底挖出来的贝壳以及其他东西，其中有一些圆形的大块布丁岩。河两岸的农田一直延伸到山脚下，许多土地都处在休耕之中。荞麦是最常见的庄稼，我们看到有些田地里的麦子刚刚长出来。中国人很注意清理他们的耕地，为此使用各种各样的耙，有一种就像小园林耙一样小巧。

11点半，船队没有像往常那样穿过闸门而行，而是绕过一个小岛，以避开闸墩之间湍急的水流，因为在下行的时候，很难使船不撞到这些闸墩上。这一天里，这种过水闸的方法用了三四次。第一个水闸叫老路闸（Leu-lu-cha）。群山之中，在东南方向有一座引人注目的山峰，通过这个山峰，可以随时辨别运河的方向。现在可以十分精确地确定西边的山脉了，我们的河道一直是朝向东方的。1点半的时候，我们到达了两条河流与运河汇合的地方，今天早些时候还看到另外一条河汇入了运
264 河。异常湍急的河水以及闸墩几乎全部被淹没的情况，都足以说明刚刚过去的洪水的暴烈程度。我们听说百总督正在前往边界地区，去监督那里必须要进行的维护工程。我们一直航行到晚上11点，停泊在台儿庄的这一侧。可能在这一天行程的半路上，我们走出了山东的地界。山东省的南部遭到如此严重的洪水，很难从它现在的面貌得出有关其总体情况的正确看法。不过，即使那些洪水痕迹并不太明显的村庄，外表看起来也很破

烂，居民明显地带着贫苦忧愁的样子。不过，士兵们都很结实，总的来说比我们以前看到的士兵要高一些。

10月3日。——今天早上，山东布政使和舜武前来拜访阿美士德勋爵，向他道别，谈话始终都仅限于客气话和小礼物上。我原先确实曾经担心不会进行这一礼貌性的拜访了。他的举止态度非常可意，比我们在中国认识的任何人都更接近我们有关绅士行为的观念。阿美士德勋爵希望送给他一件玻璃器皿作为礼物，但布政使没有接受它，他的借口是可能会产生误解。

我必须承认，我对中国的日常印象，并不是大多数作者所
说的人口多得过剩。我几乎可以断定，人口和开垦出来的耕地 265
之间的比例并不大，要比通常所说的低得多。

江南一省的布政使接替了和舜武，负责管理我们的供应品。和舜武姓和，意思是“和谐融洽”，而接替他的布政使姓陈[①]，意思是“排列整齐”，这确实是“和谐融洽”所产生的最恰当的结果。陈的前任和舜武对他评价很高，而和舜武本人则担任过广东的按察使，使团中有些人还记得他。我们在早饭后不久离开台儿庄，到晚饭时候就不再前行，停泊在一个很小的村庄对岸。在离台儿庄不远的地方，有一条水渠流入运河。

乡野的面貌大为改善，一点洪水的痕迹也看不到了。一眼望去，全是开垦得很好的耕地。运河已经把东面的群山抛在了后面，我们在12点的时候也绕过了群山西边的最终端。在停泊处附近的东南面，有一个不大的湖。河水的流速已经慢了下

---

① 江苏布政使陈桂生。——译者

来，需要较多地使用纤夫。我们的小船要比大船行进得快，小船的橹就足以操控并推动着它们沿河而下。实际上，我们前进的速度并没有超过一小时3英里。

10月4日。——大约7点钟的时候，我们驶过了西迦河（Shen-ja-kho）和运河的汇合处。相对来说，西迦河还算是一条比较大的河。我们1点钟到达窑湾（Yow-wan），在河的西南岸，有一座几间砖房组成的小镇。一条小河在它附近流入运河。根据这里停泊的船只数量，我能看出窑湾是一个经常停船的地方。经常可以看到一丛丛的树木，它们形成了田野的主要
266 特色。大约8点钟，我们到达了文家河（Wen-ja-kho），一条小河在这儿流入运河，河上有一座有着石桥墩的桥。离这里不远，有一座庙，名叫古陵庙（Koo-ling-miao），庙门口有一块十分引人注目的石屏。在一排优美的树前面，排列着一队士兵，他们的灯笼的光亮照在水面上，令人赏心悦目。在这么晚的时间还有这么多人前来围观，说明这个地方的人口似乎不少。我们在夜间经过了骆马湖，湖在运河的东南岸。午夜时分，我们停泊在宿迁县城外，县城在西岸陆上3里远的地方。

10月5日。——我们的停泊地附近只有几处房子。我们于7点钟离开这里，如果按上一使团的同样路线行进的话，前面还有很远的路要走。两边的堤岸很高，西岸一定是为了抵御黄河水量的突然上涨，因为黄河离运河只不过几英里远。右边田野的某些地方被洪水淹没过。

随着我们向南方行进，对大使的尊重程度似乎也在增加。我已经提到过有两名官员身穿朝服来拜访他，昨天有一名红色

顶戴的武官询问马礼逊先生拜访大使阁下需要行什么礼，并且补充说，他不必向总督下跪。当他得知只需鞠躬就可以的时候，自然非常满意。

11点半钟，我们经过了小光河（Seao-quang-kho），一个不大的 267
军事驻地，附近有一个防水闸门。运河在这一段的堤岸很高，河水也变宽了。在一处地方，用绳子把高粱秸一层层捆住，然后紧紧地系在打入地下的木桩上，用这样的方法来加固堤岸。运河西岸不远的地方有一条可以通航的河渠，可能会有人把它当成黄河，它们流向同一个方向，但是这条河渠的流向比黄河更偏西一点。附近的田地耕种得很好，一派繁荣景象，全然没有了山东南部那种容易让人感染疟疾的环境。

晚上很晚的时候，我们停在了众兴集（Choong-ching-chin）。所有船只都立即开始准备过中秋节。像平常一样，在神前面摆上食物和酒，用酒来祭奠神灵。仪式最后的时候，燃放爆竹并且烧了纸。献祭之后便是宴席了，祭拜的人们享用着剩余的食物。在这种场合，也给邪恶的神灵进行奉献。不过，我看不出他们供奉的不同神明间有什么区别。一些比较复杂比较重要的仪式好像是在岸上进行，因为我们看到两名士兵返回站岗的房子时，身上穿的衣服[①]缀满了铜扣子，以模仿盔甲的样子。这些士兵身着钢铁胸甲，其头盔也是钢铁制成的，擦得锃
亮，上面有深色的镶嵌细工。在这些东西上面装饰着2英尺长 268

① 从这以后经常可以看到这种衣服和装备，短上衣和头盔是中国古代作战时穿的衣服。

红色和褐色的羽饰。红色的是毛发，就像官员无边帽上的一样，褐色的是毛皮。他们的武器是刀、弓和箭。这些衣服非常漂亮、威武。众兴仅仅是一个村庄，河两边的堤岸都很坚固。

10月6日。——堤岸很高，运河大约200英尺宽。9点时，从船上可以看到西边黄河的河道。一条名叫盐水河的河流在运河东岸奔流，方向几乎和运河平行。12点，我们到达了杨家庄对岸。杨家庄位于运河西岸，是运河和黄河的交叉口。2点钟，我们离开停泊地，去穿越黄河。黄河向东北方向流去，水流很急，我们不能直接渡过河去。在接近我们离开的河岸对面的陆地时，能够看到从洪泽湖流进来的一股河水，我们经过一个由一些坚固的墩子组成的通道或者水门穿过了这股水流。这些墩子是用高粱秸和泥土做的，由绳子紧紧地捆在一起，就像昨天提到的那样。

有一根纤绳牢牢地系在前甲板上，然后由一个绞盘固定在堤岸上，直到船只全部通过为止。河中间的水流流速至少每小时5英里，但岸边的水流如果不是反方向有一小股水流流过的话，水就是静止不动的了。在靠近闸墩的几个地方，河水打着
269 旋涡，旋涡深度超过2英尺。我估计，从运河穿过黄河的通道宽度[①]有2/3英里，从湖里流入的河水宽度有半英里。我们沿着从湖里流来的那条河前进了大约2英里，到达了马头（Matou），停泊在那里。附近有一座样子十分漂亮的红砖庙，名叫风神庙，祭祀的是风神。横渡黄河被中国人当成一件危险的事，

① 传教士说宽度为450突阿斯，相当于975码，超过半英里。

我能够想象得到，当在这里汇合的几条河水因为下雨而上涨的时候，一定会比较危险，但是我们渡河的情况是绝对安全的。

黄河和运河的交叉口可能并不像某些旅行者描述的那样壮观，但是这里仍然不失为一个饶有趣味的地方，因为这里的广阔水域，以及控制在这里汇合的不同水流，使这些水流有助于航行所必需的劳动力。曾经有人指出上一使团的地图在黄河和从湖里来的水流的位置上出现了错误，认为后者没有被充分地和前者分离开来。就我自己的观察来看，范罢览关于荷兰使团的记载中所附的地图的描述非常正确，唯一的错误是从湖水分出来的河水的位置偏北了一些。

广惠给阿美士德勋爵送来一封信，建议早上在岸上会面。勋爵阁下回复时表示，如果会谈的目的是公务，他愿意会见钦差，但是在其他情况下，由于勋爵阁下拜访他的时候，钦差总 270
是占据上座，缺少对他的尊重，这让他不得不谢绝这种情况下的会谈，以防止发生同样的情况。勋爵的回复使得广惠做出了解释，他否认有意让自己在地位上高于大使。他说，他在所有公务场合占据上座，和阿美士德勋爵拒绝叩头一样，是按照政府命令进行的。至于他提出的会见，他是想要告诉阿美士德勋爵，在船通过船闸时希望勋爵能留在岸上的帐篷里，因为河水突然而且迅速的下降存在一定的危险性。广惠说，为了给我们的船队留出通道而让运河上其他船队都停下来，这是总督也不曾受到过的尊敬。他还解释说，我们可能已经注意到鸣炮致敬并不十分规律，这是因为在中国历法中那些需要哀悼的日子，照例要停止这类活动。他说，由于他现在的临时品级，他已经

谢绝了一些最亲近的朋友的拜访，因为他拥有钦差的职务，他们要在他面前下跪。布政使也要参加他提出的会谈。阿美士德
271 勋爵感觉他的解释非常令人满意，便转告广惠，表示愿意会见他。不过，这一次却遭到了广惠的谢绝，他声称自己必须去参观离此较远的一座庙宇。

10月7日。——天亮后不久，我们就离开了马头，在离停泊地大约200码的地方转向南方，在脱离了被称作太平河（Tai-ping-ho）的那条从湖里流来的河以后，水流现在突然变得对我们十分友好了。河道这时转了一个大圈，我们的船被带到第一道船闸附近。这道船闸名为天坝闸（Tien-pa-cha），附近有座小庙，庙前立起了一顶帐篷，当船只通过船闸时，阿美士德勋爵就在这顶帐篷里休息。河流围绕着的那块狭地上，横着贯穿着一些宽阔的墩基。在一个地方，一道漂亮的水闸造成了一个小水湾。我看不出修建这些设施和那些墩基究竟有什么特别目的，我只能猜测，它们是要用来抵御从湖河和黄河里突然流出来的洪水。如果这些材料是从运河河底挖出来的（这是极为可能的），那一定会大大改变运河流过的河道深度。

阿美士德勋爵早饭后上了岸，刚刚坐下，广惠和布政使就进来了。他们看上去似乎还没有决定如何就座，阿美士德勋爵便悄悄地暗示广惠，他打算请广惠坐在上座，这让钦差拿定了主意，立即在中间两个座位的左边坐了下来。布政使紧跟着他，显然想占据第二位的座位。阿美士德勋爵表示出抵制这种
272 放肆行为的坚定态度，布政使只好做出忙中出错的样子，让出了座位。

河水通过水闸下降的高度有3英尺多，水流很急，足以证明此前的担心是有道理的。水闸的上升通过使用绳子和岸上的绞盘进行，井然有序，非常安全。所有的船只都安全通过，小一点的船急速地驶过通道，而大一点的船则通过系在石柱上的绳子缓慢地行驶过去。水闸上的绞盘由一些探出来的石块支撑着，我还是第一次见到这种纯净的花岗岩，而闸墩上部的石头则是比较粗糙的黑色大理石。第二道水闸距离第一道1/4英里。枯河村（Koo-khur）附近有一座大庙，庙由好几栋建筑组成，屋顶上覆盖着黄色的瓦。据说，这座庙不是由皇帝的母亲修建的就是为了纪念她而修建的，它的名字叫娘娘庙（Ning-niang-miao）。

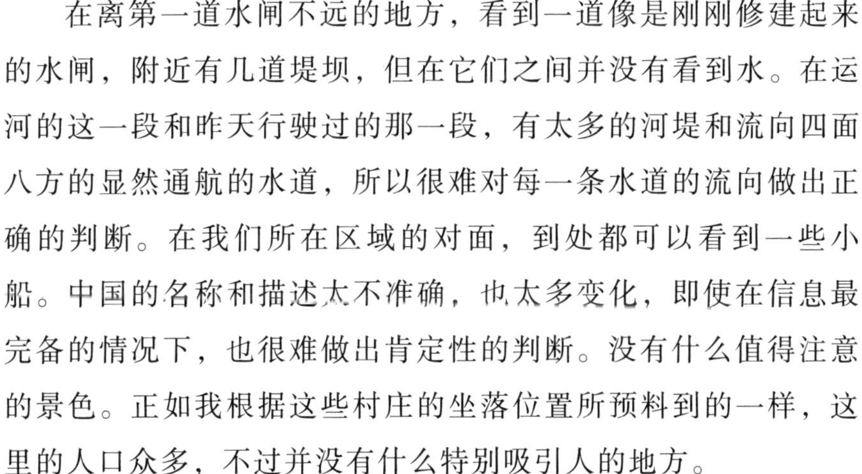

在离第一道水闸不远的地方，看到一道像是刚刚修建起来的水闸，附近有几道堤坝，但在它们之间并没有看到水。在运河的这一段和昨天行驶过的那一段，有太多的河堤和流向四面八方的显然通航的水道，所以很难对每一条水道的流向做出正确的判断。在我们所在区域的对面，到处都可以看到一些小船。中国的名称和描述太不准确，也太多变化，即使在信息最完备的情况下，也很难做出肯定性的判断。没有什么值得注意的景色。正如我根据这些村庄的坐落位置所预料到的一样，这里的人口众多，不过并没有什么特别吸引人的地方。

在第二道和第三道水闸之间停留的时间要比预计得长一些，273
于是我便利用这一机会参观了对岸的娘娘庙，结果确实是不虚此行。尽管这座庙的建筑和装饰和我们已经看过的没有多少不同，但它维护得相当好，让我可以充分看到这些建筑较为优秀的方面。和其他庙宇一样，它由一些院子组成。这里一共有4个院落，里面的两个供僧侣们居住。第一个院子里有两座方形的亭子，亭子的屋顶装饰极其华丽，几个角上有一些不大的动物雕像，檐壁看上去像是绿色琉璃，十分漂亮，屋顶上覆盖着亮黄色的瓦。这些亭子里有一些竖直安放在基座里的大石板，上面刻有文字[①]。两侧的走廊里有常见的文武官员的塑像。在这个院子的最里头，有一座巨大的龙王像。穿过第一个院子后，我们来到了一个地方，里面有代表皇帝母亲的神，这座庙就是用来祭祀她的。她坐在那儿，旁边站立着两名随从，身上披着一件黄色袍子，头上戴着一顶王冠或是一顶宽大的无边女帽。神像全身都镀着金。天花板纵横交错的栋梁上，亮蓝色的背景上绘着金色的龙。庙宇的屋顶上到处都是装饰物，看上去像是一些矛和三叉戟。一些羊角灯和一串串彩色的玻璃珠从大殿中
274 央悬挂下来，形成一道道亮光。祭坛两边各有两盏很大的羊角灯，旁边有一些光亮的金属板屏，当所有的灯都亮起来的时候金属板被用来反射光线，以增加亮度。屋顶雕梁画栋，描银镀金，四周环绕着用红、绿、黑等色彩装饰的绚丽檐壁。院子的敞亮处放着一个金属容器，形状很像一座塔，里面的香火一直点燃着。庙里的锣、鼓和其他乐器也和其他东西一样，制作十分精良。僧侣们都很乐意尽地主之谊，对我们5先令的捐献感到非常高兴。

我们穿过了第三道水闸，这道水闸的水流和第一道一样湍

① 即前面提到的石碑。

急。我们在离它不远的地方停下来用晚餐。附近有一大片坟墓，我们中的一些人认出了它们，认为这里就是他们星期天晚上从湖河入口处径直穿过田野散步时所到过的最远的地方，这段距离他们估计不会超过1英里。据此可以知道运河绕了个大圈，也可以知道确实很难判定河道的方向。在这块狭地上有两条河流或者是河流的支流，一条名叫里河（Li-ho），一条名叫运河（Yun-ho）。我们经过了分别坐落在河两侧的两个村庄，然后停泊在离清江浦大约1英里的地方。这里距离第一道水闸20里。中国人中间流传着一个说法，认为黄河不可反抗，所以在维护这条内陆航道时，不得不顺着黄河强劲的水流，和它一起蜿蜒曲折。根据中国的记载，运河本身的修建就经历了好多世纪，大约从基督纪元开始，一直到当前的朝代才算完成，而 275
且仍然需要不断地对它进行维护。

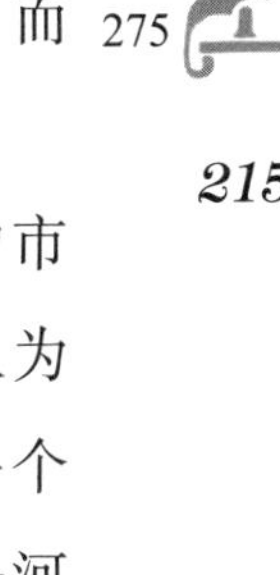

215

10月8日。——清江浦横跨河的两岸，是一个相当大的市镇。在这里，我们通过一个水闸进入了一条河道，它可以认为是运河的继续，名字叫里河[①]，向东方流去。在西北方向一个突出的小角上有一道水闸，不过看上去并不像是通向另一条河道。镇子里有许多庙宇和好房子，从闸墩上看过去景色还算不错。远处可以看到一座桥。负责照料使团行程的官员人数大为增加，这在很大程度上要归之于地方官府的好意。镇子附近的河水流速大大减慢，有一些十分坚固的堤坝。在穿过山东南部

① 里河（Li-kho），表示“河”字的音节应该更准确地写作“ho”。在“ho”前面插入个“k”是为了使首字母“h”重读。

和刚刚进入江南的时候，人口似乎有所减少，现在又恢复了原来的样子，不过仍然没有超出我们的预料。一名武官说，在和平时期就会感觉到食物供给的不足，要在食物供给和消费者之间维持平衡，战争是绝对必需的。在帝国的运河上竟然会遇到一位马尔萨斯的信徒，真是令人吃惊！

清江浦和淮安府之间尽管是一马平川，但到处都是耕地，
276 有些地方林木茂盛，所以看上去也很令人赏心悦目。我们顺流而下，走得却很慢，因为是顶风前进。大一些的船都被绑在一起，由船侧拉向水流较急的地方。12点时，我们经过了一处房屋，房屋前面建有木头柱廊，据说是负责征收关税的钦差的官邸和住宅。我们在这里进入了淮安府的地段。从最后一道水闸到淮安府的主要城郊古沟涯（Khoo-choo-ya），运河[①]的河道差不多都是直的。这些城镇据说都连在一起，我们在一些地方看到了三重城墙。城在运河东岸，占据了很大一块地，这块地上有园畦和田地。第一道城墙里面有一条河沟或者低洼地。有一个城门上的塔楼是用坚固的石头建的，上面完全可以安放大炮，这是我看到的第一个坚固得足以用于这一目的的城门楼。围观的人群让人感觉到，这里百姓的生活状况即使不比天津百姓更好一些，也和他们差不太多。我们第一次看到淮安府的宝塔时，它在我们的右面，一共有5层。比起临清州或者通州的宝塔来，它都要逊色很多，其底座和高度太不成比例了。我们

① 杜赫德说，运河的主要工程在淮安府附近，目的是为了抵御黄河和淮河的肆虐，可能就是清江浦一带。

从几艘运盐[1]的船只旁边驶过，这些船只构造很独特，船尾翘起
得不高，似乎完全是为运输而修建的，并没有考虑到居住的需 277
要。我在这个城市附近见到了我所见过的最大的船坞，有几条船正在那儿修造。左边的堤岸很高，上面有很宽的大道。军营之间间隔的距离减少了许多，但是使用的建筑材料十分低劣。有些军营附有一个木制的瞭望哨。低洼的湿地在河两岸一直延续了很长一段距离。根据肉眼判断，我感觉运河高出东面的堤岸不少，如果突然爆发洪水的话，即使淮安府城本身不会遭受危险，淮安府的城郊也难逃洪水泛滥的灾难。

广惠开始一个劲儿地道歉，他觉得应该为我们昨晚停泊的地方没有牌楼而表示歉意，称这是因为大风使得我们未能到达我们的目的地，它在前方40里的地方。从淮安府到宝应县的距离是80里。

10月9日。——乡野的面貌依然如故。大约在吃早饭的时候，我们到达了宝应县，一个有着城墙的城镇，位于我们的左侧。它有一定的规模，但庙宇和公共建筑看上去已经年久失修了。运河与一些房屋的水平高度差不多，但不如淮安府那样危险。从这里开始就能看到一个湖，它有好几个名字。第一部分叫宝应湖，接下去叫氾光湖（Ne-quang-hoo），最后叫高邮湖。9点钟，我们经过了一道双重的水闸，河水通过这道水闸
从运河冲入湖中。在右岸，自从离开东沽近郊后，我们第一次 278

① 和印度一样，盐的垄断构成了政府岁入的一部分。我相信，几乎找不到一个不垄断这种所有人都要消费的商品的专制政府，它的利润绝对有保障，尽管大部分沉重的负担压到了穷人身上。

看到一块未经开垦的土地，长满了灯心草和荆棘。说实话，看到这一片原始的大自然，我十分高兴，因为多少天来，用句爱尔兰话说，没有什么东西是自然的。——1点钟，我们经过了氾水村（Fan-shwuy）。运河附近有一些稻田。运河的这一段比较窄，堤岸笔直，部分堤岸表面砌着石头。我们在界首（Show-kwuy）用了晚餐，这里的湖名叫氾光湖（Pe-kwang-hoo）。

就在吃晚饭之前，我们有机会看到了捉鱼的鸟，叫做鱼鹰或者鱼雁。每条船上的木柱上都有几只这种鸟，它们从柱子上飞入水中。这些鸟潜水自然是为了捉鱼，同时它们已经被训练得能够把鱼带回到船上。我看到一只鸟的喉咙处有一个硬项圈，以防止它把鱼吞进肚里。好像是通过敲击木柱来让它们潜入水中。它们和俄国鸭子差不多大，外表很像鲣鸟，尤其是它们的喙。——深夜。堤岸有结实的木桩作为支撑。这一天的旅程让我们觉得自己像是在牢笼中受到款待的囚徒。我们整个夜晚都在行驶，经过了高邮（Kou-yoo）。岸上靠近湖边的土地仍然没有开垦，即使那些相当宽阔的地方也是如此。没有睡着的几个人向大家描述了高邮的一座宝塔和其他的建筑物。

10月10日。——湖仍然在我们的右面。早饭以后，陆地就
279 只剩下堤岸了，其余的田野都被水覆盖着，表面砌着石头的堤岸还是经常出现。我们于12点到达了邵伯（Shou-poo），这是一个散乱地延伸了很远的村庄，其中一部分有一些冲洗得很白的两层楼房，这些房子和那些烟囱让我们想起了许多欧洲的城镇。这里的堤岸很陡，只有通过石头台阶才能下到运河里。——3点钟，我们经过了瓦窑铺（Wy-ya-poo），这里离扬州府20

里。我们所有人都把扬州府看作是一个停留地，希望能有机会在那里买些东西。在邵伯附近，我们驶过了一座横跨3条河流的木桥，这些河都是扬子江的支流。吃晚饭的时候，我们在河右边看到一座石桥。

我们于7点到达了扬州府近郊，但是却从我们的船夫那儿得知，广大人的意思是要把我们带到过了扬州府20里的地方，我们的新船已经在那儿等着接我们了。这个消息让我们非常沮丧。天色已黑，我们难以看到城市的样子。我们沿着河岸边的城墙走了大约一个小时，城墙似乎并不很高。在这一个小时的航行中，值得一提的建筑就是海关监督或者是税吏的房子和另外一处由许多柱子支撑着、灯火通明的建筑。有一些牌楼，但在这一小时里看不太清楚。城郊那种有着烟囱的两层楼房，在这个省的这一地区比较常见。在我看来，运河似乎是绕城而流，几乎把整个城市围了起来。对面岸上矗立着扬州府的塔楼或者宝塔，塔有7层高，和临清宝塔的比例差不太多。在离开 280
这个塔以后，运河变得宽了起来。

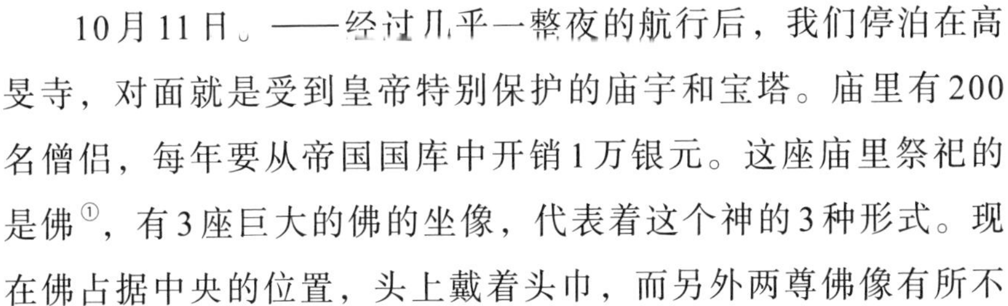

10月11日。——经过几乎一整夜的航行后，我们停泊在高旻寺，对面就是受到皇帝特别保护的庙宇和宝塔。庙里有200名僧侣，每年要从帝国国库中开销1万银元。这座庙里祭祀的是佛①，有3座巨大的佛的坐像，代表着这个神的3种形式。现在佛占据中央的位置，头上戴着头巾，而另外两尊佛像有所不

① 佛的形象一般都极胖，这可能是因为中国人认为肥胖是美，或者是出于有关佛身材巨大只能从其母亲子宫中剖出来的传说。

同，头上戴的是一种类似王冠的东西。佛像前面安放着一块匾，上面刻着祈求皇帝福寿永享的文字。这座庙的总体设计就像是一座规模更大一些的娘娘庙，但是比较起来要陈旧得多。管事的僧侣彬彬有礼地接待了我们，他的绸缎袍帽和念珠让我们想到了天主教的僧侣。当他在一张椅子上坐下的时候，我看他像极了他所崇拜的神灵，只是小了一些而已。僧人递给我们一些糕点，其中除了一些黄色的球状物以外，没有什么值得一提的东西。这些黄色球里面是一小块果脯，据说由于是僧人赠送的，这些糕点就具有了某种特殊价值。

281 这座庙非常古老，直到最近一直都得到当今王朝持续的捐助[①]。各个大殿的台阶都是用一些粗糙的大理石建造的。一尊小铜像的样子是一名模样憔悴的老人，据说是到一座山里隐居之后的西方佛。在这尊佛像身上，可以看到它与印度联系的明显标记。僧侣们居住的房间干净而且舒适。我们不顾别人对我们安全的担心，登到了宝塔顶上。塔有7层，塔身的比例看上去不太舒服，和底座相比，它的高度似乎不够。塔每边长30英尺。登上塔顶，攀登时的任何劳累或者危险就全然被忘却了，这里的景色可以看作是中国景色的美丽样本。四面八方的美丽景色尽收眼底：尽管只是部分灌溉但仍然不失肥沃的农田，田野里星星点点的树木和灌木丛，运河、运河的支流以及依靠着一道美丽山脉的扬子江，3座引人注目的宝塔——一座是扬州宝塔，

---

① 由于中国没有由政府岁入维持的宗教机构，庙宇和神职人员主要由其各自教派自愿捐助来支持。由于维持费用的减少，导致有些人皈依了基督教，从中可以找到僧人对传教士深刻仇恨的原因。

另一座坐落在江中间著名的金山上，还有装点着中国风格的假山的寺庙花园。再加上一条条船上忙忙碌碌的人们、色彩鲜艳的旗帜和人头攒动的围观者，更让我们俯瞰的景色具有了鲜活 282
的生命。

晚上，广惠来拜访阿美士德勋爵。他的目的是想确定我们完成换船的时间，同时还想尽可能地劝我们明天离开。不过，他最终不得不放弃了后一个打算。关于他更换帽子的谈话，给了他一个向我们显示他作为钦差的高贵地位的机会。他对我们说，在他到达扬州府之前，城中所有官员都已经戴上了冬帽，但在知道他仍然戴着夏帽时，他们又重新戴上了夏帽。看到这种情况以后，出于礼貌，他就赶快戴上了冬帽。看来，每个地区更换帽子的时间取决于名声显赫的要人，在北京由皇帝控制，而在帝国各地，就取决他的代表人了。

大约在这一期间，马礼逊先生努力从一名伊斯兰教徒那儿收集着有关河南犹太人的信息，这名教徒是他所遇到的唯一一个知道这些犹太人存在的人。这个人了解的情况非常有限，也没有提供多少关于他们的具体情况。这些犹太人的人数减少了许多。佩雷·乔扎内（Pere Jozane）1704年说，他们像中国人一样在孔子庙、他们祖先的坟墓和皇帝的牌位前进行祭拜，他们的圣经只到摩西五书为止，但他们知道大卫、所罗门、以西结和西拉之子耶稣的名字。他们进入中国的时间大概是在公元前200年左右。 283

10月12日。——我参观了我们停泊处附近的一座寺庙，庙里有一个小水池，水池里有一些神圣的鱼。据说水里隐藏着一些邪恶的鬼神，附近人们对这座寺庙的捐助，很可能就是因为他们轻信了这一传言。僧侣们出售一本小册子，里面对一些宗教名词做了一些解释。有些人说，这些僧侣们都带有一种愚蠢的表情[①]，但在我看来，这更像是因为他们感觉自己所从事的行业令人感到丢脸。

在一次穿过稻田散步时，我被一家磨坊的机器声所吸引，走进了磨坊主的房子。里面有一个脱壳用的磨，磨石斜放着，两块磨盘的表面都呈锯齿状，上面一块是圆柱型的。有一个轮子用来清扫粮食，还有一些扇子用来吹开糠皮。磨坊主一个劲地请我喝茶，诚恳的态度就像一名英国农夫。在返回船队的路上，我在一条水沟前停了下来，观看一个人乘坐着一只柳条篮子采集睡莲的种子。这种东西，中国人既用来生吃也煮熟了吃。他以手为桨，由于篮子就像一条小船，所以他在水中行走
284 并不费力。这里普遍使用机械灌溉稻田，这种机械由一个水平大轮子和一些突起的把柄组成，在这些把柄上用力，其作用就像嵌轮一样。轮子上安有一个轮轴，两头各有一个小轮子，一个小轮子上有一些小滚轮咬住大轮子上的嵌齿，另一个小轮子上安有一些嵌齿。这个机械的其余部分便是木制水槽，水槽每隔一段便有一块平板。这道水槽以某种角度放入水中，它的顶端安有一个有嵌齿的小轮子，和轮轴一头的嵌齿连接在一起，就这样连续地把水通过一节节的水槽提升上来，最终从大轮子所在的高地上流入农田。

① 这些僧侣来自社会最下层，几乎不可能想出还有比僧侣更让人感到丢脸，更应该受人鄙视的群体了。和为数众多的寺庙和神像形成鲜明对照的是，这些僧侣们对宗教礼仪却毫不重视。在这里，中国人展示出一种引人注目的独特民族性。

10月13日。——使团中的两个人沿着通向扬州府的道路一直走到了较远的普灵寺庙（Poolin-tze-miao），他们的这一举动招致很强烈的抗议声。尽管如此，我还是不顾20名士兵的反对，参观了这个地方。要把我的意图隐藏起来，必须使用小小的技巧，我不断地变换步伐，甚至向着相反的方向穿过稻田，这样他们在我出发的时候就不可能判断出我散步的真正目标。这座庙维修得很好，还附有一个很大的僧院。僧人们很愿意领着我在庙里穿行，从大殿的规模和厨房器具来判断，我感觉住在庙里的人可能很多。神像比我以前见过的都要大，这里的三尊佛的头饰没有什么区别。在一座内殿，我看到一尊面容憔悴的老人的塑像，据僧人们说是一位得道成圣的僧人。庙门附近有一片竹林。最近老是在寺庙附近看到这些竹林，所以我猜想它们可能具有某种神性。

妇女也参与收割庄稼，尤其是收割稻子。停泊地附近的小镇上有一些吃饭和消遣的地方，现在则挤满了从扬州来的人，他们都是来看停留在这里的外国野兽及其他们的向导的。有消息说发布了一道谕旨，宣布皇帝希望使团在返回时受到尊敬和关心。这个城市负责管理换船事务的地方官员十分友好和殷勤，表示愿意为我们准备进行的任何游览活动提供马匹和各种便利，但广惠的戒备心十分强烈，借口担心我们的安全阻止了地方官员的好意的实现。

10月14日。——我们于夜间离开高旻寺，正直向南行驶。风很大，新船比原先的船好了许多，它们的结构更像海船，要窄一些，甲板以上没有太多的船舱。乘住条件和原先差不太多，有两个较大的船舱。这些船有两根桅杆，船帆的高度和宽度相比，高度显得更大一些。

我们首先在五园（Woo-yuen）的对面停了下来，官员们略
286 微犹豫了一下，然后允许我们前去参观。这些园林尽管疏于照料，但作为中国园林的典型还是很有意思的。中国人绝对是大自然的优秀模仿者，他们堆叠的石头不会像英国某些近代哥特式遗迹那样备受嘲笑，它们确实都是一些大规模的艺术品，完全可以和原本的大自然相媲美。房子散布在园林各处，根本没有考虑到这些外形与景色毫不搭配的建筑所产生的效果，其目的似乎是要为在园子里漫步提供遮挡，有了这些房子，园林显得比实际上大多了。在园中小道上花了很多工夫，有很多地方看上去就像是镶嵌的图案一样。这些园林是乾隆喜爱的一处行宫，我们看到了皇帝的餐厅和书房，书房里有一块黑色大理石板，上面刻着皇帝陛下赞美园林景色的一首诗，字镌刻得十分漂亮。园林中的树木主要是桂花树和一些水榆树。

我们早饭后继续航行，到达瓜洲后停了下来，我们要在这里等待顺风，然后才能在扬子江上行驶。附近最吸引人的景物便是孤悬江中的金山了，岛上有一座塔和一些建筑物。镇江县城坐落在江湾的入口处，从而使它变得非常引人注目。附近一座山上有一些帐篷或是房子，据说是鞑靼士兵的兵营。花岗岩
287 的山脉从江湾头开始一直伸展到视线的尽处。这里的扬子江江面要比黄河宽阔得多。金山附近一座漂亮的小石山名叫银山。钦差出于其不可理喻的戒心和不与人方便的性情，决定不让我们参观这些岛屿，但幸好它们离我们很近，从江岸到岛上的距

离不超过半英里，所以他无法阻止我们凝视这一非常美丽的景色。从扬子江里流出去两条可通航的水道，到南京又汇合在了一起。通向苏州府的道路很可能要穿越形成这个江湾的群山。

这天在城郊进行了短暂的散步，城市的规模让我十分吃惊。从城墙状况和城对面一片荒凉的情况来看，我感觉它都快要被遗弃了。

10月15日。——今天我跨过运河，做了一次穿越田野的长距离散步，让陪伴我的士兵们大为恼怒。在扬子江岸边的一个军事驻地，我们试图说服一些官员找条船把我们送到岛上去，但是没有成功，他们得到了十分明确的命令。我们的请求反而引起了他们诸多的怀疑，结果在此后的散步过程中，有一名官员一直跟随着我们。

不利的风向一直持续着，这引起了中国人的宗教热情，他们在我们停泊处附近的风神庙和海神庙里忙着进行祈求好运的
祭拜。海神手里往往拿着一条像是舢板的东西。中国人的神话 288
过分地取决于纯粹的地方性，很难把不同的崇拜对象囊括在一个总体系内——一个可以对所有崇拜对象加以解释的总体系。他们从印度引入了佛教及其梵语名词，但是我感觉他们既没有理解它们的意义，也没有理解这个信仰的原则。

10月16日。——我跨过停泊处上游一座桥附近的一条运河支流，进入到瓜洲城的城墙里面。城内有几条人烟稠密的街道，街上有不少店铺。一条从城墙下面流过的运河[①]横穿这座城

① 这条运河是为了方便康熙皇帝前往金山而修凿的。

镇，使之在一定程度上与周围隔绝开来。河上横跨着一些单拱桥，除了一座外，其余的都是石桥，有的桥侧面装饰着一些还算说得过去的雕刻。有迹象表明瓜洲曾经是一个重要的地方，它现在美妙地混合着荒凉和喧嚣，仍然相当令人感兴趣。城墙内有一大块地全是坟墓，紧靠城市的地方也经常可以看到长满柏树[1]林的一片片坟地。城内的女人面容姣好，接近我们的审美观念，这让我们很是惊奇。不过，由于士兵们十分积极地遵行
289 谕旨，不让围观者们看到我们，我们只是匆匆地欣赏了一下她们的魅力。

官员们在与马礼逊先生谈话时经常提到皇帝新近发布的一道关于友好对待使团的谕旨，同时对于使团在圆明园被突然遣回一事也都一致表示遗憾，这让阿美士德勋爵想给皇帝写一封信，一方面是要重新开始与中国政府直接交往，一方面是要建议皇帝接受其余的礼物。不过，我认为这一做法相当有问题。导致我们突然被遣回的是皇帝易冲动的坏脾气，这在某种程度上也很可能是出于误解。在更为清醒以后的进一步思考，让他做出了有关这一行动的说明，为他自己，也为大使做了开脱。此后又发布了一些谕旨，命令当使团在中国领土旅行时，要遵循正确的待客方式来对待使团。不过，这些文件并没有正式地通知使团，对于大使受到的公然污辱也没有进行任何解释，更不用说表示歉意。在这样的情况下，我就想问问，大使计划写给皇帝的这封信是要对皇帝心中潜在的怨恨所造成的

① 侧柏。

结果表示不满吗？我不认为皇帝抱有这样的怨恨之情，但即使有，我也会认为给皇帝写信并非明智之举，因为这与我们迄今为止一直采取的方针大相径庭。另外，从这种做法的顺从性质来看，也不会对这个多变、专制的政权的妄自尊大产生任何想得到的影响。或者，这封信是想推动对所犯错误做出修正么？ 290
实际上，就我们来说，这方面的努力已经通过我们的沉默表示出来了。这种沉默尽管不带有任何报复性，但仍然可能会让中国政府担心公开拒绝前来表示敬意的使团引起了英国人的愤恨。如果让他们不再有这样的担心，那么他们也就不可能试图做出弥补。我认为，我们在通州同意交换少数礼物以表示和解，这已经足够了。任何再进一步的动作，即使不会被那些胸襟狭窄的人误解为确然无疑的警报，也会被他们误解为卑贱的顺从。要是这封信得不到重视，或者接受礼物的建议遭到拒绝的话，我们就会失去在受到无辜伤害后有尊严地保持沉默的地位，而皇帝对其行为所感到的遗憾就会消失。同时，这样做还会提供一个事例，说明在英国国王陛下的使节所代表的英国国家受到最严重侮辱的情况下，英国人也能很容易地被安抚。

10月17日。——风向还是不顺，我们必须继续留在这里，不过我们对此并不像广惠那样不开心。如果总督正在江对岸等候我们的消息是正确的话，他一定快要失去他的耐心了。我又一次进城走了走，但是没有能够找到任何可以买来作为瓜洲纪念的东西。

负责照料我们的王姓武官[1]得知阿美士德勋爵希望看看中国弓箭手的演练，于是便命令几名弓箭手前来让他检阅。他们
291 向一个大约一人高、40码远的箭靶射箭，操纵弓箭时十分郑重和仪式化，但箭术还算可以。在这之后，几名火绳枪手围绕着一个人，像转轴一样向前移动着，连续不断地进行射击。他们的行动就像是轻武器装备的士兵，演练得还算不错。和他们列队不像军队的样子相比较，他们装药和放枪都比较快，也比较准确。所有这些演练，都是一边敲着鼓一边进行的。在军事驻地，经常可以看到每一队列都站在用白粉画好的标记上，以确保他们之间保持相等的距离。

我们与官员们的交往尤其是礼物的交换，现在变得频繁起来。所有主要官员以下的官员都毫不犹豫地接受赠送给他们的礼物，对于我们这些处在被遗弃境地的人来说，这是一件十分让人感到宽慰的事情。一名随员和一名中国人之间的小冲突引起了可能并没有多少根据的抱怨，王占鳌和布政使在这个问题上发生了口角，后者声称陪同我们散步的士兵经常骚扰居民。对中国士兵的这种指控肯定是有道理的，我就不止一次看到过他们利用其地位对农民进行抢劫。关于打算给皇帝写信一事，我忘记说了，我们得到一个消息，称朝廷打算在我们到达广州
292 后与我们联系，如果这个消息确实的话，现在写信自然就未免过早了。

10月18日。——我们围着城散步，中国人的戒心使得今天

① 江宁城协守副将王占鳌。——译者

关闭了进城的入口，各处的卫兵也都增加了，这可能是起因于昨天的所谓乱子。靠近扬子江一带的景色非常美丽，瓜洲矗立在一个岛上，我听说瓜洲的名字就来自这个岛。城墙的周长大约有4到6英里，有些中国书籍称这里为府。我在散步途中看到几名戴着黑色方顶帽的僧侣，这里的僧侣穿的袍子和天主教国家神职人员的袍子还真是十分相似。

第六章　从扬子江到赣江

进入扬子江——给两江总督的谕旨——评论——百总督和广大人的会见——在南京附近停泊——参观城市居民区——城市面貌——瓷塔——一些思考——继续前行——芜湖县——在大通的耽搁——茶林——抵达安庆府、小孤山——鄱阳湖——南康府——耽搁——庐山远足——山体构成的描述——朱夫子的书院——离开鄱阳湖——吴城——南昌府——换船——城市面貌——武官考试——皇帝诞辰日——离开南昌府——前行——赣州府——市景描述——商人会馆——宝塔——孔庙和关夫子庙——榨油机——水车——制糖机——到达南安府

293 10月19日。——我们天亮时离开停泊地，尽管风向仍然不顺。他们使用竿子和长桨成功地把船驶过河湾，进入到扬子江里。9点钟左右，我们经过了一个岛，这个岛紧靠着左岸，上面长着高高的灯芯草。12点时，江水分成两条支流，我们驶进较小的那条，它名叫全吉江（Quang-jee-keang），岸边有个村

庄也叫全吉。5点时，我们看到了仪征县的城楼。在这之后，我们从一些构造特殊的船只旁边驶过，这些船的船艉有30英尺高，而船头要比船艉矮10英尺，船夫们要借助一些梯子上上下下。这些船只被用来运盐，船艉造得很高的目的似乎是要让盐始终高于水线，船头则是为了方便船夫撑船。前面提到的山脉，在江的南岸也就是右岸继续沿江伸展。我们今天行驶的方向总的来说是西南西。

10月20日。——我们昨天晚上8点停船靠岸，天亮时沿着仪征县城郊继续前行，这里有一些看上去很坚固的涂成白色的房子。那个很长的岛仍然在我们的左面，岛上正对城镇的地 294
方有一片很大的园林，它们属于一个富有的盐商。我们于9点半时经过一条运河或是一条支流，河在我们的左面，名叫夹河（Chah-kho）。过了一会儿，我们在一个小岛附近停了下来，这个小岛位于那座较大的岛的尽头。我们被告知要继续停在这里，等待顺风来临。这样看来，我们离开瓜洲，只不过是不想让我们这些讨厌的游客参观瓜洲其余地方的最后招数而已。我们昨天走了16英里，船上的船夫和为数不多的纤夫都累得不轻。

今天马礼逊先生通过一个私人渠道得到了那道有关使团接待事宜的谕旨[①]。尽管根据中国人的观念可以认为这是一道令人满意的谕旨，但是它的措辞极其狂妄自大，全然不提使团的真正品级和性质，所以它实际上只是对中国人发布的谕旨，不必把它看作是又一次的侮辱。谕旨一开始就对圆明园的事情进行

① 见附录，第8号。

了解释，尽管不像北京邸报上公布的那样令人满意，但基本精神是一样的。这件事的起因被归之于我们未带朝服以及和世泰未将缺少装备的情况向皇帝报告，所谓的身体不适被说成是一个借口。谕旨接着转向在通州进行的礼物交换，说这是因为皇帝不愿意拒绝我们表达的忠诚。礼物交换本身被描述为“厚往
295 薄来”。谕旨提到大使在这一场合的感谢心情，并且称他表示敬畏和悔悟。谕旨命令对使团不得侮辱蔑视，要给予一个外国使团应有的待遇。不过，也下令采取预防措施，防止使团登陆引起骚乱。这一态度的总体特点是把安抚和控驭结合在一起，目的是要让使团成员们感到敬畏和感激。从其中一句关于大使在直隶境内行为平和的话来看，这道谕旨是在收到张五纬的报告后发布的。如果对于向皇帝写信并非明智之举的看法还有任何疑问的话，这道谕旨一定会让这些疑问消除掉，因为收到用这样的语言书写的谕旨，既不会让人感到荣耀也不会给人带来裨益。想指望能够收到任何与此不同的谕旨是根本不可能的，即使是直接写给大使的谕旨也会是如此。

在重新进入到主河道以后，从一边的江岸到另一边的距离可能不少于3/4英里。我们乘着一股舒适的微风航行，江面上散布着许多船只，江水荡漾着细微的波浪，景色十分美丽。江上行驶的船只比之前多了许多，几乎不需要什么想象力，就会感觉自己是在海上航行。随着我们前进，江面更加宽阔，达到1英里半宽。——5点。看到右岸一座山上的宝塔，那是六合县的塔，大约有4英里远。此后不久，又经过一道通航的支流，
296 名叫带河（Tai-ho），通向宝塔所在的城镇。在对面岸上另一座

山上，可以看到一座祭祀观音的庙，我们就要在那附近停泊。

10月21日。——清晨时，我们看到自己在笆斗山附近，距离观音庙不远的地方。江水在这里再次被一个岛分开，我们似乎来到了山脉的尽头。笆斗山的山岩十分独特，是一种大块的圆砾岩，底部是脆弱的沙岩，上面嵌着一块块的石英和其他岩石，看上去正处在一种分崩离析的状态。不远处有另外一处山岩，名叫燕子山。这座山形成了一道陡峭的江岸，山的岩层是垂直的，但由于我没有上岸，所以不敢判断它的构成。燕子山覆盖着厚厚一层地衣，同样显示出正在迅速解体的明显迹象。我们后来得知，燕子山是康熙和乾隆喜欢游历的地方。

清晨时得到通知，要求使团成员不要像平时那样外出游览，因为这一地区的总督随时都可能来拜访钦差。我们接受了这一要求，尽管完全有理由表示拒绝，但那样做只会导致不愉快的后果。不过，由于我幸运地在接到这一通知之前就出来散步了，所以有机会看到了钦差和总督的会面。这是非常有意思的，因为我一直想找机会检验广惠所说的他作为钦差所拥有的 297
尊贵地位的真实性，而事情确实证明他的话是真的。总督穿着他的朝服进来，广惠就穿着旅行的衣服接待了他。在迎接他的时候，钦差从其船里出来的距离和迎候阿美士德勋爵的距离差不多。他们两人都弯腰屈身，几乎要跪下了。在进入船里的时候，总督拒绝走在钦差前面。很显然，在这种场合，总督认为钦差的地位要比他高。总督赠送了一些食物作为礼物，而在接受回赠的干果时似乎有些踌躇。阿美士德勋爵向总督送上了自己的名帖，但总督立即按照中国人的礼貌退了回来，这种做法

所表示的意思是，接受名帖的人没有足够的品级保留它。

在总督到达时以及他与钦差会面时，身前身后都有一些穿着朝服的官员簇拥着他。为了与这种排场对等，尽管没有人关注使团，大使阁下还是命令卫兵和乐队列队接受检阅。这显然激起了一阵骚动，王占鳌急忙来到队列前面，像是要进行侦察似的，直到检阅完成后，他才退下。或许正是这一展示加速了我们的离开，因为当阿美士德勋爵回到他的船上以后，接着就
298 响起了表示起锚的呼喊声。总督派人送信说，他正准备前来问候阿美士德勋爵，但现在只好等到下一个停泊地再来拜访了。

笆斗山山脚竖立着一块石碑，上面刻有铭文，日期是乾隆七年，内容是劝告所有的船只晚上要在这里停泊，因为这一段江中有礁石，从这里通过非常危险。石头的另一面上还涂写着一些大字，称这里出售烧酒和水果。

我们12点半离开停泊地，一直靠着左边的江岸行驶。从前面提到的陡峭山崖上坍塌了的庙里，可能就能看到南京城。山崖附近有一座用柱子支撑着的建筑，巧妙地坐落在一块崎岖不平的高地上。一些高低不一的小山丘上，到处都覆盖着茂密的树木，从各个不同的角度观看，整个田野的景色都非常美。远处的群山似乎在这里消失了，但是与江岸差不多平行，又出现了另外一些小山丘。——4点。在我们右边的山上，可以看到浦口县的一座5层宝塔。大约与此同时，江浦县的城墙也呈现在我们面前。——5点。我们看到了南京城墙，城墙环绕着一座名为狮子山的山丘，把整座山丘包围在了城里面。我们经过了一座桥拱很大的单拱桥，桥面草木青翠，上面像是有一座坟

墓样的东西。一大群人正在桥上聚集，他们和我们一样，努力
捕捉着眼前的新奇事物。——6点。我们的船在右岸停泊下来， 299
面对着一座低矮的白色建筑。我们看到了一队士兵，他们大多数人身着全副盔甲或是镶着嵌钉的长衣，也许可以把他们和侠义时代的骑士们相比，都想依靠他们的重量来打败对手。他们的武器是刀剑和弓箭。其余一些人只是头上戴着头盔，穿着镶有嵌钉的上衣，少数几个人持有火绳枪。

10月22日。——我到我们停泊地附近的城郊散步。街道铺着石头，但是店铺的档次较低，显然是要为停泊在这里的船只提供所需要的东西。和中国其他地方一样，面向公众的饭铺数量似乎超过了私人住宅。唯一的地方性差异是，这里摆着大量清洗干净、上好材料的鸭子和鹅准备出售。蔬菜很多，主要是芜菁、萝卜和一些普通的绿色蔬菜。城里主要的制造品是绉纱和丝绸。

一条街道从江边通向城门，我获准进到城内，登上了小山丘。在进城处的左边，可以看到城墙、著名的瓷塔和其他两座不太显眼的塔。视野非常开阔，下面的景色丰富多彩，树木和建筑变化无穷，景色确实让人印象深刻。可以看到在扬子江这里被一个岛一分为二，在这里，扬子江始终都是景色中的突出亮点。

我认为，我们从今天开始就可以不受限制地自由游览了， 300
这应该归之于阿美士德勋爵的反抗。当他试图穿过城门时，受到一名低级官员的阻拦，尽管此前已经有其他几个人得到许可进入。阿美士德勋爵一直站在城门前，等候广惠批准他的请

求。最后，一名文官和负责照料使团的王占鳌送来了立即放行的命令。

南京（现在称作江宁府）坐落在扬子江畔，正是扬子江成就了它以往的伟大。南京现在已经迅速衰落，但是扬子江仍然汹涌奔流，外族的征服不会让它减弱，帝国被推翻也影响不了它。从我们进入的城门算起，城内有人居住的地区有20里，其间尽管石铺道路纵横交叉，但主要是花园和竹林，只散布着很少的房子。城门是一个简单的拱形门，35步宽，城墙高40英尺，宽17英尺。城门附近有两座大的寺庙，供奉观音的那座名叫静海寺的寺院十分有意思，它的大殿四周摆放着雕塑得十分精致的中国哲学家和圣人的塑像。这些塑像尽管数目有20多尊，但人物形态各异，个个表情丰富，其中两个人物的面貌和衣服都很像罗马圣哲。有一个人的脚下蹲伏着一只野兽，像是对他的神圣十分敬畏的样子，以此来显示他的力量。另一个人

301 的灰色眉毛非常长，像是需要用他的手托住才行。这可能是为了纪念类似于印度教苦行僧的某种虔诚苦修行为而塑造的。一道屏风上面绘着观音，周围环绕着天上的飞鸟和地上的动物，在我看来就像是在讲述这位宇宙之母创造万物的创世故事。一些用来烧香的金属容器引起了我们的注意，它们形态雅致，做工精美，其中一个很像伊特鲁里亚的风格。一组铭文称它们是250年前的一位圣人的作品，并称其目的是为了鼓励中国的使团到印度和西方的其他国家游历。这座庙附近有一个公共的蒸汽浴室，被叫作或者不如说是被误叫作香水浴室。人们可以在这里蒸洗干净，花费是10文钱，即3便士。浴室是间100英尺

大的小房间，被分成4个部分，地上铺着粗糙的大理石。室内很热，而且由于进入浴室的人数不加限制，只要能容纳得下即可，使得浴室里的气味十分难闻。总之，这是我所见过的最令人厌恶的洗浴设施。

我们抵达这个停泊地以后，阿美士德勋爵便通过工占鳌收到了总督的信，说总督不得不突然去访问省内另外一个地方，从而失去了期待已久的拜访勋爵阁下的机会，并对此感到十分遗憾。总督说，他在广州的时候就充分认识到英国的重要性，302
希望全面执行皇帝关于善待使团的谕旨，所以在提供船只和所需一切东西方面，他下达了最为明确的命令。这封信说明总督认为需要表示歉意，这一点十分令人满意。根据一段时间以来所得到的暗示，阿美士德勋爵有理由认为，总督之所以打消了进行会见的想法，是由于他怀疑阿美士德勋爵会不会先去拜访他，所以利用这个机会，让王占鳌传达了他不想会面的意思。我们曾经认为，在现在的情况下可能会进行一次会见，但事实证明不是这样。

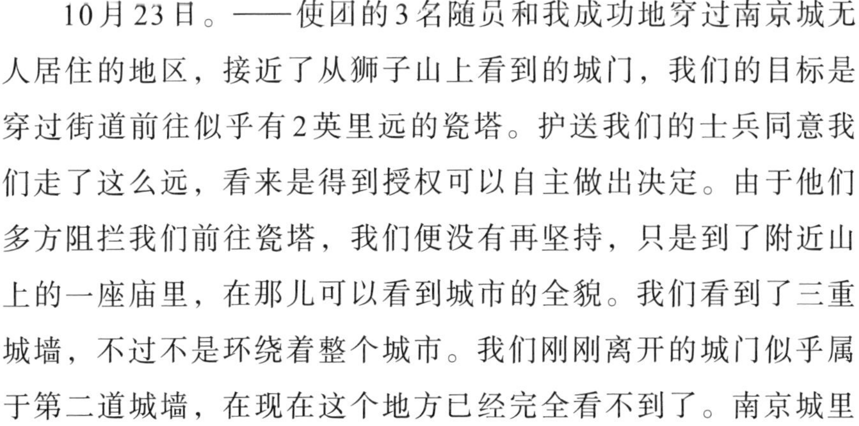

10月23日。——使团的3名随员和我成功地穿过南京城无人居住的地区，接近了从狮子山上看到的城门，我们的目标是穿过街道前往似乎有2英里远的瓷塔。护送我们的士兵同意我们走了这么远，看来是得到授权可以自主做出决定。由于他们多方阻拦我们前往瓷塔，我们便没有再坚持，只是到了附近山上的一座庙里，在那儿可以看到城市的全貌。我们看到了三重城墙，不过不是环绕着整个城市。我们刚刚离开的城门似乎属于第二道城墙，在现在这个地方已经完全看不到了。南京城里 303

有人居住的地区坐落在群山的山隅里，即使在这个地区也有许多园林。我看到4条大街，还有一些和这些大街交叉的小街道。一条狭窄的运河流过一条较大的街道，河上每隔一段便有一座单拱桥可以通过。街道不算太宽，但看上去非常干净。另外一个城门和瓷塔本身是唯一高得足以吸引我们的建筑物了。我们所在的庙门地势很高，从而引起了居民的注意，我们感到一股人流正在从城市向我们涌来。我们这时发现，无论是从城门还是这座庙所在的小山，到街道的距离也就是1/4英里，所以如果我们当时立即赶往街道的话，本来可以在人群聚集起来之前实现我们的目的。像现在这样，我们也不得不赶在我们被人群淹没之前，抓紧时间使用我们的眼睛。不幸的是，我们没有随身携带望远镜，如果有望远镜的话，我们就能够利用和瓷塔十分接近的机会看到不少东西，而现在就没有办法了。

已经有如此多的作者用各种语言描述过这个建筑物，如果我再摘录他们的描述，无论是对我还是对那些碰巧读过那些书的人来说，都同样地没有价值，也会令人感到索然无趣。我个人看到的只有这么多：它是八角形的，有9层。和它的基座相
304 比，塔身显得相当高。塔的最顶端有一个球，据说是金球，但可能只是镀金的，金球安放在有几个圆环环绕着的小尖顶上。塔身是白色，檐口比较朴素。它的中国名字叫琉璃宝塔，或者报恩寺塔。据说建造这座塔用了19年的时间，花费了40万两银子，也就是80万镑。建造日期是公元1411年。根据临清塔来判断，我猜测它只是表面覆盖着白色的瓦而已。它之所以被称为瓷塔，或者是由于中国人的虚荣，或者是由于欧洲人的夸

张。我们旁边的寺庙内最引人注目的是盘绕在柱子上的两条巨大的龙，我记得以前的游客曾经提到过它们。

整个景象让我感到非常愉快。我们看到的这个地区至少有30英里，树林、房屋、耕地和山丘把它装点得千姿百态。这一大片地区可以说被围在最外面的那道城墙里面，构成一个不规则的多边形。视野的尽处，是远远的群山和扬子江的流水。想到我们是一个多世纪以来第一批穿着自己国家的衣服站在离这个城市如此之近的地方的欧洲人，我们心中的喜悦又增加了不少。围观的人群从几百人现在增多到几千人，我们刚刚才产生出实现我们这次游历主要目的的希望，现在却只好颇不情愿地放弃了。我们又想参观附近的两座大庙，其中一座庙里有一座5层的宝塔，但是没有成功，于是我们只好往回走，对我们今天的游览仍然感到十分满意。从外城墙的城门到刚才站立的地
方的距离是4英里，到靠近城墙但在城墙外面的宝塔的距离是6 305
英里。这第二道城门的建筑风格与我们见过的其他城市的城门一样，但是它孤零零地矗立在那儿，周围没有一丁点儿城墙的踪迹，以致有人很可能会怀疑它会不会是一种纪念性牌楼。我们从一个城门走到另一个城门，中间整个区域都有铺砌过的道路穿过，其中有一条从外城门通过来的路，上面有些迹象可以看出这里曾经是一条街道。无论如何，要说这整个地区都有人居住过，那是根本不可能的，不过我们仍然可以想象这一带曾经盖满了别墅，那些王公贵族们在这里宜人的环境中过着奢侈慵懒的日子。但是现在，要走很长一段路才能看到人，那是一些在自己的小园子里劳作的农民。那些铺过的道路，像我在其

他地方看到过的一样，只是以前繁荣时代的遗存。

在参观这个城市的时候，尽管它的地理位置、规模以及它曾经是一个庞大帝国都城的历史给我留下了深刻印象，但我极其强烈地感觉对涉及中国的一切都缺少兴趣，因为它们完全不能引起我们对古典时代或者骑士时代的回忆。在这里，没有一座庙宇曾经被菲迪亚斯和波拉西泰勒斯[①]一类天才装饰过而且现在还保留着他们的痕迹，没有一处城镇广场曾经回荡着西塞罗和德摩斯梯尼[②]那样的雄辩声，没有一处平原曾经沾染过爱国者和英雄的鲜血，没有，古代的中国没有尊严或崇敬，而现在的中国则没有高尚或优雅。

306 10月24日。——我们9点左右离开停泊地，一股强劲的西北风让人感觉到冬天的气候。我们很快就驶过了岛屿，再次进入了主河道，一直靠右岸航行。浦口的宝塔落在了我们后面，江浦县的城墙沿着一些低矮的小山向偏南方向伸展。我们行进得很慢，风力不足，船只1小时还走不了1英里半的路程。在离开南京城郊大约4英里的地方，我们经过了一条河道，小船可以沿着它去到城镇的街里。整整一天都可以看到宝塔，塔尖的形状在近旁一幢长长的房子的衬映下，很像是一座附有一个巨大尖顶的很小的教区教堂。我们停泊在江的右岸，对面是一些很大的草屋，它们是用堤岸上生长的芦苇建造的。这些芦苇很长，有好多都超过了18英尺。它们被用作燃料，修筑堤坝，

① 二人均为古希腊雕塑家。——译者

② 二人均为古希腊雄辩家。——译者

制作粗劣的席子。船队抵达这个停泊地的时间或早或晚，有些船比其他船早4个小时就到了这里，船队航行的距离不超过8或10英里。江水在这里再次被岛屿分开，主河道再次汇聚起来的时候，江面多少高了一些。

10月25日。——风还是不顺，我们仍然停在停泊地湾汊子（Swan-che-tze），或叫公子洲（Koong-tze-chow）。当我走上高起的堤岸时，看到了更大一片用昨天提到的芦苇建造的房屋，这些房子有一个用同一种材料修建的门廊。我们有一切理由认为这里的发展比其他地方落后，自从总督没有拜访阿美士德勋爵就离开我们以后，一些官员也不愿意和我们友好交往。307
老实说，到目前为止，我发现下层百姓普遍举止得体、快乐和气。中国人生性快乐，因此也乐意服从权威，统治起来一定比其他任何国家都要容易。

广惠对阿美士德勋爵进行了长时间的拜访，会谈期间他不同寻常地十分健谈，他们的对话谈到了皇帝的公务生活。天子是仪式的牺牲品，在公开场合，他身体不能后仰，不能吸烟，不能改变服装，事实上是要保持表演的姿态，不能有一丝一毫的松弛。看起来，尽管这种专制君主的姿态有力地支持着他的权威，但是，那条把政治机器维系在一起的锁链同样也把他自己束缚住了，他只有在自己的内室里才有自由。在那儿，被公务剥夺自由的他才能寻找安慰，把庄重和尊严都撇到一边。广惠说，看样子风向很可能持续不顺，皇帝想让使团返回时选择最短路线的好意可能要落空了。我们离开家乡的时间很长了，所以皇帝陛下决定我们返回时不走上一使团采用的迂回路线，

以避免不必要的耽搁，但是我们的旅行现在可能节省不了多少
308 时间了。钦差希望哈弗尔先生能给他画张像，这只不过表示他想和我们更为亲密，没有多少重要性。我们明天就要进入这个地区三个省份之一的安徽，负责提供供应的按察使已经在这里等候了，他同时兼署布政使。

10月26日。——天亮时分，我们乘着一股强顺风离开了停泊地，江面宽度[①]不少于3英里，有些地方达到4英里。扬子江确实配得上海之子的称号，如果不算新世界的江河的话，还真可以称它为海的长子。风很大，船颠簸得厉害，导致有人呕吐。就我来说，我发现在扬子江中行舟比在它的父亲——大海中行驶更让人痛苦。我们尽量避免在河道中间行驶，这一阵都是靠着左岸走。我们停泊的小村七马湖（Chee-ma-hoo）在右岸，距上一个停泊地有70里远。高低不同的群山在两岸绵延伸展。我走到停泊地附近的一座小山顶上，小山构成了一道很大的天然堤坝。下面的谷地里整齐地种植着棉花、豆子和其他蔬菜，一些还算不错的农舍点缀其间，农舍附近是一丛丛的树木。我们一直想寻找棕色棉[②]，但迄今为止都没有能够找到。

309 10月27日。——前进了20里以后，我们早饭后停泊在陈圩子（Chen-yu-tzu）对面的一个小岛上。我们的船停泊在岛上，目的可能是不让我们很容易地和居民进行交流。我们到

① 传教士估计浦口对面的扬子江宽达1里格。

② 陆地棉。

达后不久，我便和其他几个人一起前往和州。这座有城墙的城市位于左岸，离扬子江大约3英里。一条可以通行小船的河渠流向城内。周围的田野多是耕地，主要种植棉花。农舍很多，修建得也不错。南面有一座建筑风格十分平庸的塔，紧挨着城墙。城里除了有一座城隍庙（Choong-wang）以外，没有什么值得一提的东西。这座建筑的总体结构和南京的十分相似，外院四周有10座神龛，描绘着地狱里的10个王，他们正在惩处死后的罪人。刽子手们的身体是人，但头却是各种动物，不过这些神像大都比较粗糙。一条铺砌的道路穿过几个牌楼，通向另一座庙的大门。大门对面有一道奇特的屏风，上面有许多石雕图案。手推车在这里比我见过的其他地方得到更为普遍的使用，粗糙的大理石路面留下了它们车辙的痕迹。与在南京一样，野生的无花果长得高过了庙门，远远看去就像是常春藤。

庙里的一些柱子让我想起了南京城郊的房子，我前面忘了说说它们了。这些房子的屋基上雕刻着大量树叶花纹，刻工很好。在观看中国人的艺术作品时，无论是彩绘、素描、雕刻、
雕塑还是建筑，我都很奇怪它们为什么会进行到那里就停了下 310
来，其实只要再继续前进几步，这些作品就有可能达到高品位的境界，而不会像现在这样搞的奇形怪状，白白地浪费了很多工夫。我们散步时路过一个剧院或者歌舞会，门口有一些身穿戏服的演员，似乎随时准备上场。大门对面悬挂着一条很长的招贴，可能是演出公告。街道上几乎全是饭铺，它们的数量之所以这么多，是因为这里普遍流行一种做法，就是让干活的人

到某家饭铺去吃饭，算是支付了部分的工钱。在和州[①]，可以看到明显的衰落迹象，它以前的人口一定比现在稠密，城墙周长有3到4英里。人们常说，太阳底下没有任何东西是新的，在中国肯定没有什么是新的，相反，一切都是陈旧的。

10月28日。——风仍然不顺，我们继续留在停泊地。又一次走到和州，更多地是锻炼而不是消遣。在这一带，我第一次看到一群山羊。就像我们以前谈到过的那样，这里的牛还是那种用来耕地的牛，过去几天也经常见到水牛，属于个头较小的品种。按察使昨天离开了我们，没有来向阿美士德勋爵道别。他只是送来一封轻描淡写的信，陈述他突然离开的理由。与此同时，这位署理安徽布政使还为他在接任时未能前来拜访
311 表示了歉意。这些当然纯粹都是借口。多少有点奇怪的是，那些武官，无论级别多高，从来都不讨厌和我们亲密交往，而那些文官，即使是最低级别的，也都极为小心地避免和我们太过接近。阿美士德勋爵在与王占鳌交谈时曾经趁机提到了威灵顿公爵的赫赫战绩，两名低级的中国武官对此似乎并不是无动于衷。由于王占鳌对这个问题有些兴趣，阿美士德勋爵便送给他一块刻有反映威灵顿战斗经历的系列绘画的纪念章。威灵顿幸运地有了大致准确的中文发音，只不过变成了威灵通（Wee-ling-tong）。于是，他的鼎鼎大名又传播到了另一个地区。

10月29日。——我们天亮时离开停泊地。大约8点时，我们看到太平府的两座宝塔。宝塔位于对岸的小山上，其中一座

---

① 早先的传教士把和州描写成一个商业繁荣的地方，尤以它的墨和漆著名。

更像是一根柱子而不像是一座塔，另一座有着通常的形态，但是不高。太平府距离扬子江似乎比和州要远一些。江面相当宽，风力不足，我们只好使用船篙和长桨。我们得知，太平府城坐落在建有一座宝塔的小山的后面。当我们航行到和小山平行的时候，看见了3座塔，其中一座维护得还算可以。在安徽地区，似乎没有一个多少有些重要性的地方没有一两座塔，这些塔都意味着附近有祭祀某个神灵的庙宇或者神祠。我
们3点钟驶过了位于右岸的牛坝河（New-pa-kho）河口，这 312
是一条可以通航的小河，通向50里以外的含山县（Kan-shan-shien）。之前我们曾经经过一条很小的河道，也流向同一个方向。可以肯定，没有任何国家能够像中国一样，在同样的规模上为水上交通提供如此便利的条件，这一点可以归功于无处不在的政府、居民行为方式和生活习俗的类似以及统一的地方性。

5点，我们在两座突兀地伸入江中的小山——东梁山和西梁山——之间穿过，并且停在了后者旁边。钦差以前总是很快活地看我出去做长时间的散步，知道我很想发现点什么，于是在我经过他的船的时候指了指小山的山顶。这个挑战自然被接受了，我们一伙登上了这座小山。在走了大约3/4路程的时候，我们看到了一座庙，四周有几幢小房子，显然是僧侣们的住房。庙附近有一间很舒适的房子，特意为前来游玩的人们休息而设计的。根据墙上和岩石上的刻字来看，来到这个地方的人必定不少，但可能更多地是来看风景而不是来做祭拜活动的。西梁山由外表光滑、含有黏土的岩石和质地松软的沙岩构成。

在山顶上看到的景色非常吸引人，确实和这条江上的所有景色一样，十分美丽。山脚下的村庄很大，有着铺砌的道路。一座
313 月牙状的小岛在江中横着伸展了一段距离，然后被一座较长的岛屿所分开。我们迄今所航行的扬子江的大部分河道都是在两道山脉中间流过，从其宽度和江水的深度来看，可以认为它是旧世界最为宏伟的河流。

10月30日。——离开西梁山之后，我们直接驶到对岸，然后沿着较小一些的向南的河道航行。走了大约5英里以后，在另一个突兀伸入江内的小山四褐山（See-ho-shan）附近，我们又进入了汇合在一起的河道。这时，在我们左边靠近芜湖县的一座小山上，可以看到一座宝塔和一座坍塌了的塔。两三天以来，我们驶过的江岸都长满了芦苇，而现在的情况改善了许多，耕地一直伸展到江水边上。现在常常见到身穿我们描述过的服装的士兵，在军营里担当卫兵。这些军营很大，里面通常都排列着不少的营房。很大的木筏借助于锚停泊在江中，它们上面竖立着一些小棚子，从远处看就像是一个个小岛。我这几天看到了一种较小的船，有点像盐船，但有一块平板垂直地放置在船头上。

现在护送我们的官员是第一个能够流利地读写的中国军官，他一直都在船上，但他一本书也没有带，和他的前任一样闲散地度过时光。他确实没有使用他的智慧。无论官员的体型是胖是瘦，他们一般都有着女人的样子。我先是用了女人气这个
314 词，但由于他们一点也不娇柔或是纤弱，这个词用在他们身上并不合适，或许我应该说完全缺乏男人气。这种概括是活生生

的，我们的官员就在我的面前，他6英尺高，至少15英石重[①]，看上去就像吃得过多的厨师或者家庭主妇。群山的轮廓变得不太清晰了。——12点，我们到达了芜湖县，一条狭窄的河道从扬子江穿过城郊流向城市。

芜湖县是一个贸易繁荣的地方，由于供应品方面的一些临时性安排，我们日间被迫要留在这里，这让我们感到十分幸运。我们的船只停泊在城市对面的城郊，这里有几处很好的住房，显然属于一些有声望的人物。城内的店铺不亚于斯特兰德大道或者牛津街[②]，店面非常宽敞，由内间和外间组成，出售各种各样的物品，既有原料也有制造品。瓷器商店特别大，各种式样的瓷器都有。我十分不幸，没有能够找到通向大街的路，结果直接穿过了城市，走了至少有一英里长，一直走到天黑，这时已经没有时间挑选和购买东西了。通向主要街道的几条街都是铺砌道路，两边有一些很好的房子。我感觉，从挂满各式各样纸制角形灯笼的商店数量来看，这个城镇一定有制造上面提到的那些商品的作坊。城市的主要城墙在北面伸展，另一面的城墙被高高的房子挡住了，在经过和它交叉的大街时需要仔 315
细看才能看到它。

我们从北面的一座小山上充分地鸟瞰了这座城市。在下山途中，走到快一半的时候，经过了我们快到这个城市时所看到的那座寺庙和坍塌了的塔，于是，我们便沿着十分陡峭的石头

① 1英石合14磅或6.4公斤。——译者

② 均为伦敦城内著名的街道。——译者

台阶登上了寺庙。这座寺庙和南京那座十分相似，佛像有着同样的表现形式，大殿四周安放着同样一些圣人的塑像，塑造风格也很一致。一道影壁墙上绘有三个佛，他们四周围绕着各种动物，最前面的一位骑着一只很像印度半鹿半牛兽的动物，其他两位骑着大象和老虎。城郊的另一座寺庙或许与南京的寺庙更加相似，影壁墙上画着骑在一条龙上的观音和一些象征性图案。在这座小山通向城里的铺砌道路旁边，有几座雕刻华丽的石头牌楼。我想，芜湖县的人口数量恐怕不会多得和其店铺数量以及出售的大量产品数量相称吧。城市旁边的城郊有几家不错的店铺，到处都挤满了人，可能是被我们的船队吸引来的。

小斯当东爵士整理了最近一道谕旨中有关我们的内容，大意如下述。谕旨一开始便宣布了使团返回一事，然后把我们描
316 述成身穿奇装异服的人，禁止我们停留或上岸。谕旨还命令所有人各遵己业，不得围观骚扰我们，不得向我们出售图书或者家具。还特别向妇女发布禁令，命令她们不要让我们看到。王占鳌的一段话，说明了经常重复这一禁令的原因。一伙属于某个野蛮部落的鞑靼人，在一个与现在类似的情况下穿越这个国家，在路上的村庄里侵犯那里的女人。由于中国人憎恶所有的外国人，所以在不了解我们之前，他们也会怀疑我们同样野蛮。必须承认，允许我们得到的自由大大违背了这道谕旨。

10月31日。——天亮时分，我们乘着一股舒适的微风离开停泊地，先后驶过了左岸的两个村庄——老岸（Laou-kan）和沈山崖（Shen-shan-ya）。经过后一个村庄的时间大约是10点钟，这时已经走了9英里。扬子江在这里再次分成两支，我们驶进左边那条较小的支流。大约12点，我们到达了位于右岸的兰山崖（Lan-shan-kya）。这是一个非常漂亮的小村庄，树木围绕着一座小庙。3点半，我们经过一个很大的河口，叫巢河（Chao-ho）。我们不能断定它是不是从巢湖——在中国地图上，它就位于这一带——流出来的，但它的地理位置和地图非常接近。这里距离芜湖县60里，扬子江又一次分开。两岸的景色十分美丽，一座座山丘连绵起伏，山丘上长满了树木，在这个季节展示出各种最为鲜艳的秋天色彩，其中红色特别鲜艳。4点钟，我们经过了魁龙寺（Kwuy-loong-tse），寺庙旁边有一座坍塌的塔。寺庙和塔的坐落位置都非常优美，一排排的树木沿着低矮的山丘伸展着。古老但不太重要的城镇繁昌旧县（Fan- 317
chong-chou-hien）离这里不远。太阳刚刚落山，天空就黑了下来，一群群野鹅飞过天际。8点，我们绕过一个树木繁盛的名为板子矶（Pan-tze-chee）的小岛，驶过一条狭窄的河道，停泊在荻港（Tee-kiang）。这是一个小镇，建在几座低矮的小山脚下。和芜湖县一样，靠近江边有许多建在柱子上的房子，我们船队附近的一座房子属于一个商人，房子前面大量的木雕工艺十分引人注目。我们一天航行了90里。

11月1日。——荻港清晨的景色不禁让我想起了位于小亚细亚的土耳其城镇，和它们一样，荻港也向它所依傍着的山丘伸延了一段距离。如果说，直隶和山东沉闷乏味的面貌没有令人感到满足的话，那么，扬子江两岸绮丽多变的景色确实让我们得到足够的补偿。高山、山丘、山谷、河流和树木，变幻出最为美丽的画面，令人目不暇接。气候舒适宜人。如果单单美

景就能驱走厌倦心情的话，我们的旅程就非常令人愉快了。但它只能暂时地愉悦我们的眼睛，却不能让我们的精神得到满足。走了30里以后。我们进入了扬子江的主河道。在驶过左沙洲（Tsoo-shah-chou）村之后，河道变得曲折迂回，几乎是在绕圈子，有一些船驶进一条小支流以缩短距离，但那儿水量较小。

318 我经常努力把我对那些美丽景色的感想努力表达出来，但这样做从未使我感到过满足。在一个周围景色与自己丝毫没有精神联系的国度里，我的确应该怀疑这种做法是否具有潜在价值。我们今天一直在美丽的乡间穿行，尽管有特色的地方不如昨天多，但是距离远处的群山更近，巍峨壮观的山体和多变的景色，增加了整体的效果。我突然想到，不同国家的风景画很好地反映出各国对于景色的审美标准，因为艺术家大都会选择那些被普遍接受的景物。所以，我们在中国画中看到了陡峭的山峦、山边行驶的船只和有着鲜艳的秋天色彩的树木，这种结合在欧洲人看来可能感觉不太自然，但和扬子江两岸的景色非常一致。

我们停泊在曾家村（Tsing-kya-chin），距离荻港（Kee-keang）40里的一个小村庄。在这个地方附近，我们第一次看到了乌柏树[①]。这种树能够长得很大，远远看去就像是枫树。在现在这个季节，它的叶子呈现出鲜艳的秋天色彩，而那些果子还处在不同的成熟期，有的外壳是绿色，有的是褐色。还有一些已经脱掉了外皮，呈纯白色，它们这时和一颗大豌豆差不多

① 又名腊子树、柏子树。

大小，中国名字叫皮油果子。把它们在磨上碾压，可以榨出油脂，然后做成大个的饼出售。

我猜想，和直隶以及其他省进行比较，中国这一地区的耕 319
地的所有者可能是一些独立的小农，他们就居住在自己的土地上，因为每隔不远就有一些舒适的住房，房子周围一般都种着一丛丛树木，一切都让人感到房子主人在这儿已经舒适地住了很久。扬子江在曾家村所在的小岛尽头再次汇合起来，最宽的地方几乎不小于5英里。

11月2日。——我们横穿江面，沿着另一岸前进了21里，到达了铜陵县。这个县城规模并不算大，但是石头牌楼的数目和精致的雕刻引人注意。牌楼中楣上雕刻的某些动物和花卉不比欧洲艺术逊色。这段路沿岸大部分地区都有沙滩，上面覆盖着鹅卵石，看上去就像海边一样。紧靠沙滩拔地而起的山丘上，松散的沙子上埋藏着同样的鹅卵石，沙滩上的鹅卵石显然就是从这里出来的。远处的田野很像艾塞克斯和赫特福德郡的某些地方。橡树①长得还不如高大的灌木丛高，山坡上长满了一种较小的冷杉树。

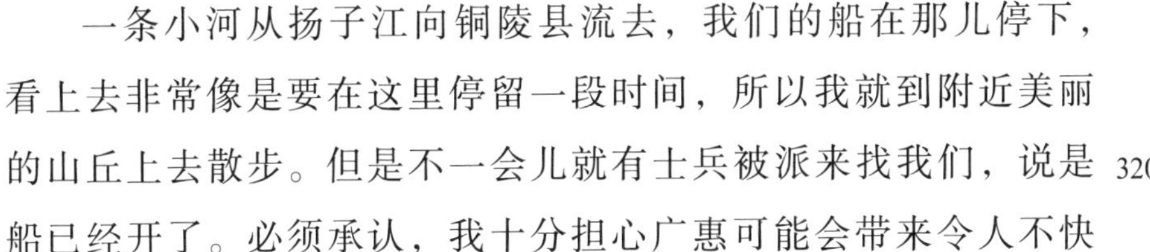

一条小河从扬子江向铜陵县流去，我们的船在那儿停下，看上去非常像是要在这里停留一段时间，所以我就到附近美丽的山丘上去散步。但是不一会儿就有士兵被派来找我们，说是 320
船已经开了。必须承认，我十分担心广惠可能会带来令人不快

① 阿禘尔先生只能辨别出一种在中国发现的橡树，那就是他认为其他中国境内见到的橡树没有一个明确的种属，它们毛状的萼片很像。

的口信，指责我到处散步的习惯。但是，幸运的是，我的担心是多余的。我们在天还没有完全黑下来的时候就赶到了20里远的停泊地大通镇（Ta-tung-chin），比船队到达那里晚了并不算太长的时间。江流在离开铜陵以后再一次被一个岛屿分开，当它又汇合起来的时候，最宽的地方达到4英里。我们4点半时经过一座较高的山丘，有人叫它狼山（Lang-shan），也有人叫它羊山矶（Yang-shan-chee）。山上每隔一段便凿有台阶，以方便纤夫们攀登。山坡上树木茂密，景色十分美丽。

我们从官员和船夫们那儿得知，我们前面高高的山脉具有一些宗教传统。我们现在已经清楚地看到了它锯齿状的山顶，这些山顶非常高，站在上面应该可以俯瞰海之子扬子江的河道。据说某位神的肉身就埋葬在这些山里，它的中文名字叫九华山（Keu-hwa-shan）。铜陵县的名字来自于这里的铜矿，第一个字的意思就是铜，但我还没有听到我们之中有人发现了有关铜矿的任何迹象。

11月3日。——我们停泊地早晨的景色实在是毫无魅力，一道狭窄的小河以及河两岸破烂肮脏的房子，把所有景色完全挡住了。风向不顺，我们难以开船。无论如何，我们没有像以
321 前那样使用纤夫、船篙和长桨，似乎不太正常，除非这里的水流特别强劲。我早就否定掉整个或者部分花费要由广惠负责的说法了，如果真的那样的话，我们就不会走这么慢了。

虽然外表看上去不算繁荣，但是大通是一个很大的镇子，它的店铺比有城墙的铜陵县城都多，提供各种各样的商品交易。我在这块真正浪漫的乡野中进行了一次愉快的散步，所有的谷地都

种满了麦子、稻子、棉花和豆子。一些很不错的房子笼罩在树荫里。有些树长得非常高大，看上去像是橡树，但是叶子分叉，我感觉它应该是枫树的一种。我们今天走过的山丘大部分由圆砾岩和沙岩构成，它们全都处在迅速解体的状态。这里有许多种橡树。我们把前面提到的锯齿状群山叫作管风琴山，因为它们很像里约热内卢的那些山。山上土壤贫瘠，砂石很多，除了用作林地外，不太适合其他用途。我们还看到了几片松树林。

11 月 4 日。——风向继续不顺，我们不得不留在这儿。我发现我的长距离散步和由此而引起的身体疲劳，是矫治精神倦怠的最好方法。我的办法是先确定几棵树或者远处的某个物体，然后找到一条跨越山丘和溪流到达那里的路。对于博物学者和植物学者来说，每一步都充满了乐趣，而即使对那些未曾

受过教育的人来说，看到变化多样的美丽景色，在崎岖山路上 322

远途跋涉带来的疲惫自然也就会消失了。我们看到许多蕨类植物。种植的橡树被整修得很低，小一些的树枝被用来当作柴火，一捆捆的橡树皮在市场上出售。我感觉和我们一样，这些树皮是用来鞣皮革用的。荷花干枯了的宽大叶子是下层人的燃料，我看到他们许多人回家的时候带着大量这种叶子。

我们在散步过程中发现了一座小庙，门前挂着一些彩色纸旗子，庙里面装饰着一些人和动物的奇形怪状的绘画。神像面前摆放着几杯烧酒，聚集在庙里的农民高兴的喧闹声预示着这些信徒将分享大部分供品。据说，这是庆祝月圆的欢宴。中国人习惯在月圆时聚会，他们似乎认为这是一个欢乐的时节。这类自然的节宴中总有某种东西深深地打动我的心灵，尤其当它

们在乡野中进行的时候。它们是人们心中的自然的普世宗教的纯洁仪式，通过庆祝季节的变迁以及夜晚巨大发光体的形态变化，让有关神的观念传承下去。这一切都是神的最初设计，并且仍然由神控驭一切的天意维持着。

这里的乡村人口不算多，但居民似乎并不缺少维生手段。
323 在所有的中国城镇和村庄中，明显属于中产阶级的人的数量之多让我感到十分吃惊。我据此得出推断，基本的生活必需品分布得比较普遍，由此也可以看出这个国家的财政能力。无论中国皇帝普天之下至高无上的狂妄断言是多么地荒谬，在他的领土上旅行，都不可能不感到他确实拥有世界上一个最为美好的围在帝国围栏里的国家。

11月5日。——我和其他几个人今天实现了我们的目标，爬上了这个村镇和铜陵县之间的山脉的山顶。我们散步时穿过一道山谷，在那里第一次看到了茶树。那是一种形态美丽的灌木，很像是桃金娘，开着极为芳香的黄花。这里的茶树林规模不大，有些茶林四周围绕着一些种着其他植物的小块土地，有些则位于一些互不连接的土地上。我们还看到一小片一小片的姜地，上面罩着防鸟的框架。山上一部分地方采用了梯田的耕作方式。水利灌溉通过一个手工操作的链泵来进行，比起我们前面描述过的灌溉方式来确实是一种改进，我觉得在英国也能有效率地使用这种灌溉方式。木板覆盖着的水槽两头各安有一个带有嵌齿的轮轴，最高处的那个轮轴的头上安有穿轴而过的棍棒，在上面装上把手，用作一个轮子，人们交替使用双手转
324 动把手，这样，不用十分费力，就能提上来不少水。山顶上的

景色让我们攀爬的辛苦得到了报答。这是真正大山风格的景色，群山逶迤，层峦叠嶂，巍峨崇高，气象万千。和这一磅礴景色适成对照的是山谷里的耕地，地里星星点点地散布着一些白色的村舍和农场房屋。我们被低处的农民看到了，下山时便有一群人跟在我们后面喊叫，如果不是他们后来有礼貌地给我们送茶，可能就会被我们误解为无礼行为了，而实际上，这只是他们表达惊奇的粗鲁方式而已。这里的山野长满了一种橡树，叶子就像月桂，我感觉英国没有这种树。我们的船从所停泊的小河移到了对面名叫沟汊（Khou-chah）的岛上，目的是为了方便我们相互之间的联系。大通附近发现有铁，村镇里能看到一些铁匠铺。

11月6日。——我们仍然留在岛上。这个岛一点意思也没有，面积太小，一会儿就全走遍了。岛上大部分地方长着长长的芦苇，其余地方种着一些低劣品种的蔬菜。中国庄稼的产量一定很好，因为没有一个国家能够在整理土地和照料庄稼成长方面付出比中国人更多的辛苦。他们特别注意清除地里的杂草。尽管这个岛上没有村庄，但岛上的人也不少，零零散散地分布着一些农民的房子，好像所有房子都带有一个小园子。这一地区流行一种皮肤病，范围之广即使在中国人中间也非同寻常，这可能是由粗劣食物和不卫生引起的。这一地区经常因为 325
乡村的贫穷状况和下层民众承受的巨大压力而爆发反抗活动。马礼逊先生今天翻译了一道地方官向大通居民发布的布告[①]，与

① 见附录，第9号。

小斯当东爵士10月30日看到的布告意思差不多。

11月7日。——天亮时，我们乘着强劲的北风离开了这个岛。8点半，我们在马埠楼（Ma-poo-leou）附近进入了一条向南的支流，叫马首汊（Ma-shou-ja），另一条较大的支流向西方流去。9点，我们经过一座7层宝塔。塔位于池州府附近，但我们没有看到池州府，因为一些山丘挡住了我们的视线。12点，我们在一个小镇对面的岛上停了下来，这里距离大通80或者100里。停泊地叫吴沙卡（Woo-sha-kya），但我不清楚这究竟是小镇的名字还是岛的名字。我穿过水面，在田野中散步。一个陌生人在这里，要比在任何其他情况下都更能容易迷路。极目望去，一个个的山丘和谷地绵延不断。较高处树木丛生，山谷的坡地上开垦着一层层的梯田。有许多长着柳叶形状叶子的橡树，十分高大。一棵冷杉上长着一种非常茂密的寄生植物，

326 其根部周长将近18英寸，它本身生出的树枝已经取代了支持它的冷杉的树枝。忧郁的贾克斯（Jaques）①也许可以在这里找见一个阿谀奉承有钱有势者的人的象征，他们往往会把他们赖以向上爬、同时也是他们最初巴结和腐蚀的那些大人物给毁掉。中国人使用耙来粉碎被犁起来的那些较大的土块，耙上斜着安装有弯弯的短刃，有一个人站在上面操纵它。

11月8日。——我们继续留在这个岛上，这里是扬子江的支流汇合的地方，有着一定的危险性，遇到强劲的大风可能不太安全。白天在岛上四处闲逛，打发时间。岛上大部分地方种

① 莎士比亚喜剧《皆大欢喜》中的人物。——译者

着稻子、麦子和蔬菜，对岸地里种的是棉花、荞麦和豆子。我们看到一个茶花盛开的茶树林。在这个岛和在其他岛上一样，可以看到一些明显的痕迹，说明它时常遭遇水淹，尽管不是被全部淹没。不过，土地使用的不确定性并没有能够阻止中国人的勤劳，肥沃的土壤在一季农作物上的高产也能让辛勤的耕作得到回报。每隔一定距离就有一些住房，这些住房总的来说适合比佃农地位高一些的居民居住。在我们散步途中，一幢房子里传出的铙钹和其他乐器的声音吸引了我们。这是一场庄重的葬礼，哀悼者们身穿白色衣袍，戴着白色帽子，主持仪式的僧侣们穿着他们平时穿的衣服，他们同时也是乐手。送葬的队伍以正常的次序在房子前面的院子里走了几圈，死者的棺材就放在房子里面。我们的出现引起了所有人的好奇，把整个葬礼彻底打断了。老人和年轻人，男人和女人，全都扔下要做的事，来观看我们和我们的衣服，只有一名老年妇女觉得必须要维持悲伤的样子。和往常一样，僧侣穿的衣服很像基督教教士穿的衣服。这样的类似，再加上手里抱着一个孩子的女性菩萨与圣母玛丽亚的类似，必然会让那些狂热的天主教徒感到不舒服。在商店里摆着出售的低劣绘画中，经常可以看到女性菩萨的画像。 327

11月9日。——我们5点钟乘着一股强风离开了停泊地[①]，驶入了主河道。8点，我们看到右岸有一条小河渠。这里的河道相当迂回。何前（Ho-chuen）附近的乡村林木茂密，十分美

① 那些醒来较早的人描述了一座叫作太子矶（Tai.tze.kee）的山崖，在这附近，它被一座寺庙完全占据了。从这儿前行，还有两座较低的山崖，它们之间的河道十分狭窄，需要十分小心才能避免让船只撞上它们。

丽。过了何前不久，我们经过一个有岗楼的小村庄。江两岸都是群山，右岸最前面的山山顶很尖，而左岸的山我猜想应该就是在大通看到的那些山。何前距离安庆府30里。——1点钟，我们看到了一队身穿盔甲的士兵，大约有500人，样子十分威
328 武。他们列队在一个阅兵场上，阅兵场中间附近有一个很大的靶子，用来演练火绳枪和弓箭。过了这里不久，看到一座比例协调的8层宝塔，有些游历过的人说这座塔维护得很好，最底一层里有一块十分漂亮的大理石方尖塔，里面有一位著名勇士的心脏。从塔顶上可以看到安庆府城墙内大部分地方，那里有园林和种有植物的土地。

我和小斯当东爵士在过了宝塔几百码的地方上了岸，从东门进了城，然后向西走，走到离我们船的停泊地不远的地方。城市东部主要是一些住房，一直到我们过了大致位于城市中心的按察使的宅邸，我们才看到我们要找的目标——店铺。由于这里是省城，我们自然十分期望能看到一些上等的制造品和天然产品。在这方面，我们没有完全失望。店铺尽管不如芜湖县的宽敞，但里面的东西还不错。尽管有皇帝的谕旨，店铺的掌柜还是毫不犹豫地把我们想买的任何东西都卖给了我们。从跟着我们的人群中挤出来，走进一家店铺里，对店主来说不是没有一点危险的，因为不管什么人全都跟着冲进去，一家摆满贵重小物品的店铺必然会担心商品的安全，这么多人中间肯定会有一定数量手法灵巧的梁上君子，至少在伦敦会是这样。店主
329 殷勤地拿出大量古玩让我们看，比如项链、古老瓷器、玛瑙杯、花瓶、刚玉和其他宝石的装饰品以及用木头和金属雕刻的

工艺品，但我们既没有足够的钱，也没有足够的时间购买。街道是铺砌的路，一般都不宽，公共建筑很少。抚院宅邸对面的典礼大堂上有一条巨大的龙，究竟是要用它作为官衙的标志，还是要用以增加威摄力，似乎难以搞清楚。我注意到，只有官府的官员[①]才能准许穿过衙门的大院。可以看到妇女在房屋的门口，其中有些长得十分美丽。从她们的姿态和外貌看，我感觉她们更重视的是她们的美丽而不是端庄。

江边的城郊和城内一样，也有一些不错的店铺，中国所有位于河边的城市实际上都是这样。日落时关闭城门的做法常常给外来人购买东西造成不便，他们没有足够的时间返回他们的船。由于在中国这一地区旅行可以说完全依靠水路，所以外来人的船停泊的地方决定着店铺的位置。总的来说，尽管安庆府没有什么特别值得注意的街道，但有许多比其他城市更好的房子，配得上这是一个比较繁荣的城市的说法。城门上有着一般城门都有的建筑物，唯一明显的不同是城门口比较狭窄。出售的东西主要是瓷器、角形灯笼、帽子、布匹和丝绸，还有各式 330
各样的装饰品。

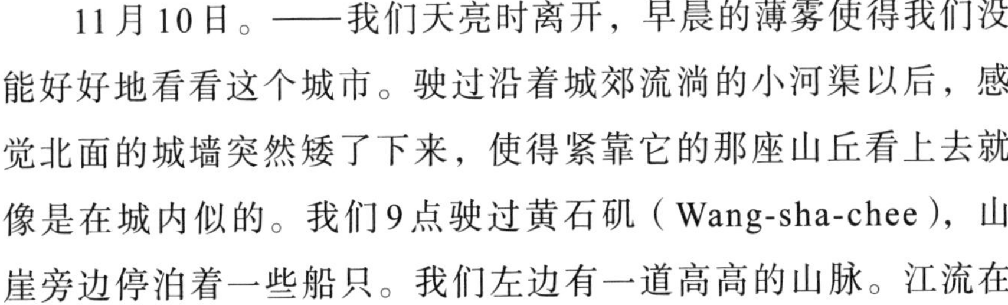

11月10日。——我们天亮时离开，早晨的薄雾使得我们没能好好地看看这个城市。驶过沿着城郊流淌的小河渠以后，感觉北面的城墙突然矮了下来，使得紧靠它的那座山丘看上去就像是在城内似的。我们9点驶过黄石矶（Wang-sha-chee），山崖旁边停泊着一些船只。我们左边有一道高高的山脉。江流在

① 这些政府官员的宅邸被称作衙门。

这里被一个岛屿分开，从船夫那儿得到的信息使我觉得，吉阳河（Kee-yan-ho）就在这一带。12点，我们经过了东流县。这是一座有城墙的城镇，有两座塔，其中一座7层。房子被涂成白色。在东流县，有条河流进江中，河里停泊着几条船。尽管风力足以让我们驶入这个安全的停泊地，但我们的带领者还是驶过了这个地方，这一不平常的鲁莽行动大大出乎我们的意料。城墙里面似乎有很多没有房屋的空地。——3点。我们到了瓦院洲（Wa-yuen-chou），这是一个小岛。停泊地附近有几处房屋，其中一座还没有完成。我们在中国还很少见到新房子，加之它很像英国的农舍，所以吸引了我们的注意。除了东流县附近以外，田野不再像以前那么美丽了。

331 11月11日。——夜间下起了大雨，天气十分阴沉，我们被迫停在这里。大雨几乎没有中断过，我们忍受着类似11月的英国天气所造成的所有痛苦，没有任何缓解的办法。我们的船并不防雨，船里和船外都非常令人难受。

在马礼逊先生船上值勤的一名水兵不幸从两条船中间落入水中，被河水淹没。水流太急，在船下面很容易被水冲走，这样的情况一般都是致命的。中国人非常焦急地寻找尸体，在移走旁边3条船以后，他们成功了。我们向钦差送了一个信，要求船队等到举行完葬礼以后再开走。钦差马上就接受了这一要求，并且尽力为我们提供了帮助。

11月12日。——今天早上，水兵米利奇（Millege）以军人葬礼的方式被埋葬在中国哨所的后面。值勤的士兵们做出了关切的表示，我本来并不相信中国人会这样做的。当葬礼结束时，他们鸣放火铳枪，他们的乐队演奏出适合这种场合的曲调。我们10点钟开船，12点左右驶过望江县。12点半驶过马当山（Ma-tung-shan），这是位于右岸的一个引人注目的断崖峭壁。江流在这里再次被一个岛分成两股，我们驶进西北方向的支流。今天早上看到了海豚，考虑到这里和海的距离，这真是十分奇异的事情。我们4点钟驶过小孤山，这座山十分奇特：第一，它孑然独立于大江之中；第二，它兀然突起，直升 332
到250英尺的高度；第三，山坡上有建筑物和无数的鸬鹚——一种吃鱼的鸟。山的最顶端有一座两层的寺庙，半山腰还有几座，高高低低地坐落在倾斜的山坡上。这些房屋和山顶上的寺庙之间的空地上，覆盖着一片竹林，竹子纤弱的茎干与它依傍的粗犷山石形成鲜明对照，产生出十分奇异的效果。那些鸬鹚，远远望去就像是山坡上的一个个小孔隙，即使走近一点看，它们也像是趴伏而不是站立在山石上。僧侣们有一份文件宣称，这些寺庙是皇帝的母亲捐建的。过往的船只一般都要做些捐献，请求地方神灵保佑他们从江河驶向湖里时一路平安。我们的虔诚不允许我们不服从这一习俗。过了这里以后不久，我们便到了彭泽县对岸。彭泽县四周建有城墙，布局十分奇怪：大多数房屋都建在一个山谷里，但城墙却围着山丘建在山上，把很大一块空地围在城墙里面。这里的山不是很高，但今天阴天，云雾遮住了山顶，我们无法清楚地看到山上的建筑物。不过，隐约可见的群山愈加显得巍峨崇高，而山体本身兀然伸入江中，也令人赞叹不已。我们预定的停泊地是青阳庙（Ching-yang-miao），但直到早上我们才到达那里。

333 11月13日。——青阳庙坐落在一块低平地上，旁边有条小溪或是小河。由于风向不顺，我们在这里待了一整天。广惠拜访了阿美士德勋爵，询问头天晚上下暴风雨时的情况。有一条船出现了险情，它的缆绳坏了，同时由于操作失误，最大的一只锚没有能够将船停住，船向小孤山方向漂去。幸运的是那些较小的锚起了作用，否则后果将不堪设想。广惠通知阿美士德勋爵，收到消息说，我们的3条船已经于10月9日抵达了广州附近的停泊地。停泊在二道滩外的一条应该是“休伊特将军”号，其他两条战船可能是“阿尔赛斯特”号和“天琴座”号[①]，它们停泊在穿鼻（Chuen-pee）。钦差有关我们接下去要乘用的船只大小的描述很令人失望，需要5条船才能装下现在一条船上所装的东西。据广惠说，鄱阳湖比位于湖广的洞庭湖要小得多，一个只有180里，而另一个则横跨800里。村庄和往常一样，坐落在我们停泊的小港湾的对岸。乡野中唯一引人注目的地方，是那种可以称为绅士的乡间别墅的房子要比我以前在这一地区所看到的数量更多（可以认为，绅士这种称呼只适用于这些房子，而不适用于房子的主人）。一间乡村学校引起了我的
334 注意，男孩们全都在大声地朗诵同一本书，音调十分高亢，老师的耳朵想必能够十分敏锐地听出那些偷懒的学生吧。尽管村庄非常小，但居民不少。许多村舍是用苇席做的，这种材料十分便宜，但也很容易腐烂。

11月14日。——我们5点钟启航，7点钟经过了一个十分

① 后来证明它们是“发现”号和“调查者”号。

怪异地伸入江中的山岩和一个被崎岖不平的崖壁包围着的渔村。左岸陡峭不平，景色十分奇特。大约10点左右，我们驶过湖口县。它和彭泽县有些相似，坐落在山丘的开口处，城墙从山丘上经过，把几座小山围在了城内。很难弄明白这些城镇为什么把山地围在城内，这些地没有被开垦出来，尽管看上去能长东西，但没有种植多少牧草。在一个名叫八里江的小村庄附近，扬子江在我们右侧再次分岔。在这里，我们驶离了宏伟浩荡的扬子江，我们已经沿着它的河道行驶了950里，也就是285英里，它的平均宽度少说也要有2英里。它流经过的乡野美丽如画，除了那些多山的地方，这些乡野都可以而且也确实进行了精耕细作。江中有着许许多多面积很大的岛屿，岛上土地极其肥沃。江两岸为数众多的城市、城镇和村庄中居住着大量的居民，他们身体健康，但没有精神。爱国的人在这里找不到相同的感情，高尚的人在这里找不到朋友，那些亲切和蔼的女士在扬子江两岸更是难以找到一个同伴。我们所看到的，不是纯粹的礼节就是野蛮，不是野蛮就是虚伪。在英国农民小屋旁边流过的最小溪流，或许也比中国的大江长河更能因其道德面 335
貌而自豪。

我们驶入的湖面加上分汊出去的河流，共有七八英里宽。在这之后，水面立即就被一块遍布山石的土地限制住了。大孤山就在入口处附近，它像小孤山一样孤悬水中，但是更大，也不像小孤山那样陡峭地拔地而起。山上有一座比例匀称的7层宝塔，还有两座较小的塔和几座寺庙。人们也根据它的形状叫它鞋山。整个说来，大孤山不像小孤山那样引人注目。现在

位于我们面前的山名叫庐山（Lee-shan），它巍峨崇高，俯视着南康府。南康府城位于江边，估计我们要在这儿做短暂的停留。这道山脉山顶平坦，最后突然变得十分陡峭，那些叛逆的巨人可能就是在这儿被宙斯扔下去的吧。行驶了90英里后，天气变得阴暗，我们没有冒险驶入宽阔的湖面，而是停泊在一个虽小但很安全的港湾——大姑塘（Ta-koo-tang）。尽管天气不太好，我还是不失时机地去攀爬最近的山岭，去看看山后面更为巍峨的大山中那些可以期待的壮丽景色。让中国士兵们非常不高兴的是，我实现了自己的目标。山很高，不过比庐山要矮得多。天还算亮，下面的山丘光影交错，变化万千，十
336 分美丽。山坡上有一些耕地，但大部分都长满了树木。我很惊奇地发现，山顶上的植物全都散发着香气。有些树丛鲜花盛开，十分漂亮。那些开着单一白花的树，被园艺家认为可能是一种山茶。在城镇附近看到一种十分漂亮的橡树，树枝上长着一丛丛的橡子。这种树有大约50英尺高，叶子像月桂。我攀爬的这座山主要由泥板岩构成，停泊地附近看到有石灰岩和硬砂岩。

11月15日。——由于下雨，我们滞留在这里，似乎是要等待很好的天气才穿越这个湖。我进城散步，惊奇地发现了如此多的大店铺和房屋。最好的店铺是卖瓷器的店铺，我们一伙在里面买了一些东西。用英国人的观念来看，价格自然是比较适中。在一座大庙里，我注意到一些用粗劣的大理石制作的八角形柱子，它们有基座，但没有柱头。庙对面的戏台维护得还算不错，主要的表演是翻筋斗。城镇围绕着港湾，如果天气好，

或许能够走到湖边。城附近停泊着几条木筏，上面建有蓆棚，里面无疑居住着一些穷苦人家，我们在这条河和其他河上遇到过几条这样的木筏。

11月16日。——昨天晚上雨下得很大，不过，到今天中午以前，天就放晴了，我们扬帆启程。湖两岸都是山，庐山依然巍峨屹立在我们的右边。山顶和山石的凹处很白，看上去像是 337
雪。经过仔细观察，我感觉白色的表面是由于山水冲刷而裸露出来的沙子或者石头。离开大姑塘大约5英里后，我们经过了青山（King-shan），一个像前者一样坐落在港湾一头的小镇。湖边停泊着几条盐船。作为内陆湖来说，湖水[①]的波涛十分汹涌，在低沉的乌云衬托下，整个景色还真有庄严肃穆之感。我们前面有几座赤裸的砂石山。巨大的山脉似乎确实具有一些共同的特点，较远山脉的凹处都散布着一些雪。青山和大姑塘一样，也有很多房屋，但似乎不够结实，难以抵御强大的洪水。从这里看去，位于大姑塘入口附近的大孤山和另外一座孤悬湖中的小山，就像是扬起风帆的船一样。

大约12点，我们看到了南康府的宝塔，塔为7层，维护得很好。过了不久，在向右拐过一个弯以后，我们停在了一个筑有防波堤的港湾里。防波堤主要由花岗岩建成，目的是保护城墙和一定数量的小船免受湖水突然涌入造成的危害。人们可以

---

① 一名传教士说，鄱阳湖有时候像中国的大海一样刮着狂暴的大风。这位善良的神父自己就遇到过一次这样的风暴，差一点儿就死了。他虔诚地把他的幸免于难归之于他从罗马带到北京教会的一个真十字架。在他那个时代，这个湖上满是强盗，他们假装援救靠近船只，抢劫财产，杀死船上的人。

338 通过一座桥或是一条有拱的堤道，从防波堤走到城门。鄱阳湖在这里被一些山丘分割成两个分支，我们一直在上面航行的这一部分叫南康湖。城墙和港湾的情况让我们感觉城里一定十分繁华，但我们最后全都大失所望。店铺里除了可以买到一般的生活必需品以外，可以说是一无所有，而那些生活必需品显然也只适合最下层的民众。不过，大街上有许多石头牌楼，形成一道完整的拱廊，足以证明南康府曾经拥有过的重要地位。这些牌楼上有很多雕刻，尤其是一些浮雕的形象十分出色，令人赞叹。这些牌楼修建于万历年间，距今将近300年。我们在这个城市内第一次见到了祭祀孔子的大殿或是庙宇，名叫文庙。它们引人注目的地方是没有偶像，在院子四周的走廊上放置着一些写有已故杰出人物名字的碑匾。第一个院子里有一个半圆形的水池，进入大殿之前要经过几道宽阔的台阶。这些台阶、台阶尽头处的狮子像和水池都是用具有白色细纹的花岗岩修建的，这些花岗岩取自附近的山里。有一座大殿或者是新近才建成，或者是正在彻底重建中。宝塔也是新的。这两处修建活动都是现任巡抚组织进行的，在中国现在的衰落情况下，可以认为这个人具有不同寻常的公共精神。这座城镇实在没有什么令人感兴趣的东西，而西北方向的庐山则具有巨大的吸引力。从
339 山崖上落下来的一道像是有山的2/3高的瀑布，就成为我散步的直接目标。我当天晚上没有能够走到那儿，不过我们要是不离开的话，我明天还会再做一次尝试。我在这里看到了第一个花岗岩山岩，整座山看上去十分原始。

11月17日。——我进行了一次最有意思的登山活动。从

瀑布上流下来的一条小河弯弯曲曲地在山间回绕，河上有3座桥，其中一座有12个桥墩。河几乎快要干了，但是桥的长度说明，在下大雨或是积雪融化的季节里，这条小河一定会涨成一条巨大的激流。河水极其清澈，让久已看惯了白河、运河、黄河和扬子江浑浊泥水的眼睛确实十分舒服。在我们右边，一条瀑布沿着溪谷翻腾而下，溪谷的尽头优美地坐落着一座大庙。我们绕过一座山丘，不久就走上一条石头小路，沿着它来到一座可以俯瞰瀑布的小塔。在这个距离，这座建筑就像是一个孩子的玩具。在这里，我有机会见证了我读过的有关花岗岩山体特点的描述。花岗岩山底部的岩石碎块标志着大规模的侵蚀过程，矗立在原始的尖针状山顶上的岩石便是这个过程的残存。我们沿着石阶向上走，道路弯来折去，以避开陡峭的山坡。我们沿途看到了一些纯石英石，其中许多深达3英尺，有几个甚至将近5英尺。半路上有一道2英尺半厚的石英矿脉，好像是水平地穿过山体。地面上一些云母在闪烁，看上去就像是散布 340
着一片片贵重金属。一条溪流从一大堆山石上奔流下来，流水的轰鸣声让人想到了《圣经》中庄严写下的上帝的声音：“多水滔滔。”这样，在攀爬陡峭山坡过程中不时进行的短暂休息中，我们对我们上面和周围庄严壮观的景象充满了恭敬和虔诚，而在我们下面，形成对照的是山谷中令人感到愉悦的整齐耕地。我们用了一个半小时来到宝塔处，看到塔有7层，用附近的花岗岩建成，高50英尺，底层一个洞里摆放着一个骑在牛身上的小神像。我们站在一个孤立的山头上，一条很深的沟壑把我们和对面的大山分割开来。大山上有一道瀑布飞流直下，

垂直高度达400英尺。我们休息时，看到对面山崖上有一些僧侣，他们属于宝塔附近的僧院或者寺庙，我们在山顶附近的耕地上就已经看到他们了。我们直截了当地向他们索要茶点，他们也欣然提供给了我们。他们的住处非常优雅地坐落在一个小山凹里，房屋周围有一些树木为之挡风。即便如此，初冬的寒风仍然极为刺骨。他们朴素的教规禁食肉类，所以这些僧侣们不可能为我们准备走长路以后所需要的那些实在食物，腌姜和
341 干果皮就是他们所能提供的全部东西了。这的确是隐士的饭食，整个场景也很适合进行宗教静思。瀑布上面是一片竹林[①]，我现在已经毫不怀疑这被认为是一种神圣的树木了。寺庙附近的山顶和山坡上的耕地里，种着一些巨大的山茶树。我们下山只用了3/4小时。快到山根的时候，我看到了一些片岩，我完全可以断定，它们处在花岗岩的下面。这些片岩呈云母状，上面嵌有一些很小的石榴石。我们返回时走的是大路，快到城里的时候经过一座道观，里面值得一提的是一些表现未来世界的绘画，有关来世的奖励和惩罚都是根据现世的相应情况描绘的。

11月18日。——在昨天良好经历的鼓励下，我产生出足够的地质探险心，再到山上去进行一次游历。这一次我们走了一条近路，沿着溪水向上攀登，很好地看到了花岗岩逐步分解的各个阶段。山上的许多花岗岩上都能看到分层，有些地方有完美的层积结构。长石和云母有多种色彩，但两者都是白色居

① 印度簕竹。

多，部分岩石因为长石的不同颜色而呈现出纹理。在山根的碎
石中，混杂着一块块大大小小的长石。尽管我们在这里进行了 342
较为仔细的探察，仍然没有能够弄清楚片岩的准确情况。在山底下看到大量碎石，在我看来是含有云母的片岩，但精通地质学的人认为它们属于片麻岩。山的倾斜度几乎是垂直的，85到90度，走向为东北到西南方向。在一条与庐山相切的海拔较低的山脉上，片岩明显地出现在最低处。在宝塔所在的山丘处见到的那些含有云母的片岩，可能是被山水从较高的地方冲下来的。整座山呈现出由于激烈的山水冲刷而大面积陵削的面貌，由山上流下去的洪水很可能形成了鄱阳湖，或者使扬子江变得宽阔。一些天然的大石块被冲得到处都是，而就像我们已经注意到的那样，那些较小的石块是纯净的石英。山底下的大寺庙年久失修，只有院子里几棵高耸的大树引人注目。有一名僧侣独自在进行祷告，以一种吟诵的语调不断地重复着，祷告间隙时敲击一个钟和一面鼓，最后以跪拜结束。我注意到，这名僧侣和以前所见到的同样职业的人们一样，脸上都带着一种毫无表情的白痴样，这种样子非常明显，不由得让我感觉他是装出来的，目的是要让人认为他完全沉浸在宗教沉思当中。尽管宗教在中国似乎并不太受重视，出现这种情况也不是由于缺乏热诚或者僧侣的专业技巧。值得进一步探询的是，为什么和他们在道德和政治上的无知大致相称地，中国人在宗教这个能够
唤起人们热情和感情的问题上会如此冷漠呢？在这里看到了一个 343
新的橡树品种和几种阔叶樟树，也看到了茶树林，但面积仍然不大。

11月19日。——这一天被用来前往一个书院进行参观，朱夫子①曾经在这里教授过许多弟子。他是孔子的诠释者，同时也是一部从远古到他本人生存的时代——公元12世纪——的史书的作者。书院在城北门西面5英里处，从外面看上去，除了规模较大以外，并没有什么特别显眼的地方。和一般的这类建筑一样，它分成几个院子，院子周围是一排排狭窄的房子，以前是弟子们的住处，其数量据说达到了1000名。一座大堂上有孔子的像，他的一些重要弟子们分列在他的旁边。关于这座雕像值得一提的是，孔子的肤色和面貌特征显然是非洲人的。一棵大树据说是朱夫子亲手栽的，我们一伙中学习中国学问的人非常想把这棵树的树枝带走，而我对一个木制的牡鹿雕像更
344 感兴趣，据说这位圣贤差遣牡鹿到邻近村庄购买物品并且运送回家，钱就放在鹿角上，就这样依靠卖东西人的诚信和这一动物的睿智，买卖就令人满意地完成了。这座雕塑所表现的这一故事，和普遍归之于中国传统的乏味的荒诞相比较，要更为浪漫，更加奇幻，更加不可能。通向书院的道路和书院坐落的地方风景宜人，美丽如画。书院后面是一座树木茂密的山丘，一条小溪在山前流过，为书院的主人及其弟子们提供洁净的水。房屋现在正在维修中，但我不能确定它是不是还要用作原先的目的。涂写或者刻画名字似乎在各个国家都很普遍，在这里以

① 我倾向于认为，朱夫子就是朱熹，中国现在的哲学家们所信奉的学说的缔造者。朱熹认为，存在着一个宇宙起因——太极，太极产生出另外两个起因，一个完美，一个不完美。这方面他有点像柏拉图，可以把完美和灵魂相比，而不完美则可以和世界的物质形式相比。使事物成为其本身的是理。

及庐山脚下，一些人用中文留下了他们的痕迹。我们在山上的宝塔里也刻下了一段文字，说明英国使团曾经到此一游。我们在山里散步，无论是去到村庄还是从村庄返回（由于错误，走了远路），一路上的风景都十分美丽。庐山的每一个地方都壮丽无比，下面土地上的房屋、耕地和树木排列得十分漂亮。进入北门的时候，我们经过一个很大的学堂。右边有很大一块地方没有人居住，完全由耕地组成。

11月20日。——我们6点半离开港湾，大约7点再次进入了鄱阳湖。9点，我们经过一个坐落位置很好的小镇渚溪（Soo-
chee），行程据说是45里。一股强劲的顺风让我们于12点到达 345
了停泊地吴城（Woo-chin），根据中国人的旅行指南，我们在5个小时内走了90里，也就是30英里。我们的航行路线先是向东南方，然后向西南方。在这里，我们离开了向东面伸展的鄱阳湖。镇子附近有2条小河，我们沿河向南方驶去。关于鄱阳湖，我唯一要说的是，它不像我原先期待的那样宽阔，这里有太多的很低的岛屿或陆地，很难弄清楚它的整个范围。湖岸上的景色也和我原先的期待相反，群山连绵，十分美丽。湖面的整个距离大约有60英里。

吴城虽然没有州或县那样显赫的名称，却是一个相当重要的地方，它是北方和南方之间商品交换的重要市场。货栈十分宽敞，里面放满了东西，住宅高大坚实，庙宇装饰华丽，店铺里摆满了各种各样的商品，包括为数不少的欧洲货物。有几件用古代和近代工艺制作的小青铜器，形状很像希腊和伊特鲁里

亚[1]的铜器。

在抵达吴城的时候，曾经看到一块高地上有一座庙，屋顶上覆盖着绿瓦，四周环绕着由花岗岩柱子组成的柱廊。经过探查，发现它是一座废墟。而供奉长寿之神寿星王（Wang-shin-choo）的庙则全然不同，这座庙雕梁画栋，镀金描银，比我看
346 到过的任何庙宇都更为华丽。一个由陶瓷制作的牌楼，就像突起在柱子表面的半露柱那样，镶嵌在寺庙的外大门上。庙宇的正面几乎到处都镀着金，院子两边有装饰华美的走廊，从这些走廊的位置来看，可以把它们称为2楼。和华美的建筑物相一致，庙里的祭器也是多种多样，工艺精湛。过了大门，有一座高起的亭台面对着庙宇的大殿，这座亭台具有相同的装饰风格，用于戏剧演出。戏台下面的外院里，整齐地排列着一些出售瓷器和其他物品的店铺。人们告诉我们，这座庙由镇子里的商人自愿捐钱修建和维持。对于他们来说，如果买卖繁荣兴旺的话，他们的首要目标肯定是寿命的长久。我还参观了另外一座差不多同样金碧辉煌的庙，它坐落在两段20英尺长的十分漂亮的石头台阶上面，看上去十分壮观。从这里停泊的船只数量较少这一点来看，我感觉尽管吴城可能是南北各省许多贸易活动的必经之地，但实际的货物交换不太可能在这里进行，因为那样的话，货物的主人或者代理商就需要长时间住下，装载货物的船只因此也就会停留在这儿。不过，季节或者我们并不清楚的停泊条件，也可能是造成现在这种情况的原因。这个城镇

① 公元前9世纪到公元前1世纪存在于意大利的一个民族及其文化。——译者

人口很多，但肯定达不到我们根据它所谓的商业重要性而做出的估计。

11月21日。——7点钟离开停泊地，我们先是在一条被我 347
们的船夫叫作小汊（Seaou-chah）的河上行驶，然后进入了沙洲河（Shan-chou-kho），最后来到沙河（Shan-kho）。河里有几座小岛，堤岸低矮，没有太多趣味。一丛丛的树木在我们离去的浪漫乡野上绵延不断，前面还能看到一些山峰，不过我们已经逐渐地把庐山丢在了后面。除了离吴城不远处有一个稍大一些的村庄以外，我们经过的其他村庄规模都不大。必须要提到的是，我今天在河的左岸看到了一个牧场，这是我到达中国以来第一次看到的有一定规模的牧场。牛的数量不多，有普通的牛，也有水牛。牧场的草已经快要被吃光了，看上去更适合养蟋蟀而不是放牧牛群。日落时分，我们来到几幢还算不错的房屋的对岸，这里有一个停泊小船的码头。西面的落日余晖映照着几座山丘，如果在我们航行的早期，我或许就会把这些山丘称为山脉了。这里的河面大约有400码宽。我们停泊在黄村（Wang-chun），这里是一座有几幢房屋的军营。

我们预计明天到达南昌府，行程为90里。广惠给阿美士德勋爵送来一封信，要求使团的任何人都不要进入南昌府城内。他提出的理由是，士子们将在皇帝的生日这一天进行科举考
试，因而会聚集起很多人，抚院也会到场。这些所谓的理由可 348
能纯粹是借口，但看上去都是合理的，同时考虑到迄今为止不顾皇帝的谕旨仍然给予我们的自由，所以，我们没有理由对这一要求表示反对，或许我们都没有理由感到不满。这是我们第

一次收到有关皇帝诞辰日——11月24日——真正正式的通知。几天以前，通事阿周确实和小斯当东爵士交流过，目的是想探询大使愿不愿意参加将于24日在南昌府举行的庆典。他显然是受钦差的命令前来的，但他不愿意明说。对此，小斯当东爵士做出了十分恰当的回答。他在回答中尽管提到了使团始终没有能够得到关切，但同时也表示愿意满足广惠的愿望，如果他把这些要求明确地表达出来，而庆典其他各方面的情况都符合礼节、可以让人接受的话。这一回答仅仅是小斯当东爵士个人的意见，并不代表阿美士德勋爵。根据此后通过同一渠道进行的交流来看，他们的目的似乎是叩头，这自然就使得这一提议变得十分荒唐、难以接受了。阿周的话含混不清，很难断定他在多大程度上受命于钦差，也很难弄清这一提议的真实性质。我几乎不能相信，广惠会认为阿美士德勋爵在回国的路上，能够毫无理由地同意遵行一个造成使团未被接受的礼仪，除非广惠觉得，如果长期得不到皇帝宠幸的阳光照耀，勋爵的精神就会
349 变得委靡不振。我自然有许多理由对参与这一庆典感到高兴，因为通过互换礼物，已经宣布两国君主将继续友好交往，大使能有机会和皇帝的大臣一起公开露面不仅十分得体，确实也是一种尊荣。无论如何，在我看来，即便是不能鸣放礼炮以示庆祝的话，也可以给广惠送去一封对皇帝诞辰日表示祝贺的信。我认为，在这样一个场合毫无表示，可能是对皇帝的某种冒犯，而如果动机被误解的话，甚至可能会引起更为严重的不满。此外，在这样一个公共事件中表现得死气沉沉，在我看来，很可能会让中国人错误地认为这表明我们微不足道，或者

会认为我们不懂礼貌，而不会被他们视为有尊严的怨恨的表示。

11月22日。——我们早上一早离开停泊地。风向不顺，只有依靠拉纤前进，当地提供了一些人手前来帮助船夫们。11点，我们驶过一些低矮的山丘，12点抵达了樵舍（Chou-shah）。我们停在镇子对岸，以补给一些需用品。这个地方有一些还算可以的店铺，主要集中在一条长长的街道上。四周的乡野是低矮的红砂岩山丘，山上部分地覆盖着树木。樵舍距离南昌府50里，我感觉它在通常情况下是一个停泊地，不过我们又行驶了20里才停泊下来。离樵舍不远处，有一条不大的名叫汊河（Chah-kho）的河渠向右边流去。再向前行驶不多会儿，一 350
条比较大的河从东面流进江中。这后一条河是不是来自杭州府（Hang-choo-foo），我们没有弄清楚。实际上，这个地方有太多的河流相互交叉，方圆数英里的地面很可能时常被完全淹没，和湖水连接在一起。我们前面右侧有一处群山。这几天天气一直比较寒冷，在船上居住实在不很舒服。中国人似乎不知道怎样在让光进入船舱内的同时把空气隔绝在外面，你可以享受温暖和黑暗，但阳光也必然被挡在了船舱外面。我们的停泊地是一块多沙的平地，我没有看到附近有什么村庄。

阿美士德勋爵给广惠写了一封书面信件，表示希望鸣放礼炮以祝贺皇帝诞辰。今天晚上，广惠送来了对此作出的回复，说他完全了解特使的关切心情，但中国人在这样的场合一般不会鸣放礼炮，因此请允许他谢绝这样的祝贺。过了一会儿，又通知我们他要前来拜见我们，但他最后并没有来，因为时间太晚，他也有别的公务要处理。

11月23日。——天亮时，我们乘着舒适的微风离开，乡野中有好多地方非常漂亮。听我们的船夫说，我们所看到的右
351 面的群山叫鸡笼山。我们8点钟经过了一条河，在我们左边，听说叫银科河（Yin-koo-kho），是从饶州府[①]流过来的，我知道那里有很大规模的瓷器制造业。9点钟，我们看到了南昌府的宝塔、城墙以及河两岸的城郊。这条河在这里被称作东河（Tung-kho）。过了3刻钟，我们来到了城郊对岸的停泊地，这儿据说是莘洲河（Shin-chou-kho），荷兰使团就是沿着这条河从杭州府抵达这里的。我们停泊在一个低洼的岛上，我没有看到任何连续不断的住宅。

城郊主要的店铺是丝绸商和毛皮商的，有几间较大的瓷器店，和安庆府的相比要差许多。人们购买的丝绸有生的丝线，也有织好的丝绸。在染色丝绸当中，红色是最主要的颜色。一些城门下的门道很像街道上的拱门。我和其他人一起，都没有注意到我们违背了不准我们入城的命令。肯定没有人管我们，因为那些士兵们不仅没有表示反对，反而自愿地带我们去到那里。当后来发现我们误入城内的时候，他们对于我们十分克制地服从了要我们出城的命令感到很惊奇。最好的店铺都在城内。制帽商的店铺真是好看极了，一些轻巧的便帽上绣着各种刺绣，另外一些帽子则使用了天鹅绒和皮毛。皮毛商的店铺特别多，货色也很不错。花瓶和其他铜制物品的式样不如吴城
352 特别多，货色也很不错。花瓶和其他铜制物品的式样不如吴城

① 瓷器是从饶州运送到南昌府的。饶州位于鄱阳湖的东南岸，附近的城镇景德镇是瓷器业的主要中心。

丰富。许多店铺里都摆满了演戏用的王冠和头盔，它们描金画银，十分艳丽。这类店铺的数量之多，让我感觉这个城市一定以生产这些东西而著名。有的店铺里正在制作各种各样、大大小小的神像，使用的显然最为低劣的材料和最为粗糙的工艺。当偶像崇拜的细节就这样被带到眼皮底下时，你对于这种十足违背理性的事竟然会发生在一个并不完全缺少思想进步的国家，不可能不感到震惊。我看到一些画在玻璃上的绘画，色彩极为亮丽，构思也还不错。尤其有意思的是，这些绘画的主题选择的是家庭生活的场面。

11月24日。——发现了昨天的错误以后，我刻意避开了南昌城，选择宝塔作为我散步的目的地。沿着一条长达1英里半的几乎笔直的长街，我来到了宝塔下面。这座建筑正处在迅速坍塌的过程中，楼梯一点也不安全可靠。台阶磨损得很厉害，说明经常有人或是出于宗教热情或是出于好奇而来到这里。在塔顶上可以很好地俯瞰全城：这个城是一个不规则的多角形，有6个城门。城墙最长的一面朝向河边，整个周长大约有5到6英里。大而漂亮的房屋不多，不过城中央有一座覆盖着绿瓦的房子可能是个例外，我们推测它要么是座道士庙，要么是士子们进行考试的大堂。我们刚刚经过的乡野看上去河流纵横交错，河流间的土地地势低洼，面积不大，一定会经常被河水完 353
全淹没。在从宝塔返回的路上，我见到了两辆独轮手推车，一辆上坐着两名穿着很好的妇女，车两边一边一个，另一辆上坐着一名显然属于她们的男孩。对于女士来说，独轮车似乎是一种奇特的交通工具。在中国这一地区，它既用来载人，也用来

运输货物。我估计，坐这种车的一般是下等人。我以前在其他地方曾经说过，女性的好奇心使她们不顾皇帝的谕旨，而这里的情况最为奇特，除了最贫穷的人以外，所有妇女都搽着脂粉。中国女人的目的似乎并不是要抹出红白分明的效果，而是把整张脸都抹上一种浓艳的肉红色。许多人有漂亮的眼睛，尽管形状呆板，总体上看还算是有吸引力。乞丐很多，纠缠着他们的同胞，他们既不想恳求我们施舍，似乎也不指望我们能给他们施舍。我们看到几个乞丐拿着一个铃铛或者喇叭还有一个篮子到处走，站在一家店铺门口，摇动铃铛或者吹起喇叭，直到篮子里放满东西。

从广惠那里得到一个暗示，他非常紧张与使团有关的所有事情。这是因为这个城里现在有一位在广州位居次席的武将，他正要前往北京，自然可能会把他看到的事情报告给朝廷。我今天参观了两座寺庙，感觉它们很像南京城郊的庙，大殿的四周排列着一些圣贤的塑像。据说它们都是道士庙，至少可以这
354 样猜测，因为位于三个主神下面的一个较大的神像被叫作老君[①]，是道教的创始人。

25日。——在沿着城墙散步的时候，我走到了擢拔军人的考场[②]，让我十分惊喜。这个地方可以称作演武场，大约有200

① 傅方济（Pere Fouquet）说，道教的首脑是世袭的，称号为天师。创始人老君生存于周朝，他的教义的一个重要原则是宗教性空想以及漠视世俗事务。他断言存在着一个绝对的空无。道教道士们现在大都练习法术，据说他们拥有特别的力量来控制邪恶的神灵。道教的教义一直被认为有害于道德和社会安定。

② 根据传教士的记载来看，这一考试似乎是举人考试。武举功名有三级：武秀才、武举人、武进士。武举考试考各种军事技艺，还有扎营布阵的学问。

码长。场地的上端搭起了一个临时性的大堂，上面摆放着一个高高的宝座或是座位，两边各有一排全副武装的官员，但是由于距离的关系，我没有能够弄清坐在高座上的是一些官员呢，还是代表皇帝的象征物。大堂对面的尽头是一面石墙，用来做为演练军事技艺的靶垛。石墙前面一点有一个牌楼，参加考试的人员骑在马上，手持1张弓和3支箭，从这里开始启动。他们要射的箭靶覆盖着白纸，大约有一人高，宽度稍大一些，每隔50码放一个。他们的目的是在骑马全速前进的同时，成功地 355
射中这些箭靶。尽管不是每一箭都能射中靶心，但也没有一箭脱靶。距离很近，不超过15或者20英尺。在我看来，最值得炫耀的技艺是在不勒住马的情况下拉弓射箭了。候选人都是一些年轻的官员，穿着光鲜，他们的马匹、身上的装饰品以及配备都很不错。箭只有一个尖头，没有倒钩，以防止意外，因为围观的人距离箭靶只有几码远。总地来说，场面很有意思。让我甚感遗憾的是，由于人群的困扰，同时也担心可能会影响考试，从而冒犯他们，所以我只停留了几分钟。城墙的周长是5英里半。

广惠在安徽布政使和按察使的陪同下，拜访了阿美士德勋爵。他的话令人感到非常亲切。在说到他对将要分别感到遗憾时，他问其他的官员们："我怎么和我的朋友们分手啊？"当小斯当东爵士表示希望他像松大人一样，在停泊在黄埔的船只甲板上进餐时，他回答说，尽管他在各方面都比不上那位著名的官员，但他对我们的感情是相同的。

日落以后不久，船对面的城郊起了一场火，火很快就被扑灭了，比我预计的要快很多，只有两幢房屋被毁坏。我们提供

356 灭火机的建议被礼貌地拒绝了，由于城市本身有灭火机，确实也没有必要使用我们的机器。和在土耳其一样，这里的主要官员在这种情况下也要来到现场，和往常一样，人们向到场的官员行了礼。

广惠在谈话中提到，航行到广州可能还需要30天，如果风向不顺的话，就得要40天，这两个时间都大大超过了英国或者荷兰使团先前来华时所用的时间。据猜测，广惠可能对耽搁怀有某种兴趣，要么与使团的结果有关，要么就是他希望得到海关监督的位置。在我看来，这后一种情况更为可能，他现在的职位，再加上他在朝廷中的朋友们为他积极进行游说，使得他很有可能得到晋升。

11月26日。——在广惠的建议下，阿美士德勋爵和小斯当东爵士参观了离停泊地几里的一座寺庙。我原本很想参加使团随员们组织进行的一场板球比赛，但是被迫放弃，这让我感到十分遗憾，因为在南昌府参加一场板球比赛要比再多看一座庙要更有意思，而且还有可能在某种程度上减轻我的挫败感。这座寺庙是由盐商们修建的，用来供奉财神。各种各样的贴金图案和装饰十分漂亮，还有一个花园和一个戏台，整座建筑既用来进行娱乐活动，也用于宗教祭祀。

11月27日。——我们天亮不久就离开了停泊地，天下着大
357 雨，但风很温和。行驶4英里后，我们离开莘洲河，进入了赣河（Kan-kho），它在这里有一条支流向北方流去。12点，我们又经过了一条支流，在我们的右侧。我们的航向多数时间是南偏东方向。在绕过一座山顶上长着一些杉树的山丘后，我们抵

达了齐家塘（Chee-cha-tang）。这是一座小镇，附近不远处有一个坍塌的7层宝塔。河岸一般都很低，多沙的平坦地面，高高的护堤以及暴露的树根，足以说明这里经常被水淹没。在散步途中，我们看到一些野漆树和樟树，樟树非常大。镇子中的一座庙里，展示着地狱里进行的各种惩罚，我感觉和以前描述过的被称为十王的那些神灵有所不同。我感觉，有关中国的那些作品的作者们过分简化了这个国家所流行的宗教，因为在他们的作品所介绍的几大教派中，不可能找到我们看到的种种不同神像的象征或者形象。在我看来，中国的神话学是迄今为止最为丰富多样的学问，要断定在他们的庙里见到的诸多不同神灵是否具有共同的起源和历史，需要进行非常严谨的考察。

对于新换的船来说，这一天是一次不小的考验，但它们很好地经受住了这一考验，比我们预期的要好得多。这些船的上部只铺了一些席子。船的前部向前隆起，有的船头几乎和高船
艉一样高。就船舱铺位和大小来说，这些船要比我们先前的船 358
差多了，因此就需要更多数量的船。总的来说，这些船长而窄，吃水很浅。更好的船肯定可以搞得到，但他们不给我们。如果不是我们表示了反对，很可能会给我们提供更差的船。这就是中国人的礼貌。南昌府的抚院根本就没有注意到使团的存在，阿美士德勋爵认为不能容忍这种无礼的行为，于是通过马礼逊先生向广惠送去一封信，表达了他的不满和惊讶，一些更为高级的官员——比如抚院[①]的直接上司总督——的做法就与

① 抚院是一省的地方长官，从属于管辖区域超过两个省的总督。

之完全不同。

11月28日。——雨一直在下，感觉很不舒服。要是这种天气持续下去的话，我们就不能指望船上盖着的席子能够经受住雨水不断的渗透。两边的岸上有些地方长满了树木，村庄不太多，但每隔不太远的距离就有军事驻地。——10点钟，我们驶过了右侧的一些红色砂石山，这似乎是附近地层的主要成分。河两边好几里长的一段堤岸很高。11点，我看到了一座寺庙，要是气候条件比较好的话，它也许会十分漂亮。2点钟左右，我们到达了丰城县（Foong-ling-hien）附近的停泊地，行驶了60里。码头建得特别好，有石头台阶。丰城县是一个有
359 城墙的城镇，一条长街上有一些较大的店铺，没有什么有意思的东西，所以由于下雨而不能仔细转转，并没有让我们感到遗憾。我看到一家店铺里有一些画，画得相当不错。这个停泊地附近中国音乐的喧嚣声，比其他地方更加闹人。

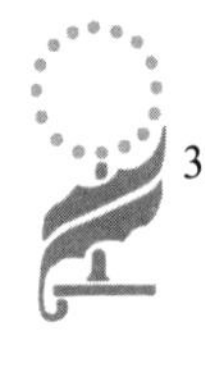

11月29日。——9点半，我们驶过一个岗哨，它旁边有一个坚固的石头堤坝。不一会儿，河的宽度达到了将近1/4英里，有许多人在维护或者修建一道和刚刚经过的堤坝一样的石头堤坝。从这些堤坝以及岸上和河心的大量碎石地来看，这条河在某些季节一定很宽，水流也一定很急。11点驶过一个小村，名叫小葛家（Seang-ko-kea），优美的樟树[①]林中有一座庙。河岸上的地尽管离河很近，一般也都是碎石很多的河滩地。稍稍过去一些，田野看上去就不错了，一些树木把它点缀

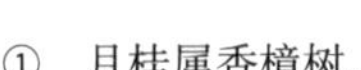

① 月桂属香樟树。

得丰富多姿。碎石地很多，还经常会遇到一些浅滩，说明使用像我们现在乘坐的这种吃水浅的船只十分必要。我们的航向偏向西南方。——1点钟，我们驶过了右侧的两条河，其中一条如果不是临江的话就是临江的一条支流。我们3点半经过樟树（Chang-shoo）镇，这个城镇位于我们左边，在河两岸延续了一段距离。镇上的房屋或者是用红砖建成，或者是涂成了红色，看上去洁净而且坚实。又向前行驶了10里以后，我们停 360
泊在临江河口（Lin-kiang-ho-keu）。临江城在20里外的内陆，大致在北方。船夫告诉我，这条河在这里分成两条支流，我们现在停泊的是较小的那条。过去的这一天行驶了70里，总的来说，如果天好的话，景色一定很漂亮。没有看到多少耕地，下雨带来的不适没有得到任何补偿。不过，人们告诉我们，尽管现在的雨天让人感到很不舒服，但有利于我们的前进。我们现在主要依靠人力，更多地利用高起的船头，通过下坡撑篙前进。人力在撑篙时产生的推动力，在现在这种船上特别明显。

11月30日。——感谢老天，雨终于停了，我们又回到明亮而新鲜的空气中。——9点，我们经过一个小村。不久，我们又经过一个军营，坐落在樟树和其他树木的树丛之中，十分优美。11点半，驶过永泰（Yanda），这里有一座9层的宝塔，比例匀称，但是不高。房屋延续了一段距离，中间散布着一些树木。一道东南东方向的山脉连绵不断地向南方伸展。12点，我们经过了大洋洲（Tay-in-chow），岛上有一座庙，船夫们在这里给菩萨燃放焰火，焚烧纸张。岛对面有一个小村，叫石口（Sha-koo）。今天经过的村庄都比较小，但是比较多，村庄

的房屋都不错。樟树的树形十分优美，树叶呈深绿色，令人赞叹。大洋洲距离临江30里。——2点。经过邵口塘（Sho-kou-
361 tang）的庙宇和哨所。每到这样的地方，我就会为自己缺乏足够的绘画能力而感到遗憾，否则就可以画一张草图，把我到过的不同地方的有代表性的景色结合在一起。庙宇的房顶和整个建筑都是最好的中国风格，一丛丛树木非常美丽，前面的场地上有一名士兵在站岗，整个景色的背景是一道图画般的山脉。我们今天遇到几条很长的木筏，木筏上面建有许多棚屋，远远望去，就像是河中陆地上的小村庄。

差一刻3点，我们看到了新淦县的9层宝塔。这里的江面狭窄了许多，江左岸不远处有一些低矮的山丘。群山形成一个圆形剧场，然后又分成几道山脉，我们左面的是最矮的一道。4点半，我们来到和新淦县城平行的位置。这个城镇看上去有点规模，城后面是连绵的群山。附近的乡野林木优美，地面上景象千姿百态。我们停泊在城对面，可能既是为了方便，也是为了便于防范我们。今天早上看到了橘树林，但由于近视，我没能认出它们来。不过，看到樟树的深绿色树叶已经让我非常满足了，这些树叶和的伸展宽广的树冠一起，让我感受到和英国树木相同的美丽景色。由于这种树四季常青，生长着大量樟树的乡野在冬天也不会一派荒凉。在村庄附近看到了蜡树丛①。

362 12月1日。——钦差的船遇到了问题，再加上风太大，我

① 女贞，中国名字叫白蜡树。蜡通过一种虫子储存起来。我看到的树很像一种大的荆棘树丛。

们被迫留在了这个停泊地，它名叫界埠（Kya-poo）。由于我们找到了一个很好的板球场地，时间不知不觉就过去了。的确，在中国最缺少的就是娱乐了，所以我对这一天的耽搁一点都没有感到遗憾。那些希望到城里玩的人遇到了一些障碍，我感觉似乎没有人成功地渡过江去。这儿是一个微不足道的地方，因此这种阻挠此刻也没有什么意义。不过，我相信，这并不能说明即将要开始实行限制我们自由的政策。我们看到了褐色的棉花[①]，不是在地里种植的，而是刚刚从棉壳中脱离出来的。在加工成棉线以后，颜色要比原棉更为鲜艳，原棉的颜色只是散布在一些局部，所以我感觉加工过程中使用了染织工艺。

12月2日。——早上尽管很冷，但天气晴好，风也很适合航行。我们8点经过了一个位于山脚下的兵站和村庄，群山在这里已经伸展到了江边。对岸有一座寺庙，船夫们向着神灵焚香祭祀。从他们一次又一次地进行祭祀来看，我推测他们要比我们原先的船夫更为信仰宗教。行驶30里后，我们经过了仁和（Yin-ho）村和哨所。我们在这里开始向偏西方向行驶。我注意到，挥舞旗帜是中国卫兵的致敬方式，无论天气如何，这种致敬都不会省略，只是可能会在某种程度上不那么认真。下雨 363
时士兵们被允许打着伞向我们致敬。大约12点，我们到达了峡江县，行驶了60里。我们估计应该在这里停泊，因为它是一个常规的歇脚处。我们有些人登上岸去，很惊奇地发现城门不仅关了，还在外面盖上席子，通向码头的路口旁边放置了一道栅

① 陆地棉。

栏，整个场面看上去就像是准备进行围困似的。这些防范措施可能是由于政策改变了，也可能仅仅是因为地方官员的个人性格。我认为后一个原因更有可能。不让进城对我们并没有多少伤害，因为这个城看上去不大，也没有多少重要性。我们的船几分钟后继续前进，我们后面的群山形成了一个圆形剧场的样子，景色十分诱人。1点半，我们驶过一座坍塌的9层宝塔，船夫们叫它穆家陵（Mou-cha-ming），看上去就像是被强烈的暴风雨毁坏的。

在经过一个小村庄后不久，群山靠拢起来，只给在它们中间流过的江水留下一条狭窄的通道。驶过这个通道之后，我们在差一刻5点时到达了我们的停泊地，这里距离峡江县40里。这一天行驶了100里，这一行动有力地动摇了有关广惠希望耽搁的推测，只有让事情的正常发展来说明我们航行所需要的时间了。富口塘（Foo-koo-tang）看上去是一个微不足道的村庄，我们到田野里散了一小会儿步，在那里看到了一些像井一样陷下去的煤坑，它们所在的山底部的碎石似乎是纯粹的板岩。根据这里的煤的柔软性和板状结构，我倾向于认为它们本身属于
364 无烟煤。煤坑附近的地层主要是石灰石。群山一无例外，都是光秃秃的。

12月3日。——江流十分迂回，我们经常像是航行在一个湖里，完全被群山包围着。就水道的畅通来说，赣江与我们航行过的其他河流有着实质性的不同，河底有很多碎石，还会不时地遇到一些礁石，使得航行充满了危险。我们的一条船就撞到一块刚刚被江水漫过的礁石上，如果是在一条较宽的河上就

会沉没了。12点，行驶了40里，我们经过了右侧的吉水县。这座有城墙的城镇优美地坐落在江面由于群山而变狭窄的地方，城镇沿着江岸延伸了一段距离。它的城墙内有许多园林和树林，房屋占据的地面并不算大。一座两层的寺庙似乎曾经是一幢漂亮的建筑物，但现在已经坍塌，一座宝塔也处在相同的状态中。一道长长的满是砂石的滩地，从城中最为繁华的地方开始在江边伸展，或许阻止了一些在江上航行的船只停泊在这个城镇。我在这里看到了一个前面提到过的那种木筏，由安装在船头和船尾上的长长的弧状橹推动。3点一刻，我们经过大洲（Tay-chew）。这是一个漂亮的小镇，坐落在优美的树林中。镇对面又看到一座宝塔，比例极其失衡，反映出建筑学在中国的衰落。

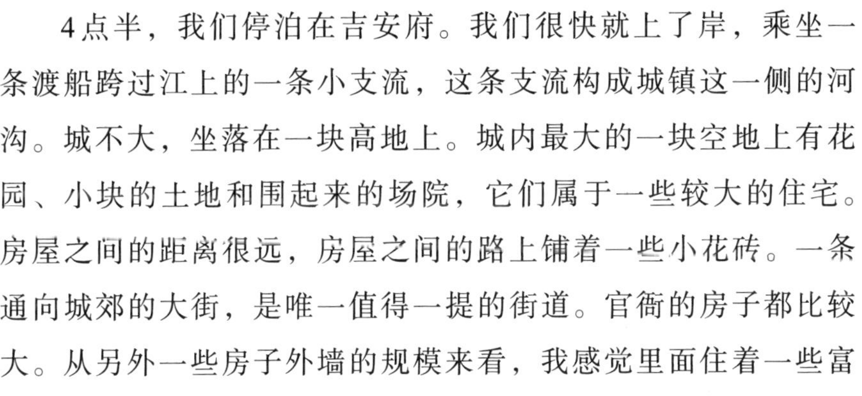

4点半，我们停泊在吉安府。我们很快就上了岸，乘坐一 365
条渡船跨过江上的一条小支流，这条支流构成城镇这一侧的河沟。城不大，坐落在一块高地上。城内最大的一块空地上有花园、小块的土地和围起来的场院，它们属于一些较大的住宅。房屋之间的距离很远，房屋之间的路上铺着一些小花砖。一条通向城郊的大街，是唯一值得一提的街道。官衙的房子都比较大。从另外一些房子外墙的规模来看，我感觉里面住着一些富有的业主。

不过，所有忙忙碌碌地做生意的人都在城郊。从刚刚开张的新店铺和其他建筑物来看，这块地方显然还在发展中。有几家很大的棉花货栈。在另外一些货栈里，我看到一捆捆的东西，要么是麻，要么是某些树皮的纤维。几家大店铺里摆满了成捆的被称为南锦的布匹，有褐色和白色的，还看到许多成匹的丝绸。我们在市场上见到了柑子和柚子，看上去不太好，也没有熟。我们进入城内没有遇到阻挠，所以昨天的防范措施只不过是地方性的。我们返回时，在一个渡口过河。这个渡口并不在我们船的对面，但我还是惊奇地看到了那里已经聚集起了一群人，准备围观我们这几个可能会从那儿路过的人。他们实
366 际上看不到多少东西，但还是继续聚拢起来，这或许仅仅是出于一种从众心理，或许是要听听他们自己的叫喊声。江对面城郊的街道上，有几座庙宇，看上去很漂亮。在过去几天里，我们的停泊处一直有围栏围着，看来是禁止居民越过这一界限。这在某种程度上也说明了，刚刚提到的那些人为什么会不合情理地聚集在那个地方。

把不断产生出来的有关人口数量的印象记下来非常有用，因为收集起这些零星的记忆，最终的看法才能够更为准确。出于这样的考虑，这里我就必须要确认一下我先前的断言：在我们最近经过的地方所看到的情况，除了南昌府——把它列出来是因为我们还记得，当我们经过那里时，那里正处在一种超常人数大量集聚的特殊情况之下——以外，如果和欧洲或者亚洲还算繁荣的国家相比较的话，中国并不能算是人口繁多。许多土地由于缺乏排水而未能得到开垦，其他一些条件较好的土地，有时也能看到无人耕种的情况。让劳力阶层到饭铺里去吃饭作为他们部分工资的做法，使得街上看起来像是人很多的样子，另外再考虑到我们所到之处总会聚集起出于好奇而前来围观的人群，所以对于有关中国土地普遍得到耕种和人口过多的

描述，我倾向于表示怀疑。

12月4日。——过了赣江支流上的沙石滩以后不久，在与 367
江平行的方向上有一片十分漂亮的林地。9点，我们驶过右侧的塘沟头（Tang-kou-too），这是一个大村庄，坐落在江水形成的一个小港湾里。回头望去，这个地方的景色美丽如画，房屋后面的群山构成了一道高高的屏障。这里停泊着一些船只，人很多，一派繁忙景象。江流曲折迂回，两岸经常可以看到美丽的树林，小山丘取代了高大的群山。我们右侧是红色的土地，而我们左侧则是沙土地。江滩上遍布着鹅卵石，宽阔的江面被一块块狭长的陆地分割开来。临近黄昏的乡野令人厌倦。我们7点钟停泊在黄坎（Wang-kan），这是位于高高河堤下面的一个小村庄。14个小时航行了90里，很多地方都要靠船夫们撑篙或者拉纤前进。在这一天的航行中，最引人注意的是船夫们忍受持续劳累的能力，他们始终在辛苦地干活，没有任何中断，而且他们一天中有好几次要下到水里，尽管气温低到了华氏45度甚至华氏50度[①]。他们的饭食主要是米饭，配以很少的肉。喝酒并不是习惯性的，至少不是每天都喝。晚上听见有
不同寻常的锣声和木制乐器的声音，我不能断定这是不是与 368
月蚀有关。月亮大约在早上3点又出现了，在这个经度只是月偏蚀。

12月5日。——8点钟，我们经过了右侧的一座宝塔，塔

① 在晚上，在干完活以后，船夫们用热水洗身体。他们这样做并不如我猜测的那样是为了干净，而是为了舒缓僵硬的关节。即使在这个季节，他们也在露天下洗。

顶倾斜得很厉害，像是要倒坍似的。不过，它这个样子已经持续20年了，可能不会马上发生危险。我们10点抵达泰和县，这是一个有城墙的城镇，城门很漂亮，但城墙已经坍毁。河对岸的树木枝叶繁茂，樟树四季长青的绿色和其他树木正在逝去的秋天色彩形成了美丽的对照。塘山口（Tang-shan-kou）是个兵营，也是一个有着不错店铺的村庄，它附近的江面被一个名叫道口洲（Tcho-ko-chow）的岛分开。又向前航行了几里以后，我们看到了大片的甘蔗林。太阳落下以后继续航行一定非常危险，紧靠江边的地方甚至有一些礁石，江水猛烈地冲击着一些从岸上探出来的陆地，纤夫们要费很大力气才能拉船前行。我们现在的船操控性很好，尽管它们的外形会让海船的水手看着不舒服，但船的长度和宽度适成比例，弯曲的船头高高翘起，扬起风帆的时候非常好看。我们停泊在坡头（Paou-tou），没有能够到达百嘉（Petcha-tsung）。停泊地之间的距离一般是90里。我在岸上捡到了一些花岗石，但我感觉附近似乎没有花岗岩构成的山。

12月6日。——我们天亮之前离开停泊地，7点半看到了
369 位于我们左侧的百嘉。河岸很陡。12点，我们经过一个古老的宝塔，位于名叫罗口王（Lo-ko-wang）的小村对面，有一条小河在这里流入江中。这个地方离万安县20里，我们2点钟到达万安县。两岸都是山，东面和北面的山相当高，北面一座小山顶上有一座坍塌了的小塔。去这个城镇的路上风景如画，阴沉的天气使得山色显得更加壮观。我们进城没有遇到任何阻碍。城墙离江不远，从城墙顶上看，城墙的周长有2英里。店铺不

是太大，也没有多少让我们感到兴趣的东西，但是里面有旅行者所需要的所有普通必需品。蔬菜数量很多，质量也很好，摆出来卖的食物的数量实在大大超过了居民可能的需要。整个来说，这个城镇很热闹，很繁华，自从过了南昌府以后我们就没有到过这样的地方。

江边的城门附近有两座大庙，我对其中一座很感兴趣，因为它是我遇到过的最为完整的祭祀祖先或者重要人物的庙宇。庙前面通常安放神像的地方，立着一些长方形的牌位，上面写着一些人的名字，他们有德行的一生使之能够得到这种高尚的荣誉。大殿两侧的厢房里放满了同样的牌位，有许多似乎是古代人的。一个牌位的荣誉无疑是人们死后想要得到的东西，花
费巨大的金钱为去世的父母取得这个牌位被认为是孝顺。如果 370
这种习俗所依赖的原则能够维持其纯洁性的话，就会简捷而有力地激励着活着的人的道德行为。紧靠城墙外面，在离江最远的地方，有两所公共学校，其中一所正在修建或者正在维修中的学校里供奉着文昌（Wang-chang），我感觉他要么是文学之神，要么是一个终生保护学问而被神化了的人。这里的建筑大量使用红色的砂岩，我觉得城里用红色砂岩建造的一个大牌楼，是我所见过的这类中国建筑中最好的样本。牌楼边上有两个由方柱支撑着的小门廊，中间是通常的方形门道，门廊和门道的上部装饰着做工不错的雕塑。城内有一些很好的住宅，住宅里建有小花园，长着橘树和柚树。小棕榈树[①]表明我们离热

① 西米椰子树。

带不远了。我们的船只前面建起了一些临时性建筑，同时用涂成红色的席子围起来一块场地，停泊地新近做了很多准备工作迎接使团的到来。在店铺里，我看到几块未曾加工过的铁，大约6英寸长，1英寸厚，但是不能断定它们是不是来自附近的铁矿。一家店铺里出售的商品种类之丰富，让我十分吃惊。在这
371 家店铺里，铁、中国人多用于医药的石膏[1]、香料、亚麻织物、皮包、灯和其他许多东西，都在一起出售。这样做一定是为了方便过往的船只，它们往往只在这儿停留几分钟，所以希望能一次买到所有的需用品。这里的人群没有带来多少麻烦，我们的出现似乎并没有激发起他们的好奇心。

12月7日。——昨天晚上给船夫们发赏钱，表明我们今天就要到达这条内陆河令人可怕的十八滩了。我们日间驶过了10个滩，它们实在是一点也不惊险。这些滩是由于河道布满暗礁而形成的，有一些滩只不过波浪较为强劲，而另外一些滩的波浪根本就微不足道。每间隔不太远的距离就有一个兵营。我们10点钟经过一座小庙，船夫们在庙里进行了祭祀，而对另一座祭祀大王（Ta-wang）的较大的庙，他们根本就没有注意。12点一刻，距离万安县70里，我们看到了武索（Woo-tzu），一个优美地坐落在江边的小村庄。再行进10里，我们抵达了停泊地桂岭（Kwein-ling）。这一天的航行特别令人感兴趣，因为景色特别美：大江在两岸的群山中流淌，有些地方的江流狭窄得像条小路，而在另外有些地方，比如我们的停泊地，江中的

① 中国的医生用石膏作为治疗或预防水银对人体作用的药物。

沙地说明江面常常十分宽阔。群山低处林木繁茂，河道迂回曲 372
折，美丽如画。桂岭村乏善可陈，但登上它附近的山，景色却十分迷人：大大小小的群山逶迤起伏，大多数山都呈圆锥形。山谷被开垦成一层层的梯田，山越高，梯田就越窄。一路往山里走，整个景色即使不能算是美丽，也可以说十分引人注目。所有的山都处在剧烈解体的过程中，山上的土壤呈深红色，我感觉这是因为构成山体的主要成分是红色砂岩的缘故。花岗岩以大块岩石的形式存在于山的底部。山坡上布满了大片的山茶林和杉树林[①]，我们在这里看到了上一使团第一次带到英国去的那种松树。看到了一些橘子树，但是没有果实，我们还没有看到过任何成熟的或者可以吃的橘子。

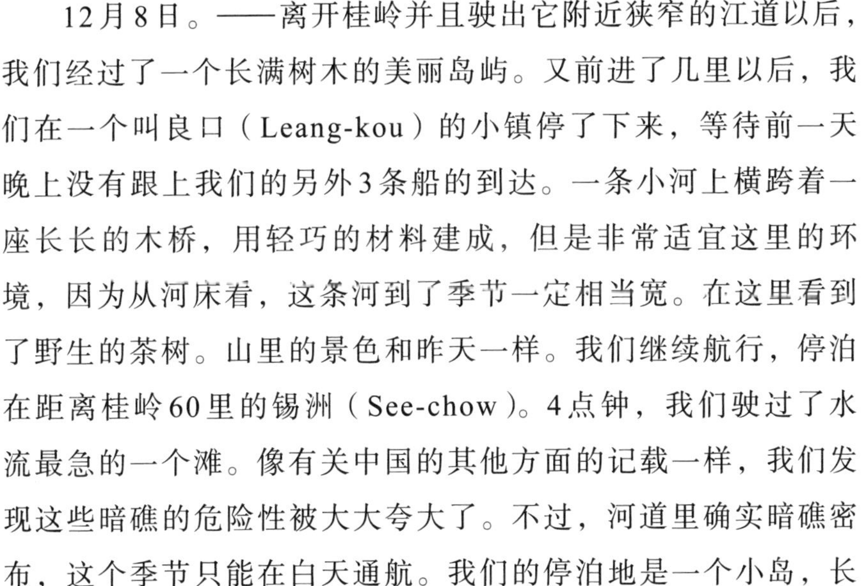

12月8日。——离开桂岭并且驶出它附近狭窄的江道以后，我们经过了一个长满树木的美丽岛屿。又前进了几里以后，我们在一个叫良口（Leang-kou）的小镇停了下来，等待前一天晚上没有跟上我们的另外3条船的到达。一条小河上横跨着一座长长的木桥，用轻巧的材料建成，但是非常适宜这里的环
境，因为从河床看，这条河到了季节一定相当宽。在这里看到 373
了野生的茶树。山里的景色和昨天一样。我们继续航行，停泊在距离桂岭60里的锡洲（See-chow）。4点钟，我们驶过了水流最急的一个滩。像有关中国的其他方面的记载一样，我们发现这些暗礁的危险性被大大夸大了。不过，河道里确实暗礁密布，这个季节只能在白天通航。我们的停泊地是一个小岛，长

① 松属苏铁杉。

满了树木，樟树特别高大，树身上长满了寄生物。一名陪伴我们散步的官员说，中国人认为，这些寄生物的生长是因为鸟儿把种子掉到树上，它们后来就在这里生根了。这种观念要比中国哲理中的一般认识准确多了，至少，这种认识和鹌鹑来自青蛙的认识似乎不像是来自同一个学问体系。一种叶子像小无花果树叶的大叶树被指出来，据说从这种树上可以榨取油料，用以维护船上的木板，其作用仅次于漆树[①]。

12月9日。——江面开始变宽了。我们9点经过了玉通（Yu-tung），这个小村庄位于一个断崖上。附近有一条小河，在一个名叫西亚洲（See-ya-chow）的岛旁流入江中。江水非常浅，要清理好船两边的沙子才能形成一条通道。工人们仍然手持铲刀等待着加深河道，或者在需要的时候推船通过。河道

374 用小树枝标了出来，许多地方河道两边的水只有几英寸深。小岛上有一些甘蔗林，淡绿的色彩十分引人注目。12点，我们在天西都（Tien-see-tu）停下，让船夫们进餐。此后又继续行驶到2点多，最后我们来到了灵堂庙（Ling-tang-miao），有几条船落在了后面。这里群山逶迤起伏，连绵不断。这些山和我们前面提到的山一样，都处在急剧瓦解的状态中。山的顶端是黏土板岩和砂岩，山的底部是花岗岩、紧密的石灰岩和硬砂岩。山里的谷地得到山上溪水的浇灌，被仔细地开垦成梯田。山的一面山坡上长满了山茶树，而另一面则光秃秃的，或者只长着几棵树。根据这种现象我得出结论，土地的朝向对于作物种植

① 我不知道它是不是桐树。

的成功与否有着重要的影响。我看到了前面提到的只有中国才有的松树，它们像是一种落叶树，而且特别硬，一般种在山茶树所处的同一面山坡上。根据这种情况可以推测，山茶树可能也能逐渐适应英国的气候。在这里看到了用来捣碎山茶外壳的水磨，还看到了最后榨取山茶油的机器。

一条船上装运着一个牌楼，准备竖立在钦差可能停留的地方，这个地方竟然贫穷得不能为他这样级别的官员提供这种必需的摆设。我们停泊地附近的一根柱子顶上，悬挂着一个臭名 375
昭著的强盗的头颅。他多年来在这一带制造恐怖，杀了许多人。我认为，中国法律仅仅在叛逆和谋杀这类犯罪中，才使用这种人死之后的惩处。我们这天航行了30里。

12月10日。——8点，离我们的停泊地大约20里，我们经过了最困难的一个滩，船夫叫它天柱滩（Tien-su-tan）。一队士兵和其他一些人和一名官员一起在岸上值勤，帮助船只通过这段河道。水的深度深浅不一，有些地方的礁石紧靠着河边，船只驶过的时候必须要格外小心。新近有条大船失事，足以说明采取预防措施的必要性。11点，我们经过一个名叫新庙镇（Sing-miao-tseen）的大村庄，村庄附近的河道突然变深了。仍然有人在清理各种船只通过时带到河道里的沙子，两个人抓着把手向前推动一块平板，以收集沙子，而另外3个人则用上面带有一根小木棍的绳子把沙子拉走。储潭（Chou-tan）是一个有一些好房子和两座大建筑物的小村庄，据说村里有一座著名的庙。

我们2点钟看到一座坍塌了的宝塔，据说这里离赣州府城

只有20里远，于是我就登上岸，走到了来自福建的东河和西河
376 交汇的地方。我从这里渡过汇合起来的河，来到城墙下面。途中我经过一些花生地，花生的上部被尖锐的铁器割去，它的根被从四五英寸深的土里刨出来，然后用一个木制格栅或筛子把花生和泥土分开。河岸上悬挂着一些漂亮的榕树，它的树冠比樟树伸展得更为宽阔。这里的土壤大都是沙土，辛劳的耕作恐怕很难得到回报。从远处看去，赣州府似乎很大。它坐落在东河和西河的河岸上，这两条河也叫章河和贡河。贡河的河岸很高，以至于需要修筑石头阶地，以支撑建在河岸上的城墙，这座城也因之有着自己的特色，当我们的船只接近时，城墙上聚集着焦急等待着的好奇人群，更加突出了这座城的特色。这一侧的河岸上有一个石头码头，码头伸展了一段距离，有一道很长的石头台阶来装卸货物。在石阶头上，建起了一个临时性的建筑，上面插着旗帜，以迎接钦差的到来。城墙维护得很好，有些地方最近刚刚修过。城墙东北角有一座很高的3层建筑，看上去像是城门，但它只不过是一个瞭望塔。我进入城内的时候已经很晚，几乎看不到什么东西了，如果我们明天不能留在这里，我就只能满足于浮光掠影地看看了。在描述这些表面印象的时候，我一定不会忘掉那座9层宝塔，它的形状看上去太不同寻常了。由于驶过浅滩时遇到困难，许多船只
377 直到日落以后两小时才抵达这里。在现在这个时候，大船要经过那些河道相当困难，因为河道的狭窄处就在河流交汇的地方。

12月11日。——由于需要换船，把船上的礼物卸到小船

上，我们在这里耽搁下来，有了进城里看看的机会。赣州府城坐落在章河和贡河的交汇处，与商业繁华的省份福建和广东之间的联系，使之成为一个重要的地方。来自某些重要城市和某个省的商人们聚会交流的会馆宽敞而且漂亮，是根据最好的中国庙宇样式修建的。在我参观的吉安府和福建省的会馆里，有一个高起的台子用来演戏。吉安府会馆里在我们到达的那天晚上有过演出，我在经过时看到有许多来自各个阶层的人前来观看。福建商人的会馆供奉着航海之神，同时也是该省的保护神。这些房屋最初修建和后来维护的费用，都来自私人捐款。街上的店铺不算大，里面出售的东西种类也不算太多，其中最大的店是茶叶店。不过，从另一方面看，城里的许多街道——对于一个中国城市来说——很宽，有一些很好的房屋，尽管不是到处都是人，但也不是很空旷。从我们停泊处的城门穿过城市，走到距离对面城墙几码远的地方，我们看到了宝塔。在我

们一路上所看到的这类建筑中，除了临清州的宝塔以外，这座 378
塔是最值得一看的。塔有9层，呈六角形，底层的宽度和其他层适成比例，塔层越高，宽度就相应地减少。塔外面的泥灰呈暗灰色，衬托在白色底子上，效果很好。每层挑出的屋檐呈六角形，檐角上有着奇异的陶瓷装饰物。塔的顶端是一个椭圆形的铁球，它最后收缩成为一个塔尖。这座塔最初建于300年前的嘉靖年间，中间经过多次维修，实际上，最近就刚刚整修过。

等了一会儿以后，我们成功地获准进入位于塔旁边的祭祀

379 孔夫子的庙堂[①]，它比我们见过的任何一座孔庙都要好。我们看到庙里第一个院子有一个半圆形的水池，每个院子四周的长廊里都安放着孔夫子的弟子、圣贤和名人的牌位。一些小砂石柱子支撑着这些长廊，而一些较大的柱子则构成了一个通向大殿的柱廊。我们的价值观或许可以正当地对这种到处泛滥的民族迷信加以嘲笑，但是也会理解对上面简单地写着“至圣先师之位”的孔子牌位的敬拜。影响力主要作用于信仰者的思想而不是他们的眼睛。在某些定期的场合，政府的文官们在这些大殿进行祭拜，纪念这位圣人，他那些同样获得身后尊荣的弟子们就像现在这样围绕着他，这就必然会经常地刺激着人们心怀崇敬地效仿他们的美德。中国的雕塑尽管不够精致，设计也缺乏准确性，但是它的长处在浮雕上，从这处建筑的一些近期样本

① 孔子的著述值得得到也确实得到了传教士的重视。不可否认，他有关仁爱和忠诚爱国的思想的确有理由让他的名字永垂史册，并让他的同胞们怀着感激之情纪念他。孔子出生在一个宗教缺失和道德堕落的时代，因而他致力于改造君主和百姓的操行。他的这种改造，不是通过所谓的启示，而是通过直接揭示建立美好社会最需要的那些原则来进行的。他的教义总是与先王和圣书联系在一起，这种做法表明了他对我们本性的认识：服从权威，更服从古人，不合情理的厚古薄今。就其把格言箴语应用在生活行为方面的做法及其行教方式来说，孔子就像苏格拉底。同时，孔子要远远胜过和他同时代的老子。老子的怀疑论和无为思想既无意于造就伟大的人，也无意于造就良好的公民。孔子于公元前6世纪出生在山东省。

然而，尽管孔子具有这样的优秀思想，我仍然不知道欧洲人是否能够通过研习他的著述而获得好处或者教益。专制统治适用的有关良好政治的那些格言和有关私人道德行为的那些准则，在所有的时代和所有的国家，都不会被认为是绝对野蛮的东西。它们会被纳入到全人类的备忘录里，进入到个人的良知中。这些格言和准则要产生实际的影响，就必须要接受神的启示或者人的律法的裁决。在这样的问题上，唯一能够产生作用的行为是那些能够把普遍原则应用到不同社会的具体情况的行为。

来看，这一艺术似乎并没有衰落。

紧靠孔庙的另外一个庙宇供奉着关夫子（Quang-foo-
tsze），就像孔子是文神一样，他是武神，生前是一名著名的武 380
士。在安放牌位的地方，放置着他的雕像。关夫子被当今皇帝提升为具有更高荣誉的天神，因为皇帝陛下把最近的叛乱得以镇压归功于他的保佑。这种提升并不罕见，表明了天子所拥有的广泛权力。赣州府以漆器而闻名，但我们所看到的漆器都是最低级的，它们的唯一可取之处就是低廉的价格。值得注意的是，所有重要的纪念性建筑都是在明朝时期建立的，所有种类的最好艺术品也都属于那个时期，中国的最后一个鞑靼征服者似乎只带来了野蛮，却失去了他们祖先的激情和活力。

12月12日。——我们从赣州府离开不久，河流就折向了东方。在日间的航行中，河道极其迂回曲折，尽管走了很长时间，但这一天驶到吴塘（Woo-tang）的航程还不到40里。我们两次被迫停下，等待那些装载较多从而经常搁浅的船只。整个说来，这条章河并不像我想象的那样因为失去了支流的水而变小。10点，我们右侧的河岸很高，有些地方树木繁茂。我们经过了一个名叫宁明（Nean-ming）的村庄。景色中的亮点仍然是树冠宽大的榕树，它的引人注目之处在于从地里向上长出许多枝条，使得许多树甚至都看不出明显的树干来。往往裸露
在外的树根错综复杂地缠结在一起，十分奇异。12点，我们经 381
过了一个毁坏了的宝塔，我们这一天余下的时间里始终都能看到它。我在宝塔附近登上了岸，走到了停泊地。在路上，我看

到了一种机械正在从树[1]的浆果中榨取油料，我觉得这种机械和用来榨山茶油的机械是同一种。两个人操作一个小轮子，在一个凹槽里前后转动，把浆果切开。用蒸汽把它们蒸软以后，把一定量的浆果一层层地铺在用铁箍箍在一起的稻草上，这样就形成了一个饼。把一些饼放到由挖空的树干做成的木槽里，用另一端安装的楔子把它们压起来。三个、两个或一个人来回推动着一些平放着的木块，给这些楔子施加压力。一根木块只作用于三个突出来的楔子，两个用来施加压力，另一个的作用是在饼被充分挤压后把整个机械松开。压榨的表面由一些较小的楔子管理，饼下面放着一个盆子，以接取榨出来的油。榨完油的饼被用作肥料。工人们把稻草盖到热浆果上的场景给我留下十分深刻的印象，他们脚下移动的步伐或许能被成功地移植到舞蹈学校里。不过我担心，我这种肤浅的联想只能说明我在科学观察方面缺乏品味和热情。整个机械在我看来十分笨重，制作粗糙，过分消耗人力。我们在停泊地看到了漆树[2]，种植成
382 一片片的树林。漆树和一棵尚未长成的果树差不多高，叶子的形状就像月桂，浅绿色，看上去毛绒绒的，剥开树皮就能取出漆。一定要小心你的手，因为如果擦伤的话，漆树叶子会使皮肤感到很痛。这是中国士兵说的，他们的行动也证实了他们的说法。还看到了橘子树和柚子树，但是数量不多。

今天经过的村庄比较多，人口明显地增多了。我们都特别

① 梓油树。

② 毒漆树。

注意到了女人的美貌，有一些女人甚至绝不亚于我们国家最美的女人。尽管仍然可以在她们身上看到中国人特有的一些特征，但这些特征和她们整体的美丽十分和谐，非但不让人看着不舒服，反而给她们美丽的面容增添了新鲜感。我们毫无希望地爱羡着的这些女人都是下层人，大多数人的脚都没有受到专横习俗的束缚。她们非常喜欢笑，并不在意这会让她们自己或者她们的样子成为嘲笑的目标。这是我在中国人中间见到的最好品质，我发现，很难把这样一种习惯性的快乐和通常与之相联系的其他那些道德品质分割开来。

我散步中经过了几座单拱的石桥，它们不是架在山沟上，就是架在水流湍急的河床上。这个地区也呈现出我们已经注意到的上层地表持续解体的地貌。岩石主要是红色的砂岩，有些地方夹杂有很薄的一层层黏土板岩，它们似乎位于侵蚀过程达不到的地方，或者正在抵抗着侵蚀过程。

12月13日。——河道十分迂回，河的宽度变小了许多。最 383
初15里的田野十分无趣，主要是一些甘蔗园。走了20里远后，我们驶过三江口（San-kiang-kou），一条小河从右侧流入河中。今天看到了中国人的水车，全部用竹子制成，高38英尺，由水流转动。提水使用的不是水桶，而是一节节长约2英尺的竹筒，和轮子外沿呈20度角安装在水车上。4个竹子水筒成功地把水倾倒在一个与轮子平行放置的水槽里，然后用另外的导管把水输送到田地里。竹筒的数量为47个，每隔20英寸的距离安有一个。安放水车轮的木头立架用杉木制成，其余所有部分，包括把竹筒固定在水车轮上所使用的绳子，都是用竹子做的。水

车旁边不远的地方筑有堤坝，目的是增加水量，保持水车正常运转。在需要的时候，用系在一个轮辐和一根立架上的绳子使水车停止转动。

中国人用来制糖的机械据说和西印度群岛使用的机械原理差不多。水牛通过一根连接在一个石滚子的轴上的控制杆，拉动这个石滚子，这个石滚子又通过咬齿推动另一个石滚子转动。通过一个楔形的、小口向外的孔洞，把甘蔗送到两个石滚子中间进行挤压。挤压出来的甘蔗汁滴到一个导管里，传递到
384 蒸馏室的一个容器里。在这里，把甘蔗放到浅盘子里蒸，等到糖分慢慢沉淀下来以后，就看到了固体形状的蔗糖，最后把它们放进桶内。

我们经过了牛口塘（New-kew-tang），这是一个兵站。这一天，经常需要好几个人把船拖过浅滩，因此我们前进得很慢，不超过40里。我不知道停泊地的名字，实际上附近也没有任何村庄。不过，即使我们抵达得很晚，围观者仍然很多。总地来说，在过去几天里，人口明显多了起来，居民的外表和穿着也都更好一些。

12月14日。——今天早晨船只行进的声音比往常更让我感到心烦，在中国，似乎没有噪音和嘈杂，就什么都干不成。这种情况完全是全国性的，他们的官员们在公共场合从来不去维持安静，对他们周围的混乱和喧闹熟视无睹。我们船行的河道极其迂回，所以我们能够赶在黄昏时分抵达南康县（Nan-gan-hien）时，我十分惊奇，行驶的距离是40里。浅滩仍然十分频繁，因而也就需要更多的人力才能让船前进。南康县是座有城

墙的小城，一路上风景秀丽，房屋从外面看要比走近了所看到的要好一些。为了迎接使团的到来，特别准备好了码头和十分 385
漂亮的临时性建筑。中国人用一些竹竿、红布旗子和彩色的薄纱灯笼建起这些建筑，虽然没有用多少时间，也没有费多少气力，但在晚上确实非常好看。它有一个房间，里面摆放着椅子和桌子，一般都准备好了茶水。在房间头上，经常可以看到一幅画着一位老人和一个孩子的画，据说是好运气的象征。城市附近两座小山的山顶上有两座毁坏的宝塔，我们这一天航行中的大部分时间里都能看到它们。我们前进得很慢，有一伙人登上岸去，打了一场板球，仍然能够在我们停泊前几个小时赶上我们。两旁的河岸很高，岸上是耕地，种着麦子和甘蔗。

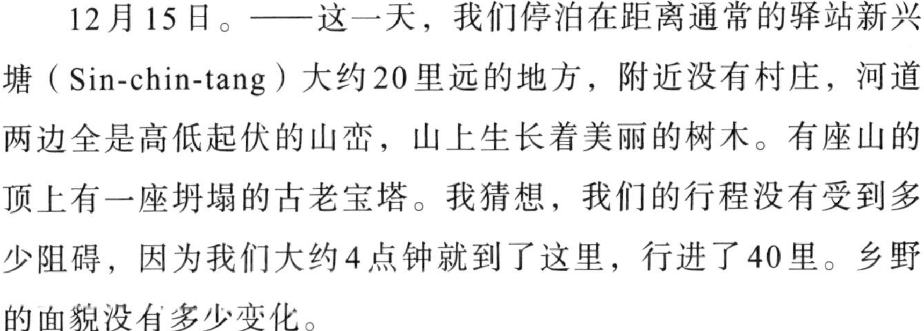

12月15日。——这一天，我们停泊在距离通常的驿站新兴塘（Sin-chin-tang）大约20里远的地方，附近没有村庄，河道两边全是高低起伏的山峦，山上生长着美丽的树木。有座山的顶上有一座坍塌的古老宝塔。我猜想，我们的行程没有受到多少阻碍，因为我们大约4点钟就到了这里，行进了40里。乡野的面貌没有多少变化。

12月16日。——12点半，我们到达了新兴塘，一个距离我们昨晚的停泊地20里远的小镇。一些水坝挡住了我们前进的道路，这些水坝是河道上水车的一部分，横跨整条河流，只留下很小的空间供船通行。5点钟，我们经过一个小村庄。前 386
面有一道高高的山脉，不过，我们才走了很短的距离，所以它不可能是我们和广东省之间的山脉，我们现在最希望看到的就是那道山脉了。今天的天气确实非常不好，雨下个不停，我们的航行经常被迫中断，船夫们连续不停地干着累活，所以大家从来没有像今天这样急切地盼望着快点儿得到解脱。我的船一直到晚上很晚才停下，却发现我和船队的其他人分开了。船上的人以及那些在岸上寻找的人在黑暗中一起呼喊，声音极其刺耳，但这是他们唯一可以利用的方式，那几个纸灯笼发出的光实在是太不可靠了。没有发生事故就是万幸了，白天的时候，纤夫们费了好大劲儿，才没有被阻止船只前进的河水击垮。

12月17日。——我的船夫告诉我，我们昨晚的停泊地叫魏塘（Wi-tang），距离南安府65里。我们的船完全被分开了，钦差和大使的船走在前面。河岸很高，长着一些漂亮的竹子，竹条优雅地悬垂在水中。尽管欧洲人的骨骼和肌肉外表看起来似乎更为强壮，但我很怀疑他们中间有多少人能胜任我们的船夫现在正在干的活。他们经常要下到齐膝深的水中，顶着水流——有时由于有堤坝，水流非常湍急——拉船前行。他们脚下的河底石头很多，非常滑，而他们穿的草鞋只能部分地保

387 护他们的双脚。这还不是一般的情况，据说他们可以光着脚干活。这些草鞋只不过是个鞋底而已，它们的形状非常古老，让我想到了希腊人的盾牌。我们船上的人昨天工作了16个小时，如果不是和船队分开了的话，今天还要工作这么长时间，原来的计划是要抵达南安府。实际上，我们停泊在一个无名小岛上，距离南安府30里。河流在群山中绕来绕去，山色十分壮丽，但我们现在已经看惯了。

昨天晚上抵达小岛的广惠拜访了阿美士德勋爵，对他平安度过危险的航程表示问候。和往常一样，他的举止和言语都非常有

礼貌。我忘记说了，阿美士德勋爵前几天认为，我们过去几天里所经过的军事驻地都没有向使团致礼，必须就此事向钦差提出正式声明。钦差找到一些所谓的借口，不过还是关注了此事，昨天和今天的航行中，使团都正常地得到了应有的尊敬。我们的汉人朋友张五纬经常把他的政府在礼仪问题上的固执，归之于野蛮的鞑靼习俗的影响。一段时间以前，对于南昌府的抚院——一名汉人——对大使抵达该城未作任何理会一事，广惠曾经以他们不知道使团到来作为借口，来为这种无礼行为解脱。

自从我们进入江西以来，与地方官员的交往大为减少，最
近以来已经完全停止了。不过，仍然有这类官员在照料我们， 388
有一名负责供应的官员和一名戴红色顶戴的武官。对于这个心怀偏见的、难以对付的民族的这种或其他一些行为很难做出可靠的解释，思考这种问题也没有什么用处。

12月18日。——当我们离开停泊地的时候，景色真是浪漫极了。狭窄的河流在群山间流淌，近处的山丘树木茂盛，种类繁多。一般情况下不会有这么多种树生长在一起，但是在这里，颜色较浅的竹子、中国松树和有着宽阔树冠和枝叶的榕树形成了鲜明的对照。几幢白色的房子坐落在引人注目的地方，看上去像是有人居住，给这个自然风景增加了人性的趣味。河道在群山中绕来绕去，迂回曲折。1点钟左右，我们在山丘顶上看到了两座坍塌的塔。这类遗迹频繁地出现，或许会让人认为它们是一些用来发送信号的房子。询问之下，我们得到了令人满意的回答，修筑这些塔是出于宗教的虔诚。

我们2点半左右抵达了南安府（Nan-kang-foo）。从靠近

我们的一个山丘上看下去，这座城十分漂亮。山顶上有一个小塔，从塔上可以很好地俯瞰这座城市，或者说是这两座城市，因为河上有一座桥连接着两个有城墙的城区。两个城区都没有什么引人之处，它们不像是人口众多、商业繁华的样子，倒是它们作为通向重要的产茶省份的通道位置，让我对它们有所期
389 待。在岸上为阿美士德勋爵准备了一座公馆，但住宿条件非常一般，所以马上就被谢绝了。公馆里有荷兰使团一些成员的名字，说明他们曾经在这里住过。赣江在这里停止通航，实际上，根据可通航的一般意义来判断，我们过去几天驶过的河道早已不适合航行了。它逐渐减小，成为一条小河，最终消失在平原上。一道圆形剧场式的高大山脉围绕着一个开垦成耕地的山谷，南安府就坐落在这个山谷里。在山谷的尽头，我们看到了著名的关隘——梅岭。

12月19日。——我们全都忙着装卸礼物、必需品和行李。用来运送行李的人员，据说达到3000人。有50个人负责大件的玻璃橱柜，其中10人用叉子或者木棍垂直地支撑着它。如果这些玻璃橱柜能够平安抵达广州的话，它们惊险的历程值得写进平板玻璃公司的历史。它们经过了如此多的水、如此多的城、如此多的山，仍然是完好无损。根据重量把需要装卸的东西分派给每一对装运工人，没有发生任何过重或者过轻的情况。他们告诉我们说，我们的行李将在我们之前抵达南雄府，不过我对此表示怀疑。

第七章　广东

穿越梅岭——描述——到达南雄府——城市面貌——换船——到达韶州府——关于船只的抗议——巡河船——观音山的岩石和庙——接近广州——行商——梅特卡夫爵士和马克斯韦尔船长的到来——欧洲船队——到达河南——在广州发生的事——通过葡萄牙人得到谕旨——采取的行动——会见总督——皇帝致摄政王的信的转交——就礼物一事与广惠的通信——广惠在商馆早餐——行商们的宅邸——春官的宴会——广惠前来送行——离开广州——登上“阿尔赛斯特”号——谕旨摘要——对谕旨的评论——澳门——葡萄牙人——离开——对中国及其居民的概括性评论

12月20日。——我们都在天亮前起床，天亮以后不久，使 390
团所有人就全部动身上路了。为使团的成员们、士兵和仆人准备了轿子和马匹作为交通工具。大使、副使和几名随员的轿子还算可以，而其余轿子都是一般的中国样式，我们乘坐得很不

舒服。大使的轿子有12名士兵侍候，副使们每人6名。我个人宁愿骑马。这些马个头很小，但是很有活力，既强壮，也不缺少精神。在离城不远的地方，排列着很长的一队士兵，当大使经过时，按通常的做法向他致敬。一条铺砌道路——除了运河以外，这是我在中国看到的最完整的公共工程——从南安府越过山岭和梅岭关，一直伸延到南雄府。这对于方便与沿海地区的交通，必定有着极为重要的意义。

我原先怀有的关于穿越梅岭山脉难度的看法被证明是错误的，上山的坡不算特别陡，而且有一条有石头台阶的铺砌道路
391 以减少困难。为修路而削掉的岩石深度似乎不超过25英尺，宽度可能还要小一些。走向关口的路上，风景自然十分优美。峭壁上的树木一直长到顶，主要是中国松树。从远处看，关隘本身就像是岩石城垛中的一个门道。到了山顶，放眼向江西望去，连绵不断的群山一望无际，没有什么特别打动人的景色。正在往山上攀爬的运输工和旅行的人们，无疑让整个场景增色不少。山本身由片岩构成，下山的时候看到一些孤立的柱状岩石，从远处看像是玄武岩，结果发现是十分紧实的石灰岩。这些岩石上还有一些房子和树木，使它们十分引人注目。

在广东省（和江西省以梅岭为界）省界的这一边，士兵——无论是步兵还是骑兵——的数量、正规性和一般面貌，都胜过我们所看到的其他任何地方的士兵。步兵的制服式样丰富，骑兵一般都穿着白色上衣，加有红色镶边。他们的马匹不大，但还算不错。一些步兵的火绳枪涂成黄色，看上去更像男孩的玩具，而不像士兵的武器。有许多士兵在集合之前脱掉他

们外面穿着的旧上衣，所以我猜测我们看到的这些士兵身上穿的是节日礼服，这些做的目的是要让我们对这个省的军事能力留下一个印象。梅岭的名字来自梅树，这种树看上去像野樱桃树。梅岭生长着大量的梅树，在这个季节，它正鲜花盛开，而 392
其他那些树大都呈现出了深秋的色彩。

路上经过了几个村庄，或者不如说是很短的街道，我们于10点左右抵达了休息地或者叫中途站重春（Choong-chun），行程50里。我们在这里被带到一座公馆，那里为先后到达的各队人马准备了一顿很好的早餐。从这个地方前行大约30里，我们经过了里塘（Lee-tang）。这是一个较大的村庄，附近有一座修建得很好的石头桥。又走了40里，我们来到了南雄府的城郊。我们穿过整个城市，被带到了水门附近为使团住宿准备的公馆。这座房子虽然太小，住不下使团所有的人，但是很洁净，外表也很漂亮，按中国人的观念来看，就是无可挑剔了。从山上走来的路上，当地官员向大使实际上也向使团的每一个人表示出了应有的军事致敬和照料，给我们准备的饭菜也很丰盛，十分好吃。整个说来，对广东当局对使团态度这一短时间的考察十分令人满意。给阿美士德勋爵和副使们准备的船虽然小，但很严实，能抵挡住风雨，上部设施都在甲板以上。给随员们准备的船就非常不舒适，又矮又窄，只有一个席棚用来挡风遮雨。不过，我们在船上最多待3天，这样短的时间对于不舒适的条件也就不太在乎了。事实上，河道十分狭窄，乘坐小 393
型船只是绝对必要的。

12月21日。——中国人催促我们尽快上路，声称河水每

天都在变浅，稍作耽搁都有可能会使我们现在难以通过水路前进。我觉得，尽管这种说法有一定道理，但真实情况恐怕是已经在这里待了一个月的广州官员不愿意再等了。这些官员级别很高，一个是军队的总兵[①]，一个是该省的按察使。

在第一天穿过这个城市时，就强烈地感觉到城里人口众多，而更让我吃惊的是值勤的士兵和治安人员也很多。在这里，我第一次看到了通向大街的城门，城门附近有一名士兵站岗。红色的长条旗横挂在使团经过的街道上，整条街肯定比平时更加具有公共道路的样子。官府的衙门看上去很宽敞，有一两处还带有花园。在我们即将航行的河对岸的山丘上俯瞰下去，城市景色一览无余。它不如我想象的那样大，城的长度和宽度适成比例，我感觉似乎有两道城墙围绕着它。一条小河流入大河中，它在这里的名字和城市的名字一样。这两条河，支流和主流，上面都建有漂亮的石桥，石桥桥面是平的，有修建得很好
394 的桥拱。我们没有想到，广惠有礼貌地建议由一名前往广州的高级官员为我们代转信件。我们接受了这一建议，给西奥菲勒斯·梅特卡夫（Theophilus Metcalfe）爵士和马克斯韦尔船长写了信。

12月22日。——中国人担心河水太浅，匆匆忙忙地催促我们离开，最终使他们自己陷入了混乱。他们完全没有顾及到我们的舒适，甚至忽略了一些必需的供应品，结果我们被迫让船队（尽管钦差已经于天亮时离开）一直在这儿待到2点。不过，

① 这名官员也可能是将军，“将军”这个称呼和它的英语名称更为吻合。

尽管费了很多事，但经过我们的强烈要求，给我们造成的不便部分地得到了解决。这自然是地方官员的错，他们的疏忽似乎只有他们的愚蠢才能与之相比。我们的习俗，以及欧洲使团成员比较平等的级别自然需要提供比较平等的食宿条件，成为他们的借口，为他们未能普遍顾及到使团主要成员以下所有人的舒适进行辩解。在中国，人们会关心并照料那些有官阶的人，但是对于随员个人的要求，由于不是什么大人物，就不会加以关注了。我们出发时已经很晚，加之河水很浅，需要费很大的力气才能把船拉过沙滩，所以到我们在日落以后停下吃晚饭的时候，并没有前进几里路。高低起伏的群山从河岸一直伸展到很远的地方，多数山都是光秃秃的，只有靠近河的一部分地方生长着树木，主要是杉树。钦差给阿美士德勋爵送来一封信，称已经在广州为他准备了一处房子供他居住，这个地方位于河南，马戛尔尼勋爵也曾在此停留。这样的安排尽管会带来很多不便，但我们也感到满意，因为它体现了政府的良好意图。

395

12月23日。——几乎一个晚上我们都在航行，我们要追赶的重要目标——钦差，仍然在我们前面。我现在相信，确实必须要抓紧时间，那些运送茶叶的船只在这个季节由于河水太浅而被迫滞留下来，并不是不常见到的事情。我们前进的速度非常慢，一上午还没有走到30里。船擦着河床前进，已经令人很不舒服，现在又增添了船夫们不停的叫喊声。相互之间的联络十分困难。船边的木板很不结实，所以也十分危险。基本来说，我们的唯一安慰就是一直在不停地前进着。乡野没有什么吸引人的东西。12点，我们走了60里，赤裸的山丘上有一些小块的梯田。在这里，我们经过了一座庙和一个兵营，它们优美地坐落在河的左岸。3点钟，我们看到对岸的村庄李坪（Lee-ping）。它之所以引起注意，是因为它旁边有一些虽然不大但十分整齐的坟墓。5点钟，我们在水同（Shwuy-toong）赶上了钦差。这个地方在河对岸，即使不是一个镇子，也是一个较大的村庄，但我没有弄清它究竟有多大。

在这里，不得不就供应品的问题向钦差提出了抗议，结果
396 得到了有礼貌的道歉，并且许诺做出补偿。这一许诺部分地得到了兑现。缺少的一种物品是士兵和仆人们用的中国酒，这种情况是最令人不快的。由于中国人惯常的疏忽，我们的储藏品和行李被提前运走，现在每一样东西都得依靠他们提供。我们想摆脱这些不好客的主人控制的心情，一天比一天急切。我们距离韶州府还有180里。经过探查，河旁边的岩石似乎是杂砂岩，表面暴露在空气中，呈红色，内部是青灰色。经常看到大块的圆砾岩。林地的主要树种仍然是杉树。

12月24日。——乡野的面貌大为改善，山上的树木更为茂密，常常可以看到如画的群山。岩石是圆砾岩和杂砂岩，前者里面嵌着一块块结构密实的石灰石。

12点半，我们到达了基岭江口（Chee-ling-kiang-keu），一条小河在这里流入河中，它现在的名字叫东江（Tung-kiang）。两条河流汇合在一起，直接改变了水的深度。所有的船都做好了快速前进的准备，舵被装上了船，桅杆被装到桅座里，船帆被系在了桅杆上。村庄边上停泊着几条船，村庄看上去很大，人也不
397 少。我们的船夫们说这里距南雄府130里，距韶州府120里。2

点半，我们经过水坪（Shwuy-ping）村，这里和李坪一样，坟墓整齐有序，从中可以感觉到中国人对他们祖先的尊敬。在有关墓地位置的问题上，中国人一般都要请教风水先生，邪恶神灵的力量被认为在很大程度上取决于具体的方位。我注意到这个省的村庄里大都有一幢很大的建筑，据说是私人住宅，它们的外表让我想起匈牙利的小村庄，在那里，地主的大屋子让佃农的房子黯然失色。日落时，我们停泊在离城90里的地方。远处可以看到一些陡峭的岩石，似乎是矗立在江中心，其中两块就像是立着的门柱。这一天的景色不错，山上的林木十分茂密。

12月25日。——8点钟，我们经过昨天看到的岩石，船夫说它叫洲头（Chew-taou），也叫蜡烛山（La-shoo-shan）。陡峭的山崖从江上陡然而起，高达200英尺，它的底部是圆砾岩，上面有石灰岩或者不如说是大理石。10点，我们经过一个顶部平坦的巨大山崖，山体是红色的砂岩。这一带村庄很少，耕地相应也不多。11点半，两岸的山崖非常接近，中间只留下一条狭窄的河道。一个哨所和一座村庄掩映在优美的树木中，使这个地方给人留下深刻的印象。我经常注意到，中国人十分重视他们的房屋和城镇的坐落位置，我想不起有任何一个他们忽略了某个方面的例子。12点，我们来到5块著名的岩石前面，这 398
些岩石形状奇特，人们根据它们的样子形象地称之为五马头（Woo-ma-tou）。许多岩石呈现出砂岩和角砾岩交替成层的面貌，后者大得可以让书斋里的地质学家大吃一惊。

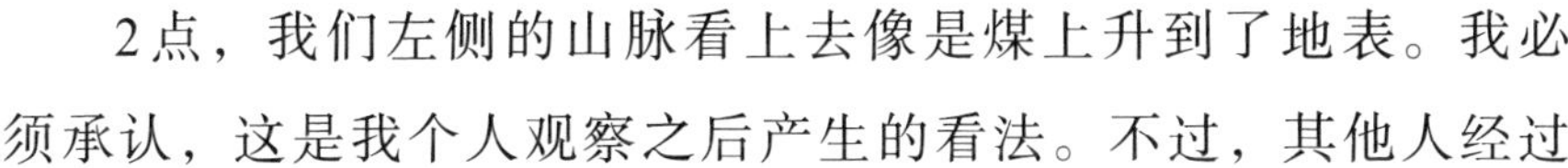

2点，我们左侧的山脉看上去像是煤上升到了地表。我必须承认，这是我个人观察之后产生的看法。不过，其他人经过

询问，却得出不同的说法，认为表面的煤是从远处（200里外）的一个煤矿运到那里的，目的是和黄铁矿混合起来，通过脱湿和结晶化的方法从中获得硫酸铁，或者绿矾。有人在附近的村庄里看到过加工过程。

最后10里路我是步行前进的。在经过一个大村庄后，抵达了位于韶州府城对面的停泊地。城墙沿着河延伸了相当长的距离，这个地方一派忙碌和繁荣的气氛。河上有一座用链子把船连接起来而形成的浮桥，地方官府便利用这点制造交通上的困难，从这座浮桥上移走了一条船。我们当中只有很少几个人成功地找到渡船渡过河去，据说城内的房屋和店铺很大很结实。东河和西河在这个城市汇合，汇合后的河流名叫北江（Pe-keang），这是我们在中国需要安全驶过的最后一条河流。从附
399 近的一座宝塔上一定能够饱览城市景色，但很遗憾，我没有能够登上那座宝塔。

在检查为使团准备的船只时，发现给随员们准备的船和给阿美士德勋爵准备的船在外表上没有明显的区别，旗子也被换了，上面写的不是表示特使阁下官职和副使们官职的字，而是所有的船都同样使用了贡船的字样。钦差的船不只在样子上更加漂亮，实际上是相当不同的另一种船，就像一条有船舱的平底驳船和一条行李船相比较一样。我们就这些问题向广惠提出了抗议，广惠回复时所做出的解释比预期更让人感到满意。他说，他的船是他的老朋友、广州的抚院为他派来的，船是他的，不然的话，他本来会和阿美士德勋爵乘坐一样的船。如果勋爵阁下对这样的差别仍然心怀不满的话，他可以谢绝他朋友

的好意。关于旗子的错误，他答应做出纠正。他还说，如果可能的话，他会给大使找一条更好的船。这一点他后来做到了。

12月26日。——行李全部都换到了新船上，我们早上启程出发。在帮助我们换船的时候，这里的官员起初比同样情况下其
他地方的官员要消极很多。我们向广惠提出了强烈抗议，尽管他 400
拒绝承认对他们拥有任何权威，但还是产生了所希望的效果，我们得到了他们的帮助。在这个地方，对任何不恰当的行为必须要更为留意，因为我们可以说是进入了广州官场做派的影响范围，使团提出抗议的目的就是要打掉官员们傲慢无礼的习气。

12月27日。——我们天亮时离开，对我们较为迅速的前进速度感到十分惊喜。水流很急，没有多少浅滩。走了不到10里，我们经过了一个哨所，它附近有一座漂亮的庙。岩石仍然保持着它们奇异的陡峭造型，几乎是从江面上拔地而起。石灰岩是造成岩石造型奇特的主要原因，一块这样的岩石最有力地表现出被打乱了的地层面貌，在某个位置上的角度至少错位了40度。我看到山坡上有几片山茶园，但没有开垦成梯田。经常可以见到杉树林，显然地是准备用来做木材的。河边还有一些榕树林。土壤疏松，多沙，主要种植着花生。

我们今天看到了一些建造得很好的巡河船，其中许多船都装饰着漂亮的旗帜。这些船由士兵操纵，其人数为16人或18人。它们前进速度很快，差不多像一条战船了。如果不是那么漂亮的话，本来可以称之为战船的。士兵们头戴褐色圆锥形帽子，身穿红色上衣。

我们现在乘坐的船的船舵由3块交叉的木梁组成，形状为

401 正三角形，最宽的一根木梁构成位于水中的底舵。船艉上装有2根长长的船桨，船头装有一根，此外还增加了桅杆和船帆。因此可以说，所有可能的推动船只前进的手段都用上了。我们航行的速度大约是每小时12里，也就是3英里半。我们的船虽然外面看着比较差劲儿，但船舱铺位比我们以前乘坐的任何船都要好，有些船舱里面装饰着绘画和镀金，可以说是十分优雅。行驶了120里时，我们经过一个大村庄。在河的右面，在落日的余晖中，巍峨的群山衬托着茂密的树木，景色特别美丽。7点半，我们经过一块引人注目的岩石，它矗立在江中心，过往船只的灯笼发出的光芒，刚刚可以勾勒出它和其他一些奇形怪状的岩石的大致轮廓。大约8点，我们停泊在沙洲崖（Sa-choo-ya），这里距离韶州府180里。

12月28日。——8点钟左右，我们到达了观音山（Kwan-yin-shan）。这是一个垂直矗立着的山崖，有四五百英尺高。山崖的裂开处有一座两层的庙，祭祀观音。庙的第一层距离江面
402 大约100英尺，第二层比第一层高40英尺[①]。台阶、庙墙和更大

① 尽管我保留了当时我在日志中记下的这座庙高于江平面的高度，但我觉得还是应该说明，我们一伙中有人认为其高度不超过40英尺，也有人认为是70英尺，只有一人认为达到了100英尺。如果进行一次实际测量并且把结果告诉我的话，我会更正这些数字，不过，由于没有发生这种情况，而且我当时是站在第二层，对整座山的高度和我下面的距离进行了比较之后得出的这一估计，后来又根据从船上看到的情况进行了校正，所以我没有足够的理由采信其他人的说法。不过，我的估计可能有点大，真实高度也许不到100英尺。在这个事例中，我对事实的记录可能和我的同伴们的记录并不一致，还有其他一些这样的事例。就用眼观察事物来说，由于我的视觉不好，观察可能会产生错误，但我可能不会犯这样的错误，因为我是根据在观察发生的时候没有做出记录的遥远回忆来做出描述的，所以错不在我。

的隔墙，全都是从坚硬的岩石上切凿出来的。这些岩石是结构密实的暗黑色石灰岩，整座庙也因此带有一种沉郁的庄重感。有一些僧侣居住在这座奇特而简陋的建筑里。游客们也经常来到这里，献上些许祭品，作为对于以他们的名义在神像前焚香的报答。一块突出来的岩石构成了寺庙的屋顶，大块大块的石头从上面悬挂下来，有点像钟乳石的样子。我仔细观察了一块较小的石头，感觉这种特殊的形状完全是水对不规则的岩石表面磨蚀作用的结果。这里距离韶州府220里。

钦差的船狠狠地撞上了一块岩石，几乎沉没。他要换一条较小的船，这让我们在离观音山不远的地方耽误了一段时间。广惠利用这个机会拜访了阿美士德勋爵，他的举止像往常一样彬彬有礼，令人感到愉快。他告诉阿美士德勋爵，皇帝已经下令不要向“休伊特将军”号征收入港税，因为它是陪伴使团的商船。尽管这是通常的做法，但也是友好的表示。广惠还暗示 403
说，他可能会接受我们的邀请，去参观“阿尔赛斯特”号。总地来说，我感觉随着我们接近广州，他也变得更为热情。他预计我们将在5天内到达广州。我们又向前行进了仅仅30里，就到达了英德县——一个有城墙的城镇——对面的岛上。我们的停泊地附近有一座古老的宝塔，建筑风格很有品位，和城镇附近新建的一座宝塔在这方面适成对照。新建的塔没有那么高，而层与层之间的距离更大，这让它们看上去像是少了塔顶一样。我们的船只不能驶到对岸以方便我们进入城内，看来广东对皇帝的谕旨执行得比其他地方要严格。

12月29日。——我们早上离开。东北风十分强劲，结果

我们只前进了30里，便停在一块平坦的沙地上。沙地前面有一片竹林，我们在里面来回散步，十分惬意。附近山里的溪谷林木茂密，各种树叶十分丰富，大都是在中国的林地中很少见到的。一片开垦得很好的平原在我们刚刚驶过的城市两侧伸展，平原上面的宝塔是远处最明显的目标。稻子是主要的农作物。竹子一丛丛地生长，或者不如说是从同一个根里长出几株来。竹子在长到一定高度后，通常要剪去一部分枝叶。我们的船夫抓住这个机会为自己制造竹竿，掠夺持续了一段时间而没有受到任何惩罚。不过，快到黄昏的时候，有人来申明了自己的财产权，违法者们触犯了法律，当场受到了严重的惩罚。在住宅
404 附近经常可以看到围起来的土地，但是林地就几乎没有任何申明财产权的标记，即使是更有价值的山茶园也是如此。有两条船差一点倾覆，其中一条还装载着礼物，部分原因是强劲的风把它们刮到一块岩石上，但是主要原因是船夫操作失误，他们看上去不仅胆小怯弱，而且十分笨拙。说实话，看着我们前面的狭窄河道，我对停在这里等待风小下来再走一点也不感到遗憾。

12月30日。——我们天亮时离开，天气不错。驶出狭窄的河道以后，群山变矮了。我们的右侧长着一些竹子，但是景色没有多少吸引人的地方。1点钟，我们经过了湛江口（Fa-kiung-haou），一条小河在这里流入江中。村庄很美，树林中隐隐约约地可以看到一座兵营。一幢新建成的白色村舍让我想起了英格兰，我们所有的思想现在确实都回到那儿了。2点，我们看到了迄今为止所见过的最美丽的景色。山上的树木多种多样，茂密而高大，一直伸展到山的最顶部。沿着山谷往上看，

眼睛迷失在一层层的枝叶中，感觉更像是在里约热内卢而不是在中国。我们5点钟到达了清远县，停泊在江对岸的一个岛上。和我们上一个停泊处一样，岛上有一片长长的平坦沙地。不过，岛前面的乡野上生长着一丛丛漂亮的的竹子和树木，风景十分美丽。在冬季的寒风中，能看到夏天面貌的植被，真是不会有什么不满的了。

这座有城墙的城镇城郊很大，靠河一带的房子鳞次栉比，405
十分拥挤。城前面一座很大的宝塔的名字和城镇名一样，塔有9层。我们今天驶过的河道蜿蜒曲折，河流的宽度增加了，也深了，如果我们不是见惯了浩浩荡荡的扬子江的话，我们就会称它为一条大河了。农民的举止一直都很有礼貌。距离广州还有290里。城里的主要官员前来拜见广惠，他乘坐一条极为漂亮的巡河船，船中央有一个舒适的船舱，窗户格子镀着金箔，船艉装饰着旗子和官职的标记。这些船是我在中国所见到的最适合其用途的船了，船员们身穿统一的制服，武器装备整齐有序，看上去的确像是很有战斗力，有的船带着一两门小炮。

12月31日。——河的宽度仍然在增加。河岸附近，尤其是我们右侧，大部分地方是平坦的沙地，说明它的河床更为宽阔。村庄很少，多数村庄里唯一的大建筑是货栈或者稻米仓。——11点。河水被一个岛分开。——12点。我们经过一个位于山崖上的村庄，林木优美。2点半，我们到达了老铺子（Laou-pu-sze）。这里有一个很大的谷物和牲口市场，还有一座船夫们认为很重要的寺庙。在岸上散步的时候，农民的举动第一次让我感到烦恼，他们的行为不是好奇，而是粗野无礼。

他们骂人用的词是“番鬼”和“红毛鬼”。一些坐船从我们旁
406 边经过的人冲着我们大喊“马上”“立即”，也让我感到吃惊，但一点也不高兴。这些都表明我们离广州越来越近了，我们的国家在那儿并不讨人喜欢。日落以后不久，我们到达了三水县。这是一个有城墙的城镇，它的名字源自其位于3条河交口的位置。从灯光的数量来看，它似乎有相当规模。我们在这里停泊了几分钟，然后又继续前进。钦差决定整夜都航行，以确保渡过一些只能在水大的时候才能过去的浅滩。当我们接近这个城镇的时候，它在我们的左边。高山迅速地消失了，取而代之的是山丘、耕地、大麦、植被和稻子。今天和昨天，我经常看到一些面孔和马来人很像的人。

1817年1月1日。——早上，我们航行在一条狭窄而混浊的河上。山丘越来越低矮，河两岸地势平坦，排列着一块块的稻田。不久，一条水流从我们左侧一个名叫三沙口（San-sou-koo）的地方流入河中，使河水水量大增。我现在知道，前面提到过的这个省的村庄里的四方形建筑，是用来存放日常消费的粮食和其他物品的。左边是橘子林，林中夹杂着一些香蕉树和荔枝树，右边高起的河岸上零零散散地种植着树木。

前来迎接小斯当东爵士的行商们乘坐的船只的到来，表明我们就快要抵达广州了。我们从行商那儿得知，我们将不走通
407 常走的经过花地（Fa-tee）的水路，而是走一条更宽一些的河，据他们说，这是为了避免搁浅。不过，钦差走的是前一条水路。在这个场合里，中国人曾经试图不让小行商与阿美士德勋爵见面，但立即被小斯当东爵士所制止。这种意见根源于公行

制度，这是一种受到一定限制的垄断制度。

在距离城市还有7英里的时候，马克斯韦尔船长和西奥菲勒斯·梅特卡夫爵士来到大使的船上，和我们会合。他们提前来到这里，而“阿尔赛斯特”号、“天琴座”号和东印度公司的其他船只则集结在2英里外的一座宝塔附近，等待着护送阿美士德勋爵前往寓所。几名特选委员会成员、美国领事和几条船的船长也来到船上。阿美士德勋爵在这里离开了中国人的船，登上他自己的大船，在排成两队的船只的护送下，前往河南——位于通向商馆的河的对岸——的村庄，那里已经为使团准备好了住所。房子足够宽敞，在商馆绅士们的努力下，使团所有人都能相当舒适地在这儿住下。广惠和总督都没有来迎接大使，到场的是一位头戴蓝色顶戴的官员曾大人（Sing-ta-jin）。由于场合的需要，特使阁下对他比较冷淡，让他十分不满。晚上，使团和商馆的人一起用晚餐，让我们感受到了真心诚意的热情接待，与途中虚情假意的好客形成了鲜明对照。 408

从船队的数量和规模、船只的种类和装饰、欧洲商馆精良的建筑以及熙来攘往的嘈杂人群来看，广州的面貌要比我们使团访问过的任何一个中国城市都更加让人难忘。我相信，就一般居民的富裕程度、技术工人的技艺以及制造业的多样性来说，除了京城以外，广州不次于帝国的任何一个城市。只到过广州的旅行者，很可能会对中国的人口和财富形成一种超出真实情况的认识。外国贸易的全部影响都集中在这里，并且在这里展示出来。欧洲贸易给各阶层人士带来了就业机会，使整座城市弥漫着一派繁荣气氛。如果没有这样一个强有力的刺激，

这种繁荣是难以想象的。

1月2日。——钦差今天拜访了大使，他的举止格外地彬彬有礼。这让我们有理由认为，他未来能否得到皇帝宠幸，取决于能否让大使阁下感到满意。不过，他一个劲地谢绝大使打算对他进行的回拜，而我们则极力坚持，最后把回拜时间定在4日。阿美士德勋爵注意到他对我们旅途中所受到的对待的关心，便仔细地把对广惠个人的满意与对政府的看法区别开来。
409 对于这种见解，钦差似乎并不愿意接受，更不用说会感到满意了。

我们进行了一些努力，试图让主要的行商潘启官（Puan-ke-qua）担任大使和清朝官员之间联系的中介，但这种努力很快就失败了。这一天还得到信息，皇帝命令总督转交一道谕旨或者一封致英国国王的信。中国人同时提出了一个建议，建议大使在接受谕旨或信件时行屈膝礼，而总督和钦差则和往常一样行跪拜礼。仪式的一个组成部分是皇帝赏赐的宴席。有暗示说，现在给了我们一个机会，我们可以利用它来重新得到皇帝的恩宠。我们拒绝了行屈膝礼的建议，以后我们得知，官员们将在一个单独的房间按他们的方式行礼，而大使只保证他在接受信件时行鞠躬礼。

1月3日。——我今天开始买东西，主要是到中国街上购买。摆出来卖的商品全都适合欧洲的市场，吸引人的不是民族特色，而是用料和做工的精良。广州的商贩和商人说一种特殊口音的英语，这种英语保留了中国语言的风格，还结合进一些特殊的中国发音。

我们收到来自官员的信，称计划中的仪式仅仅是转交信件，
一方的屈膝礼和另一方的跪拜礼都省略了。在就座人员的数量 410
上又出现了麻烦，官员们要求除大使和副使以外的其他人不得入座，而中国人方面，入座的除总督和钦差外，还有其他4名官员。

1月4日。——我们今天从澳门方面得到一道发给两广总督的谕旨的葡萄牙文翻译件[1]，内容是有关使团的。在这个文件中，使团被遣回完全被归咎于大使和副使的错误行为。谕旨命令总督尽快地把我们遣走，但临行前还要赐给大使筵席，以符合好客之道。谕旨还要求总督届时向大使讲话，讲话的要旨简单地说就是申斥。这道谕旨的精神与我们看到的其他谕旨有了实质性的不同，谴责对象从官员转向了大使和副使，把他们当作犯错的人看待。

1月5日。——昨天获悉的谕旨使得我们有必要采取某种坚决措施，以阻止皇帝谕旨中有关总督向大使发布侮辱性讲话这一命令的实行。另一方面，真实地讲明我们之所以这样做的
原因也是不可取的，因为那样有可能会伤害把谕旨交给我们的 411
那些人。于是，马礼逊先生便向官员们明确表示，希望避免提及在圆明园发生的事情，因为双方在这件事情上的看法完全不同，谈论这个问题必然会引起不愉快的感情。此外，他还按照指示正式通知他们，大使的行为和语言将完全根据总督的行为和语言来进行调整，这就是说，对于任何冒犯性的表示，都可

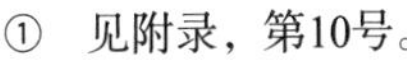

① 见附录，第10号。

能会做出有伤双方和气的反应。至于双方入座的人员数目，则坚持平等的原则。中国人最后接受了这一点，确定的人员是总督、抚院和海关监督。会见最终定于7日。

1月6日。——在公务方面没有什么重要事情，我个人这一天进行购物，商馆的绅士们晚上与大使共进了晚餐。

1月7日。——与总督的会见于1点钟左右进行。皇帝的信装在竹匣里面，上面覆盖着黄色丝绸。在会见大殿的大堂上，总督站着将皇帝的信件交到大使手中，大使深深地鞠躬。然后，他们走进为这次会见准备的一个小房间里，在那里进行了简短的会谈。会谈中唯一值得一提的是，总督有一瞬间曾试图使用预料中的傲慢语气，但在立即遭到回击后很快就放弃

412 了。他的具体表述是声称中国贸易处在优势地位，或者更准确地说是对于英国绝对不可缺少。大使阁下回应说，贸易对于两个国家有着互惠的利益。总督不愿意将会谈拖延太长，知道这样可能会给双方带来不愉快，于是会谈就在希望友谊长久的客气祝愿中结束了。对面一个房间里摆着一些水果和食品，由于总督对大使说这是预定的对我们的款待，于是我们就没有拒绝。在这个场合中，总督的态度完全符合我们所听到的描述：冷漠、傲慢、敌对。他显然是在完成一个他不愿意做的职责。他努力想克制自己在行为上表现出的对我们这些蛮夷对普天下最伟大君主所不应有的傲慢态度的反感，但看起来并不太容易。

我们自然十分急切地查看了皇帝信件的内容，发现信分别用汉文、满文和拉丁文撰写。和以往一样，这封信用对英国国

王训令[①]的格式写成，但除了这点以外，并不像起先想象的那样傲慢。实际上，整个地说，它远不如乾隆皇帝给国王陛下的信那样令人憎恶。对于圆明园发生的事情，信中做了错误的陈述，把使团被遣回归咎于大使和副使们以身体不适的荒谬借口，固执地拒绝觐见皇帝。 413

1月8日。——大使对钦差的拜访做了回拜，钦差住在河下游不太远的地方。大使阁下经过时，护卫船和兵船向他致敬，所受到的接待令人非常满意。特选委员会的成员也出席了会见，并且被介绍给了钦差。

1月12日。——收到来自广惠的信，询问礼物将来如何分发的问题，并且暗示说皇帝有可能在以后某个时期收下它们。对于前一个问题做了笼统的回复，而对第二个问题则希望能弄明白钦差的确切意思。不过，也让钦差能够明白，鉴于大使在圆明园所受到的对待，他不可能在这个问题上首先提出建议，但他愿意关注有关皇帝意愿的官方通报。无疑，作为剩余礼物的照管人，广惠很想取得一个我们在圆明园所受到的侮辱已被遗忘的决定性标志。他的这种愿望以及他要实现这一目标的间接努力都表明，朝廷对于把使团突然遣回可能产生的后果，并不是一点担心也没有。我们在返回期间所受到的良好对待，大体上也可以归因于这种情感。放弃这一心理优势是极其失策的，这不 414

① 葡萄牙大使曾经试图得到一封皇帝写给他君主的平等格式的信件，但没有成功。佩雷·巴多明（Pere Parennin）拒绝为大使传达不接受用不平等格式撰写的任何信件的声明，因为他知道这样的声明只能冒犯中国人，而完全没有任何用处。事实上，接受了中国人通常使用的形式。

仅是为了让钦差个人高兴，也很有可能会得到皇帝的好感，因为他的傲慢无疑会从我们又一次的谦卑中得到满足。

1月13日。——小斯当东爵士和商馆请钦差和大使共进早餐。这是广惠平生第一次受到欧洲式的招待，但他一点也没有感到拘束，态度从容，和气而且快乐。他就像在朋友们中间一样，对他所接触到的每一个人，都十分客气。聚会快要结束时，大家诚恳地举杯为健康祝福，这时，钦差非常巧妙地向大使建议，这样的快乐景象让他感到，大使应该让他带给皇帝一份书面感谢信，表明大使对所受到的对待非常满意。对这样的建议应该怎样回复，不可能有任何疑问。表示同意就等于承认把我们突然遣回是妥当得体的，而且会毁掉我们坚定的反抗态度所产生的效果。但与此同时，也一定要避免中方对我们的政府发出威胁性的语言。此外，弄清楚这一建议是不是钦差受权
415 提出的，也很有必要。因此，大使阁下只是轻描淡写地提及我们在圆明园被遣回的失礼，接着就表示他个人对钦差的所做所为感到满意，同时补充说，他的感谢和愉快回忆仅限于钦差。大使还表示说，他必须收到有关皇帝陛下现时态度的官方通报，才能够向自己的君主表明，重新开始钦差所提到的那种性质的直接交往是有道理的。广惠回答说："所做的一切都是奉了朝廷主子的命令，对奴才满意有什么用呢？"他断然否认对这个问题朝廷有过任何命令，并且说，写封感谢信对于大使来说不会有任何坏处。对此，我们使用先前用的同样语言做出了回答。会谈结束了，显然没有形成任何良好的理解。

在这周当中，大使告知钦差他确定了离开的日期（20日）。

钦差回复说，他和总督将在他离开的前一天拜访他，此后总督又寻找借口说不能前来。实际上，钦差也曾为不来寻找过借口，但他最后保证将在19日前来拜访。

我忘了记下上周发生的某些事情。第一件事是11日参观了花地花园（Fatee Gardens），这是广州时尚人士常去消遣的地方。这些花园属于一些富人，里面有笔直的行道，道边摆着花盆，花盆里种着这个国家的一些奇异而又美丽的植物。此前 416
已经允许我们可以随时进入这些花园，但是由于舰船上一些官员的错误行为，新近又把时间限定在这周内的一天。12日，我们参观了两名大行商潘启官和浩官（How-qua）的宅邸，它们都坐落我们住所所在地区的一座庙附近。我们先去的潘启官的宅邸很有趣味，可以作为中国庭院设计的样板，其主要宗旨是要在一个小空间内制造出尽可能多的变化，以提高游览或者娱乐的兴趣。潘启官被他的儿孙们簇拥着，他的孙子们从上到下都穿着全套官服式样的衣服，十分沉重，使得他们只能蹒跚前行。花园最里头矗立着一座可以远眺农田的小亭子，亭子里有一块铭文，铭文的意思是富人应该记着并且感谢穷人农耕的辛苦。

浩官的房子尽管还没有建好，但规模浩大，配得上他大约200万的财富。这座宅邸——不如说是宫殿——由一套套居住单元组成，镀金描银和雕刻精湛的装饰品品位高雅，根据不同季节被摆放在不同的地方。这里和潘启官家一样，为我们准备了一些水果和糕饼，浩官和他的兄弟——一名有品级的官员——亲自等候我们到达。浩官的一个侄子最近在科举考试中

出人头地，依法宣布他取得功名的告牌（类似官员使用的衙门
417 告牌）安放在外院里。在大使到达和离开时，有两支乐队向他奏乐致敬。花园的围地里有马戛尔尼勋爵居住过的房子的废墟，与我们现在的住所只有一墙之隔，我觉得它属于浩官的父亲。潘启官和浩官的房子里都有祭祀祖先的厅堂，里面供奉着他们直系祖先的牌位。用来摆放祭品的器皿和其他祭祀用具，与我们以前见过的一样，但是更为规整，所用材料也更好。

潘启官和浩官都是他们行业中的名人，前者据说特别擅长与官员打交道，而后者的经商之道最为精明，他积累起来的巨大财富确实就是他在这方面才能的充分证明。潘启官尽管已经上了年纪，但仍然保持着年轻人的活力，十分自豪地向大使炫示他不足两岁的最小女儿。他充分展示着他的精神面貌和个人性格，尽管他的唠叨说明了他的年龄，但从他身上一点也看不出年老虚弱的迹象。浩官的体态和相貌说明，他积累起巨大的财富确实付出了相应的操劳。人们普遍认为他十分节俭，但他的宅邸和里面的家
418 具并不能印证这样的说法。我们听说，他家里每天有两三百人要靠他来养活。

1月16日。——今天晚上，大行商春官（Chun-qua）请大使参加宴会并且观看戏剧演出。宴席主要是英国风格，只上了几道显然特意制作的中国菜。戏剧演唱所引起的厌恶感，简直难以描述。演员和器具（我不愿意把它们称为乐器）发出地狱般的声音，整个演出让人极度难受，我相信再不会有人来请我受这样的罪了。演出开始时向大使表示恭维，恭祝他晋级加爵的日子已定，并且马上就要到了。晚上的娱乐活动还包括翻筋

斗和戏法，表演得还不错。我们的主人春官先前在财政部门供职，但由于处理事务失当而被革职。他在公务中建立了一些关系，现在仍然经常联络。他的父亲是位十分体面的老人，头戴红色顶戴，也来尽地主之谊。由于我的感觉完全不同，所以看到演出给这位老人带来的快乐，感到很不舒服。时不时地有一群群演员上台表演，十分热闹，有时候还混杂进一些观众。我们既看到了悲剧，也看到了喜剧。在悲剧里，皇帝、王公和官员趾高气扬，咆哮喊叫，令人感到十分可怕；而喜剧的滑稽点似乎在于小丑鼻子上画的条纹。女性角色由男孩子扮演[①]。行商 419
从熙官（Con-see-qua）在桌子四周转着，向主要的客人祝酒。我听说，完美的中国礼节要求主人亲自上第一道菜。

行商们戴着官员的顶子，为此他们支付了相当数量的钱，而所得到的唯一实质性好处是可以免除直接的肉体惩罚，如果要实施肉刑的话，事先必须以某种形式的审判革除他们的官员身份。

1月19日，星期日。——钦差根据他的承诺前来拜访大使，为他送行。大家都真诚地表现了良好的意愿，要比在这种并不友好的情况下所能够预想到的更为真诚。必须承认，我个人对广惠的看法一直都不错，因为我认为，他机智而大度的性格向好的方向修正了中国政府对外国人的猜忌政策。钦差在离开通州后一段时间里的冷淡态度，并不会影响我对他的这种看法，因为他那时正处在皇帝对他不满所造成的痛苦中，而皇帝的不满主要是

① 演员这一行被中国法律和习俗视为不名誉的行业。

由于他在天津——我们在那里小住了几天，并取得了唯一一次胜利——对我们做出让步而引起的。

我们住在河南的庙里，这是我见到的最大的庙宇之一，也
420 是有着最好的神像和其他附属品的庙宇之一。为了让我们在里面居住，必须要把大殿里的巨大佛像转移，我们听说它们被送到了对岸的庙里。不过，宗教活动并没有中断，僧人们每天围绕着没有被征用的另外一个大殿巡行。

我不能不承认，有些宗教仪式似乎并不缺少神圣和庄严。尽管在僧人们的脸上看不到虔诚的专注精神，但他们带有一种难以捉摸的虚无表情，就像是沉浸在印度神学所谆谆教诲的神圣存在之中。到场的僧人很多，他们的首领具有很高的神职。

如此著名的一个宗教场所很轻易地就被挪作他用，同时还把许多佛像迁走，对房间的分配进行了大变动，这些情况都是中国人缺乏宗教庄重感的又一次表现，同时也并非是最微不足道的一次表现。另外值得注意的是，当我们在庙里居住的时候，我从来没有看到过僧人以外的任何人参加宗教活动。中国人对待宗教确实不那么热衷，而是像我们一样地有些漠然。

我一定不能忘了说说祭祀用的猪。它们个头很大，也很老了，被圈养在庙附近一个铺着石头的猪栏里，在积累多年的污秽和恶臭中打着滚儿。

1月20日。——大使登上了“阿尔赛斯特”号的驳船，前往黄埔。就像他快到广州的时候一样，东印度公司船队的所有
421 小船都来送他。当大使的驳船离开码头时，水手们向他发出3声欢呼。听到这些欢呼声，不由得不令人深深动情，声音中的

男人气概令人敬畏，和我们正在离开的这个国家的那种不和谐的致敬声和滑稽可笑的仪式截然不同。在过去两天里，总督一直没有认真地考虑是否到大使上船的地方来送他，现在，他来到河下游不远处的一条船上，位于船队能够看得见的距离内。他给大使送来他的名帖，不过，大使认为在这种情况下没有必要理会他。我们相当有理由认为，总督的出现不是出于礼节，而是出于官场规则，在我们这种情况下，需要他亲自监督外国人离开广州。

在我们经过半途中的宝塔之前，河两岸十分平坦，毫无趣味。在黄埔附近，特别是靠近戴恩岛（Dane's Island）的地方，景色相当美丽。3点，我们到达了"阿尔赛斯特"号。我们在船上与要前往英格兰斯卡尔比城堡的小斯当东爵士共进告别晚餐，所有人都向他表达了美好的祝愿。尽管和他在广州的那些老朋友们相比，"阿尔赛斯特"号上的我们这些从英格兰来的人和他认识的时间要短，但我相信，我们对他的尊重一点也不亚于广州的那些人。就我自己来说，虽然我仍然——或许是不幸地——保留我在清朝礼仪问题上原先的意见，但我必须承认，还没有发现有另外一个人，其性格和学识会让我的行动宁愿服从他的指导。

在这里，我要补充一道谕旨（我们到达广州后收到和翻译 422
出来的）的摘要。这是一道朱批谕旨[①]，因为它是皇帝用朱红色墨亲自写的。这道谕旨确实令人很满意，因为它对使团活动做

① 见附录，第11号。

出的陈述基本上是正确的。和邸报上一样，皇帝陛下把使团突然被遣回的责任完全归之于他自己的大臣。谕旨开始时简单陈述了天津的事情，指责两名中国钦差擅自主张，在大使拒绝在宴席上行叩头礼以后仍然允许大使前来北京。谕旨还指责他们默许英国船舰离开，清楚表明了原来想让使团从天津返回的意图。接着，谕旨又提到命令两名特派大臣在通州进行有关礼仪的会谈。谕旨指责他们从通州呈交了一份言辞含混的奏折，并且称他们在使团到达北京前一天被迫承认尚未演练叩头礼，但是他们当时保证大使在觐见时会行叩头礼。谕旨也提到了所谓的大使身体不适，并斥责为侮慢倨傲。据称，英国副使除了同样称病外，还说必须等大使身体恢复之后才能觐见。皇帝接着说，直到几天以后，他才知道大使整夜都在行走，而且随身未
423 带觐见的朝服。皇帝陛下称，如果他当时知道这些情况的话，他就会推迟觐见，改日再完成觐见礼节。谕旨严厉斥责了中国特派大臣的无能和含混支吾，认为他们严重危害了公务，皇帝也为自己成为他们低能和欺骗的牺牲品而感到羞愧。谕旨提到所有4名中国官员的罪责，交相关部门进行调查议处。谕旨最后下令，将该谕旨在鞑靼人和汉人居住的所有地区公开传布。

同时收到和翻译了另外两道谕旨[①]，一道见于第一位特派大臣的一道奏折，奏折中称大使每天都演练仪礼。这道谕旨定下的觐见日期和离开日期和前面提到的一样。另一份文件是有关4名中国官员降级的不同谕旨的辑录，从这些谕旨来看，仁慈

① 见附录，第12号、第13号。

的皇帝似乎修正了有关部门的严厉决定。

和世泰被判处没收5年的公爵薪俸。有关部门认为应该剥
夺他的公爷头衔，但是皇帝额外施恩，允许他保留公爵头衔以
及他在内务府的职位。他的黄马褂被剥夺。黄马褂是一种非常
高的荣誉，除个别情况以外，仅限于皇室家族。穆克登额由于 424
年龄过大，缺少能力，被革除所有职位。苏楞额被革去工部尚
书和统领的职位，除去花翎，降至三品顶戴。

负责他的案子的部门原先判处苏楞额降至五品，并革去一切职位，但皇帝特别加恩，为他保留了管理皇室茶叶和食品的职位，并且安排他负责管理圆明园，如果干得好的话，8年以后可以复职。

根据这些谕旨，广惠被降为八品笔帖式，将于次年春天被送到满洲的鞑靼地区，并免去他的官位。

那道朱批谕旨和9月4日邸报的摘录内容大体一致，可以认定它们是差不多同时形成的，至少也是在对它们所涉及的问题有着相同了解的情况下撰写的。

发给两广总督的谕旨日期是9月6日，给摄政王的信的日期是11日，前者比邸报晚两天，后者晚7天。因此，可以把朱批谕旨看作是对于邸报所表达意见的更详细更正式的阐述。

在这两个文件中都可以看到一些虚假的表述。皇帝说他不
知道有关觐见朝服的事，但是如果和中国官员坚持要大使在没 425
有朝服的情况下觐见的情况对照来看话，就可以得出皇帝的说
法是完全虚假的结论，因为不能想象，这些大臣敢于自作主
张，在缺少朝服和其他物品的情况下带领大使前去觐见，这些

东西对于觐见他们自己的君主来说，可是要比大使的尊严更为重要[①]。

对于这些前后矛盾的行为，我猜测可能是出于下述原因。这位无能而反复无常的君主在极度扫兴的冲动下做出非常失礼的举动之后不久，就对自己过激行动可能产生的影响感到担心，中国人性格和习俗中根深蒂固的礼貌观念重新发挥出了作用，从而才在邸报和朱批谕旨中做出部分弥补，对事情进行了表面看来还算公正的解释。

但是中方很快就又反悔并且做出了修正，这要么是那些反对向外国人做出任何让步的大臣建议的结果，要么是国家感情
426 和个人性格中的傲慢又回来了。皇帝决定对大使的行为做出虚假陈述，来为自己的激烈行为寻找正当性，给摄政王的信就是在这样的思想指导下撰写的。同时，不是没有理由认为，给两广总督的谕旨专门是为了应对这个地区的特殊情况，这里是欧洲人的聚集之地，所以要使用一种傲慢专横的语调，以避免外国人从那些最微小的表面让步中产生出假想来。

对这些帝国谕旨自然不能予以信任。和给摄政王信件中的内容相比较，邸报和朱批谕旨中对圆明园事件做出的另外一种陈述，表明皇帝不顾事实，缺乏行动的前后一致性。由于事关两个国家之间的交往，给摄政王的信肯定更具官方权威性，因

① 可能有人会说，荷兰使团被迫穿着他们的旅行服装觐见一事会否定前面的这一推断。不过，两次的情况并不一样。荷兰人并没有从路上直接被带到宫内，他们的行李也不像这次离得这样近便，为他们安排的觐见日期也没有像这次这样突然地做出毫无道理的改变。即使在他们的事例中，不穿朝服觐见也违背了帝国的礼法。

为谕旨并不是给大使的，皇帝写谕旨的时候也没有想到大使会看到它们，所以它们的重要性只是可以从中看到中国政府的总体态度，或者可以从中看到一个既怯懦又容易冲动的人变化无常的思想状况[①]。

1月22日。——经过愉快的航行，我们今天晚上抵达澳门。427

23日。——我们在澳门登陆。葡萄牙当局对大使没有表示任何关注，据宣称是由于这时刚刚第一次正式宣布为王后去世进行哀悼。

一队中国士兵出现在登岸的地方，足以说明葡萄牙人对这个岛的占据与其说是作为领土，不如说是作为商馆。

澳门除了街道上的景色之外，没有太多令人感兴趣的东西。和天朝有着笨重屋顶的庙宇公馆难以给人留下深刻印象相比较，澳门建筑物欧洲式的规整和建筑式样十分惹人注目。岛上有的地方风景美丽，有些东西还值得一看，特别是西南面的一座庙宇。在那里，狭小的空间中包含了中国式风景的所有奇

① 细读皇帝的谕旨可以发现，他们一直认为初七日即8月29日是使团觐见的日期，但是回想在通州的事情却表明，公爷通知大使将于初八日即8月30日觐见皇帝。在和公爷的奏折中看到的谕旨声称是在大使到达海淀那天发布的，接着就让我们于初七日觐见。如果这道谕旨是在我们到达海淀那天发布的话，觐见就是定在初七日，但这与朱批谕旨并不一致，朱批谕旨称觐见定在我们从通州前去北京的次日。皇帝希望做出的表述是，他起初决定觐见日期时，认为大使会在初六日即8月28日1点半之前到达，因而有足够的时间做必要的准备。这样，问题的出现就是因为和世泰没有对大使到达海淀的时间做出准确的报告。不过，皇帝承认在初七日5点半的时候，自己已经知道大使还在路上，因此，即使在他自己的陈述里，皇帝也无法推卸掉不讲道理地立即召见使团的指责。这进一步证实了在正文中表达的看法，就像和世泰对阿美士德勋爵所说的那样，皇帝实际上已经免去了必须要穿朝服的礼节。

428 异特色。房屋、岩石和石缝里长出来的树木，都在证明着他们把园艺和绘画人为结合起来的合理性。比较起来，卡蒙斯（Camoens）①的岩洞所在的花园似乎就有些差了，因为它已经快要被现在的所有者淡忘了。不过，它仍然不失为一处令人愉悦的幽静之地。那个由山体裂缝形成的岩洞，已经被旁边的一个石头墩台给毁掉了。在一个像是饭橱的格栅里，安放着一尊做工低劣的卡蒙斯半身像。

由于中国人的猜忌，欧洲人只能在非常有限的狭小区域内游历，这必然会让在澳门的居留十分不惬意。这样的限制既让人憎恶，也没有什么必要，除了葡萄牙以外的任何国家都不会顺从。看到澳门政府和议院这样一个自称为欧洲人的政权如此蒙受耻辱，实在令人感到悲哀。即使他们有能力反抗中国人愈演愈烈的侮辱和侵犯，我也怀疑他们是否有这样做的勇气和决心。事实上，他们所表现出来的唯一行动却破坏了盟国和他们母国的救助者的利益。要塞里全是深色皮肤的士兵，除了几名首长以外，军官都是欧亚混血儿。这些士兵身材矮小，看上去比他们的武器和装备重不了多少。和所有的天主教殖民地一样，教堂的建筑风格和规模要大大好过其他建筑，但仍然不太值得前去参观。

1月28日。——我们离开澳门。上船后不久，我们就决定
429 前往马尼拉。我相信，我们所有人都会为离开天朝的水域，恢复独立而文明的生活习惯而感到高兴。

① 葡萄牙诗人，16世纪50年代曾在澳门居住。——译者

许多人可能会对他们在这个国家的旅行感到失望，我感觉这个国家在欧洲引起的兴趣有些过度。就造就一个真正伟大国家的所有方面来说，它在很大程度上比不上文明的欧洲。不过在我看来，中国在国家治理和社会总体面貌上要优于其他亚洲国家[①]。

尽管我不能断言说，正义和道德的伟大原则在中国要比在土耳其和波斯得到了更好的理解，因为这些原则可以说是人类思想中所固有的，但是法律在中国确实更加普遍地为人们所知道，也得到更为一致的执行。地方官员滥用权力的机会要少些，向更高权力提出控诉所受到的阻碍也要少些，尽管最终受理的过程会十分漫长，但取得成功的可能性要多一些[②]。

从农民一直到皇帝，通过细密的官阶级别表现出来的一级级上下从属的巨大链条，对于代表君主权力的官员们的专断统治必然会起到阻碍作用。至少可以说，个人特权的分散为避免
任性和不公正行为提供了某种程度的保障。大多数匆忙的旅行 430
者们在其他亚洲国家所看到的那些暴虐事例，以及随之而来的触目惊心的野蛮惩罚，在中国几乎看不到。统治国家的理论宣称法律高于所有人，尽管在具体案件中可能并不完全如此，但是敢于公然违犯法律既定原则的实例少之又少。

皇帝经常通过谕旨作为媒介求助于民众的判断，无论这些

① 我当然把英属印度排除在外，在那儿，由于实行了经过改良的欧洲政治管理原则，居民的状况自然也就得到了改善。

② 我听说过一个贫穷寡妇的事情，她在14年中坚持不断地控告一位总督，因为他非法剥夺了她丈夫的生命和财产，据说她最终在北京的最高法庭上将罪犯绳之以法。

表述是多么虚假，也无论这些文件所说的目的是多么虚幻，我们仍然有足够的证据表明，皇帝并不像波斯的王中王那样，认为自己可以完全独立于公共舆论；相反，在国家发生灾害的时候，或者在特别紧急的情况下，皇帝感觉需要引导他的臣民的感情，就会庄重地宣布他所采取行动的原因，或者指导他的行动的动机。使团被遣回是一件对帝国国内事务不太重要的事情，似乎并不需要这样做，但是仍然就此发布了谕旨，说明这种做法十分常见。

要判断国家繁荣的总体分布情况，最好的标准可能就是中等阶层和社会其他阶层之间的比率了。根据他们的着装和外表
431 来看，我们可以公正地说，大村庄和城市里的人应该属于这一阶层。在使团所经过的中国那些地区中，居住在这些地方的人数相当多。北方省份在这些方面要低于中部和南方省份。

不用说，我们一路上肯定看到了一些贫穷和让人十分可怜的事例。不过，我总是会把中国与土耳其、波斯和印度某些地方而不是与英国甚至欧洲大陆上的国家进行比较，所以在我看来，和这些国家相比，中国的下等阶层的处境要更好一些。没有看到父母被迫杀婴一类的悲惨景象，我也没有听到过有关这种情况的任何描述①。

我在旅行的不同阶段已经提到过我对人口问题的看法，总起来说，我坚定地相信中国的人口数量被大大地夸大了。可以见到的人口并没有达到超过实际耕种的土地数量的程度，而许多可耕

① 我决不是要否认这种做法的存在，只是要对这种现象经常发生的说法表示怀疑。

土地仍然没有开垦出来。至于经常在较大一些的城市里看到的庞大人群，我认为都是被欧洲使团这种超乎寻常的场面吸引来的，我觉得欧洲的大多数首都也会聚集起人数如此众多的人群。

在我看来，可以用具有规模的城镇和大村庄出现的频率来比较中国的人口和繁荣情况。在这方面，中国甚至肯定超过了 432
我们自己的国家。不过，在做出这样的判断时，要记得我们的旅行经过了连结帝国南北两端省份的重要交通线，如果考察那些地理位置不是这样好的省份，可能就会得出不同的结论。

我了解到的信息是，最为精确的中国记载认为人口数量大大低于2亿。没有理由怀疑他们有意低估他们的人口，因为这与他们国家的伟大有着实质性联系[①]。

关于帝国财库的实际收入[②]，我找不到任何可靠的信息。无论如何，中国的财政状况现在十分混乱[③]，刚刚发生的叛乱和当今皇 433
帝的无能，似乎动摇了政府的整个结构，很难轻易地恢复过来。

各省现在可能仍然潜伏着对政府的不满，如果这种不满被外来攻击引发成行动，或者受到外国支持的鼓励，改朝换代并

① 整个中国都有行政管理，它要求每一家的户主在他的房子外面张贴一份名单，说明他家里居住着的人口数量以及每个人的情况，这应该能够为人口普查提供最精确的资料。

② 传教士说，财政收入包括来自土地的收入、国内外贸易的税收以及对20岁到60岁之间的所有人征收的人头税。多数岁入以实物支付，库房里供宫中消费的大量物品在帝国财产中占据着相当分量。中国和印度一样，来自土地的岁入由土地所有者按土地质量缴纳相应的金额。

③ 最初之所以打算让我们从天津返回，以及皇帝只让使团做短暂的停留，都十分自然地被归因于这种财政困窘局面，因为这两种做法都会实质性地减少帝国财政的开支。

不是不可能的事。汉人的民族感情还没有完全消失，可能会出现一个或真或假的明朝代表人，如果得到外国援助的强力支持，他会找到足够的拥护者，把没有资格拥有这个庞大帝国的统治者驱逐出去。不过，如果没有这种干涉，现在还看不到内部革命的任何迹象。

我相信，中国的军队尽管足以应付国内的治安，但是从它们列队行进的样子和士气状况来看，即使是对付亚洲不正规的军队也是不堪一击，肯定无法对抗欧洲的军队。中国百姓的天性、身体条件和习俗多少年来一直就不适合作战，现在仍然是这样，或许只要入侵中国就一定能把它征服。

尽管外国商业在中国没有得到多少鼓励，但人们似乎更懂得国内贸易的道理，至少村庄里——除了极少数例外——很好地提供了最为基本的所有生活必需品，甚至还有一些生活舒适品。这些物品中有许多种来自遥远的外省，要保证它们的正常
434 供应，必定需要做大量工作。尽管广泛的水路交通提供了不同寻常的便利，这种情况的存在也足以证明，在国家经济最为重要的目标上，普遍地投入了大量资本，并且取得了一定成效。

中国的对外关系可能要比世界历史上曾经有过的同样规模的任何其他国家都更加受到限制。中国的政治体制与国内的行为规范和日常习俗密切地交织在一起，所以，政府严格实行防止与外国人交往的政策，也并非像乍看上去所想象的那样没有道理和没有必要。把这个伟大帝国凝聚在一起的，无疑是道德一致性的力量。由一系列细致入微的规矩产生出来的这种力量，平衡着百姓良善的活力和邪恶的热情，使之达到一种并非自然形成的均衡。与其他国家不受限制的交往也许能够会矫正一些错误，但同样也会危及这一体制的稳定性，因而自然会成为政府小心防范的目标。

就其辽阔的幅员和土地、物产的多样性来看，中国不必依靠其他国家就能够提供生活必需品和舒适品，甚至于一些奢侈
品，因此不存在出于商业目的而鼓励发展对外关系的足够动 435
机。外部的和平与内部的稳定最适合于中国的政治体制，而要做到这一点，在它的臣民和其他国家臣民之间划出一条道德上和领土上的分界线，或许是最好的保证。

俄国和中国之间的来往现在局限于边界地区一定范围内的实物贸易，中国的政策显然是反对任何更为密切的联系。我觉得，中国的政治家们意识到俄国可能会是一个给它制造麻烦的邻国，即使它不会对中国发动正规的入侵，也可能会利用自己的资源，或者操纵中俄交界地区的鞑靼部落，进行一些侵扰活动。由于缺乏对付这种可能性造成的危机的精力或者行动，他们不是试图通过显示力量来阻止这种情况发生，而是极力阻止双方交往，以便把自己的虚弱掩盖起来。

中国和其他亚洲邻国之间的关系是一种朝贡关系，根据和中国的亲疏关系，各国对中国的朝贡制度或松散或紧密。与尼泊尔[①]之间的关系则是一种最高统治者与一个遥远属国的关系，

① 最近发生的尼泊尔战争有助于我们认识中国和尼泊尔的关系。当一支中国军队前进到距离我们在尼泊尔的战场不远的地方时，英国总督和中国指挥官之间进行了友好的交流。这种情况让人产生出有关与北京朝廷进行政治交往的值得重视的看法。

在它遇到外来危险时随时准备援助，但是一旦压力消除，中国即使不会完全忽略也会松懈它的责任。

近些年来，英国与中国之间的联系因为国王派遣的两个使团而大为提升，但是英国对华关系仍然会被认为是一种纯粹的商业关系。不过，对于国家收入的考虑，以及对于东印度公司
436 从这一贸易中获取资金的衰减可能会对公共安全造成损害的考虑，都大大增加了对华贸易对于英帝国总体利益的政治重要性。因此，我国当局开始关注管理这一商业交往的最佳方式的问题。我们一直认为，对于中国人的“行”或者保商机构，只有用一个相应的体系才能与之抗衡，因此，自由贸易即使可以实行的话，也会导致严重的问题。众所周知，中国地方官府总是不断地企图敲诈勒索，要对之进行有效的反抗，就需要控制由代理商所支配的整个英国贸易，而唯一能够进行这种控制的，只有大资本集团东印度公司所拥有的排他性贸易特许权。如果让在广州的英国贸易处于一种自然状态的话，可以断言，那些散商们既没有能力，或许也不愿意对中国官府的侵犯和不公正行为持续进行有计划的反抗。应该说，受到东印度公司势力保护的，不仅仅是英国散商的贸易，也包括其他欧洲国家商人和美国商人的贸易。在广州口岸贸易中，代理商直接支配的份额是如此之大，以至于如果突然把它中止的话，必然会造成地方官府收入的严重减少，这一因素是目前的商业交往模式没有受到太多侵扰的唯一保证。

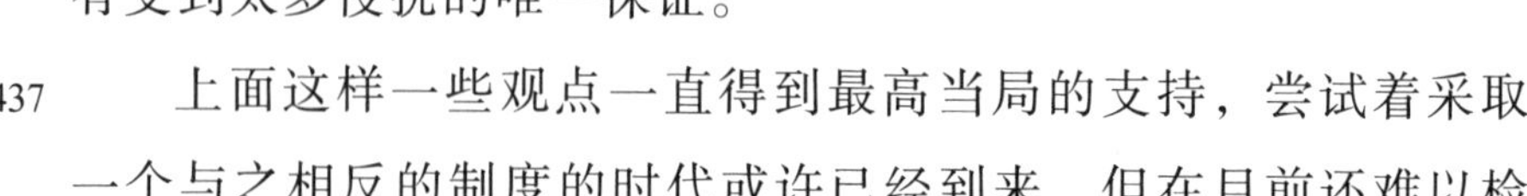

437 上面这样一些观点一直得到最高当局的支持，尝试着采取一个与之相反的制度的时代或许已经到来，但在目前还难以检

测它的可行性或者得当性。对于新制度是否可行一直存在着怀疑，而它是否得当则要由这个问题引起热议时我们自己国家的政治和财政形势来决定。

反思前往北京朝廷的两个使团所取得的结果，不能不产生某种屈辱感。派遣这两个使团的明确目的即使不是要取得更多的特许权，至少也是要增加贸易的保障，就此而言，两个使团都遭到了彻底的失败，而后一个使团肯定还会引起更加严重的不满。我愿意对马戛尔尼勋爵使团获准觐见的方式表示最明确的赞许，但是无论我个人对顺从中国礼仪这一具体问题持何种态度，我都不会认为使团仅仅得到接见会带来任何实质性的好处。同时我也不会认为，使团出于尊重无可置疑的行家的意见和丰富的地方经验而采取反抗行动，影响了派遣使团这一措施本身的总体得当性。

这些皇家使团表面上是礼节性的，但其真正目标在商业方面，这种情况本身或许就有些不太正常，同时也与中国人甚至
所有东方国家的观念相抵触。在这些国家里，贸易尽管作为国 438
家收入的来源而得到鼓励，但从来也不会受到尊重。因此，如果仍然想通过政治交往来支持我们的商业贸易的话，我们就必须指望我们帝国中接近中国领土的那些地方。从今以后，我们必须要保持印度和尼泊尔的属地之间的密切联系，孟加拉的最高政府可以作为这一交往的媒介，武装力量的代表可以在那里找到同伴。如果要想给北京留下印象，就必须要让他们真正地了解我们的政治和军事实力，而不是通过一个使团按中国人的条件获准接见而讨得皇帝的欢心，或者在使团因拒绝中国人

的条件而结束其使命时试图通过合理的反抗以产生道德上的谴责[1]。

中国的宗教尽管到处都能看到，但对民众的思维或者情感似乎并没有多少影响。它有着古代多神论所具有的松散和虚
439 空，却缺少它的隆重和庄严。他们的庙宇被用作如此多的用途，让人难以想象他们神灵的住所或者躯体能够具有任何程度的圣洁。不过，迷信的影响倒是无所不在，在占卜行为以及对地方神或者保护神的讨好性奉献中展现出来。各种宗教活动与其说是属于民众的道德行为，不如说是属于他们的日常活动。我感觉，基督教要在中国传播，会发现主要困难在于它难以刺激起人们心中足够基督教有效而长久地存在下去的足够兴趣。

我个人与中国上等阶层的交往完全局限于礼节性的官方交往，同时也都是通过一名翻译进行，所以我无法对他们的道德品质或者才智水平作出一个整体性的结论。和其他亚洲人一样，他们的举止行为与其说是富有教养，不如说是出于礼节。他们处理公务的方式中能够引起注意的，是极度的谨慎、无休

---

① 对资料加以比较将会表明，当使团快要到达北京或者已经离北京的朝廷很近的时候，中国军队实际上正在前往尼泊尔边界地区。如果印度方面的记述中关于这次行动的最高中国官员的头衔是正确的话，那么他就是一名大臣。因此，不可能认为皇帝或者他的大臣不了解如此重要的事情。由此来看，对这场战争所表现出来的沉默，或者是出于某种计划，或者是因为不了解我们的欧洲帝国和印度帝国的同一性。我是在回程中在好望角获知有关尼泊尔的信息的，但是在这之前很久，我就曾经想过把我们与中国的政治交往置于最高政府手中的得当性。

止的说谎以及严格执行他们上司的命令[①]。我已经谈到过下等阶层的快乐天性，根据我观察的结果，我对他们的习惯和一般行为怀有较好的看法。

我对中国语言的掌握仅限于少数最常用的词汇和短语，因此对于它在文字写作方面的优缺点，我提供不了任何个人的看法。至于口语，对我来说它似乎并不很难掌握，但是中国人自己经常要回到字的写法上，才能确定一些具体字词的意义，这说明中国语言的口语表达不够清楚，有时不能马上被理解。 440

我已经陈述完对于中国及其居民的回忆了，现在还得要问问我自己，如果不考虑官方工作的话，我所经历的一切是否证实了我以前的先入之见呢？对这个问题，我会欣然做出肯定的回答。好奇心很快就得到了满足，但也很快就被道德的、政治的甚至各不同地区的同一性所消蚀殆尽。无论是平原还是山区，中国的景色始终都是差不多的样子，眼睛都快要被连续不断的高山或者平地弄疲倦了。因此，如果不是因为觉得自己是极少数游历过中国内地的欧洲人而产生出些许满足之感的话，我就会认为这段时间完全虚度了。我既未能体验到文明生活的优雅和舒适，也没有品味到大多数半野蛮国家所具有的天然情趣，而只是发现我自己的心灵和精神受到了身边的枯燥和压抑气氛的影响。

① 确实值得一提的是，中国官员一点也不注意和阿美士德勋爵之间的谈判的私密性，这非常失礼。那些侍从们始终都在场，当着他们的面就讨论一些涉及各自要求的问题。他们的这种做法可能是出自于中国官员们担心私密对话会增加自己私通外国人的嫌疑，也可能是出自中国政策的一般性原则，这一原则就是倾向于认为所有关于外国人的事务都不重要，不值得给予通常形式的严谨关注。

第八章　海上返程

到达马尼拉——总督的表现——马尼拉面貌——参观洛斯巴格诺斯——对殖民地状况总体评论——离开——船在加斯帕海峡失事——普洛利特岛——特使乘驳船前往巴达维亚——冗长乏味的航行——到达巴达维亚锚地——公司巡洋船“特尔纳特”号和商船“夏洛特公主”号的派遣——作者返回普洛利特岛——在普洛利特岛发生的事——船长和船员离开普洛利特岛——到达巴达维亚锚地——对爪哇的补充评论——乘“恺撒”号离开巴达维亚——到达好望角——总督的内地旅行——卡非人——对殖民地的评论——圣赫勒拿岛——会见拿破仑——他的外貌、举止和处境——离开圣赫勒拿——在斯皮尔黑德下锚

441 2月3日，星期一[①]。——抵达马尼拉。由于当地日历的不

① 这一时间差异来源于西班牙人，在他们从欧洲到南美洲的航行中，沿着向西的航线行进，因此而丢失了时间。而另一些国家在前往马尼拉的时候，一直向东方行驶，因此而赢得了时间。

同，这一天是西班牙人的星期日。代理总督费尔南多•马里亚纳·福尔格拉斯（Fernando Mariana Folgeras）先生听到大使到达的消息后，派出一名军官和他的公务游艇，前来迎接大使上岸。不过，大使阁下此前已经悄悄离开了船，直到第二天才在岸上公开露面。在这期间，他一直在等着与居住在这个殖民地的唯一英国人斯蒂芬森（Stephenson）先生进行交流，而斯蒂芬森直到第二天才从距离马尼拉30英里的蒂拉尔达（Teeralta）的乡村别墅中赶回来。在我们在马尼拉的短暂停留期间，总督特别彬彬有礼，确实表现出他所说的对英国国家的高度尊敬。

马尼拉湾极其美丽，但从船上看去，城市本身的面貌让我失望。科雷希多岛和甲米地的炮台、建筑物都十分引人注目。岸上的景色还值得一看，至少和我们以前看到过的景色不太一
样，其中最不同寻常的是房子的阳台和牡蛎壳样子的窗户。教 442
堂很雄伟，相当漂亮。我们在大教堂里看到一些十分精致的教堂用金银餐具，还看到一幅用贵重钻石制成的图画和其他一些东西。

街道上到处都是各种年龄和穿着各种衣服的修道士，足以看出这里是西班牙的殖民地。我个人的观察不足以让我对教士们的知识水平发表意见，但我听说只有修道士们有些知识，而教区教士大都是土著人，知识水平和他们的同胞差不多。大使拜访的大主教是一名和善的老人，好像对欧洲政治甚感兴趣。我们没有能够让他相信，英国并没有参与拿破仑从厄尔巴岛逃跑一事。教区教士尽管十分贫穷无知，但他们长期居住在本

地，再加上迷信的自然作用，所以他们在低等阶层中具有巨大影响，政府很愿意和他们搞好关系。殖民地各个地方都建立起了学校，这应该归功于西班牙人，他们通过传播知识的所有途径中的这一最好途径，坚持不懈地努力维持和传播基督教。

我必须承认，出席总督晚餐的西班牙绅士们在餐桌上放浪形骸的样子，实在超出了我原先的想象，或许是这里的热带气
443 候把西班牙人的庄重给释放掉了。这种场面尽管有点缺乏礼貌，但是并不令人不快，因为喧闹声完全是快乐情绪的自然流露。晚上，我们观看了西班牙舞蹈以及吉他伴奏的歌唱。马尼拉的土著人狂热地喜爱音乐和舞蹈，他们在这两方面的表演都把西班牙风味混合进自己的风格之中。

2月6日，我们穿过巴伊亚湖（Bahia lake），前往洛斯巴格诺斯（Los Bagnos）。那里有几处温泉，泉水以自然高温而闻名。我们在湖口处的提格依（Tegaee）修道院里用早餐。岸上树木郁郁葱葱，显得格外美丽。我们在修道院的主人是多明我会的一位男修道士，很有教养，而且消息灵通。他和澳门的传教士关系十分密切，定期和他们通信，因而从他们那儿得到了一些帝国谕旨的翻译件，译件对使团活动的记述相当准确。对于皇帝的傲慢和粗鲁行为，他自然十分不满，而对大使温和而有节制的态度大为赞许。他显然很了解摄政王信件的内容，这让我十分吃惊，因为该信的翻译件只在广惠和苏楞额手中保留了几个小时，没有理由认为信的内容被泄露了出去。

巴伊亚湖湖面辽阔，水势汹涌，被看作是一个内陆海确实有一定的道理，至少我们有些人出现了海上晕船的所有状况。

它的宽度据说有30英里，周长35里格[①]。湖边有些地方是群山，
在一派洛克尼亚（Luconia）景色中自然显得十分壮观。洛斯 444
巴格诺斯是一个贫穷的村庄，只是因为流入湖中的温泉而闻名，泉水最高温度达到华氏186度。

接待我们的人可以说是教区教士的一个标准样本，他一脸土著人的相貌特点，知识水平仅限于单纯地背诵拉丁文的祈祷文，我猜测他的生活方式和村庄里的其他居民差不了多少。晚上，一名西班牙绅士请我们观看了土著舞蹈。舞蹈的风格和印度舞蹈有些相似，但要更加热烈，更有表现力。舞蹈是哑剧，展示了求爱的整个过程，从最初的羞涩、遇到困难一直到最后取得成功。女孩子们对欧洲舞蹈并非一点也不熟悉，其中有一个女孩跳了宫廷里的小步舞。在幽静的洛克尼亚村庄里的一间竹屋内看到这样的演出，确实颇有情趣。那些跳舞的姑娘全是村庄的土著人，她们的情人也在场，心怀戒备地保护她们。在他们的衣服下面可以看到长刀，似乎告诉我们他们时刻准备维护他们的特权。

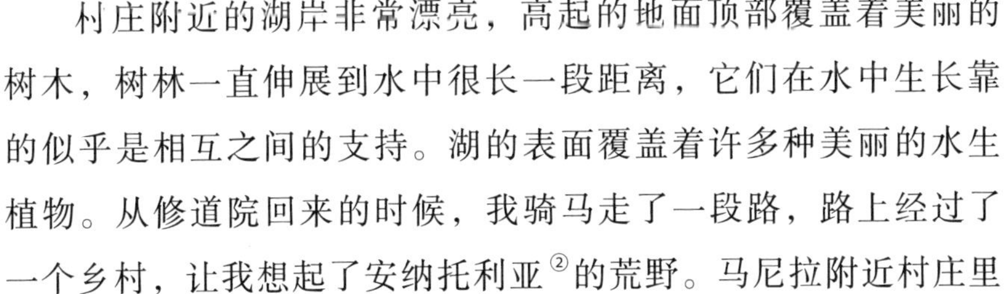

村庄附近的湖岸非常漂亮，高起的地面顶部覆盖着美丽的树木，树林一直伸展到水中很长一段距离，它们在水中生长靠的似乎是相互之间的支持。湖的表面覆盖着许多种美丽的水生
植物。从修道院回来的时候，我骑马走了一段路，路上经过了 445
一个乡村，让我想起了安纳托利亚[②]的荒野。马尼拉附近村庄里

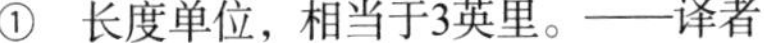

① 长度单位，相当于3英里。——译者

② 亚洲西部半岛小亚细亚的旧称。——译者

的农家小屋普遍高出地面几英尺，以防止湿气侵蚀。当地土著的语言是塔加路语，我幻想着能在其中找到几个阿拉伯语单词。

这个殖民地现在是母国的负担，每年需要从新西班牙[1]输入硬通货才能支付其行政和军事花费。一位有知识的西班牙绅士告诉我，这里的军事设施缺少足够的军事力量，但是数量却过多，有太多的军官，很难完全支付他们的薪水。当地驻军完全由土著人组成，武器装备很好，从他们列队行进的样子来看，训练得也不错。洛克尼亚人天生勇敢凶猛，可以依赖。散布全岛的武装部队据说有12000人，其中有一支弓箭手部队，被用来对未被征服的土著部落进行夜袭，这些部落有时候会骚扰乡下那些比较和平的居民。

政府的财政收入主要来源于对烟草和其他一些商品的垄断权，此外还有对酒类饮料的税收。土地的租金非常少，很难推动土地承租人不断辛勤劳作。菲律宾公司的贸易活动仅限于两条每年注册一次的船，普通商业控制在英国人、美国人和葡萄
446 牙人手中。马尼拉是印度、中国和新世界之间天然的贸易市场，在一个比较开明的国家控制下，会发展成为商业财富和商业活动的中心。这里的土壤适合于印度的所有作物，棉花可以大面积地种植，邻近中国的地理位置可以使出口商们以比其竞争者更低的价格出口到中国市场。咖啡的质地十分优良，也很容易种植。从印度进口的主要商品是布匹，而流向印度的是硬通货。我相信，从土地上可以取得更多的财政收入，就像印度

① 西班牙在美洲的殖民地。——译者

那样，这样不仅能够巨大地缓解财政困难，甚至也能给普通百姓带来好处，他们现在需要必要的刺激，才会有辛勤劳动的动力。我所知道的仅有的产量较多的制造品是雪茄，也就是卷起来的烟叶，另外还有一种透明的织物，土著人用它做衬衣穿。这里还生产十分漂亮的金链，主要由妇女制作。这些金链的做工确实非常精致，似乎只有女性的手指才能做出来。

某些不太可靠的报告不由得让我们猜测，西班牙、美洲的榜样已经部分地激起了殖民地居民的独立精神，他们只是在等待美洲的结果，以便公开反叛，把这种精神表达出来。代理总督福尔格拉斯先生的职位如果能够得到确认的话，他深受好评的性格是母国可以维持现状的保障。不过，无论出现什么情况，对于殖民地居民建立起一个独立政府的可能性，我都深表怀疑。他们当中有知识有能力领导这样一个事业的人太少，至

多能够取得一时的胜利，肯定不足以让国家按他们的要求长期 447
发展下去。

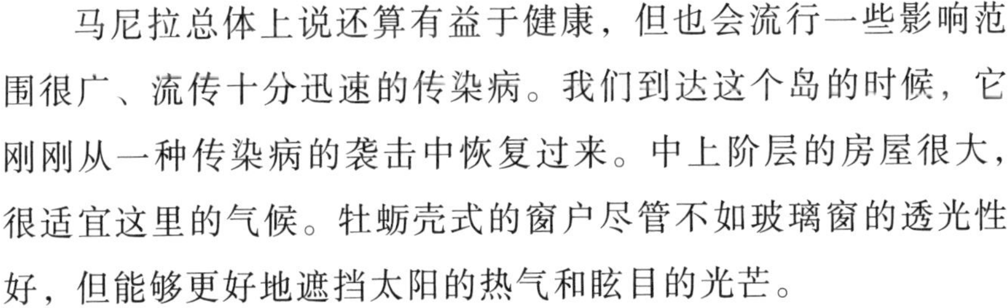

马尼拉总体上说还算有益于健康，但也会流行一些影响范围很广、流传十分迅速的传染病。我们到达这个岛的时候，它刚刚从一种传染病的袭击中恢复过来。中上阶层的房屋很大，很适宜这里的气候。牡蛎壳式的窗户尽管不如玻璃窗的透光性好，但能够更好地遮挡太阳的热气和眩目的光芒。

街心广场四周建筑物门廊上面的三角墙空荡荡的，恰好表明了欧洲各国政府近期变化无常的情况。我们听说，无论谁将会成为西班牙君主，广场上都会竖立起他的雕像。那些回答我们问题的人似乎不怎么相信费迪南德地位的稳定性。

我们2月9日离开马尼拉，在到达通向爪哇海的加斯帕海峡之前，我们的运气一直和往常一样，还算不错。

2月18日早上7点钟左右，在进入这个海峡的时候，我们的船撞到了一个暗礁上，当时我们正沿着公认最有权威的海图指出的航线行驶。这里距离最近的普洛利特（Pulo Leat）岛即中岛3英里远，海峡就在这个岛和邦加（Banca）之间。船的命运很快就清楚了，礁石完全进入了船的底部，已经没有任何办法拯救这条船了。马克斯韦尔船长马上就明白了灾难的程度，以一种令人永远不会忘记的冷静态度，发出了弃船的必要
448 命令。大使、使团的随员以及随从们乘坐前两条船前往岛上。从船上看，岛上似乎有大量的树木，让人感觉似乎可以直接登陆，但是多数地方的树木都延伸进海里一段距离，浅水区里的树的树根完全裸露在外面。所以，他们经过一些探查，直到发现了一块坚实的陆地，才得以登岸。最后又找到了一块比其他地方干净的地方，稍做整理后，就可以安放运到岸上来的行李和其他东西了。

海水很快就侵入船的下部，要把撞船后没有被最初流进来的海水冲走的东西抢救出来，需要船长、军官和水手们一刻也不停地拼命工作，不过，他们的辛勤努力取得了出乎预料的成功。船长晚上也没有停止工作，继续在船上管理一切事务。白天的时候造起了一条救生筏，把存到上面的食品、饮料和水运送到岸上。因为甲板下面几乎马上就充满了海水，所以剩下的食品和饮用水数量不多，我觉得最多救出了3桶水。

2月19日。——马克斯韦尔船长早上来到岸上，在与阿美

士德勋爵商量之后，决定立即挑选一些水手，在少尉霍普纳（Hoppner）先生指挥下，用驳船将大使阁下和使团的随员们送 449
到巴达维亚。为了应对可能发生的攻击或事故，还准备了一条小船，和驳船一道出发。技师梅恩（Mayne）先生在后一条船上，带领两条船航行。在这个季节，到达巴达维亚可能用不了60个小时，因为距离只有197英里，风向一般也都很顺，所以不会因为持续时间太长而给大使带来太多不便，何况大家还期望通过大使在巴达维亚的努力，能够派来更多的救援队伍。能够为驳船提供的饮料和食品自然很少，如果分配很少的限额，足以支持4天的生存。两条船的甲板上只放有6加仑水。

船只于19日晚上离开这个岛，20日幸运地下了一场大雨，不仅补充了原先的储存，又多提供了一天的饮用水。除了有一场暴风以外，天气一直都不错，事实上是太好了，使得我们不得不更多地使用船桨而不是风帆。

经过一段令人厌倦的航行之后，我们于22日黄昏到达了加拉璜角（Carawang Point）。船上所有人都非常高兴，水手们也得到了解脱，连续不断地划桨已经快要把他们累倒了，所有人 450
都同样地感到已经精疲力竭。技师梅恩先生认为夜晚期间最好停船下锚，让水手们好好休息，因为他认为在天亮之前到达锚地也不会带来太多好处。夜里，有一名水手突发一时性的神经错乱，显然是由于缺乏足够的淡水而引发的。大量饮用海水会让他的病情更为加重，但是无论是命令还是恳求都不能劝说这位水手停止喝海水。在航行过程中，所有的食品和饮用水在航行中都以最为平等的方式分了下去，如果说有差别，也是偏向

水手们。船上的军官霍普纳先生和库克先生以及使团的一些成员，偶尔也替换一下划桨的水手们。总的来看，可以说由于危险和困难是共同的，所以匮乏和疲劳也同样是共同的。

23日早晨，两条船向着锚地刚刚行进了很短一段距离，驳船上就有一名水手在船边洗脸时发现海水不是咸的。大家很快就都知道了这一消息，尽管情况十分恶劣，但船上所有人都高兴至极，几乎和万人大军第一次看到大海时的喜悦差不多，因为即使是意识到巴达维亚已经不远也不会像出乎预料地发现大量淡水那样，让大家完完全全地相信，我们的麻烦彻底结束
451 了。很快就弄清楚，我们对面是一条河的河口，河水的流入让一定距离内的海水变成了淡水。划桨的水手们焕发出新的活力，10点以后不久，我们来到了一条英国商船“夏洛特公主”号的旁边。

大使阁下立即写信给荷兰总督和芬德尔（Fendall）先生，我们真是十分幸运，芬德尔先生和其他英国专员仍然还在这里。所有各方都向已经到达的人提供各种热情的援助，同时向为数更多的还在岛上的人派出救援。东印度公司的巡洋船“特尔纳特”号恰好在锚地里，它准备次日一早和“夏洛特公主”号一起出海，前往那个岛。在离开那儿的时候，出于我和马克斯韦尔船长间的真诚友谊以及我对“阿尔赛斯特”号上所有军官的尊敬，我曾经许诺我会和第一批救援者返回，所以我也登上了“特纳尔特”号的甲板，很高兴这么快就有机会履行我的许诺。

由于戴维森（Davison）船长熟练的航海技术和始终如一

的专注，这支船队于3月3日成功地到达了距离普洛利特岛中岛最近处12英里的一个停泊地。“特纳尔特”号再也不能向前行驶了，因为水流力量太大，风也变得不顺了，难以顶风前进。抛锚以后，我们看到岛端有一支马来人的海盗船队突然开走了，显然是我们的到来让他们十分惊慌。这一情况增加了我们对同伴们境遇的担心，他们的困难——如果还称不上苦难的 452
话——必然会因为一个野蛮的敌人的出现而更为恶化。

确实，无论从哪方面看，都会对他们的实际情况感觉到最严重的担忧。我们离开他们时，他们的全部食品储备总量坚持不了一个星期。只剩下了两桶水，挖地12英尺深也许有可能找到继续坚持下去所需要的水，但是当时实际上还没有想到这一点，而且也不清楚水的质量如何。如果他们中间出现病人的话，由于条件极差，甚至无法躲避恶劣的天气，再加上缺乏医药储备，病人的病情必然会进一步加重。现在已经过去14天了，他们所遭受的痛苦肯定已经大大增加，绝不会是纯粹的消磨时日。马克斯韦尔船长的坚定性格和领袖气质是维持士气的足够保证，但即使是他，也不可能一点惊慌也没有。

日落以后不久，赛克斯（Sykes）先生和阿博特先生乘坐一只船载小艇来到了，从而解除了我们的忧虑。他们告诉我们，他们在两口井中找到了淡水，数量足够日常使用。只有一名人员死亡，他是一名海军，上岸时就已经处于极度衰弱的状态。2月22日看到了马来人的海盗船，船的数量每天都在增加。453
由于海盗船的到来，中尉和一队水手不得不放弃了失事船，另外建造了一个木筏。海盗们随后在船上放火，火一直烧到岸

边。不过，船上的食品、酒和武器都保住了。船载小艇停泊的小河被马来人的海盗船——总数为60条——完全封锁了，每条海盗船上有8到12人。直到“特纳尔特”号出现，它们才急忙离开。少尉海伊（Hay）带着两条船载小艇追赶马来人的两条船，结果追上其中一条。在海盗们一番拼死抵抗之后，这条海盗船被成功地打沉，有3名马来人被打死，2名重伤者被俘。

在我们当初离开海岛前往巴达维亚时，马克斯韦尔船长曾经表示，想在登陆地附近的一座小山顶上安顿下来。他后来完成了这一意愿。他们砍倒树木，铲除树下的树丛，清理出了一块空地，足够水手们食宿和安放行李物品之用。用砍下来的树木和树丛构筑起防御工事，能够抵御没有大炮的敌人的突然袭击。在紧靠抵御敌人突袭的防御工事的最高的制高点上建起了
454 炮台，有一条几码长的架炮用的垒道。几百发填装好的弹药筒被分配给那些拥有小型武器的人，不过大多数人的武器只不过是把竹子一头削尖后在火中烧硬而做成的长矛而已。所有的人都具有守卫职责，没有一个人表现出任何胆怯。事实上，马克斯韦尔船长审慎的安排及其个人性格不仅提供了安全保障，也相应地提升了大家的信心，可以毫不夸张地说，对马来人的袭击，大家非但不害怕，反而有些期待。

在“特纳尔特”号到达的前一天晚上，马克斯韦尔船长向大家讲了他们面临的实际情况。他并没有隐瞒危险，但是同时也指出了面对危险的最好办法，反复地向大家灌输团结、沉着和遵守纪律的必要性。在他讲话时，大家三次欢呼，每一次欢呼都得到在船上守卫的小分队的应和，每一颗心和每一双手都

焕发出要“决一死战”的力量。不过，“特纳尔特”号的出现，使得他们的这种勇气未能得到真正的考验。马来人突然撤走，可以被归之于他们对装着方形帆的船只的习惯性恐惧，同时，他们也不了解我们的实际情况。实际上，“特纳尔特”号对我们在岛上的同伴几乎提供不了什么帮助，它停泊的地方离岛太远，不可能和他们进行任何有效的合作。

3月4日晚上，从“特纳尔特”号上送去一门舰炮和一些弹药。不久以后，霍普纳先生和我就乘坐和我们一道从巴达维亚
返回的“阿尔赛斯特”号的船载小艇前往岛上。我们航行得非 455
常慢，海水一个劲儿地把我们向一块礁石上推，我们被迫绕了个大圈才避开它。离小港湾不远处的一块岩石上设立着第一个岗哨，从这里可以看到海峡，有一名候补军官驻守。第二个岗哨设立在小港湾旁边的一块岩石上，登陆的地方有一个岗哨驻守。

当我登上小山以后，发现这个地方的安全程度大大超过了我原先的想象。防御工事密不透风，工事的入口非常难以接近，而且居高临下，攻击者在能够接近目标之前就会倒下一大批。我会长久地记着在我到达山顶时所得到的欢呼，这样偶然地参与了把这么多人从非常危险的境地中解救出来的行动，我真是打心眼里感到高兴。

尽管周围的树木很多，但山顶上的空气仍然十分凉爽宜人。水手们一直暴露在露天之下，但身体状况良好，说明这里确实有益健康。我几乎从没见到过比普罗维登斯山——这个地方已经被马克斯韦尔船长命名为普罗维登斯山——要塞四周的树木更为高大的树木。这座海岛的景色美丽如画，而在所有那些亲

历者的记忆中，它又永远与那些事件联系在一起，有着崇高的道德意义。

大家共同分担物资的匮乏，同时又平等地分享基本的必需品，这减轻了所有人的痛苦。我发现，大家最普遍的情感，是
456 对马克斯韦尔船长的性情、精力和各种安排的由衷赞扬。在他的同志们对战斗中的勇敢行为所做的评价中，没有人比他在这个艰难时刻的所作所为获得了更多的赞扬。他的外表是大家信心的根据，而他的命令就是安全的保证。

在这一天剩下的时间以及下一天的部分时间里，大家把剩下的储备装到“特纳尔特”号上，人员也都上了船。我们7日下午起航，9日晚上到达巴达维亚。天气很好，使得我们可以让“阿尔赛斯特”号的小艇载着他们的水手离开大船单独航行，这是非常幸运的，因为“特纳尔特”号太小，几乎没有让人站在甲板上的空间。事实上，对于这样一艘小船能否达到目的，本来也没有太多的指望。应该赞扬戴维森船长，他从头到尾都表现出了积极的合作精神。

由于航行能力较差和其他一些不利情况，“夏洛特公主”号直到7日才到达加斯帕海峡，而且被迫停在离岛很远的地方，比“特纳尔特”号离得还要远许多。梅恩先生、布莱尔（Blair）先生以及使团会计马里奇（Marrige）先生乘坐的“阿尔赛斯特”号的驳船未能登陆，有3艘较大的海盗船追赶他们，只是因为突然遇到暴风，他们才得以逃脱。马来人觉得自己不适合暴风天气，因为害怕被吹到离岸太远的地方。

马来人狂野、不怕死的性格非常适合做海盗，海盗可以说

是他们的民族职业，他们从这个职业的成功甚至是危险中找到 457
快乐和消遣。和其他所有海盗一样，他们把他们保留下来的少数俘虏当作奴隶，只有勒索到足够的赎金后才释放他们。他们的残忍有可能要归之于荷兰人做出的榜样，荷兰人对马来海盗有时候采取一些令人发指的野蛮兽行。近年来，海盗们的战斗水平大为提高，他们铸造了大炮，制造出火药。出于职业性的拼死精神，他们从来不指望得到宽恕，也很少对他们给予宽恕。尽管他们勇敢的方向错了，但经常得到对手的赞扬。他们通常使用的武器是大刀长矛以及他们民族的波状刃短剑，较大的船上载有小口径的旋转炮。我感觉，他们可能更多地是在撤退时而不是在进攻时使用这种炮。据说，他们中间最臭名昭著的海盗与巴达维亚或者其他一些欧洲殖民地有联系，他们经常伪装成渔船或者商船，在那里处理他们劫掠来的东西。

4月13日。——有关爪哇的信息，除了以前所了解到的那些以外，我没有能够补充进多少新东西，虽然我在这方面的机会并不算太少，但我这一次的目的是游玩而不是学习知识。荷兰的专员们表示要维持莱佛士先生引进的行政管理制度，但是他们最近的一个行动却表现出一种与他们的前辈们非常不同的精神，他们批准了一名军官的晋升，而这名军官曾下令杀
死400名起义的囚犯，并且亲自指挥了这一血腥的屠杀。无论 458
如何，让我们希望这只不过是贤明和仁慈的政治原则的唯一例外，这些原则谋求的是让希望破灭的农民驯服，而不是要消除他们，尤其是在他们已经失去反抗力量、不可能具有任何反抗企图的时候。

英国政府发现爪哇殖民地已经进入衰老时期，于是采取措施努力恢复了它最初的年轻活力。英国政府对岛上的农业采取了刺激措施，如果再设法推动产品的自由出口，就会在确保政府得到其正当收入的同时，把爪哇变成东方商业中心。让巴达维亚成为一个自由港的明智政策，已经使它的锚地挤满了各国的轮船。来自辽东湾和圣劳伦斯的船只在这里相聚，把这个岛上的各种产品带回它们各自的国家。可以毫不夸张地断言，拥有爪哇的欧洲国家就拥有了通向印度贸易和中国贸易的私人大门。我们的印度政府的政策暂时很明智，它通过征收数量大得无异于禁止贸易的关税，阻止了美国人的贸易。在我看来，归还爪哇[①]已经使情况有了实质性的改变，我们现在的兴趣是，在我们自己的属地采取各种鼓励外国贸易的政策，以控制岛内商业力量在东方的增长。荷兰缺少资本，这必然会使他们的商人在一段时间让位于其他国家的代理商，首当其冲的获益者就是
459 英国。英国商人长期留住在这个殖民地就是一个充分证据。但是这种情况不会持久，因为它不是自然形成的。随着资本在荷兰的不断积累，它必将会找到通向爪哇的道路，而殖民地本身的资本也会增加。最终，荷兰将获得他们作为出口商的应有地位，同时也会推动他们自己产品的增长。不过，他们只能得到他们在东方贸易中的相应部分，除非我们不明智的内政和财政管理政策遏制了我们自己的商业力量。让印度贸易真正成为对

① 爪哇为荷兰殖民地，1795—1815年拿破仑战争期间，荷兰被法国占领，英国临时接管其海外殖民地，战争结束后归还荷兰。——译者

所有国家开放的自由贸易吧，让英国较高的贸易份额完全来自于它的资本优势和英国商人勤奋进取的精神吧。

印度宗教在爪哇的残存极其明显，十分自然地吸引了我们的同胞们的注意。他们或者是由于官方地位而来到这里及其附近的地区，或者是出于其才智和爱好而来到这个岛上，来考察它的美好时代遗留下来的那些颇有意义的纪念碑。著名的印度教徒布德赫（Boodh）是爪哇人的精神导师。这个国家从繁荣昌盛逐渐走向衰落，与伊斯兰信仰的传入似乎是在同一个时代。和亚洲其他地方一样，爪哇由于停滞而败落，或者由于剧烈的政治动乱而衰微，已经好几个世纪了。据说拿破仑曾经说过，东方需要一个男子汉。的确，长期以来就需要一个男子汉或者一种精神，把如此辽阔的一片美丽大自然和如此庞大的一部分人类同胞，从专制、无知和迷信的联合压迫中解救出来。

不过，这些罪恶实在是根深蒂固，提出希望总是要比指出改进 460
方式容易得多。东方国家极其注重严格遵守礼仪，一直以此引以为豪。爪哇人根据不同的阶层使用3种不同的语言，从而令人可笑地使自己在这方面与众不同。人们对我说，这些语言没有任何共同的地方，甚至连简单的口语也是如此。人们在宫廷中经常使用一些从梵语派生出来的语言，因为所有文学作品都必须使用这些语言，而科学和宗教作品也是用这些语言书写的。

大使阁下和马克斯韦尔船长认为，应该让“阿尔赛斯特”号上的军官、水手和使团一起返回英国，为此使用了“恺撒”号船。所有必要安排完成后，我们于4月12日早晨从巴达维亚锚地启航。就我来说，不是没有留下一些遗憾，因为我在爪哇得到一些个人的盛情接待，他们的友谊尽管来得很快，但同样让我深深珍惜，也会同样长久地保留在我心里。

我们从巴达维亚锚地开始航行了45天，于5月27日停泊在西蒙湾。

总督萨默塞特（Charles Somerset）勋爵刚刚从殖民地边界回来，他对这一地区进行了一般性视察，但主要目的是拜访
461 居住在我们边界上的卡非人（Caffre）的部落酋长。结果，他成功地达到了这一目的。总督的到达最初引起了卡非人的惊慌，但他们很快相信了总督的友好意图，向他陈述情况，会见最终在双方都非常愉快的情况下结束。

卡非酋长从容而且比较文雅的举止让英国的绅士们感到格外震惊，他能够非常轻松地理解其他人的思想，反应敏捷，知识面广，雄辩的口才完全能够表达他自己的看法。这样的描述让我进一步坚定了通过与亚洲野蛮部落交往所产生的以下观点：举止行为的粗卑和窘迫只产生于文明的先进阶段，在这个阶段，教育、衣着和日常生活方式的差别在下等阶层中间产生出某种低下感，这降低了他们的自信心，从而使得他们的日常举止显得粗俗不雅。只有通过破坏优越和低下的差别从而去除这种情况产生的原因，才能根本消灭这种现象。即使到了那时，产生出来的也不会是从容，而只会是放纵。相反地，贝都因人、非洲人或者卡非人，看上去具有动物的特性，像动物一样生存，但他们在同类生物面前感觉不到任何低下，在任何情况下都准备表现自己的力量。当他们的狂暴情感没有被抢劫或者复仇的渴望激动起来的时候，他们会让那些和他交往的人感

到满意。这种观点用来解释卡非酋长的行为举止，或许会引起争论。有人会说，无论是在原始生活还是在文明生活中，习惯 462
于发号施令会产生出同样的个人信心，南海岛国的一名国王或者一名卡非人的酋长，和任何一名欧洲君主一样，也是“一身国王的架势”。尽管我承认这一反对意见具有一定的道理，但我并不认为这样的具体事例会影响到一般的原则。

我了解到，已经与卡非部落发展起更为密切的交往，目的是鼓励他们到殖民地范围之内定居，以克服人口稀少所提出来的难以克服的困难——“耕地需要更多的劳动力”。据说，卡非人的身体力量非常适合从事农业劳动，而他们的道德品性也会让他们成为好的臣民。这些部落迄今为止所了解到的有关欧洲人及其后裔的知识，都是从荷兰波尔人那儿得来的。和他们在东方的同胞一样，这些波尔人首先假定土著人必定是野蛮的动物，然后就像对待动物那样对待他们。荷兰人和土著人之间的相互仇恨持续不断，他们之所以还能维持着其殖民地，在某种程度上可以归之于卡非人缺少或者不知道火器的使用，从而造成斗争双方的力量相差悬殊。

令人感到遗憾的是，从爱尔兰和苏格兰向美洲移民的潮流，没有被导向这个殖民地，这里的气候可能更适合欧洲人的体格，同时，这里的法律规定可能会造就一个新生国家的自由的、激励性的政策。政府向新的殖民者提供的一些援助，尽管 463
最初并不指望要得到任何直接的甚至必然会有的回报，但是最终肯定会得到报偿，为失业人口找到一个内部的出路，本身就是一种相当重要的利益。

我们于6月11日离开西蒙湾，27日到达圣赫勒拿。

7月1日。——圣赫勒拿的出现让人结束了连续不断的枯燥乏味，它的唯一用途看上去只不过是一个指引海上航行的船只的标志而已。不过，这种看法在上岸以后自然就会消除，因为岛上有些地方十分美丽，尤其是总督驻节的殖民官邸。但是整个来说，它在我心中留下的最强烈印象，是对于在这样一个恶劣的地方，把大量金钱花费在一些没有前途、没有生产能力的东西上的惊奇。

我们在好望角的时候听到了许多有关拿破仑脾气变化无常的说法，所以我们一点也不指望能够获许与他见面。幸运的是，前皇帝心情很好，我们在这一天见到了他。

伯特兰（Bertrand）将军首先把阿美士德勋爵引见给拿破仑，他们单独在一起会谈了一个多小时。我第二个被召进，由阿美士德勋爵做介绍。我们继续谈了半小时话以后，拿破仑又
464 会见了马克斯韦尔船长和使团的随员们，向他们每一个人都问了与他们各自情况有关的问题。我们大家都感觉到，他举止率真而亲切，同时又不失尊严。让我最感到震惊的，是他言谈举止中流露出来的从容，他已经完全摆脱了他权力鼎盛时期在杜伊勒里宫中的窘迫和压抑。

拿破仑与其说是在谈话，不如说是在演讲。在阿美士德勋爵和我与他会见的半小时里，他似乎只关心使他的意见留在听众的记忆里，可能是为了让他们把这些意见传播出去。他的谈话风格是简练精辟，爱用警句，在表达他的看法时，带有一个善于制造信心的人深不可测的自信。而他讨论重大政治问题的

方式，则是另外一种江湖庸医的样子，但是对他来说，这只是他普遍使用的经验主义方法的发展而已。尽管他可能认为自己一直关注着我们政府的性质，但他对这个问题肯定缺乏足够的了解。他对英国政策的所有评论，无论是与过去有关的，还是展望未来的，都与专制统治相适应，对于君主意志不仅要服从于其人民的利益还要服从于其人民的意见这样的统治方式与专制统治的不同，他既不能够也不愿意加以考虑。

他谈话时大量使用比喻和例举的方式，所举的例子主要借自于医学。他说话速度很快，但是清晰而有气势。无论是他的
举止还是他的语言，都超出了我原先的想象。他的面貌特征与 465
其说是居高临下，不如说是富有智慧，其主要特点在他的嘴，在表达他思想的变化和连续性的时候，他的上嘴唇有着明显的变化。拿破仑的体形远不像所描述的那样肥胖，我相信，他从来没有像现在这样能够忍受一次战役所带来的疲劳。应该说，他长得短小精悍，没有他这个年龄的男人经常出现的发福倾向。

我认为，拿破仑对他在圣赫勒拿的境遇所发出的抱怨，如果不能成为上院讨论的问题，就不会引起多少关注。由于他不顾最明显的理性和法律原则，拒不承认我们有权把他看作为一名战俘，所以无论我们如何对待他，出于这样的考虑，都不能指望他会接受。另一方面，如果承认他是一个战俘，也就很难想象他有什么理由会对他在圣赫勒拿所受到的有限限制发出抱怨了。

他有关食品和红酒不够的抱怨——我认为蒙托隆（Mon-

tholon）[①]是拿破仑的喉舌——太荒唐，不值得加以考虑。愤怒——无论是真正的还是假装的——竟然会让如此伟大的一个人物认同这样卑鄙的谎言，实在不能不让人感到遗憾。必须承
466 认，我起先多少有点相信有关朗伍德（Loogwood）食宿条件极差的言之凿凿的描述，不过，实地的观察完全消除了我的疑虑。作为一个君主的寓所，朗伍德宅邸肯定是小了，或许不太合适，但是作为一个有地位的人居住的地方，如果是用来居住而不是显摆的话，可以说非常方便，同时也很体面。在这个岛上也许可以找到更好的地方，殖民官邸从各方面说都是一个更好的宅邸，但是那里要接待许多客人，而且就其壮观的外表来说，它属于总督的官邸。

有关拿破仑境况的另外两个问题确实值得注意，一个是可能影响到他人身自由的一些限制，另一个是对他与其他人交往的一些限制。关于第一个问题，拿破仑首先做了一个假定，就是在要塞和军人的监视下，他不可能从这里逃脱，因此，他在岛上范围内的自由就应该是不受约束的。这个假定能否成立显然值得怀疑。他是一名囚犯，拘押他的重要性足以证明，即使采取最严厉的防范措施，也是正当的，所以他的推理自然也就被推翻了。无论如何，他自己的结论也被接受了，允许他可以在一名英国军官的陪同下，前往岛上的任何地方。这样的许可已经足以满足所有正当的要求，也没有人打算通过陪同军官不适当的干涉而使之无法实行。出于健康或者消遣的目的，他在

① 随同拿破仑一起来到圣赫勒拿岛上的法国将军。——译者

4英里范围内活动时，无人陪同，也不受监视；在8英里范围
内，他部分地在警卫的视线内；另外还有一个12英里更大的 467
范围，在这个范围里，他全程受到警卫的监视。在后两个范围里，都无须军官陪同。在夜间，房子四周确实布满了警卫。我实在想象不到，在保证安全的情况下，还能给予一个自认为受到限制的人比这更多的自由了。

他与其他人的交往必然要受到直接的监管，如果没有总督的通行证，任何人都不得进入郎伍德围地以内。但是，要得到这些通行证并不困难，即使是出于个人好奇心的访问，或者可以让拿破仑从中得到个人愉悦的访问，都不会被虚设的困难或者强硬的规定所阻止。他的通信也受到了限制，他收发所有信件都必须通过总督作为中介。这一规定自然让拿破仑很难接受，也许会让他感到十分苦恼，但是这也是他现在的身份和他过去的身份的必然结果。

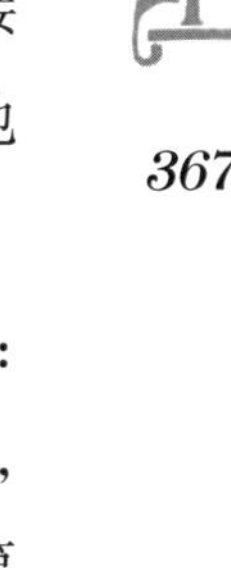

我想，拿破仑之所以发出无道理的抱怨，可能有两个动机：第一个也是主要的一个动机，是要保持欧洲公众对他的兴趣，尤其是英国公众，因为他自以为英国有一伙人支持他。至于第二个动机，我认为可以在拿破仑的个人性格和习惯里寻找，他发出这些抱怨时使用了一些小花招，他在这些小花招中找到某种消遣，它们给当事人带来的一些烦恼和不安让他感到一种毫无价值的快乐。

如果这个推测是有道理的，那么，只有时间，或者当他相 468
信这些花招起不到作用的时候，拿破仑才会不再进行抱怨，才会实事求是地承认，他的监禁对他个人自由所进行的限制，比

起尽管不够开明而又无可非议的正当防范措施来，要少得多。

我们于7月2日离开圣赫勒拿，1817年8月17日到达斯皮特黑德。总体说来，这次远行所发生的各种事情所带来的快乐，或许要比失望更多。

第九章　观察与评论

概述“阿尔赛斯特”号和“天琴座”号的发现——对朝鲜和琉球群岛的评论——作者对中国的补充评论

最后一章包括下面的考察要录和评论，它们起初没有被纳 469
入日志中，但是与日志所涉及的各种问题有着明显的关系。

考察要录

将有关马克斯韦尔船长指挥下的船队在北直隶湾、辽东、中国海和其他一些地方考察的摘要记载收录在这里，与其说是为了满足对于这些颇有意义的事情的好奇心，不如说是为了激起这种好奇心。它们是使团所取得的总体成果的组成部分，把它们完全省略掉确实没有道理。

看起来，马克斯韦尔船长所关注的首要目标是取得在北直隶湾航行的完整信息。为实现这一目标，他把船队的考察活动分为两部分，他自己负责北部，由“发现”号的罗斯（Ross）

470 船长陪同；南部的考察交由“天琴座”号的霍尔船长，同时带领“休伊特将军”号返回，从而使坎贝尔船长可以考察中部的航路。

“阿尔赛斯特”号的航行路线使之完成了对辽东湾的考察，欧洲的航海者此前从未到过这个海湾。在沿着海湾西岸航行时，看到了长城。它沿着大小山丘的山顶和山麓一直延伸到很远的地方，但是没有多少防御作用。在行驶到对面的中国鞑靼地区[①]的岸边后，马克斯韦尔船长在一个宽大的海湾停船下锚，在这里加水。这里被称为罗斯湾（Ross's Bay），位置为北纬39°30′、东经121°16′。在这里没有与居民发生多少联系，他们对贵金属的价值似乎一无所知，但是他们的住宅很舒适，而且知道使用火器。在这附近看到了一个不算太小的城镇，有一些小船停泊在那里。

中国鞑靼地区最南端的陆地形成了一个长而窄的海角，马克斯韦尔船长根据它的形状，把它命名为“摄政王之剑”。从这里继续向南航行，在穿过被称为庙岛群岛（Company's Group）的一系列岛屿后，他看到了登州府的府城。然后继续向东，抵达了芝罘湾（Che-a-tou Bay），位置是北纬37°35′30″、东经121°29′30″。在这里发现了停泊着的“休伊特将军”号。庙岛群岛和中国鞑靼地区之间的航道被命名为圣乔治航道。

471 “天琴座”号于8月22日抵达这里。它一直保持在尽可能看到中国海岸的距离内航行，并且从登州府和庙岛群岛之间

① 指满族人居住的中国东北地区。——译者

驶过，获取了北直隶湾从白河口到集合点之间一段航路的完整信息。经探查，伊拉兹马斯·高尔（Erasmus Gower）先生对芝罘湾进行的勘测十分准确。在这个海湾取水的时候遇到了困难，船只于是前往威海卫，位置是北纬37°30′11″、东经122°9′30″。这里有一个很好的锚地，但是取得供应品不是十分方便。

要是船队就这样直接驶往舟山，在那儿等待季节风转变的话，原先的那些预想也能得到很好的满足，起初也确实没有人能想到，还有更多更重要的发现在等待着“阿尔赛斯特”号和“天琴座”号。马克斯韦尔船长在离开芝罘湾的时候，命令“休伊特将军”号、“发现”号和“调查者”号继续向它们原来的目的地前进，他自己于8月29日转向东方航行，抵达朝鲜海岸附近的一组岛屿，这里被叫做霍尔群岛，位于北纬37°45′、东经124°40′30″。离开这些岛屿，船队停泊在大陆上的一个海湾里。这个海湾被命名为巴兹尔湾（Basil Bay），以赞扬“天琴座”号的霍尔船长。它的位置是北纬36°4′45″、东经126°39′45″。他们在这里与当地人进行了一些有趣的交流，但是，当地政府的严格命令似乎阻止这样的交往，如果没有这种约束的话，他们本来是愿意做进一步交流的。他们的服装和相貌很特殊，与中国人一点也不像。 472

他们继续向南航行，来到一个由无数岛屿组成的群岛，它被命名为朝鲜群岛。从9月2日到10日，他们一直在这个群岛中航行。在继续向南航行的过程中，他们查明，在前往白河口的航行中所看到那片当时被认为是朝鲜大陆端点的陆地，原来

属于一个群岛，马克斯韦尔船长把它命名为阿美士德群岛。这个群岛从位于北纬34°1′、东经124°51′的阿尔赛斯特岛——伯尼（Burney）的航海图上标出了这个岛，但是没有命名——一直延伸到北纬35°0′、东经125°和126°之间。马克斯韦尔船长的考察，确证了这片陆地的位置向西方偏了2°14′。这一考察还发现了一片有着无数岛屿的多岛海域，以前从来没有人知道也没有人想到过它的存在。需要说明的是，除了声称是根据中国记载绘制的朝鲜沿海以外，耶稣会士的地图所绘制的海岸轮廓线的正确程度超乎人们的想象。

9月15日，船队到达硫磺岛（Sulphur Island），位于北纬27°30′、东经128°11′。这样称呼这个岛，是因为在岛上发现了大量的这种矿物。住在这个岛上的人把这里的硫磺收集起来，专门运到大琉球岛，从那里再出口到日本和中国。

473 9月16日，他们停泊在大琉球岛的那霸港（Napa-kiang）锚地，位于北纬26°13′、东经127°37′。当地人最初和朝鲜沿海的居民一样，不愿意与我方进行交往，马克斯韦尔船长需要极为克制和谨慎，才能使他们改变态度。他成功地达到了这个目的，在6个星期的停留期间，他得到这里的公共当局和当地人最为慷慨的帮助和友好的对待。他们于10月28日离开停泊地，经过八重山列岛（Pa-tchou）——北纬24°42′、东经125°21′，臣属琉球国王——最东端的太平山岛（Ty-pin-shan），于11月2日到达伶仃（Lin-tin）。

欧洲人对朝鲜王国和琉球群岛都知之甚少。关于朝鲜，传教士个人的观察局限在边界地区，他们著作中有关这个王国以及琉球群岛的少量具体描述，完全来自于中国人的典籍。

朝鲜被中国人称作高丽，北面与满洲鞑靼地区接壤，西面与辽东接壤。这一面的分界线标志是一道木制栏杆，边界上有一部分两个国家都没有提出领土主张的土地，是很正常的现象。另外一些记载把鸭绿江描述为边界。朝鲜从东到西据说有120里格长，从北到南220里格。或者说，它跨越6个经度和北纬43度到34度之间的9个纬度。不过，根据这一次航行的情况来看，它跨越的经度范围也很广。传教士佩雷·雷孝思（Pere 474
Regis）规模浩大的勘测所确定的唯一一个点是凤凰城（Fong-houng-ching），纬度是42°30′20″，经度在北京的子午线以东7°42′。雷孝思曾经陪伴一名鞑靼将军来到边界地区，拥有一些中国地图。这个国家于公元前1120年被中国人征服，从那个时期开始，它一直与中国保持关系，其紧密程度根据宗主国的政治形势而变化。

中国皇帝的目标一直是要把朝鲜降格为它的一个省，但是在这方面，他们从来没有取得过即使是短时期的成功，两国现在的关系状况就是它们之间最正常的关系：在一个在上的至高统治者之下，以遵从臣服礼仪和呈进少量贡物为条件，本土的世袭君主拥有对于一个国家的统治。日本曾经一度占领了朝鲜的一些地区，但是最终放弃了他们的征服，因为要维持距离其本土如此遥远的占领实在是非常困难。

满洲的鞑靼人在试图征服中国以前就已经征服了朝鲜，两国之间的朝贡关系自大清朝建立以来从未中断过。朝鲜国王去世后，他的继承人要请求清朝皇帝册封并得到批准以后，才能 475

继位。一名中国高官被委派为皇帝的代表，把君主地位授予跪着的继承人，整个仪式与古代欧洲封臣表示臣服的仪式几乎完全相同。国王要立即献上几件物品、一些土特产和800两银子，这些银子可能是册封的费用，也可能表示朝贡的开始。朝鲜的统治者是李氏家族，名号是高丽王（Kou-i-wang）。朝鲜君主在自己国家内部事务上完全独立，而根据朝鲜人反对马克斯韦尔船长和朝鲜内陆地区发生联系一事可以推断出，它的对外关系受到中国方面的积极干涉。就像已经提到的那样，这一反对态度显然产生于这个王国的明确法律。朝鲜由8个道组成，道以下再划分成更小的管辖区，首都京畿道位于王国的中心。主要河流是鸭绿江和图们江（Tamen-oula）。

中国把它的法律和行政管理制度传授给朝鲜人。不过，尽管他们都尊敬孔子，但朝鲜人聪明地拒绝了荒谬可笑的对佛的偶像崇拜，避免了愚蠢卑劣的僧侣制度的负担。

朝鲜国王定期派出使臣，以他的名义向他的最高统治者表示效忠，并且献上常规的贡品。这此贡品包括人参、紫貂皮、
476 棉制纸张以及这个国家出产的其他一些物品，其中棉制纸张因其结实耐用而大受欢迎，被用来糊窗户。有理由相信，这些贡品与其说是宗主国收入的一部分，不如说是被用作表示臣服的标志。朝鲜使臣的级别不会高于二品，在北京停留期间受到最为严厉的监视。有点奇特的是，中国皇帝的代表在朝鲜也受到同样的限制。传教士的记载中称朝鲜出口金、银、铁、人参、从一种棕榈树上取得的黄漆、紫貂皮、海狸香、笔、纸和岩盐。有关金属的说法很值得怀疑，因为在当地人中间没有看到

用贵金属制作的装饰品，他们也拒绝用银元换取他们的牛。另外，他们的工具中很少使用铁，据此可以推测他们缺少这种有用的金属。

朝鲜人现在穿的是中国前一个王朝的服饰。身穿一件有着宽长袖子的长袍，中间系着一根腰带，头戴一顶宽边圆顶的帽子，脚下是用丝绸、棉花或者皮革制成的靴子。朝鲜语言与鞑靼语和汉语都不一样，但是普遍使用汉字。根据最近的一些记载，当地人的相貌体格比中国人更为勇武，和我们有过一些联系的朝鲜首领的随从们似乎能够熟练地使用刀。

尽管由于当地官府强硬的防范态度，以及马克斯韦尔船长所感觉到的让一名看上去很和善的公务官员[①]十分为难的情况，477
阻止了他对内陆地区做更深入的考察，但是总的说来，对朝鲜海岸的访问仍然应该被看作是有意义的，由于对亚洲地理学做了进一步的补充，它是一个非常重要的事件。

琉球与中国的关系与刚刚描述的朝鲜与中国的关系相类似。传教士翻译过中国册封使徐葆光（Sapao-koong）有关册封礼仪的记载，其中没有特别明显的不同。中国的宗主国地位起自公元1372年，而中国文字以及相应的中国文学的传入，则可以追溯到公元1187年。琉球王国由一些岛屿组成，最主要的岛是大琉球岛。它的南界一直延伸到八重山列岛的尽头，位置为北纬24°6′、东经123°52′。王都和国王的居住地是京城（Kin-

① 马克斯韦尔船长与之打交道的一名朝鲜首领被描述为一个面貌可敬的人，在采取阻止我们与这个国家交往的行动时，似乎并不情愿。

ching)，这个城镇距离那霸港锚地的陆上距离是5英里。

除了极少数例外，琉球群岛有着和中国一样的法律制度。不过，琉球的官员世袭继承，法律约定要在一些石头前签约，这些石头据说与这个群岛的文明创始者和宗教创立者天妃（Teen-fun）有某种关系。康熙皇帝传进了佛教，而在中国文
478 字和语言传入的时代，可能就开始了对于孔子的祭拜。有知识的人普遍使用中国语言文字，与北京朝廷的所有交流也必须使用中国语言文字。但是，在琉球统治范围内，所有公私事务都使用日本的假名。口语是一种日本方言，建筑风格也来自同一个来源。从朝鲜和琉球群岛的历史中，我们了解到，日本和中国经常争夺对于这些朝贡国的宗主权，在较早时期双方各有胜负，但是近年来，优势在中国方面。

中国的蔬菜在琉球群岛十分普遍，但是相对来说，品种更丰富，数量也更多。在这些岛上还发现有硫黄、盐、铜和锡，从前向中国和日本出口，数量可观。

国家收入来自于土地税收，实际的耕种者被允许得到收获物的一半，种子要由地主提供。矿产由国王垄断，和海关收入、王室地产一起，构成他个人收入的来源。

从中国记载中得到的有关琉球人道德品质和自然才能的印象，得到了新近进行的一些观察的确认和更多赞扬。他们简单朴实，待人友善，性情温和。他们对于经商之道的精通，即使不能说超过了中国人，至少也完全不亚于他们。据说，他们乐
479 于接受新思想的程度既超过了野蛮人愿意模仿的阶段，也超过了文明进化后的一般性思想追求。

马克斯韦尔船长在刚到达时表现出的审慎的克制态度，让人们对他产生了良好的看法，从而消除了公共当局的猜忌。他一贯的和善举止赢得了这个真正友好的民族的普遍尊敬，双方分手时互相表达了尊重和遗憾的感情。这些岛屿在政治上或者商业上发挥作用的可能性，或许值得予以考虑。对这个问题很有可能做出肯定性决定，这样，刚刚获得的这些信息以及在当地留下的良好印象，自然就会被认为是富有意义而且非常重要的。

评　论

下面这些评论是读了传教士的一些信件之后形成的看法，因此和零零碎碎地散布在日志中的那些评论不同，缺少由于产生于实际事件而具有的些许可贵之处。不过，对于那些没有机会而又有兴趣了解最初信息的人来说，它们可能不是完全没有 480
意义，至少它们完全有资格受到同样的重视。这些记载中所包含着的一些错误，可以被归之于作者不尽完善的知识，而不是出于他们的偏见。

对先前作者们的记载加以证实，可能会降低近期做出的描述的意义，但是不能认为这样做并不重要。我们的目的是获取正确的信息，而究竟是通过阅读先前的著作得到它，还是通过阅读晚近的著作得到它，并没有什么不同。就像在这一日志开始时所说的那样，不能指望它能够提供多少有关中国人政治、道德或者风俗习惯的新鲜知识。科学领域确实一直都是开放的，我充满信心地期待阿裨尔先生的研究会让公众的好奇心得到完全满足，我毫不怀疑，如果不是因为一种迟迟不去的危险疾病中断了他的工作的话，他早就应该做到了这一点了，至少在我们的机会所允许的范围内让公众感到满足。

任何一个单纯在中国这样的国家游历的人，即便他掌握中国语言，也不可能获得传教士所具有并且加以利用的那些便利条件。只有在人民中间长期居住并且进行系统的考察，才能了解到他们的道德品性和举止行为，而要保证那些从中得出总体性结论的事实的正确性，更是需要经过耐心的反复观察。我认为，这样的条件在很大程度上只有传教士才能拥有。

无论如何，两个方面的原因可能会使传教士的工作得不到应该得到的重视。首先，在和他们特殊的职业有关的地方，荒唐地混杂着一些令人不可思议的记载；其次，对于中国在世界
481 各国中的相对地位，作出了一些错误的夸张性结论，这是他们根据中国人自己的著作和陈述得出来的。不过，在这方面，应该说他们主要是出于轻信而不是有意做出错误的表述。当然还是有不同的看法，沙守信（Pere Chavagnac）对中国人性格的评论就非常到位。他说："中国人不愿意接受新思想，能忍受痛苦，不喜欢贸然行动，除了钱什么也不热爱，除了皇帝谁也不怕[1]。"

如果我们把古代的基本律令、皇帝的谕旨和朝廷的诏告当作评价中国政治体系的标准的话，应该说，历史上还从未有过

① 我猜想，这位神甫后一句话的意思是，除了对于司法惩治的畏惧外，中国人的行动不会受到其他任何东西的限制。

任何一个占地球如此大比例的国家，有着比中国更为智慧更为开明的管理体系。我们会看到一位自称为百姓父亲的君主，他只运用他的权威和榜样来惩恶扬善。我们会看到一位帝国的家长，在一个盛会中亲自扶犁耕种，以激励这个国家的农业。他向宇宙的创造者祈祷，以带领他的臣民们虔诚地奉献。通过经常性的严格考试所判断出来的优秀价值，似乎是政府任用官员的唯一标准。鼓励和推动下级官员表达意见，甚至皇帝的决定也公开承认要接受帝国律令、法律机构、职能部门和监察官[①]的 482
控制、矫正和引导。

当然这只是统治国家的理论，而实际的统治可以说是几乎完全依赖君主的个人性格。律令的确有着无限权威，几乎不可能加以改变，但是律令的执行却可以调整或者规避。由于百姓没有代表，他们除了叛乱没有别的纠正办法。

如果职能的区分能够提高政治管理的效率，那么中国还确实有优秀之处。我们可以认为，商议制定各种法令的国家权力属于由9个部门联合组成的内阁。尽管它由大臣、主要职能部门的顾问以及皇帝的书记们组成，但可以被看作是皇帝的私人委员会，皇帝所有较为重要的事务都在这里秘密进行商议。从它的构成来看，来自各个方面的所有信息也都集中在这里。除了这些最高顾问班子以外，吏部、刑部、礼部、兵部、工部和 483

① 这些官员被叫作御史，他们常常出于自负或者顽固表现出某种程度的独立性，提出一些即使根据他们的职责也令人想象不到的劝谏意见。传教士的记载中经常举出一些他们攻击皇帝宠臣的事例，皇室显要也逃脱不了他们的责难。他们一致仇视基督教，把基督教视为对这个国家宗教和习俗的危险的变革。

户部分别管理着各自部门的具体事务，接收来自帝国各地的官员的报告。

在治理国家的全部体系中，关乎臣民生命的部分在理论上要比其他任何部分都更为完美。每一个死刑判决都必须得到皇帝个人的批准，因为除了在叛乱的情况下，任何一名官员，无论他品级多高，都不具有执行死刑的权力。在这之前，他必须将有关罪行以及证实这些罪行的证据正式报告给北京的最高部门，在那里对案件进行审查，最终再提交给皇帝。

实际执行的惩处既残忍又令人厌恶。斩首被认为比绞刑更让人蒙受耻辱，因为斩首使人身首异处，从而损毁了尸体的尊严。

朝廷采取了许多防范措施，以杜绝可能造成官员渎职的一些出自人的本性的诱因。官员们在一个省内任职的年限受到一定限制，不得在其出生地甚至出生的省份担任官职[①]，不得在其管辖地区内签订婚约。对于腐败行为，制定了一些严厉的惩处规定。如果一名官员受到从较高职位降到较低职位的惩处，那么在他后来被留用的时候，必须在他的官方头衔上保留下他的
484 耻辱。为了确保正义能够得到伸张，法律规定，原告在任何时候两次击打安放在官府门口的锣或者鼓，他就有权要求听取他的诉讼，但是如果这件事被证明是无关紧要的，他就有可能受到处罚[②]。这样，通过一些可以施加刑罚的预防性规定，限制了我们本性中的软弱和邪恶发挥作用。

① 这一规定只适用于文官。

② 在多数情况下，后面的规定阻碍了这一法律的普遍实施。

尽管对国家官员个人可能出现的弊端进行了这样一些限制，然而令人不解的是，民事案件的最终决定几乎毫无例外地全部都由督抚做出，而由于这类案件中导致不公的诱惑因素十分多见，所以无论这些限制是来自道德感，还是来自被觉察的可能性，都没有太多作用。

事实上，中国的司法行政被认为非常腐败，充满弊端。在民事案件中，地方官的判断一般取决于有关各方的钱包分量。即使案件涉及人的生命，那些遭到不公平对待的无助者们“微小而低沉的声音”，在专横的官方权势面前，根本没有表达的机会。通过严刑拷打强迫囚犯坦白，让他们做出不利于自己的证词的习惯做法，是这一体系的一个根本缺陷，无疑会在实践中产生最大的弊端。最后，中国法学理论中关于上诉的一系列规定，在实际中经常遭遇推诿拖延，从而使正义难以伸张。

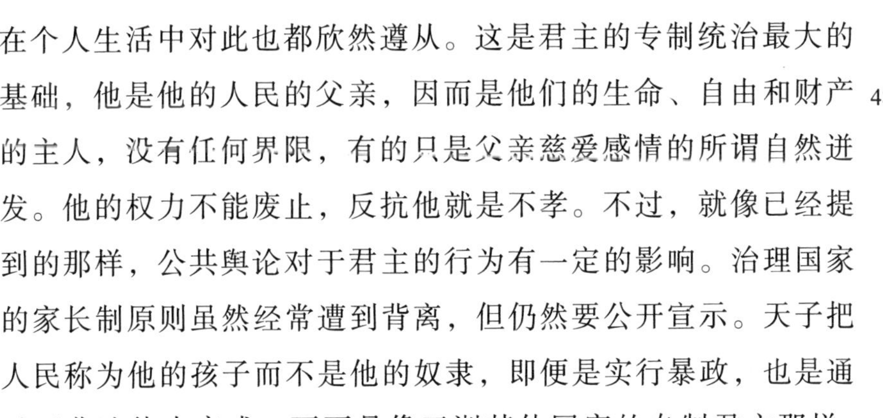

在中国，父母对于孩子的绝对权威得到法律的支持，人们在个人生活中对此也都欣然遵从。这是君主的专制统治最大的
基础，他是他的人民的父亲，因而是他们的生命、自由和财产 485
的主人，没有任何界限，有的只是父亲慈爱感情的所谓自然迸发。他的权力不能废止，反抗他就是不孝。不过，就像已经提到的那样，公共舆论对于君主的行为有一定的影响。治理国家的家长制原则虽然经常遭到背离，但仍然要公开宣示。天子把人民称为他的孩子而不是他的奴隶，即便是实行暴政，也是通过歪曲法律来完成，而不是像亚洲其他国家的专制君主那样，按照个人反复无常的命令立即实行，既不受任何控制，也不需要做出任何解释。

无论是传教士的记载还是我个人的观察，都不能让我对中国人的道德价值做出任何明确的结论。他们的哲学家——包括古代和现代的——的著作中充满了最纯洁的道德格言，他们的法律表面看也建立在同样的原则之上。不过，我感觉，一个又一个的具体事例中的实际情况背离了他们的理论，我在中国所能够看到的与其他亚洲国家的唯一区别，是善的外表维持得更好一些。

由于我们的地位，我们不可能与中国人进行能了解他们家庭生活的交流，这个问题也没有受到传教士应有的注意。在我看来，中国妇女不像伊斯兰国家的妇女那样地位低下并且受到各种限制。她们出嫁不带任何嫁妆，因而可以认为她们本身具
486 有价值。男性只允许娶一位严格意义上的妻子，而且不提倡在很小的年龄时就签订婚约。另一方面，她们不能继承不动产，即使家中没有男性后嗣[①]，女儿的丈夫也只能继承一部分家产。有7条法律依据为和妻子离婚提供了便利：不生育、作风不正派、经常不顺从丈夫的父母、语言无礼、行为放肆、患有严重疾病。在丈夫亡故3年的情况下，如果向有关官员提出申请，可以允许妇女再婚。这或许应该算作妇女所享有的一个特殊权利，不过，始终守寡的寡妇被授予很大的荣誉，从反面表明妇女再婚并不受支持[②]。

---

① 没有男性后嗣被认为是一个巨大的不幸，所以法律对领养给予各种支持。为此目的购买孩子的事情并非罕见，被人买走领养的孩子的父母，失去了要求孩子日后赡养的所有法律权利。

② 根据可以追溯到伏羲（Fohi）时期的一道法律，同姓之间禁止通婚。

中国存在着奴隶，但是和其他亚洲国家一样，情况并不严重，因为这些奴隶几乎完全限于家庭，很少被用于农业。农业奴隶把人降低到农业中使用的牲口的水平，会普遍地出现让他们过度劳动以及由此产生的各种不人道行为。前面已经提到，宫廷里使用的奴隶，无论是侍候皇帝还是侍候王公的，都被晋升为高官，不过，他们仍然被认为是可耻的，经常被人骂作“奴产子”。

皇帝在谕旨中经常向“天”即宇宙的创造者提出诉求，官 487
员们也定期向孔子牌位进行官方祭祀，如果说这种情况达到了一种国家宗教的程度[①]，在我看来也不是没有理由。不过更确切地说，中国的律条在这方面仅仅断定了神的存在，至于以什么方式崇拜神或他的品质，或者说什么样的崇拜形式最为适宜，则交由个人自己决定。最粗卑的偶像崇拜就是这种宽容的结果，但是它并没有产生出道德力量和虔诚的崇拜，甚至连严肃的尊重都没有。

两个主要教派是佛教和道教的信徒。对于前者来说，最奇怪的是他们竟然不了解其创始者的宗旨。这个国家的人民对于宗教问题典型的不关心态度，或许是多数人之所以如此执着地崇拜他们并不了解其品性和历史的那些粗俗偶像的原因。道教的创始者是周朝[②]的老君（Lao-kiun），根据传教士记载，它的起源似乎是哲学而不是宗教。它主张不关注世俗事务，因而对

① 孔子和其他哲人的宗教学说立基在纯粹的有神论原则之上，声言要复兴中国的古代宗教。

② 公元前600年。

国家的福祉极其有害。祭拜孔子所受到的重视如此接近于宗教，以至于可以说孔子的信徒们形成了一个教派，一个将帝国
488 所有世俗功能都包括在内的教派。祭祖大堂上的供奉应该被看作是宗教活动还是世俗活动，是耶稣会士和多明我会传教士们争论的问题。后者认为它们是偶像崇拜，并加速了基督教在中国的衰落。

中国许多有知识的人像亚历山大学派的折衷主义哲学家一样，致力于把被看作是道教异端的学说与君王或者圣书的更纯正的教导以及孔子的教导调和起来。我不知道他们取得了多大成功，但我不会因此而感到遗憾，这件事引起我的注意，只是因为它是人类思想在遥远时代和遥远国度里具有相同趋势的一个事例而已[①]。

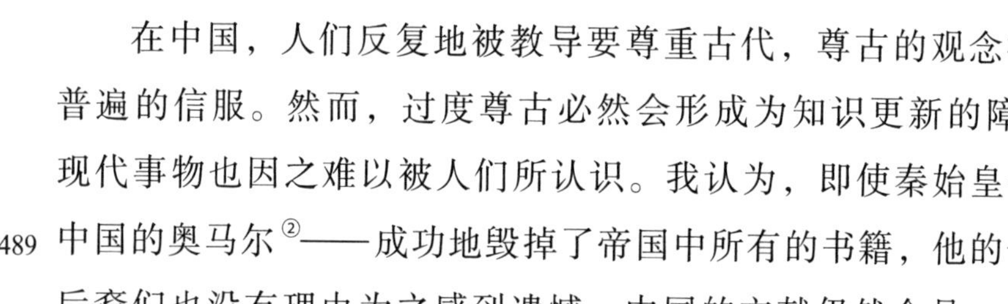

在中国，人们反复地被教导要尊重古代，尊古的观念得到普遍的信服。然而，过度尊古必然会形成为知识更新的障碍，现代事物也因之难以被人们所认识。我认为，即使秦始皇——
489 中国的奥马尔[②]——成功地毁掉了帝国中所有的书籍，他的子孙后裔们也没有理由为之感到遗憾。中国的文献仍然会是一个令人厌烦的老古董，是人类思想在多少世纪里被无效利用的悲哀

① 基督教在中国的反对者提出的反对理由与异教哲人们先前所使用的理由的一致性，仍然十分值得注意。这些反对主要来自新宗教对于帝国世俗制度和家庭习俗的干涉，官员们特别提到了公共礼拜场所中的男女混杂，以及对于百姓普遍接受为日常习俗的那些公共喜庆活动的蔑视、憎恨和忽视。无疑是为了要消除这样的反对，耶稣会士准许在祭祖堂中进行祭祀活动。

② 伊斯兰教历史上第二任哈里发，公元591年至664年在世，是伊斯兰神权国家的奠基人之一。——译者

例子。

在科学方面，中国人的知识完全是经验主义的。他们擅长的那些制造业都是古代的设置，他们始终如一地辛勤努力，竟然没有想到要进行改善，或者产生出相应的发明来，真是令人感到奇怪。炼金术曾经长时间迷惑欧洲世界，但最终还算有点用处。中国也曾经以炼丹的名义尝试过炼金术，但是炼金术士把炼出银子作为他们研究的目的。在中国的功夫——道教有关身体姿势及其对于疾病的所谓影响的活动——当中，可以找到某种类似于动物磁力学的东西。由此看来，尽管中国人对科学的实质不甚了解，但他们已经身处科学的影子里。

在世界各国范围内，应该把中国人放在什么位置呢？是应该把他们归之于西方文明还是归之于东方的半野蛮状态呢？我认为，无论要把他们归到哪一边，都会发现最大的困难在于他们和他们的政策一样，都是与世隔绝的和排他性的。他们在军事知识方面比不上土耳其人、波斯人或者印度人，但他们谋取和谐安宁的艺术却大大超过了那些国家。他们的政治、道德和科学存在着某种具有破坏作用的规整性，这种规整性使他们有资格要求被看作真正的文明国家，同时又让他们远远落在那些
不容置疑的文明国家的后面。 490

究竟是什么原因让中国拥有构成一个伟大国家的所有因素，是一个需要考察的有意义的问题，但是它超出了这个摘要的范围，当然也不是作者的能力所能做到的。可以推测，帝国的广阔幅员、邻近民族的野蛮状态以及缺少与其他国家的频繁交往，在造就这一奇特的政治实体中发挥了重要作用。不过，更

深的根源可能要到他们政治和道德体系的根本性质中去寻找，由于较早地产生出一个华而不实的外表和对于其他国家的明显优势，使得他们的统治者和哲学家感到十分满足，从而让他们认为没有必要冒着扰乱如此有效的制度的危险去进行变革了。结果，便造就了一个持续存在的政治集合体而不是政治联合体，因为尽管帝国一直保留着差不多相同——只有一些相对较小的变化——的地理界限，而国家的治理却可以随时交到不同人的手中。每一个后继的王朝出自利益或者信念的考虑，都维持着同样的行政制度，这样，外来的征服——通常是既给被征服者带来改善，也给他们造成了伤害——对中国没有造成太大影响。事实上，有关公共管理的律条以及家庭生活的习俗是如此有利于专制统治，以至于一个征服者需要具有非同寻常的自由精神或者顽强意志，才敢于冒着失去权力的危险，去激励他
491 的臣民焕发出进行革新的个人精力，或者去鼓动他的臣民强行颠覆那些无数个世代曾经给予权威和尊重的律条和制度。这样一些因素现在仍在发挥着作用，尽管在位皇帝的个人性格会使之发生一些或好或坏的变化。而它们会不会继续发挥作用，将取决于那些最为古老的教训和这个特殊而又乏味的国家的实际情况之间能否和谐一致。

附录：官方文件

第1号[①]

特选委员会1816年5月28日就使团事致抚院函

抚院暨署总督阁下：

现向阁下通报一件有关国家的公务。

阁下必定知道，据乾隆五十八年十一月初六日颁给英国国王陛下前任大使马戛尔尼勋爵的谕旨，北京朝廷愿意接待英国国王陛下在方便的时候再次派出的另一位英国大使。

我们现在十分荣幸地通知阁下，我们收到刚刚抵达的皇家海军舰船“奥兰多”号从英国带来的通知，英格兰摄政王殿下（代表国王陛下）决定利用西方各国现在令人高兴地恢复了和

① 原书附录个别序号紊乱，译文做了必要修正。——译者

平的大好机会，派出一名大使觐见皇帝陛下，并且任命地位高贵、声名显赫的阿美士德勋爵阁下担任这一重要职位。

陛下的大使与其随员、礼物一道，乘坐一艘皇家海军舰船于12月从英国启航，从那里直接前往北直隶湾的天津。由此预计，大使可能会在下月初到达。

一条与皇家海军舰船“奥兰多”号一起航行、但尚未到达的舰船，将带来国王陛下的一名大臣白金汉希尔伯爵专门就此事写给阁下的一封信。一俟该信到达，我们将荣幸地特别委派一名绅士将信转交阁下。不过，由于提前传达摄政王殿下的意图十分重要，我们感到我们有责任同时以这样的形式将此事呈报阁下。

因此，我们请求阁下立即将这一情况向皇帝陛下奏报，并且请求皇帝陛下能够发布谕旨，在天津港口或者在使团北上途中所到的任何一个中国沿海地方，对英国使团给予适宜的接待。

委员会成员签名

致沛官（Pinqua）和其他行商函

先生们：

随函附有一封致抚院的信件，请求你们立即递交抚院。该信涉及一名携带信件、礼物和随员，现在正从英国前往天津港口的大使之事。

委员会成员签名

第2号
特选委员会1816年7月就小斯当东爵士离开澳门事致抚院函

抚院暨署理总督阁下：

我们荣幸地通知阁下，我们已经收到英国国王陛下大使阿美士德勋爵乘坐英国皇家海军舰船“阿尔赛斯特”号安全抵达巴达维亚附近的安吉尔锚地的确切消息，大使阁下在前往天津途中，随时会经过澳门附近海域。

我们尚未得悉使团其他成员的姓名和品级，但是已经收到了信件，其中称我们的主席小斯当东爵士被摄政王殿下任命为使团副使的重要职位。

在这种情况下，小斯当东爵士有责任立即前往海上，在大使阁下抵达海岸时与他会合，以便大使阁下在任何情况下都不会因他而在附近海域耽搁，由于这个季节的风向和气候很不稳定，这样的耽搁是一件十分危险、令人不快的事情。

签名：乔治·托马斯·小斯当东

梅特卡夫

约瑟夫·科顿（Joseph Cotton）

第3号

1816年7月12日收到的中国皇帝对两广总督有关摄政王派遣使团事奏折回复的翻译件[1]

嘉庆二十一年五月二十九日（1816年6月24日）奉上谕：署两广总督广东巡抚董教增等奏英吉利国遣使入贡一折，英吉利国纳赆输诚，情词恭顺，自应准其入贡，其贡船由天津登岸。现已降旨谕知直隶总督那彦成，妥协办理。该抚等因恐天津等处口岸无熟悉夷情之人，饬商选派谙晓夷语夷字者二人，分送直隶、浙江督抚衙门，以备翻译之用，办理甚为周妥。至该国君[2]所遣夷官加拉威礼[3]现在粤东省城，该抚即传谕该夷官，以尔国王输诚纳贡，业经奏明大皇帝，仰蒙允准，尔国贡使到京，定邀恩赉，其夷官先行照例遣回本国可也。将此由四百里谕令知之。

钦　此。

---

① 据故宫博物院辑《清代外交史料》回译，个别地方据英文稍有修改。原文见《清代外交史料·嘉庆朝》卷五，第4页。——译者

② 中国人认为代理其父亲执政的摄政王实际上是皇帝或国王。

③ 即英国皇家海军船舰“奥兰多”号船长克拉维尔（Clavell）。——译者

第4号
阿美士德勋爵1816年8月致中国皇帝的信

恭请皇帝陛下圣安：

摄政王殿下怀抱对皇帝陛下的最高崇敬，热切希望增进陛下伟大父亲乾隆皇帝和国王陛下父亲愉快建立的友好关系[①]，特委派我作为觐见陛下的皇家特使，由我亲自向陛下表达他的崇敬和问候。

帝国的重大事务可以通过先例得到最好的表现，摄政王殿下因而命令我以前任英国大使马戛尔尼勋爵向陛下尊贵的父亲乾隆皇帝表达尊敬的同样外在形式，即单膝跪地鞠躬并以被视为最尊敬的次数重复这一礼仪，觐见皇帝陛下。请允许我申明，仅向陛下本人行表达英国大使尊敬之情的这种特定礼仪，我将视之为我一生最荣幸的场合，使我能够以此向全世界最有力量的皇帝表达深切的热爱。我冒昧地希望陛下宽厚地考虑我服从我君主的命令的必要性，赐准我觐见皇帝陛下，使我可以转交摄政王殿下委托给我的信件。

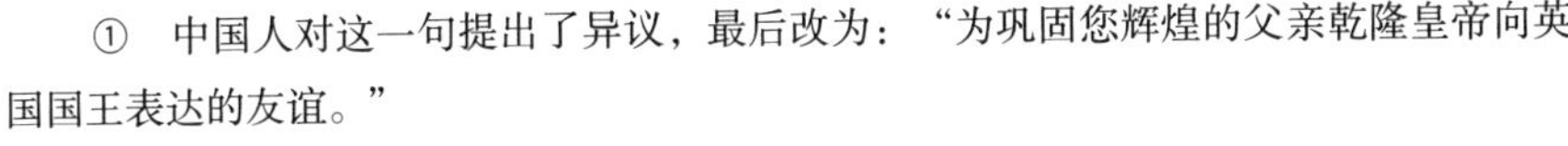

① 中国人对这一句提出了异议，最后改为：“为巩固您辉煌的父亲乾隆皇帝向英国国王表达的友谊。”

第5号
1816年8月26日得自张大人的官方文件翻译件[①]

英国特使进呈表文礼仪要点

是日三四点钟，预设乐队于正大光明殿。应行入坐之阿哥王及使臣等，预于殿内铺设坐褥。约五点钟时，恭请皇上御龙袍褂，升正大光明殿。阿哥王及执事官员俱穿朝服[②]。御前大臣、王公侍卫在殿内分两翼侍立，身穿豹尾服之侍卫亦在殿内分两翼侍立。

阿哥王及记注官咸于殿内侍立，乐队奏隆平之章，前引大臣恭引皇上升座，乐止。銮仪卫官赞鸣鞭，乐队奏治平之章。臣苏楞额、臣广惠，同礼部堂官一人，钦天监堂官一人，带领英吉利国王正副使臣等，恭捧表文，由右边门[③]进至正大光明殿

---

① 英文与故宫博物院辑《清代外交史料》所载《英贡使进表仪注》略有差异，现据《清代外交史料》回译，并据英文进行了一些改动。《英贡使进表仪注》见《清代外交史料·嘉庆朝》卷五，第26—27页。——译者

② 中国人在这种场合穿着各式各样的朝服，除了熟悉这种礼仪的人，其他人很难对之进行描述。

③ 中国人认为左侧是最尊贵的位置，由于御座位于宫殿北头，西侧被认为是最不尊贵的一侧。

月台下，甬道之西。鸣赞官赞“排班”，该使臣等排班立。赞“跪”，该使臣等跪。乐止。赞“进表”，正使臣捧表恭递，臣托[①]恭接表章，由中路行走至殿内地平下跪，交于臣绵恩。绵恩接表，由中踏跺至御前跪递。皇上受表后，臣苏楞额等带领正副使臣等，由西隔扇进至殿内地平下跪，候皇上亲赏该国王如意[②]。臣绵恩接，交该正使。传旨存问毕，臣苏楞额将该使臣等带出西隔扇外。臣苏楞额代该正使恭捧如意，仍将该使臣等带至月台下甬道西边。鸣赞官赞“排班”，该使臣等排班立，乐作。鸣赞官赞“进跪”，该使臣等皆进跪。赞“叩兴”，该使臣等向上行三跪九叩礼[③]。礼毕，乐止。其应入坐之阿哥王以次入座，即带领该使臣等入于西班之后行，行一叩礼[④]，入座。

皇上进茶[⑤]，阿哥王及该使臣等行一叩礼。饮毕，复行一叩礼。銮仪卫官赞“鸣鞭”，阿哥王及使臣等俱起立，阶下三鸣鞭。乐队奏显平之章，皇上还宫，乐止。阿哥王及该使臣等俱退出，苏楞额和广惠再将该使臣等带至同乐园外边伺候。俟皇上至同乐园升座，将该正副使臣等带至西边廊下观剧赐食颁赏。

① 东阁大学士、军机大臣托津。——译者

② 一块白色玛瑙类石头，形状很像一个盛粥的长柄勺。“如意”一词的意思是“如你的意愿”。

③ 不是单纯的叩头，而是反复的叩头，中文叫三跪九叩。

④ 中国人似乎并不行这一次叩头礼。

⑤ 只有皇帝自己喝。

第6号
辞别皇帝时遵从的礼仪[①]

英国大使陛辞之日，正大光明殿预设乐队及坐褥。约五点钟时，恭请皇帝御龙袍褂，升正大光明殿。阿哥王及王公大臣等分两翼侍立，如觐见时。乐作，奏隆平之章，皇上升座。

苏楞额、广惠带领正副使臣等，进至月台下甬道之西，如觐见时。赞“排班”，该使臣等排班立。赞“跪”，该使臣等跪请圣安。苏楞额等带领该使臣等由西隔扇进至殿内地平下跪，候皇上亲赏该国王朝珠、荷包。绵恩接交该正使，传旨谕遣毕。

苏楞额等将该使臣等带出西隔扇外，苏楞额等代该正使恭捧朝珠、荷包，仍将该使臣等带至月台下甬道西边。赞“排班”，该使臣等排班立。鸣赞官赞“进跪”，该使臣等皆进跪。赞“叩兴”，该使臣等向上行三跪九叩礼。乐止。阿哥王等以次入座，仍带领该使臣等入于西班之后，行一叩礼，入座。

皇上进茶，阿哥王及该使臣等立起，跪行一叩礼。皇上茶毕，仍就坐。侍卫进前，分赐阿哥王及该使臣等茶，各就座次行一叩礼。各于本位站立，乐作，奏显平之章。皇上还宫，乐止。阿哥王及该使臣等俱退出。

---

① 英文与《清代外交史料》所载《英贡使陛辞仪注》略有差异，现据《清代外交史料》回译，并据英文进行了一些改动。《英贡使陛辞仪注》见《清代外交史料·嘉庆朝》卷五，第28页。——译者

第7号
嘉庆二十一年七月十三日（1816年9月4日）邸报摘录[①]

此次英吉利国遣使入贡，其在天津谢宴不能如仪，匆遽带领登舟北来，乃苏楞额、广惠之咎。及至通州，未曾演礼，含混具奏，径带来京，乃和世泰、穆克登额之咎。迨初七日，朕传旨升殿，召见来使。该贡使等由通州起程，行走竟夜，未至馆舍，先抵宫门，因朝服未到，不敢瞻觐。彼时和世泰若据实奏闻，朕必降旨改期，俾达其万里来庭之意。乃以失体之词，连次入奏，以致遣还来使，不能成礼。和世泰办理舛误，固咎无可辞，但是日廷仪已备，除军机大臣托津因病给假，董诰、卢荫溥并无殿上执事外，其御前行走之王公大臣等及内务府大臣，均身在殿廷，目睹其事，颇有心知当以实奏闻，恳请改期者，乃坐视和世泰惶遽失措，无一人肯为指引，而事后召见，竟有旁观者清之语。既知和世泰茫无主见，何不代奏？即或不敢代奏，何不提醒和世泰令其实告？平时和颜悦色，临事坐视偾事，仕途险巇，一至于此，可胜浩叹。在和世泰获咎，其事甚小，诸臣独不为国事计乎？嗣后当屏除私见，共矢公忠，以谋国是，勿谓事不干己，心存膜视，以仰副朕谆谆诰诫之至意。

钦　此。

---

① 据《清实录》回译，原文见《清实录·嘉庆朝》卷320，第242—243页。——译者

第8号
1816年10月8日收到的皇帝就接待使团事给两江总督的谕旨[①]

此次该使臣于抵宫门之日，称病不能瞻觐。后来察知，及系该使臣由通至京，行走竟夜，及到宫门时，伊等所带朝服尚在途次，不敢以便服行礼，是以称病。和世泰未将实情奏明，改期行礼，乃和世泰奏对舛错所致，即日遣归。

朕复念该国王远在重瀛，万里之外，输诚纳赆，不忍拂其恭顺之忱，又降旨择其贡物中之最轻者，赏收地理图、画像、印画三件，并颁赏该国王白玉如意、翡翠朝珠、大小荷包，以示厚往薄来之意。该使臣在通州承领，极知欣感，亦颇形悔惧。

现在直隶境内行走，甚为安静。将来入江省境后，该督饬知护送各员，仍当待以使臣之礼，不可意存凌侮。该使臣不日行抵江境，江苏、安徽、江西三省皆系该督统辖，该督当知照各该抚，于入境时，选派文武员弁带领兵役，妥为护送，勿令登岸滋事。沿途营伍俱令甲仗鲜明，器械严整，以壮声威。

该使臣本系纳贡而来，仍当待之以礼，默令知感知畏，方合抚驭之义也。

---

① 据《清代外交史料》回译，原文见《清代外交史料·嘉庆朝》卷六，第4—5页。——译者

第9号
安徽大通1816年11月5日向当地人发布的有关英国使团的布告翻译件

九月初四日（10月24日）接孙道（Seun-taou）（一位文官）函，阅之如下：

八月二十九日（10月19日）准陈道（Chen-taou）咨文，称七月二十三日（9月14日）恭奉总督百大人札饬，展读如下：

"英国贡使由水路经（中国）内地返国，朝廷命长芦盐政广惠全程监督管理（使团）。朝廷令各省布政使、按察使和总兵（major-general）前往省界接待、护送、照看、约束（使团人员）。

"贡船抵达之码头或换船之地，皆须多派衙役驻扎，该等衙役穿着写有衙门字样之马甲，协助士兵，阻止民众前往观看，聚众喧哗。各处须特别照管、约束，防止物品丢失。河两岸百姓不得嘻笑，不得与外国人交谈，妇女及女孩不得抛头露面。

"来华外国使节依律不得购买书籍或其他物品。

"此次贡使沿水路南下，使团任何人不得在沿途上岸，亦不得私下（或暗中）购买任何商品，各处均须认真防范。如有船夫敢于为其购买书籍、食物或其他必需品，即刻捉拿严惩。"

本县接到上述饬令，自当发布布告，使军民周知此事。贡使所乘船只所经之处，尔等民人不得观望，以致聚众喧哗，亦不得与外国使节说话。妇女及女孩尤应退避，不得抛头露面，亦不得外出观看使团人等。如有胆敢故意违犯者，将即刻捉拿惩治，决不宽待。

特此谕之。

第10号
嘉庆二十一年七月十五日（1816年9月6日）皇帝给两广总督蒋攸铦广东巡抚董教增的谕旨，八月初五日9月25日收到[①]

此次英吉利贡使到天津时谢宴不遵礼节，至通州已称叩跪必能如仪，迨至御园，朕将次升殿，正副使臣俱托病不能瞻觐，是以降旨，即日遣回。但念该使臣虽有失礼之愆，该国王万里重洋，奉表纳贡，其意至为恭顺，未便绝之已甚，转失字小之意，因将该国王贡品内择其至轻微者地理图四张，画像两张，铜板印画九十五张，加恩赏收。仍赏给该国王白玉如意一枝、翡翠玉朝珠一盘，大荷包二对，小荷包八个，交该贡使领赍回国，以示厚往薄来之意。该贡使领到赏件，极为欣感，亦颇形悔惧。现已自通州启行，俟到粤后，著蒋攸铦等仍照例给与筵宴一次，并善为抚慰，谕以尔等福分浅薄，已至宫门，不能瞻仰天颜，大皇帝念尔国王慕化输诚，仍酌收贡件并赏尔国王贵重品物，尔等应感激天恩，迅速回国，俾尔国王敬悉恩意。其未收贡件均

① 据《清代外交史料》回译，原文见《清代外交史料·嘉庆朝》卷五，第62页。——译者

妥为照料上船，勿令损失。倘晓谕之后，该贡使等复将未收贡件恳乞赏收，总以业经奉有明旨，不敢渎请，正言拒绝。

钦　此。

（这一谕旨得自葡萄牙人。）

第11号
皇帝批写的关于使团的文件[①]

恭奉硃批谕旨如下：此次英吉利国进贡使臣，至天津海口登岸，特命苏楞额、广惠传旨赐宴，令其谢宴行三跪九叩礼，如合式，即日带领进京；如不谙礼仪，具奏候旨，其原船勿令驾驶，仍由原路回津，泛海回国。苏楞额、广惠故违旨意，径行带来，又纵令原船私去，伊二人之咎在此。因事已不妥，又命和世泰、穆克登额迎赴通州演礼，以七月初六日为限，限内行礼，即日带来；满限尚未如仪，即行参奏候旨。和世泰、穆克登额于初五日含混具奏，初六日径自带来。朕于未初二刻御勤政殿，召见伊二人，先询以演礼之事，伊二人免冠碰头，云并未演礼。及至再问以既未演礼，何不参奏候旨？和世泰云，明早进见，必能如仪。此一节，伊二人之咎已同前二人矣。至初七日早膳后，卯正二刻，朕传旨升殿，召见来使。和世泰初次奏称，不能快走，俟至门时再请；二次奏称，正使病泄，少缓片刻；三次奏称正使病倒，不能进见。即谕以正使回寓赏医

① 据《清实录》回译，个别地方据英文稍作改动。原文见《清实录·嘉庆朝》卷320，第240—241页。——译者

调治，令副使进见。四次奏称副使俱病，俟正使痊愈后。一同进见。中国为天下共主，岂有如此侮慢倨傲甘心忍受之理？是以降旨，逐其使臣回国，不治重罪，仍命苏楞额、广惠护送至广东下船。近日召见廷臣，始知来使由通州直至朝房，行走一夜，来使云进见朝服在后，尚未赶到，便服焉能瞻谒大皇帝。此等情节，和世泰见面时何不陈奏？即或遗忘，或晚间补奏，或次日一早具奏俱可，直至将次升殿，总未奏明情节，伊二人之罪，重于苏楞额矣。若预先奏明，必改期召见，成礼而返，不料庸臣误事至此，朕实无颜下对臣工，惟躬自引咎耳。四人之罪，俟部议上时，再行处分。先将此旨通谕中外及蒙古王公等知之。

钦　此。

第12号
处罚苏楞额、和世泰、广惠的谕旨

发布了一道谕旨，将苏楞额革去工部尚书和汉军都统的职位，拔去花翎，降至三品顶戴。负责他的案子的吏部原议将其降至五品并革去一切职位，但皇帝陛下额外加恩，保留了他管理皇帝的茶膳房以及管理圆明园的职位，如果行为良善，八年后可恢复职级[①]。

另一道谕旨决定没收和世泰作为公爵的五年俸禄。部议原拟剥夺其公爵头衔及其担任的重要职位，但皇帝陛下额外加恩，保留了他的爵位和他在宫中的私人职位。他的黄马褂被剥夺。

穆克登额由于年龄过大和缺乏能力，被革去所有职位。

根据这些谕旨来看，广惠被降至八品笔帖式，来春将被派至满洲鞑靼地方任职。[②]

① 苏楞额现年的年龄已经超过70。

② 据《清实录》卷320，第241—242页："苏楞额，革去工部尚书、镶红旗汉军都统，加恩以三品顶带降补工部左侍郎，仍留总管内务府大臣。广惠，降内务府八品笔帖式。和世泰，革去理藩院尚书、镶白旗汉军都统，仍留公爵、总管内务府大臣。穆克登额，革去礼部尚书、镶黄旗汉军都统，降补镶蓝旗汉军副都统。"——译者

第13号
和公爷发自通州的奏报[①]

恭奉皇帝陛下谕旨如下：和世泰等奏，英吉利国贡使连日演习礼仪，极为敬谨。该国远隔重洋，输诚慕化，自乾隆五十八年入贡后，今复遣使来庭纳赆，恭顺可嘉。本日和世泰、穆克登额已带领该使臣来至海淀，著于初七日瞻觐，初八日于正大光明殿筵宴颁赏，礼成后仍带至同乐园赐食。初九日陛辞，是日并赐游万寿山。初十日，和世泰带领该使臣入城。十一日在太和门外颁赏后赴礼部筵宴。十二日遣令回国。

① 据《清代外交史料》回译，原文见《清代外交史料·嘉庆朝》卷五，第42页。——译者

外国人名汉译表

阿裨尔（Clarke Abel）
阿博特（Charles Abbot）
阿蒂加斯（Artiguez）
阿美士德（William Pitt Amherst）
阿默斯特（Amherst）
埃利斯（Henry Ellis）
巴格特（C. Bagot）
巴罗（Barrow）
贝尔（Bell of Antermony）
伯尼（Burney）
布德赫（Boodh）
布莱尔（Blair）
达塞卡（Conde D’Aseca）
戴维森（Davison）
德庇时（J. Francis Davis）
德经（De Guignes）
德沃里斯（De Warris）
杜赫德（Du Halde）
范罢览（Van Braam）
芬德尔（Fendall）
福尔格拉斯（Fernando Mariana Folgeras）
傅方济（Pere Fouquet）
高尔（Erasmus Gower）
戈洛夫金（Golovkin）
格里菲思（John Griffith）
格里菲斯（Griffith）
格里戈尔（Mac Gregor）
格伦维尔（Thomas Grenville）
哈弗尔（William Havell）
海恩（Henry Hayne）
海伊（Hay）
赫德森·洛（Hudson Lowe）
霍尔（Basil Hall）

霍普纳（Hoppner）
杰弗里（Jeffery）
坎贝尔（Walter Compbell）
科顿（Joseph Cotton）
克拉维尔（Clavell）
克劳福德（Crawford）
库克（J. Cooke）
刺佛（Roberts）
莱佛士（Raffles）
兰斯道夫（Langsdorf）
雷孝思（Pere Regis）
里奈弗尔特（Rynevelt）
林恩（James Lynn）
罗巴茨（Robarts）
罗斯（Ross）
马丁（W. B. Martin）
马戛尔尼（Macartney）
马克斯韦尔（Murray Maxwell）
马礼逊（Robert Morrison）
马里奇（James Marrige）
马里奇（Marrige）
麦德乐（Don Antonio Metello Menezez）
麦德乐（Souza Menezez）
曼宁（Manning）
梅恩（Mayne）
梅特卡夫（Theophilus Metcalfe）
蒙托隆（Montholon）
欧斯利（Gore Ouseley）
皮尔逊（Pearson）
普尔（Zachariah Poole）
乔扎内（Pere Jozane）
萨默尔赛特（Charles Somerset）
萨默赛特（Charles Somerset）
赛克斯（Sykes）
斯当东（G. L. Staunton）
斯蒂芬森（Stephenson）
图恩（Toone）
沃森（Watson）
小斯当东（G. Thomas Staunton）
伊斯曼罗夫（Ismailoff）
益花臣（Elphinstone）
于尔（Yule）
张伯伦（Chamberlain）

使团行程表

从大沽到北京，从北京到广州

1816年

8月9日　塘沽（右岸），进入北河。

大沽（右岸）。

10日　西沽（右岸）。

东津沽。

12日　天津（左岸），距塘沽240里或80英里。

14日　北仓。

停泊地。

15日　杨村（距天津91里）。

16日　蔡村（距北京80英里）。

20日　通州（右岸）。

29日　北京。

30日　通州。

9月2日　离开通州。

4日　河西务。

5日　蔡村。

6日　天津。

8日　离开天津，进入御河。

9日　独流。

10日　静海县。

东双塘。

11日　青县（距天津200里或60英里）。

12日　兴济。

沧州（左岸，距青县80里或24英里）。

13日　砖河。

14日　泊镇，80里。

15日　东光县（右岸）。

连镇。

16日　桑园（在这里离开直隶省）。

18日　德州。

19日　四女寺。

故城县。

20日　陈家河。

甲马营（距陈家河30里）。

21日　武城镇。

曾家口。

22日　油坊。

临清州（进入名为闸河的运河）。

23日　魏家湾。

24日　梁闸镇。

东昌府（左岸）。

25日　七级堤。

吴前镇。

26日　张秋（距东昌府90里）。

堤闸米儿。

安贤镇（距张秋61里）。

27日　陈闸口。

袁闸口。

刘楼口（王家河在这里流入运河）。

28日　开河镇（汶河在距此6英里处流入运河）。

大昌口。

河子湾。

29日　济宁州（东岸）。

董公祠。

南阳镇。

30日　马家口。

夏镇。

10月1日　十弯镇（进入山东地区）。

十字河。

韩庄（距夏镇70里）。

2日　老路闸。

台儿庄。

4日　窑湾。

文家河。

宿迁县。

5日　小光河。

众兴集。

6日　杨家庄。

穿越黄河。

马头。

7日　天坝闸。

枯河村。

清江浦（距黄河20里）。

8日　进入名为里河的运河。

古沟涯，淮安府的主要城郊（东岸，距宝应县80里）。

9日　宝应县。

氾水村。

界首。

高邮。

10日　邵伯。

瓦窑铺（距扬州府20里）

扬州府。

11日　高旻寺。

14日　离开高旻寺。

五园。

瓜洲。

19日　离开瓜洲，进入扬子江，后驶入其支流全吉江。

全吉。

20日　仪征县。

21日　笆斗山。

燕子山。

浦口县（右岸）。

南京（或江宁府）城郊。

24日　离开南京城郊。

江浦县。

湾汊子。

26日　七马湖（右岸，进入安徽省），70里。

27日　陈圩子，20里。

和州（左岸，距江岸3英里）。

29日　太平府（内地）。

驶过位于我们右侧的牛坝河口，该河通向50里远的含山县。
东梁山。
西梁山。
30日 四褐山，5英里。
芜湖县。
31日 老岸（左岸）。
沈山崖，9英里。
兰山崖（右岸）。
巢河河口（距芜湖县60里）。
魁龙寺。
繁昌城镇。
板子矶。
荻港（一天航行90里）。
11月1日 左沙洲，30里。
曾家村（一天航行40里）。
2日 铜陵县，21里。
大通镇，20里。
7日 马埠楼。
池州府宝塔。
吴沙卜，80或100里。
9日 何前（距安庆府30里）。
安庆府。
10日 东流县。
瓦院洲。
12日 望江县。
马当山。
小孤山。
彭泽县。

13日　青阳庙。

14日　湖口县。

八里江（扬子江在这里向右侧分叉，我们驶离扬子江，前行950里或285英里，进入鄱阳湖）。

大孤山，也叫鞋山。

大姑塘，90里。

16日　青山，5英里。

南康府。

20日　渚溪，45里。

吴城（我们在这里驶离鄱阳湖），45里。

21日　驶入小汊河，然后驶入沙洲河，最后驶入沙河。

黄村。

22日　樵舍，40里。

23日　驶入莘洲河。

南昌府，50里。

27日　离开南昌府，驶入赣河。

齐家塘。

28日　丰城县，60里。

29日　小葛家。

樟树。

临江河口，10里。

临江府（位于临江河口20里的内陆）。

30日　永泰。

大洋洲（岛），30里。

石口。

邵口塘。

新淦县。

12月1日　界埠。

2日　仁和。
　　峡江县，60里。
　　穆家陵塔。
　　富口塘，40里。
3日　吉水县，40里。
　　大洲。
　　吉安府。
4日　塘沟头。
　　黄坎，90里。
5日　泰和县。
　　塘山口，面对道口洲（岛）。
　　坡头。
6日　百嘉（位于我们左侧），90里。
　　罗口王。
　　万安县。
7日　开始驶过十八滩。
　　武索，70里。
　　桂岭，10里。
8日　良口。
　　锡洲，60里。
9日　玉通。
　　西亚洲（岛）。
　　天西都。
　　灵堂庙（距锡洲30里）。
10日　天柱滩。
　　新庙镇。
　　储潭。
　　赣州府。

12日　吴塘，40里。
　　　宁明。
13日　三江口（距停泊地20里）。
　　　停泊地，40里。
14日　南康县，40里。
15日　停泊地，40里。
16日　新兴塘，20里。
　　　魏塘（距南安府65里）。
17日　停泊地，30里。
18日　南安府。
20日　离开南安府。
　　　穿越梅岭。
　　　重春，50里。
　　　里塘，30里。
　　　南雄府，40里。
22日　离开南雄府。
23日　李坪。
　　　水同（距韶州府180里）。
24日　基岭江口。
　　　水坪。
　　　停泊地（距韶州府90里）
25日　洲头，也叫蜡烛山。
　　　五马头。
　　　韶州府。
27日　离开韶州府，进入北江。
　　　沙洲崖，180里。
28日　观音山，40里。
　　　英德县，30里。

29日　停泊地，30里。

30日　湛江口。

清远县（距广州290里）。

31日　老铺子。

三水县。

1817年1月1日　广州。

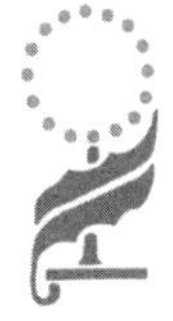

索　　引

（本书索引根据原书页码编制）

C

N

O

P

S

T

V

图书在版编目(CIP)数据

阿美士德使团出使中国日志/(英)亨利·埃利斯著；刘甜甜，刘天路译. —北京：商务印书馆，2024
(汉译世界学术名著丛书：120年纪念版：珍藏本：增订本)
ISBN 978-7-100-23403-0

Ⅰ.①阿… Ⅱ.①亨…②刘…③刘… Ⅲ.①中英关系—国际关系史—史料—清代②中国历史—史料—清代 Ⅳ.①D829.561②K249.06

中国国家版本馆 CIP 数据核字(2024)第 042067 号

汉译世界学术名著丛书
(120 年纪念版·珍藏本·增订本)
阿美士德使团出使中国日志
〔英〕亨利·埃利斯 著
刘甜甜 刘天路 译
刘海岩 审校

商 务 印 书 馆 出 版
(北京王府井大街 36 号 邮政编码 100710)
商 务 印 书 馆 发 行
北京中科印刷有限公司印刷
ISBN 978-7-100-23403-0

2024 年 5 月第 1 版　　开本 710×1000 1/16
2024 年 5 月北京第 1 次印刷　　印张 30½
定价：172.00 元